陕西省中等职业学校专业骨干教师培训系列教材

汽车运用与维修

主　编　　崔选盟　廖发良　蔺宏良
主　审　　杨云峰

西安电子科技大学出版社

内 容 简 介

本教材是为职业院校汽车运用与维修专业"双师"型教师培训开发的理实一体化教材,主要以提高教师的教学素养、专业教学能力和专业岗位关键技能为目的,精心设计了 6 个教学模块。其中,前 5 个教学模块为专业技术培训内容,具体包括汽车发动机拆装与调整、汽车底盘拆装与调整、典型电控系统检修、汽车自动变速器检修、汽车维修服务等。每个教学任务实施包括学习目标、任务导入、任务分析、建议学时、教学设计、学习资讯、任务实施、考核评价、教学小结等环节。第 6 个模块为教学能力与教学方法提升,包括职教方法、教学设计、教学组织、教学案例等内容,以增强教师职教理念,提升教师职教能力。

本教材涵盖的车型典型、技术先进,内容讲述言简意赅,图文并茂,职教特色鲜明,并配有教学课件,特别适合职业院校师生培训和广大读者自学使用。

图书在版编目(CIP)数据

汽车运用与维修/崔选盟,廖发良,蔺宏良主编. —西安:西安电子科技大学出版社,2016.8

陕西省中等职业学校专业骨干教师培训系列教材

ISBN 978 - 7 - 5606 - 4150 - 8

Ⅰ. ① 汽… Ⅱ. ① 崔… ② 廖… ③ 蔺… Ⅲ. ① 汽车—车辆修理—中等专业学校—教材

Ⅳ. ① U472.4

中国版本图书馆 CIP 数据核字(2016)第 174010 号

策划编辑 李惠萍
责任编辑 张 玮
出版发行 西安电子科技大学出版社(西安市太白南路 2 号)
电 话 (029)88242885 88201467 邮 编 710071
网 址 www.xduph.com 电子邮箱 xdupfxb001@163.com
经 销 新华书店
印刷单位 陕西华沐印刷科技有限责任公司
版 次 2016 年 8 月第 1 版 2016 年 8 月第 1 次印刷
开 本 787 毫米×1092 毫米 1/16 印张 27
字 数 642 千字
印 数 1～1000 册
定 价 50.00 元

ISBN 978 - 7 - 5606 - 4150 - 8/U

XDUP 4442001 - 1

* * * 如有印装问题可调换 * * *

序　言

　　教育之魂，育人为本；教育质量，教师为本。高素质高水平的教师队伍是学校教育内涵实力的真正体现。自"十一五"起，教育部就将职业院校教师队伍是学校教育内涵实力的真正体现。自"十一五"起，教育部就将职业院校教师素质提升摆到十分重要的地位，2007年启动《中等职业学校教师素质提高计划》，开始实施中等职业学校专业骨干教师国家级培训；2011年印发了《关于实施职业院校教师素质提高计划的意见》《关于进一步完善职业教育教师培养培训制度的意见》和《关于"十二五"期间加强中等职业学校教师队伍建设的意见》。我省也于2006年率先在西北农林科技大学开展省级中等职业学校专业骨干教师培训，并相继出台了相关政策文件。

　　2013年6月，陕西省教育厅印发了《关于陕西省中等职业教育专业教师培训包项目实施工作的通知》，启动培训研发项目。评议审定了15个专业的研究项目，分别是：西安交通大学的护理教育、电子技术及应用，西北农林科技大学的会计、现代园艺，陕西科技大学的机械加工技术、物流服务与管理，陕西工业职业技术学院的数控加功技术、计算机动漫与游戏制作，西安航空职业技术学院的焊接技术及应用、机电技术及应用，陕西交通职业技术学院的汽车运用与维修、计算机及应用，杨凌职业技术学院的高星级饭店运营与管理、旅游服务与管理，陕西学前师范学院的心理健康教育。承担项目高校皆为省级以上职教师资培养培训基地，具有多年职教师资培训经验，对培训研发项目高度重视，按照项目要求，积极动员力量，组建精干高效的项目研发团队，皆已顺利完成调研、开题、期中检查、结题验收等研发任务。目前，各项目所取得的研究报告、培训方案、培训教材、培训效果评价体系和辅助电子学习资源等成果大都已经用于实践，斩成为我们进一步深化研发工作的宝贵经验和资料。

　　本次出版的"陕西省中等职业学校专业骨干老师培训系列教材"是培训包的研发成果之一，具有四大特点：

　　一是专业覆盖广，受关注度高。八大类15个专业都是目前中等职业学校招生的热门专业，既包含战略性新兴产业、先进制造业，也包括现代农业和现代服务业。

　　二是内容新，适用性强。教材内容紧密对接行业产业发展，突出新知识、新技能、新工艺、新方法，包括专业领域新理论、前沿技术和关键技能，具有很强的先进性和适用性。

　　三是重实操，实用性强。教材遵循理实并重的原则，对接岗位要求，突出技术技能实践能力培训，体现项目任务导向化、实践过程仿真化、工作流程明晰化、动手操作方便化的特点。

　　四是体例新，凸显职业教育特点。教材采用标准印制纸张和规范化排版，体例上图文并茂、相得益彰，内容编排采用理实结合、行动导向法、工作项目制等现代职业教育理念，思路清晰，条块相融。

　　当前，职业教育已经进入了由规模增量向内涵质量转化的关键时期，现代职业教育体系建设，大众创业、万众创新，以及互联网＋，中国制造 2025 等新的时代要求，对职业教育提出了新的任务和挑战，着力培养一支能够支撑和胜任职业教育发展所需的高素质、专业化、现代化的教师队伍已经迫在眉睫。本套教材是由从事职业教育教学工作多年的广大一线教师在实践中不断探索、总结编制而成的，它既是智慧的结晶，也是教学改革的成果。这套教材将作为我省相关专业骨干教师培训的指定用书，也可供职业技术院校师生和技术人员使用。

教材的编写和出版在省教育厅职业教育与成人教育处和省中等职业学校师资队伍建设项目管理办公室精心组织安排下开展，得到省教育厅领导、项目承担院校领导、相关院校继续教育学院(中心)及西安电子科技大学出版社等单位及个人的大力支持，在此我们表示诚挚的感谢！希望读者在使用过程中提出宝贵意见，以便进一步完善。

陕西省中等职业学校专业骨干教师培训系列教材
编写委员会
2015 年 11 月 22 日

陕西省中等职业学校专业骨干教师培训系列教材

编审委员会名单

主　　任：王建利

副　主　任：崔　岩　韩忠诚

委　　员：（按姓氏笔划排序）

王奂新　王晓地　王　雄　田争运　付仲锋　刘正安

李永刚　李吟龙　李春娥　杨卫军　苗树胜　韩　伟

陕西省中等职业学校专业骨干教师培训系列教材

专家委员会名单

主　　任：王晓江

副　主　任：韩江水　姚聪莉

委　　员：（按姓氏笔划排序）

丁春莉　王宏军　文怀兴　冯变玲　朱金卫　刘彬让

刘德敏　杨生斌　钱拴提

前　　言

为贯彻落实《陕西省教育厅、陕西省财政厅关于实施中等职业学校教师素质提高计划的意见(2011—2015)》(陕教职〔2012〕35号)和《陕西省教育厅关于加强中等职业学校教师队伍建设的意见》(陕教职〔2012〕39号)的精神和要求,教材编写成员在总结多年基地培训经验的基础上,调研并分析了国内外特别是我省中等职业学校"汽车运用与维修"专业课程开设情况、师资配备情况、毕业生技能情况以及用人单位的要求等,本着"授人以鱼不如授人以渔"的理念,确立了以教师执教能力培养为主线,以模块化、项目化、任务引领为具体方式的理实一体化培训教材的编写思路。

本教材分为6个模块,分别是:汽车发动机拆装与调整、汽车底盘拆装与调整、典型电控系统检修、汽车自动变速器检修、汽车维修服务、教学能力与教学方法提升。内容力求突出实用性、操作性和针对性。

本教材由经验丰富的职业院校教师和企业技术专家合作编写。崔选盟、廖发良、蔺宏良担任主编;具体分工为:模块一由李莎、邱官升、黄晓鹏、蔺宏良编写,其中李莎编写情境一、情境二之任务五,邱官升编写情境二之任务一与任务六,黄晓鹏编写情境二之任务二、情境三之任务二,蔺宏良编写情境二之任务三与任务四、情境三之任务一;模块二由郭建明编写;模块三由任春晖、彭小红、黄晓鹏编写,其中任春晖编写情境一,彭小红编写情境二和情境三之任务三,黄晓鹏编写情境三之任务一与任务二;模块四由廖发良编写;模块五由王保新、邱官升、曹晓雷、赵社教编写,其中王保新编写情境一,赵社教编写情境二,邱官升、曹晓雷编写情境三;模块六由崔选盟编写。全书由杨云峰主审。

本教材在编写过程中得到了陕西省教育厅、陕西交通职业技术学院的大力支持,也得到了陕西省师资培训项目办公室和省内多位职业教育专家的指导,以及西安电子科技大学出版社的关心和指导,在此表示诚挚的谢意!

本教材在编写过程中参考了大量的资料和案例,书稿虽经反复斟酌、修改,但由于编者水平有限,教材中难免存在不足之处,敬请读者予以批评指正。

编　者
2016年3月

目　　录

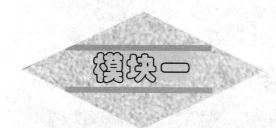

模块一

汽车发动机拆装与调整

情境一

认 识 车 辆

任务　车辆身份信息的识别

【学习目标】

教学能力目标	专业能力目标	专业知识目标	专业素质目标
（1）能够借助教学课件等资料清楚描述车辆身份识别代号的含义； （2）能够结合车辆，引导学生找到车辆身份识别代号的具体位置	（1）描述车辆身份识别代号的含义； （2）在车辆上能够找到车辆身份识别代号的具体位置	（1）了解汽车总体组成； （2）了解汽车的分类情况； （3）理解车辆身份识别代号的具体含义并能在车身上找到其相应位置	（1）具有良好的工作责任心和职业道德； （2）具有安全操作意识和环境保护意识； （3）培养学员的团队协作精神

【任务导入】

一辆东风雪铁龙爱丽舍轿车，行驶了 7500 公里，来到 4S 店进行首次维护保养。根据东风雪铁龙制造商的质保政策，售后服务人员需要对该车进行车辆身份信息的确认并提供给制造商，确保客户享受到东风雪铁龙制造商免费保养的优惠政策。

【任务分析】

根据东风雪铁龙制造商的质保政策，索赔员需要对该车进行车辆身份信息的确认并提供给制造商，方能享受东风雪铁龙制造商免费保养的优惠政策。因此索赔员、服务顾问都必须迅速找到车辆身份识别代号的具体位置，并了解其含义。车辆身份信息的识别对于汽车销售人员、维修技术人员、服务顾问以及索赔员来说都是必须掌握的内容。

【建议学时】

6 学时。

【教学设计】

步骤	学习内容	教学方法	教学手段	学生活动	时间分配
导入	本单元的目标和任务	讲授	PPT 演示	听讲	10 min
小组作业	（1）汽车的总体组成； （2）汽车的分类情况； （3）车辆识别代号的组成及含义	分组讨论 卡片法 翻页法	提问 引导 总结	讨论 查阅资料 小组代表发言	40 min

续表

步骤	学习内容	教学方法	教学手段	学生活动	时间分配
讲解	汽车的总体组成	多媒体演示	PPT演示 动画演示	听讲 思考	10 min
深化	汽车的总体认识	分组讨论 实操	提问 总结实物展示	讨论 总结 代表发言	30 min
讲解	汽车的分类情况	讲授	PPT演示	听讲 思考	20 min
讲解	车辆识别代号的组成及含义	讲授	PPT演示	听讲思考 认识结构	20 min
操练	VIN号的含义及在车身上的位置	实操	实操演示	车辆识别训练	40 min
操练	发动机编号、变速器编号的含义及位置	实操	提问 总结	讨论 总结	30 min
操练	以某车型为例寻找车身上各个身份信息的位置并了解其含义	任务驱动	操作演示 实车识别	车辆识别	80 min
归纳	学生以组为单位讲述自己的认知结果，分析该项目的知识点和技能点	分组讨论 启发	分组讨论	学生相互交流 代表发言 互相点评	60 min
总结	教师给出评价，教师解答问题，并作总结	评价 总结	PPT演示	听讲	20 min
课后作业	布置作业	练习	工作页	完成工作页内容	课后完成

【学习资讯】

1. 汽车总体组成

汽车是指由动力驱动、一般具有四个或四个以上车轮的非轨道承载车辆，主要用于载运人、货物及一些特殊用途。

汽车通常由发动机、底盘、车身、电气设备四部分组成。典型轿车的总体构造如图1-1所示。

（1）发动机的作用是使输进气缸内的燃料燃烧而发出动力。现代汽车广泛应用往复活塞式内燃机，它一般由机体、曲柄连杆机构、配气机构、燃油供给系统、冷却系统、润滑系统、点火系统（汽油发动机采用）、起动系统等部分组成。

（2）底盘的作用是接收发动机的动力，使汽车产生运动，并保证汽车按照驾驶员的操纵正常行驶。底盘由下列部分组成：

·传动系统：将发动机的动力传给后轮。传动系统包括离合器、变速器、传动轴、主减速器及差速器、传动轴（半轴）部分。

·行驶系统：使汽车各总成及部件安装在适当位置，对全车起支承作用和对路面起附着作用，缓和道路冲击和震动。它包括支承全车的承载式车身及副车架、前悬架、前轮、后悬架、后轮等部分。

·转向系统：使汽车按驾驶员选定的方向行驶。它由带转向盘的转向器及转向传动机构组成，有的汽车还有转向助力装置。

·制动系统：使汽车减速或停车，并可保证驾驶员离去后汽车可靠地停驻。它包括前轮制动器、后轮制动器。

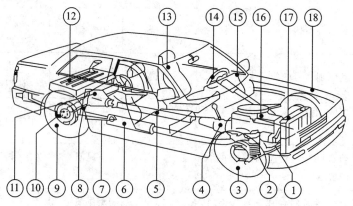

图 1-1　典型轿车的总体构造

1—前桥；2—前悬架；3—前车轮；4—变速器；5—传动轴；6—消声器；7—后悬架，钢板弹簧；8—减震器；9—后车轮；10—制动器；11—后桥；12—油箱；13—坐椅；14—方向盘；15—转向器；16—发动机；17—散热器；18—车身

（3）车身是驾驶员的工作场所，也是装载乘客和货物的部件。它包括车前板制件、车身、开启件(门、窗、行李箱和车顶盖等)、附件(座椅、内外饰、仪表电器、刮水器、洗涤器、空调等)。货车及专用车辆还包括货车的驾驶室和货箱以及某些汽车上的专用作业设备。

（4）电气设备包括电源组、发动机起动系统和点火系统、汽车照明和信号装置、仪表、导航系统、电视、音响、电话等电子设备、微处理机、中央计算机及各种人工智能装置等。

2. 汽车分类

1）根据汽车的用途分类

《汽车和挂车类型的术语和定义》(GB/T3730.1—2001) 将汽车类型划分为乘用车和商用车两大类。乘用车主要用于载运乘客及其随身行李物品，包括驾驶员座位在内最多不超过 9 个座位；商用车主要用于商业用途，用来运送人员和货物。每大类又分若干小类，如乘用车又分为普通乘用车、活顶乘用车、高级乘用车、小型乘用车、敞篷车、仓背乘用车、旅行车、多用途乘用车、短头乘用车、越野乘用车和专用乘用车(如：救护车、旅居车、防弹车、殡仪车)等 11 种。商用车分为客车(如：小型客车、城市客车、长途客车、旅游客车、铰接客车、无轨电车、越野客车、专用客车)、货车(如：普通货车、多用途货车、全挂牵引车、越野货车、专用作业车、专用货车)、半挂牵引车等。

2）根据汽车的动力装置进行分类

（1）内燃机汽车：内燃机汽车又可分为汽油机汽车、柴油机汽车和燃气汽车。

（2）电动汽车：电动汽车是用电动机作为动力装置的汽车，供能装置通常是化学蓄电池，也可以是太阳能电池或其他形式的能源。

（3）燃气涡轮机汽车：燃气涡轮机汽车是用燃气涡轮机作为动力装置的汽车。

3）根据发动机位置及驱动形式分类

汽车若按发动机位置及驱动形式划分，可分为前置发动机前驱动（FF）、前置发动机后驱动（FR）、中置发动机后驱动（MR）、后置发动机后驱动（RR）和四轮驱动（4DW）等共五种。

4）轿车可根据车身分类

轿车按车身分类有一厢式（发动机舱、客舱和行李厢在外形上形成一个空间形态）、两厢式（发动机舱、客舱和行李厢在外形上形成两个空间形态）、三厢式（发动机舱、客舱和行李厢在外形上形成三个空间形态）。若轿车顶盖不可开启，则称该车身为闭式车身；若客舱顶为敞顶或按需要可开闭，则称该车身为开式车身。

3. 车辆识别

识别一辆车可以通过车辆识别代号（Vehicle Identification Number，VIN）来确定，要去了解它的发动机、变速器，可以通过发动机编号、变速器识别号来获得信息，而通过制造厂的铭牌又可获得出厂日期、排量、质量、功率等相关信息，这些内容为我们有效识别车辆、获得该车最基本的情况提供了直接的信息。

1）车辆识别代号

车辆识别代号（VIN）也称 17 位编码，由 17 位数字和英文字母组成，如同人的身份证号码，是全世界范围内每一辆车的唯一识别代码。VIN 将伴随着车辆的注册、保险、年检、维修与保养，直至回收或报废而载入每辆车的服役档案。利用 VIN 可方便地查找车辆的制造厂商及相关技术参数。VIN 一般位于车身上容易看到并且能够防止磨损或替换的部位，即在仪表板左下角、前挡风玻璃下方、发动机前横梁上、左前门边或立柱上、驾驶员左脚前方或前排座椅下方等处。

VIN 一般由三部分组成。第一部分由第 1～3 位的三个字码组成，为世界制造厂识别代码（WMI）；第二部分由第 4～9 位的六个字码组成，为车辆说明部分（VDS），是反映车辆特征的，包括品牌、汽车类型、车型系列、车身型式、发动机型号等内容，第 9 位一般为检验位；第三部分由第 10～17 位的八个字码组成，为车辆指示部分（VIS），是表示车辆个性特征的，包括年份、装配地点和生产顺序号等。

2）发动机号

发动机号是生产厂家在发动机缸体上打印的出厂号码，一般包含发动机型号、排量及生产序号，没有统一规定，是用户档案的重要参数之一。

3）变速器识别号

变速器识别号一般被压铸在变速器壳体上，一般提供变速器型号、匹配车型等信息，不同的品牌其表示方式不同，没有通用性。

4）制造厂铭牌

制造厂铭牌位于发动机舱内，一般包含车辆型号、车辆出厂日期、发动机排量、整车质量、发动机功率以及乘坐人数等信息。

【任务实施】

下面以东风雪铁龙爱丽舍车型为例，讲解车辆识别相关内容，如图 1-2 所示。

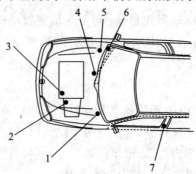

图 1-2　爱丽舍的车辆识别

1—油漆编号；2—变速器标识号；3—发动机号；4—VIN 打印号；5—产品标牌；
6—VIN 标牌；7—轮胎充气说明标签

（1）VIN 号。例如：

$$\underset{A}{LDC}\ \underset{B}{C1}\ \underset{C}{3}\ \underset{D}{X}\ \underset{E}{3}\ \underset{F}{2}\ \underset{G}{9}\ \underset{H}{0}\ \underset{I}{533024}$$

A——世界制造厂识别代号（WMI），由机械工业局汽车司批准同意，LDC 表示神龙汽车有限公司。

B——车型代码，以两位数表示，由生产厂商定义。东风雪铁龙车型代码见表 1-1。

表 1-1　东风雪铁龙车型代码

车　　型	车型代码
DC7141 RPC（富康 1.4）	13
DC7160 AXC（富康 1.6 8V）	24
DC7163 X（爱丽舍 8V）	72
DC7163 16V（爱丽舍 16V）	73
BC7163DT/AT（新爱丽舍三厢）	70
BC7160BB/DB（新爱丽舍两厢）	27
DC 7162（毕加索 1.6）	81
DC7200 D（毕加索 2.0）	82
DC7162D、DC7200DAT/AT（毕加索 007）	83
DC7205/D（凯旋）、DC7165AB/DB、DC7205AB/DB（世嘉两厢）	C4
DC7165BTA/DTA、DC7205DTA（世嘉三厢）	C1
DC7148（C2 1.4）　　DC7168B（C2 1.6）	62
DC7207/DC7237/DC7307（C5）	A

C——车身外形，0 表示不完整车辆；1 表示 2 厢 5 门；2 表示厢式车身；3 表示 3 厢 4 门；8 表示单厢 5 门。

D——发动机型式，由生产厂商定义。东风雪铁龙发动机型号代码见表 1-2。

表 1-2　东风雪铁龙发动机型号代码

代　码	发动机型式
D	TU3JP/K 带三元催化器
E	TU5JP/K 带三元催化器/TU5JPL4(老毕加索)
W	EW10J4
L	TU5JP4
P	TU3AF
X	EW10A
R	EW12A
S	ES9A

E——变速器型式，2 表示 5 挡手动变速器；3 表示四速自动变速器；4 表示六速自动变速器。

F——检验位，由其他字符产生的检验。

G——制造年份，见表 1-3。

表 1-3　东风雪铁龙制造年份代码

年份	代码	年份	代码	年份	代码	年份	代码	年份	代码
1995	S	1999	X	2003	3	2007	7	2011	B
1996	T	2000	Y	2004	4	2008	8	2012	C
1997	V	2001	1	2005	5	2009	9	2013	D
1998	W	2002	2	2006	6	2010	A	2014	E

H——指示装配厂，0 表示神龙一厂；2 表示神龙二厂。

I——车辆顺序号，一种车型一种顺序号，即习惯上所说的车架号。

（2）发动机号：目前由发动机型号和顺序号（7 位阿拉伯数字）构成，见图 1-3。发动机号是车辆档案的重要参数之一。

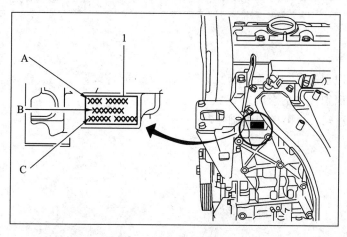

图 1-3　东风雪铁龙 EW 系列发动机号

A—发动机代码；B—机构标识(进口发动机状态)；C—生产序列号

【考核评价】

考核评价表

目标	评价要素	评价标准	评价依据	考核方式		权重	评分
知识	基本知识	理解汽车总体组成,分类情况,VIN 号的含义	个人作业 课堂笔记 课堂练习 小组作业 期末考试	学生自评		10％	
				教师评定		10％	
				学生互评		10％	
能力	基本技能	正确描述车辆识别代号的含义并准确找到其在车身上的位置	实践练习 小组作业 学生作业单	教师评定	动手能力	15％	
					作业单的填写	15％	
素质	学习态度	遵守纪律,积极参与课堂教学活动,按时完成作业,按要求完成准备	课堂表现记录、考勤表、同学及教师观察、课堂笔记	学生自评		10％	
				小组互评			
				教师评定			
	沟通协作管理	乐于请教和帮助同学,协调小组活动,配合教师教学管理,做好教室值日工作,做好课前准备和课后整理	小组作业、小组活动记录、自评及互评记录、值日记录、同学及教师观察	学生自评		15％	
				小组互评			
				教师评定			
	创新精神	有自主学习计划,在作业练习中能提出问题和见解,对教学或管理提出意见和建议,积极参与小组活动设计	个人作业、自主学习计划、学习活动、个人口头或书面提议	学生自评		15％	
				小组互评			
				教师评定			

【教学小结】

难点:车辆识别的各个方面,以及车辆识别代号的含义。

重点:车辆识别代号的含义。

教学体会及建议:(由任课老师撰写)

情境二

发动机的构造与维护

任务一　气缸垫的更换

【学习目标】

教学能力目标	专业能力目标	专业知识目标	专业素质目标
（1）正确借助教学课件清楚、准确地描述发动机机体组的功用、组成； （2）能够指导学生按照维修工艺正确更换发动机气缸垫	（1）正确描述发动机机体组的功用、组成； （2）正确更换发动机气缸垫	（1）了解发动机曲轴飞轮组的功用和结构； （2）掌握发动机机体组的结构； （3）掌握气缸盖的拆装要求	（1）具有良好的工作责任心和职业道德； （2）具有安全操作意识和良好的环境保护意识； （3）培养学生的团队协作精神

【任务导入】

一顾客反映他的东风雪铁龙 C2 轿车最近出现动力下降、机油消耗增加的问题，请求 4S 店对其车辆进行诊断并维修。

【任务分析】

4S 店维修人员接车后对车辆进行诊断，经过判断后将症结锁定在气缸垫上，需对发动机机体进行分解，对气缸垫进行更换。请制定并执行更换气缸垫的工作计划。

【建议学时】

6 学时。

【教学设计】

授课阶段	教师活动	学生活动	教学方法	教学媒介	时间分配
导入阶段 —激励 —获取信息	为学生做引导，提高学生的学习兴趣，让学生对更换气缸垫相关的内容进行信息搜集与理论学习	对曲柄连杆系统相关的内容进行信息搜集与理论学习，收集有关机体组的关键点，可通过教材、杂志、网络资源等来获取	头脑风暴给出关键问题脑图	工作页 教材 杂志 网络资源 白板	60 min

授课阶段	教师活动	学生活动	教学方法	教学媒介	学时分配
实施阶段 —制定计划 —作出决定 —实施计划 —独立检查	各个小组汇报工作计划制定情况；为学生的工作计划提出意见，并为学生工作计划的实施提供保障	(1) 对待维修的系统进行分析； (2) 分析维修过程中应该注意哪些安全措施； (3) 思考在修理过程中的工作内容，包括拆卸、检查、更换、清洁、安装等	实车训练 小组讨论 头脑风暴 答疑	工作页 发动机总成 PPT 白板	180 min
深化阶段	总结、提问	个人、小组回答问题	小组讨论	白板	60 min
结果控制阶段 —评价 —反馈	听取小组汇报工作完成情况和学生的自我评价，并进行小组互评，教师对比各个小组的工作完成情况给以点评	小组汇报工作完成情况，小组互评各组工作存在哪些错误和可以改进的点； 进行工作质量的检查记录和后续工作	头脑风暴 小组汇报 小组讨论	工作页 PPT 白板	40 min
总结阶段 —迁移	总结本次工作任务，对整个过程进行梳理	回顾工作任务： 是否按时完成气缸垫的更换； 更换发动机后是否正常工作； 在工作汇总过程中遇到哪些问题必须汇报老师； 有哪些其他的收获	小组讨论 小组汇报	白板	20 min

【学习资讯】

1. 曲柄连杆机构的功用

1) 功用

曲柄连杆机构是一种内燃机实现工作循环、完成能量转换的传动机构，用来传递力和改变运动方式。工作中，曲柄连杆机构在作功行程中把活塞的往复运动转变成曲轴的旋转运动，对外输出动力，而在其他三个行程中，即进气、压缩、排气行程中又把曲轴的旋转运动转变成活塞的往复直线运动。总的来说，曲柄连杆机构是发动机借以产生并传递动力的机构。通过它把燃料燃烧后发出的热能转变为机械能。

2) 工作条件

发动机工作时，曲柄连杆机构直接与高温高压气体接触，曲轴的旋转速度又很高，活塞往复运动的线速度相当大，同时与可燃混合气和燃烧废气接触，曲柄连杆机构还受到化学腐蚀的作用，并且润滑困难。可见，曲柄连杆机构的工作条件相当恶劣，它要承受高温、高压、高速和化学腐蚀的作用。

3）组成

曲柄连杆机构的主要零件可以分为三组：机体组、活塞连杆组和曲轴飞轮组，如图1-4所示。

图1-4　曲柄连杆机构结构

机体组：主要由气缸体、曲轴箱、气缸盖、气缸套和气缸衬垫等不动件组成。

活塞连杆组：主要由活塞、气环、油环和连杆等运动件组成。

曲轴飞轮组：主要由曲轴和飞轮等机件组成。

2. 机体组的结构

汽车发动机机体组主要由气缸盖罩、气缸盖、气缸衬垫、气缸体以及油底壳等部分组成，如图1-5所示。机体组是发动机的支架，是曲轴连杆机构、配气机构和发动机各系统主要零部件的装配基体。气缸盖用来封闭气缸顶部，并与活塞顶和气缸壁一起形成燃烧室。另外，气缸盖和机体内的水套与油底壳又分别是冷却系统和润滑系统的组成部分。

1）气缸体

气缸体是发动机中体积最大、结构最复杂的零部件。它不仅承受高温、高压气体的作用，而且还是发动机各机构和系统的装配机体，因此要求其具有足够的强度和刚度，且耐磨损和耐腐蚀。气缸体一般用高强度灰铸铁或铝合金铸造，但在轿车发动机上采用铝合金气缸体的越来越普遍。水冷式发动机的气缸体和曲轴箱常铸成一体，称为气缸体-曲轴箱，简称为气缸体，如图1-6所示。气缸体上部按一定规律排列，为活塞运动导向的圆柱形空腔称为气缸，气缸外壁周围的空腔相互连通构成水套，冷却液在其间流动，以增强散热。气缸体下部支承曲轴转动的空间称为曲轴箱，在曲轴箱的前、后端及中间隔板处布有纵、横油道，以满足润滑需要。

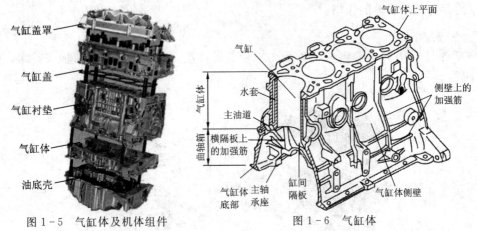

图 1-5　气缸体及机体组件　　　　　图 1-6　气缸体

气缸按照排列形式可以分为直列式、V 型和水平对置式，如图 1-7 所示。

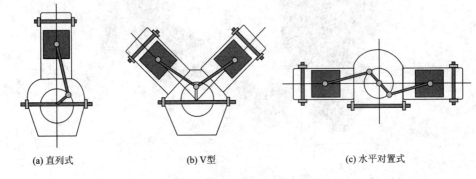

(a) 直列式　　　　　　　　(b) V型　　　　　　　　(c) 水平对置式

图 1-7　气缸体排列形式

2）气缸盖

气缸盖安装在气缸体的上面，从上部密封气缸并构成燃烧室。它经常与高温高压燃气相接触，因此承受很大的热负荷和机械负荷。为了保证气缸的良好密封，气缸盖既不能损坏，也不能变形。为此气缸盖应具有足够的强度和刚度。为了使气缸盖的温度分布尽可能的均匀，避免进、排气门座之间发生热裂纹，缸盖下端面的冷却液孔与缸体的冷却液孔相通，对气缸盖进行良好的冷却。气缸盖一般都由优质灰铸铁或合金铸铁铸造，铝合金的导热性好，有利于提高压缩比，所以近年来轿车用的汽油机越来越多地采用铝合金气缸盖，如图 1-8 所示。

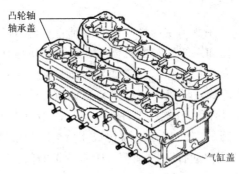

图 1-8　气缸盖

　　气缸盖上还装有进、排气门座,气门导管孔,用于安装进、排气门,还有进气通道和排气通道等。汽油机的气缸盖上加工有安装火花塞的孔,而柴油机的气缸盖上加工有安装喷油器的孔。顶置凸轮轴式发动机的气缸盖上还加工有凸轮轴轴承孔,用以安装凸轮轴。当活塞位于上止点时,活塞顶面以上、气缸盖底面以下所形成的空间称为燃烧室。燃烧室的形状对发动机的工作影响很大,由于汽油机和柴油机的燃烧方式不同,其气缸盖上组成燃烧室的部分差别较大。汽油机的燃烧室主要在气缸盖上,而柴油机的燃烧室主要在活塞顶部的凹坑中。

　　3)气缸衬垫

　　气缸衬垫是机体顶面与气缸盖底面之间的密封件,如图 1-9 所示。其作用是保持气缸密封不漏气,保持由机体流向气缸盖的冷却液和机油不泄漏。气缸衬垫承受拧紧气缸盖螺栓时造成的压力,并受到气缸内燃烧气体高温、高压的作用以及机油和冷却液的腐蚀;气缸衬垫应该具有足够的强度,并且要耐压、耐热和耐腐蚀;另外,还需要有一定的弹性,以补偿机体顶面和气缸盖底面的粗糙度和不平度以及发动机工作时反复出现的变形。按照所用材料的不同,气缸衬垫可分为金属-石棉衬垫、金属-复合材料衬垫和全金属衬垫等多种。

　　4)油底壳

　　油底壳的主要功用是储存机油和封闭机体或曲轴箱,如图 1-10 所示。油底壳用薄钢板冲压或用铝铸制而成。油底壳内设有挡板,用以减轻汽车颠簸时油面的震荡。此外,为了保证汽车倾斜时机油泵能正常吸油,通常将油底壳局部做得较深。油底壳底部设放油螺塞。有的放油螺塞带磁性,可以吸附机油中的铁屑。

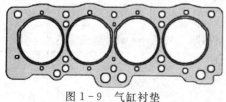

图 1-9   气缸衬垫

图 1-10   油底壳

【任务实施】

　　下面以东风雪铁龙 TU5JP4 发动机气缸衬垫的更换为例进行实操。作业流程如下:

　　(1)缸盖的结构识别,相关参数及拧紧力矩要求,如图 1-11 所示。

　　(2)气缸盖的相关参数见表 1-4。

表 1-4   气缸盖相关参数一览表

发动机型号	TU5JP4
发动机代码	N6A
螺栓标准长度"B"/mm	117
最大螺栓长度"B"/mm	118.8
气缸盖的高度"A"/mm	135.8±0.05

　　(3)拧紧方法与力矩。

　　缸盖螺栓拧紧力矩示意图如图 1-12 所示。

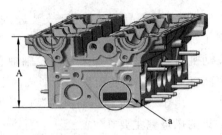

图 1-11　TU5JP4 发动机缸盖

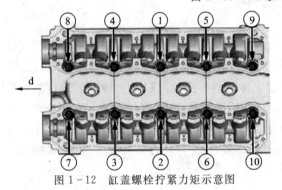

图 1-12　缸盖螺栓拧紧力矩示意图

"d"正时齿轮端。

发动机型号	TU5JP4
发动机代码	N6A
螺栓预紧（按①~⑩次序）/N·m	20±2
角度拧紧（按①~⑩次序）	260±5

【考核评价】

考核评价表

目标	评价要素	评价标准	评价依据	考核方式		权重	评分
知识	基本知识	知识的要求	个人作业 课堂笔记 课堂练习 小组作业 期末考试	学生自评		10%	
				教师评定		10%	
				学生互评		10%	
能力	基本技能	正确描述曲柄连杆机构的组成、机体组的结构与原理；能够规范进行气缸衬垫的更换	实践练习 小组作业 学生作业单	教师评定	动手能力	15%	
					作业单的填写	15%	
素质	学习态度	遵守纪律，积极参与课堂教学活动，按时完成作业，按要求完成准备	课堂表现记录，考勤表，同学及教师观察，课堂笔记	学生自评		10%	
				小组互评			
				教师评定			
	沟通协作管理	乐于请教和帮助同学，协调小组活动，配合教师教学管理，做好教室值日工作，做好课前准备和课后整理	小组作业，小组活动记录，自评及互评记录，值日记录，同学及教师观察	学生自评		15%	
				小组互评			
				教师评定			
	创新精神	有自主学习计划，在作业练习中能提出问题和见解，对教学或管理提出意见和建议，积极参与小组活动设计	个人作业，自主学习计划，学习活动，个人口头或书面提议	学生自评		15%	
				小组互评			
				教师评定			

【教学小结】

难点：曲柄连杆机构的组成。

重点：机体组的组成结构及气缸的分类。

教学体会及建议：（由任课老师撰写）

任务二　活塞与活塞环的拆装与检测

【学习目标】

教学能力目标	专业能力目标	专业知识目标	专业素质目标
（1）能够借助教学课件等资料清楚描述曲柄连杆机构的功用、组成； （2）能够指导学生按照工艺文件进行曲柄连杆机构的拆卸和装配； （3）能够指导学生规范地进行活塞和活塞环的拆卸、检测与装配	（1）描述发动机曲柄连杆机构作用及组成； （2）能够对发动机曲柄连杆机构进行装配和检测工作	（1）了解发动机曲柄连杆机构的作用及组成； （2）掌握活塞与活塞环的拆装与检测方法	（1）具有良好的工作责任心和职业道德； （2）具有安全操作意识和良好的环境保护意识； （3）培养学生的团队协作精神

【任务导入】

一辆 2010 年出厂的 1.3L 长安福特嘉年华轿车，行驶了 100 000 公里，发动机烧机油现象明显，来到 4S 店进行维修。

【任务分析】

发动机烧机油故障主要是由于汽缸盖和曲柄连杆机构中的活塞密封不严造成的，主要检查活塞及活塞环的状况，因此需要对发动机两大机构之一的曲柄连杆机构进行拆卸检修。

【建议学时】

8 学时。

【教学设计】

步骤	学习内容	教学方法	教学手段	学生活动	时间分配
导入	本单元的目标和任务	讲授	PPT 演示	听讲	10 min
小组作业	（1）曲柄连杆机构的组成； （2）曲柄连杆机构的作用	分组讨论 卡片法 翻页法	提问 引导 总结	讨论 查阅资料 小组发言	35 min
讲解	（1）活塞的组成及机构； （2）活塞环的类型及作用	多媒体演示	PPT 演示 动画演示	听讲 思考	45 min
深化	（1）活塞的润滑； （2）曲轴轴向间隙的确定； （3）曲轴、气缸体及连杆之间的间隙	分组讨论 卡片法	提问 总结	讨论 查阅资料 代表发言	45 min
讲解	活塞环检测方法	讲授	PPT 演示	听讲 思考	15 min
启发	活塞环的三隙检测方法	启发	提问 引导 图片展示	思考 发言	15 min
讲解	活塞环拆卸安装方法	讲授	图片展示 实物展示	听讲 思考 认识结构	15 min
操练	曲柄连杆机构拆装训练	实操	实操演示 发动机台架展示	曲柄连杆机构拆装训练	90 min
操练	制定更换活塞环工作计划	任务驱动法 分组讨论	提问 总结	讨论 制定计划 代表发言	60 min
操练	按照工作计划更换活塞环	任务驱动	操作演示 实车操作	更换活塞环	90 min
归纳	以组为单位让学生讲述自己的认知结果，分析该项目的知识点和技能点	分组讨论 启发	分组讨论	学生相互交流 代表发言 互相点评	60 min
总结	教师给出评价，教师解答问题并作总结	评价总结	PPT 演示	听讲	20 min
课后作业	布置作业	练习	工作页	完成工作页	课后完成

【学习资讯】

1. 活塞连杆组的组成

活塞连杆组由活塞、活塞环、活塞销、连杆、连杆轴瓦等组成。

1）活塞

活塞的作用是承受燃烧气体压力，并通过活塞销传给连杆驱使曲轴旋转，活塞顶部还是燃烧室的组成部分，如图 1-13 所示。活塞在高温、高压、高速、润滑不良的条件下工作。活塞直接与高温气体接触，瞬时温度可达 2500 K 以上，因此，受热严重，而散热条件又很差，所以活塞工作时温度很高，顶部高达 600～700 K，且温度分布很不均匀；活塞顶部承受气体压力很大，特别是作功行程压力最大，汽油机高达 3～5 MPa，柴油机高达 6～9 MPa，这就使得活塞产生冲击，并承受侧压力的作用；活塞在气缸内以很高的速度（8～12 m/s）往复运动，且速度在不断地变化，这就产生了很大的惯性力，使活塞受到很大的附加载荷。活塞在这种恶劣的条件下工作，会产生变形并加速磨损，还会产生附加载荷和热应力，同时受到燃气的化学腐蚀作用。

2）连杆

连杆的作用是将活塞承受的力传给曲轴，并使活塞的往复运动转变为曲轴的旋转运动。连杆由连杆体、连杆盖、连杆螺栓和连杆轴瓦等零件组成，连杆体与连杆盖分为连杆小头、杆身和连杆大头，如图 1-13 所示。连杆小头用来安装活塞销，以连接活塞。杆身通常做成"工"或"H"形断面，以求在满足强度和刚度要求的前提下减少质量。连杆大头与曲轴的连杆轴颈相连，一般做成分开式，与杆身切开的一半称为连杆盖，二者靠连杆螺栓连接为一体。

连杆轴瓦安装在连杆大头孔座中，与曲轴上的连杆轴颈装合在一起，是发动机中最重要的配合副之一。常用的减磨合金主要有白合金、铜铅合金和铝基合金。

2. 曲轴飞轮组

曲轴飞轮组的作用是把活塞的往复运动转变为曲轴的旋转运动，为汽车的行驶和其他需要动力的机构输出扭矩，同时还可储存能量，用以克服非作功行程的阻力，使发动机运转平稳。曲轴飞轮组主要由曲轴、飞轮以及其他不同作用的零件和附件组成（例如平衡轴）。其零件和附件的种类及数量取决于发动机的结构和性能要求，如图 1-14 所示。

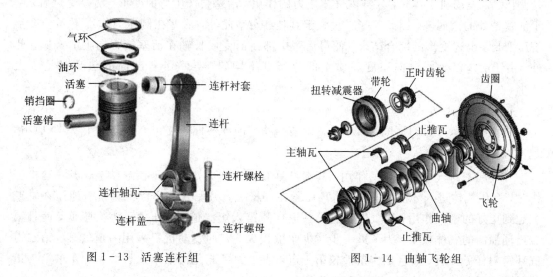

图 1-13　活塞连杆组　　　　　　　　　　　图 1-14　曲轴飞轮组

3. 活塞的结构及类型

整个活塞主要由活塞顶部、活塞头部和活塞裙部及活塞环、活塞销等部分组成。

1）活塞顶部

活塞的主要作用是承受气缸中的燃烧压力，并将此力通过活塞销和连杆传给曲轴。此外，活塞还与气缸盖、气缸壁共同组成燃烧室。

活塞顶部是燃烧室的组成部分，其形状、位置、大小都和燃烧室的具体形式有关，都是为满足可燃混合气形成和燃烧的要求。其顶部形状可分为四大类：平顶活塞、凸顶活塞、凹顶活塞和成型顶活塞，如图1-15所示。汽油机活塞顶多采用平顶或凹顶，以便使燃烧室结构紧凑，散热面积小，制造工艺简单。

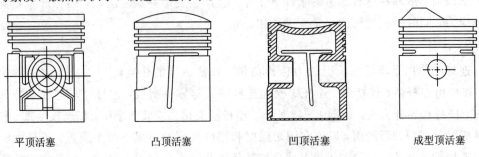

平顶活塞　　　　　凸顶活塞　　　　　凹顶活塞　　　　　成型顶活塞

图1-15　活塞顶部类型

2）活塞头部

由活塞顶部至最下面一道活塞环槽之间的部分称为活塞头部。其作用是承受气体压力，防止漏气，将热量通过活塞环传给气缸壁。活塞头部切有若干环槽，用以安置活塞环。上面的2、3道槽用来安置气环，下面的1、2道槽用来安装油环。油环槽的底部钻有若干小孔，可使油环从气缸壁刮下的多余润滑油经此小孔流回油底壳。

3）活塞裙部

活塞环槽以下的所有部分称为活塞裙部。其作用是引导活塞在气缸中作往复运动并承受侧压力。发动机工作时，因缸内气体压力的作用，活塞会产生弯曲变形，活塞受热后，由于活塞销处的金属多，因此其膨胀量大于其他各处。此外，活塞在侧压力作用下还会产生挤压变形。上述变形的综合结果，使得活塞裙部断面变成长轴在活塞销方向上的椭圆。此外，由于活塞沿轴线方向温度和质量的分布都不均匀，导致了各断面的热膨胀是上大下小。

4. 活塞环

活塞环是发动机的重要零件之一，分为气环和油环两种，其布置方式如图1-16所示。

1）气环

气环起密封气体及导热的作用，其本身具有一定弹力，将环压在缸壁上。当发动机工作时，高压气体进入环槽，一方面将环压紧在环槽上，另一方面环背将更紧密地压在缸壁上起到更好的密封作用。当气体通过第一道环隙窜入第二道时，压力已大大降低，而且第二道环泄漏的气体极少。为了进一步减少摩擦损失，有的发动机只采用一道气环。第二道气环密封任务较轻，而且工作条件较第一道好些。为了避免机油窜入燃烧室，要求第二道气环除密封气体外，还有一定的刮油作用。

2）油环

油环的作用是将一定的润滑油均匀分布在缸壁上，防止润滑油窜入燃烧室并保证活塞环和缸壁的润滑。油环要刮下缸壁上多余的油，需较大的径向力将环压在缸壁上。由于环背没有气体压力的帮助，故环本身要具有较大的弹力及较小的接触面积，同时刮下的润滑油要能顺利地流回油底壳，所以油环槽背设有回油孔或切口。

油环通常有下列三种形式：

（1）整体式或单片式油环：这是最普通的一种，其断面形状如图1-17所示。为了提高刮油能力，油环表面较小以提高接触压力，有时还将其做成鹰嘴形，可进一步提高刮油能力。环上开有通孔或通槽，引导刮下的润滑油经活塞上的回油孔流回曲轴箱。

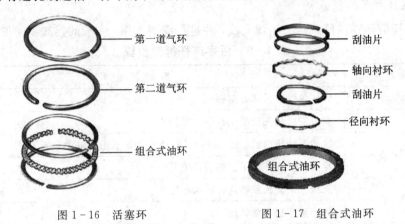

图1-16   活塞环   图1-17   组合式油环

（2）螺旋撑簧油环：这种形式的油环在单片油环背面安装螺旋撑簧，以提高油环径向压力并保持稳定。

（3）钢带组合油环：这种形式的油环由两片钢片和一片衬环组成。这种环的特点是接触压力高，上、下刮片能分别动作，具有良好的适应性。每片刮片不仅外圆与气缸表面接触进行刮油，阻止润滑油上窜，而且上、下端面和环槽上、下端面之间也保持接触，起密封作用，所以封油效果良好，目前汽车上的活塞大多采用这种油环。

【任务实施】

下面以丰田8A发动机的活塞连杆及活塞环的拆装检测为例进行说明。

1. 活塞环及活塞连杆的拆装

1）活塞环的安装

安装活塞环时最好使用专用工具安装，如使用活塞环安装钳等。这样可以避免因安装不当造成活塞环断裂、扭曲等现象。专用工具如图1-18所示。活塞环安装之前必须检查活塞环的开口间隙、侧隙和背隙；必须保证活塞环槽内的清洁，如果有积碳必须提前清理干净；先安装油环的衬簧，之后是刮片，再之后是气环；第一道气环和第二道气环不可互换，因为材质和处理工艺不同，环的宽度和厚度也可能不同；气环端口打有标记"T"、"TOP"或一个圆点的一面向上；在气缸中安装时，注意各道环的开口方向应互错180°，且气环开口错开裙部正方向。各道环的开口方向如图1-19所示。

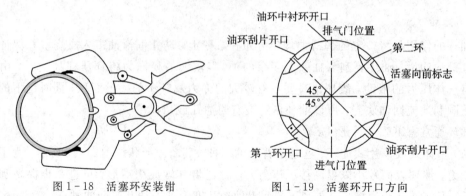

图 1-18　活塞环安装钳　　　　　　　图 1-19　活塞环开口方向

2）活塞连杆组的拆装

活塞连杆拆卸要按照一定的步骤完成，并进行清洁工作，一般的拆卸步骤见表 1-5。

表 1-5　活塞连杆拆卸步骤

拆卸顺序	拆卸步骤
1	确认各气缸活塞方向标记
2	调整发动机翻转架至机体倒置位置
3	旋转发动机曲轴，使（待拆）气缸处于活塞下止点位置
4	检查各缸连杆轴承盖的位置记号
5	交替分次旋松预松连杆轴承盖螺栓
6	拆卸连杆轴承盖螺栓
7	取下连杆轴承盖及螺栓
8	用榔头柄从连杆大头处往气缸上部方向推出活塞连杆总成
9	清洁各部件

活塞连杆安装要按照一定的步骤完成，并使用一些专用工具，活塞连杆的安装步骤见表 1-6。

表 1-6　活塞连杆安装步骤

拆卸顺序	拆卸步骤
1	旋转发动机曲轴，使（待装）气缸处于活塞下止点位置
2	调整活塞气环、油环开口位置
3	用活塞环压缩器压紧所有活塞环
4	把活塞从气缸上部放入相应气缸内（活塞顶部的方向记号应朝向发动机前部）
5	用榔头柄将活塞轻轻敲入气缸，推至连杆大头完全进入曲轴连杆轴径内
6	安装连杆轴承盖（带连杆盖轴瓦）
7	对角分次拧紧连杆紧固螺栓至相应的力矩
8	旋转曲轴至少一周以上，检查安装情况

2. 活塞环的检测

由于活塞环的重要作用，为了确保活塞环与活塞环槽、气缸壁的良好配合，在选配活塞环时，需要进行活塞环的弹力检验、漏光度检验，以及端隙、侧隙和背隙检验。

（1）活塞环的弹力检测：用活塞环弹力检验仪检验，应符合生产厂家及企业规定的技术要求。

（2）活塞环漏光的检测：活塞环漏光检验的目的是查看活塞环与气缸壁的贴合情况，漏光度过大，活塞环局部接触面积小，从而造成漏光和机油上窜，燃烧积碳，排气管排黑烟。选配活塞环时，必须进行漏光检查。

检测程序：将活塞环平放在气缸内，活塞环置于气缸内，用倒置的活塞将其推平，活塞上面放一块直径略小于活塞环外径的圆形盖板，盖住活塞的内圆，在活塞环的下面放一个发亮的灯，从气缸上部观察活塞与气缸壁的缝隙，确定其漏光情况。

漏光度要求：漏光处的缝隙应不大于 0.3 mm；同一活塞环的漏光不得多于两处，漏光弧长在圆周上一处不得大于 30°；同一环上的漏光弧长总和不得超过 60°；在环端口处左右 30°范围内不允许有漏光现象。

（3）活塞环三隙检测：发动机工作时，活塞环随活塞在气缸内作往复运动时，有径向胀缩变形现象，因此活塞环在气缸内应有开口间隙，与活塞环槽间应有侧隙与背隙。

端隙是指活塞冷状态下装入气缸后开口处的间隙。此间隙是为了防止活塞环受热膨胀卡死在气缸内设置的。在检查漏光度的同时可检查端隙，用厚薄规测量。端隙检测方法是将活塞环置于气缸内，并用倒置的活塞顶部将其推平，然后用厚薄规测量，如图 1-20 所示，图中 A 尺寸需要查询发动机维修工艺。若端隙大于规定值，则应重新选配活塞环；若端隙小于规定值，应用细平锉刀对环的端口进行锉修。

侧隙又称边隙，是指环高方向上与环槽的间隙，这个间隙防止活塞环卡死在环槽内。第一道环因为工作温度过高，一般间隙比其他环大些，油环侧隙较气环小。此间隙过大会使环的气密性下降，此间隙过小会导致在高温膨胀时相互间发生"粘住"的危险。活塞环的侧隙也是用厚薄规测量，测量方法见图 1-21。

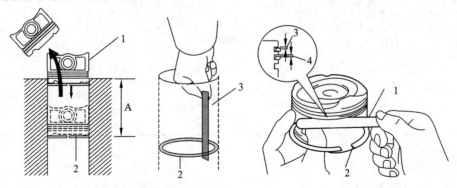

图 1-20　活塞环端隙测量　　　　　图 1-21　活塞环侧隙测量

背隙是指活塞和活塞环装入气缸后，活塞环背面与环槽底部的间隙。背隙是活塞环在工作时靠燃烧时的高压气体进入背间隙对活塞环产生压力，来加强活塞环与气缸工作面的密封作用。为了测量方便，维修中常以活塞环的径向厚度与环槽的深度差来表示背隙，此数值比实际背隙要小，如图 1-22 所示。

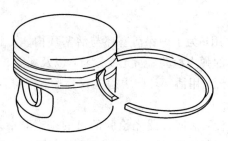

图 1－22　活塞环背隙

【考核评价】

考核评价表

目标	评价要素	评价标准	评价依据	考核方式		权重	评分
知识	基本知识	理解曲柄连杆机构的功用与工作过程；了解曲柄连杆机构的类型	个人作业 课堂笔记 课堂练习 小组作业 期末考试	学生自评		10%	
				教师评定		10%	
				学生互评		10%	
能力	基本技能	正确描述曲柄连杆机构的组成、结构与工作原理；能够规范进行活塞连杆及活塞环的检测与更换	实践练习 小组作业 学生作业单	教师评定	动手能力	15%	
					作业单的填写	15%	
素质	学习态度	遵守纪律，积极参与课堂教学活动，按时完成作业，按要求完成准备	课堂表现记录，考勤表，同学及教师观察，课堂笔记	学生自评			
				小组互评		10%	
				教师评定			
	沟通协作管理	乐于请教和帮助同学，小组活动协调和谐，配合教师教学管理，做好教室值日工作，做好课前准备和课后整理	小组作业，小组活动记录，自评及互评记录，值日记录，同学及教师观察	学生自评			
				小组互评		15%	
				教师评定			
	创新精神	有自主学习计划，在作业练习中能提出问题和见解，对教学或管理提出意见和建议，积极参与小组活动设计	个人作业，自主学习计划，学习活动，个人口头或书面提议	学生自评			
				小组互评		15%	
				教师评定			

【教学小结】

难点：活塞环检测方法。

重点：

（1）活塞连杆的拆卸安装方法；

（2）活塞环的拆卸安装方法。

教学改进及建议：（由任课老师撰写）

任务三　正时皮带的更换与调整

【学习目标】

教学能力目标	专业能力目标	专业知识目标	专业素质目标
（1）能够借助教学课件等资料清楚描述配气机构的功用、组成； （2）能够引导学生区分配气机构的类型与特点； （3）能够指导学生按照工艺文件进行正时皮带的拆卸、检测和装配	（1）描述配气机构的组成与类型； （2）对发动机配气机构进行保养工作	（1）了解四冲程发动机配气机构的任务； （2）理解发动机配气机构的工作原理； （3）根据结构形式、结构和功能区分发动机配气机构	（1）具有良好的工作责任心和职业道德； （2）具有安全操作意识和良好的环境保护意识； （3）培养学生的团队协作精神

【任务导入】

一辆东风雪铁龙凯旋轿车，行驶了 90 500 公里，来到 4S 店进行定期维护保养。

【任务分析】

根据东风雪铁龙售后保养规范要求，该车行驶 9 万公里需要进行正时皮带的更换。因此，需要了解配气机构的组成与原理，制定并执行正时皮带更换计划。

【建议学时】

8 学时。

【教学设计】

步骤	学习内容	教学方法	教学手段	学生活动	时间分配
导入	本单元的目标和任务	讲授	PPT 演示	听讲	10 min
小组作业	（1）配气机构的定义； （2）配气机构的作用； （3）气门自动调节机构能完成的任务	分组讨论 卡片法 翻页法	提问 引导 总结	讨论 查阅资料 代表发言	40 min
讲解	（1）换气过程（排气过程、进气过程、气门重叠过程）； （2）充气效率	多媒体演示	PPT 演示 动画演示	听讲 思考	90 min
深化	（1）影响充气效率的因素； （2）提高充气效率的途径	分组讨论 卡片法	提问 总结	讨论 查阅资料 代表发言	40 min

续表

步骤	学习内容	教学方法	教学手段	学生活动	时间分配
讲解	用配气相位图来表示发动机的进、排气的早开和晚关	讲授	PPT 演示 动画演示	听讲 思考	60 min
启发	气缸的编号顺序和点火顺序	启发	提问 引导 图片展示 动画演示	思考 发言	60 min
讲解	不同类型发动机配气机构的结构形式和工作原理	讲授	图片展示 实物展示	听讲 思考 认识结构	60 min
讲解	气门的类型、结构、负操练荷和功能	讲授	图片展示 实物展示	听讲 思考 认识结构	60 min
操练	配气机构拆装训练	实操	实操演示 发动机台架展示	配气机构 拆装训练	180 min
操练	制定更换正时皮带的工作计划	任务驱动法 分组讨论	提问 总结	讨论 制定计划 代表发言	100 min
操练	按照工作计划更换正时皮带	任务驱动	操作演示 实车讲解	更换正时皮带	180 min
归纳	学生以组为单位讲述自己的认知结果，分析该项目的知识点和技能点	分组讨论 启发	分组讨论	学生相互交流 代表发言 互相点评	60 min
总结	教师给出评价，教师解答问题并作总结	评价 总结	PPT 演示	听讲	20 min
课后作业	布置作业	练习	工作页	完成工作页	课后完成

【学习资讯】

1. 配气机构的作用

在发动机工作过程中，配气机构按照发动机每一气缸内所进行的工作循环和点火次序的要求，开启和关闭各气缸的进、排气门，使新鲜混合气及时进入气缸，废气得以及时地排出气缸外。

对配气机构的要求是结构参数和形式有利于减少进气和排气阻力，而且进、排气门的开启时刻和延续的开启时间比较适当，使进气和排气都尽可能充分，以得到较大的功率转矩和排放性能。

2. 配气机构的组成

发动机配气机构基本可分成两部分：气门组和气门传动组。气门组用来封闭进、排气道，主要零件包括气门、气门座、气门弹簧、气门导管等。气门组的组成与配气机构的形式基本无关，但结构大致相同。气门传动组是从正时齿轮开始至推动气门动作的所有零件，作用是使气门定时开启和关闭，它的组成视配气机构的形式不同而异，主要零件包括正时齿轮（正时链轮和链条或正时皮带轮和皮带）、凸轮轴、挺杆、推杆、摇臂轴和摇臂等。

现代轿车使用的高速发动机大多采用凸轮轴顶置式结构形式，如图1-23所示。凸轮轴仍与曲轴平行布置，但位于气门组上方，凸轮轴直接通过摇臂来驱动气门开启和关闭，省去了推杆，使往复运动质量大大减小，但此种布置使凸轮轴距离曲轴较远，因此，不方便使用齿轮传动，现多采用同步齿形胶带传动。这种结构形式的气门传动组主要由凸轮轴、同步齿形胶带、挺柱、摇臂、摇臂轴等组成。

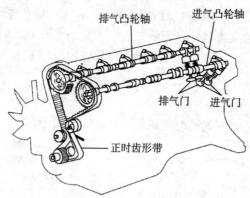

图1-23　配气机构的组成

3. 配气机构的类型

1）按气门的布置位置不同分类

配气机构按气门的布置位置不同可分为气门侧置式配气机构和气门顶置式配气机构两大类。气门位于气缸体侧面称为气门侧置式配气机构，由凸轮、挺柱、气门和气门弹簧等组成。省去了推杆、摇臂等零件，简化了结构。因为它的进、排气门在气缸的一侧，压缩比受到限制，进、排气门阻力较大，发动机的动力性和高速性均较差。气门侧置式配气机构仅在小型内燃机中还有所使用。气门顶置式配气机构的进气门和排气门都倒挂在气缸盖上，具有进气阻力小、燃烧室结构紧凑、气流搅动大、能达到较高的压缩比等特点，现代的汽车发动机都采用气门顶置式配气机构。

2）按凸轮轴的位置分类

配气机构按凸轮轴的位置分为凸轮轴下置式、凸轮轴中置式、凸轮轴顶置式三大类，如图1-24所示。

(a) 凸轮轴下置式　(b) 凸轮轴中置式　(c) 凸轮轴顶置式

图1-24　凸轮轴的布置形式

（1）凸轮轴下置式配气机构。该形式应用最广泛，载货汽车和大、中型客车发动机都采用这种布置方式。凸轮轴装在曲轴箱内，摇臂轴装在气缸盖上，两者相距较远，推杆较长；凸轮轴距曲轴较近，两者之间只用一对正时齿轮传动，传动简单、可靠。

（2）凸轮轴中置式。为减小气门传动组零件的往复运动惯性力，某些速度较高的发动机将下置式凸轮的位置抬高到缸体的上部，缩短了传动零件的长度，称之为凸轮轴中置式配气机构。凸轮轴中有的采用中间齿轮传动，也有的采用链条传动（如别克赛欧）或齿型带传动。

（3）凸轮轴顶置式配气机构。凸轮轴直接布置在缸盖上。此种布置方式传力零件少，发动机损失功相对较少。凸轮轴直接通过摇臂来驱动气门或直接通过挺柱驱动气门，省去了推杆，使往复运动质量大大减小，因此它适合于高速发动机。由于凸轮轴离曲轴中心较远，因而都采用链条传动或同步齿形带传动，使得正时传动机构较为复杂。此种配气机构为大多数轿车采用。

3）按曲轴驱动凸轮轴的方式分类

（1）齿轮传动。凸轮轴下置的配气机构都采用正时齿轮传动，如图 1-25 所示。

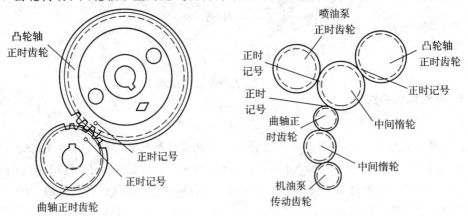

图 1-25　齿轮传动及正时记号

　　一般从曲轴到凸轮轴的传动只需一对正时齿轮，若齿轮直径过大，可在中间加装一个惰轮。为了啮合平稳，减小噪声，正时齿轮多用斜齿。在中、小功率发动机上，曲轴正时齿轮用钢来制造，而凸轮轴正时齿轮则用铸铁或夹布胶木制造，以减小噪声。齿轮传动比较平稳，配气正时控制精度高，又不需要张紧装置，摩擦损失小，在使用中无需调整和保养。但齿轮传动的传力零件比较多，发动机损失功多，震动和噪声较大。

（2）链条传动。链条与链轮的传动特别适用于凸轮轴上置、中置的配气机构。为使在工作时链条有一定的张力而不至脱链，通常装有导链板、张紧装置等，如图 1-26 所示。链条与链轮传动的主要问题是其工作可靠性和耐久性不如齿轮传动，其传动性能在很大程度上取决于链条的制造质量。

（3）同步齿形带传动。近年来，在高速发动机上还广泛采用齿形带来代替传动链，它不需要润滑，工作噪声低，结构质量轻，制造成本低。这种齿形带用氯丁橡胶制成，中间夹有玻璃纤维和尼龙织物，以增加强度。为确保齿形传动的可靠性，齿形带传动也需要张紧装置，如图 1-27 所示。如齿形带过松，发动机工作过程中可能产生跳齿现象，使配气相位失准，影响发动机正常工作。

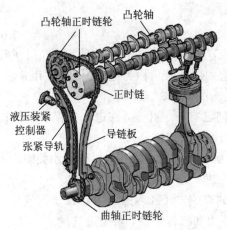

图 1-26　正时链条传动

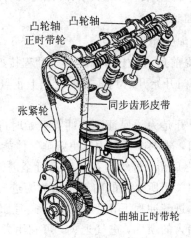

图 1-27　齿形皮带传动

4）按每缸气门的数量分类

一般发动机较多采用一个进气门和一个排气门，其特点是结构简单，能适应各种燃烧室，但其气缸换气受到进气通道的限制，故都用于低速发动机。众多的新型汽车发动机上采用多气门结构（每个气缸采用四个或五个），四气门结构的配气机构如图 1-28 所示。采用这种型式后，进气门总的通过断面较大，充气效率较高，排气门的直径可适当减小，工作温度降低，提高了工作可靠性，改善了排放性能。

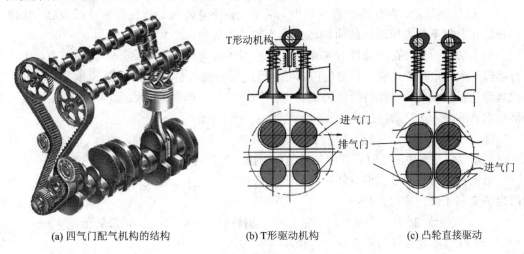

(a) 四气门配气机构的结构　　(b) T形驱动机构　　(c) 凸轮直接驱动

图 1-28　四气门结构及气门驱动方式

4. 配气相位

1）充气效率

新鲜空气或可燃混合气被吸入气缸愈多，则发动机可能发出的功率愈大。新鲜气体或可燃混合气充满气缸的程度用充气效率表示。充气效率越高，表明进入气缸的新鲜气体越多，可燃混合气燃烧时可能放出的热量也就越大，发动机的功率也越大。

四冲程发动机，理论上每一个工作冲程对应 180° 曲轴转角。现代发动机转速都很高，一个冲程所经历的时间十分短暂。为此，现代发动机在换气过程中其进、排气门都是早开迟关的，以改善进、排气状况，从而提高发动机的动力性。

2）配气相位

（1）进气配气相位。

① 进气提前角。在上一循环排气冲程接近终了，活塞到达上止点之前，进气门便开始开启。从进气门开始开启到活塞运行至上止点对应的曲轴转角称为进气提前角，用 α 表示。一般 $\alpha=0°\sim40°$。

进气门早开是为了保证进气冲程开始时进气门已有一定开度，在进气冲程中获得较大进气通道截面，减少进气阻力，使新鲜气体能顺利地充入气缸。

② 进气迟后角。进气门在活塞运行至进气冲程下止点后、在压缩冲程中才关闭。从下止点到进气门关闭所对应的曲轴转角称为进气迟后角，用 β 表示。一般 $\beta=20°\sim60°$。

活塞到达进气冲程下止点时，由于进气阻力的影响，气缸内的压力仍低于大气压，且气流还有相当大的惯性，进气迟关，可利用大气压力和气流惯性，增大进气量。

下止点过后，随着活塞的上行，气缸内的压力逐渐增大，进气气流速度也逐渐减小。若 β 过大，便会将进入气缸的气体重新又压回进气管，使发动机充气效率下降。

③ 进气持续角。进气门从开启至完全关闭的持续时间内所对应的曲轴转角，即 $\alpha+180°+\beta$。

（2）排气配气相位。

排气门早开迟关：废气在气体膨胀压力的作用下自动排出，因而使气缸内的压力迅速降低，减少排气阻力，并利用气流惯性，使缸内废气尽可能排净。

① 排气提前角。在作功冲程的后期，活塞到达下止点前，排气门便开始开启。从排气门开始开启到下止点所对应的曲轴转角称为排气提前角，用 γ 表示。一般 $\gamma=30°\sim80°$。

由示功图可知，在作功冲程结束前，气缸内还有大约 $0.3\sim0.5$ MPa 的压力，作功能力已经不大，此时若提前打开排气门，可利用此压力使气缸内的废气迅速地自由排出，待活塞到达下止点时，气缸内的压力约为 $110\sim120$ kPa，排气阻力大为减小。高温废气的提早排出，还可防止发动机过热。

② 排气迟后角。活塞越过排气上止点后，在下一循环的进气冲程中排气门才关闭。从上止点到排气门完全关闭所对应的曲轴转角称为排气迟后角，用 δ 表示。一般 $\delta=10°\sim35°$。

活塞到达排气上止点时，气缸内的压力仍高于大气压，废气气流仍有较大惯性，排气门迟关有利于缸内废气的排出。

③ 排气持续角。排气门从开启至完全关闭的持续时间内所对应的曲轴转角，即 $\gamma+180+\delta$。

（3）气门重叠与气门重叠角。

由于进气门早开、排气门晚关，在排气终了和进气刚开始即排气上止点附近，存在两个气门同时开启的现象，这种现象称为气门重叠。进、排气门同时开启时间对应的曲轴转角称为气门重叠角。其大小等于进气门早开角 α 与排气门迟后角 δ 之和，即 $\alpha+\delta$。进、排气门重叠时间极短，进、排气流来不及改变各自的流动方向和流动惯性，合适的气门重叠角，不会出现废气倒流进气道和新鲜气体随废气一起排出的现象。

（4）配气相位图。

气门早开迟关，是为了满足进气充足、排气干净、增大充气、提高发动机功率的需要。将进排气门的实际开闭时刻和开启过程用曲轴转角的环形图来表示，这种图形称为配气相位图(见图 1-29)。

　　配气相位中进气提前角 α、进气迟后角 β 以及排气提前角 γ、排气迟后角 δ 的大小,对发动机性能都有很大的影响。进气提前角 α 增大或排气迟后角 δ 增大使重叠角($\alpha+\delta$)增大时,将导致废气倒流、新鲜气体随废气排出的现象,对汽油机则直接造成燃料的浪费;相反,若气门重叠角过小,则进气阻力增大或"浪费"废气气流惯性。对发动机性能影响最大的是进气迟闭角 β。β 过小,进气门关闭过早影响进气量;β 过大,进气门关闭过晚,进入气缸内的气体重新又压回到进气道内,影响发动机的进气量。排气提前角 δ 过大,高温高压气体过早排出气缸,造成发动机功率下降,油耗增大,排气管产生放炮等现象;但排气提前角过小,则排气阻力增大,增加发动机功率消耗,还可能造成发动机过热。

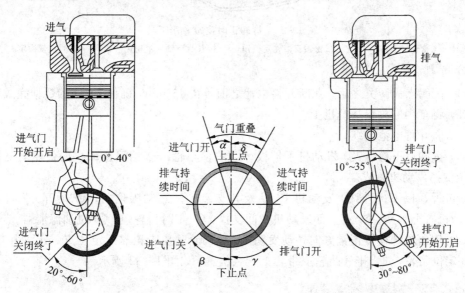

图 1-29　配气相位图

【任务实施】

　　下面以东风雪铁龙 TU5JP4 发动机正时皮带操作为例进行讲解。

1. 认识正时机构

东风雪铁龙 TU5JP4 发动机的正时机构如图 1-30 所示。

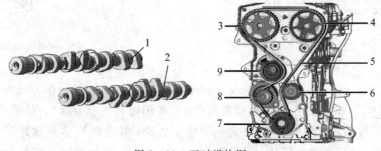

图 1-30　正时机构图

1—进气凸轮轴;2—排气凸轮轴;3—进气凸轮轴皮带轮;4—排气凸轮轴皮带轮;
5—正式皮带;6—惰轮;7—曲轴正时皮带轮;8—水泵驱动带轮;9—自动张紧轮

2. 拆卸—安装正时皮带

1）推荐工具

拆卸正时皮带专用工具见图 1-31。

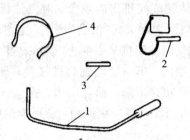

图 1-31　拆卸正时皮带专用工具

1—飞轮定位工具；2—进气凸轮轴皮带轮定位销；3—排气凸轮轴皮带轮定位销；4—正时皮带固定夹

2）拆卸步骤

（1）关闭点火开关之后，在断开蓄电池之前等待 15 min，确保 ECU 的数据完成存储。

（2）将车辆停放在举升机上。

（3）断开蓄电池电缆。

（4）拆卸以下部件：① 发动机下护板；② 右前车轮；③ 挡泥板；④ 附件驱动皮带，并用支架支撑发动机总成。

（5）拆卸以下部件：① 发动机 ECU 及其支架；② 运动限位器；③ 拆开并移动线束；④ 发动机右上支架；⑤ 右上部发动机中间支撑；⑥ 正时齿轮盖；⑦ 机油滤清器。

（6）用曲轴螺栓按正常方向转动发动机，让凸轮轴皮带轮靠近定位点。分别用工具 1、2 和 3 定位飞轮，进、排气凸轮皮带轮上止点位置，如图 1-32 所示。

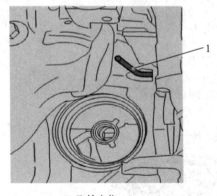

(a) 飞轮定位

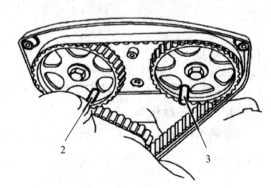

(b) 凸轮轴皮带轮定位

图 1-32　飞轮、凸轮轴皮带轮定位

1—飞轮定位工具；2—进气凸轮轴皮带轮定位销；3—排气凸轮轴皮带轮定位销

（7）参照图 1-33，拧松张紧轮的紧固螺栓，并用内六角扳手在"a"处顺时针转动张紧轮，将指针"b"拨动到位置"c"，以便完全放松张紧轮，并用销钉将张紧轮定位在此位置。检查张紧轮保证其可以自由转动，无卡滞。注意：不得将张紧轮旋转一整圈。

3）安装

注意：必须更换新的正时皮带。

按照以下顺序安装新的正时皮带：

（1）安装曲轴皮带轮，用图1-31所示的工具4保持住；

（2）安装惰轮；

（3）安装进气凸轮轴皮带轮；

（4）安装排气凸轮轴皮带轮；

（5）安装水泵驱动皮带轮；

（6）安装张紧轮；

（7）拔下定位工具2、3；

（8）预紧张紧轮螺栓至（10±1）N·m；

（9）拆下定位工具1、4，将曲轴以正常旋转方向转动4圈以上，再次检查定位标记是否对正，如果不正确，重复上述正时皮带安装过程。注意：在此过程中不得反向转动曲轴。

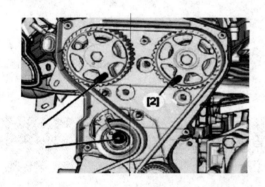 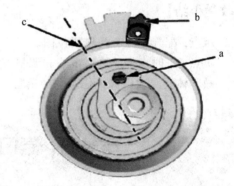

图1-33　张紧轮的拆卸

1—排气凸轮轴皮带轮定位销；2—进气凸轮轴皮带轮定位销；3—正时皮带张紧轮

【考核评价】

考核评价表

目标	评价要素	评价标准	评价依据	考核方式		权重	评分
知识	基本知识	理解配气机构的功用与工作过程；了解正时机构的类型	个人作业 课堂笔记 课堂练习 小组作业 期末考试	学生自评		10%	
				教师评定		10%	
				学生互评		10%	
能力	基本技能	正确描述配气机构的组成、结构与工作原理；能够规范进行正时皮带的更换与调整	实践练习 小组作业 学生作业单	教师评定	动手能力	15%	
					作业单的填写	15%	

续表

目标	评价要素	评价标准	评价依据	考核方式	权重	评分
素质	学习态度	遵守纪律，积极参与课堂教学活动，按时完成作业，按要求完成准备	课堂表现记录，考勤表，同学及教师观察，课堂笔记	学生自评	10%	
				小组互评		
				教师评定		
	沟通协作管理	乐于请教和帮助同学，协调小组活动，配合教师教学管理，做好教室值日工作，做好课前准备和课后整理	小组作业，小组活动记录，自评及互评记录，值日记录，同学及教师观察	学生自评	15%	
				小组互评		
				教师评定		
	创新精神	有自主学习计划，在作业练习中能提出问题和见解，对教学或管理提出意见和建议，积极参与小组活动设计	个人作业，自主学习计划，学习活动，个人口头或书面提议	学生自评	15%	
				小组互评		
				教师评定		

【教学小结】

　　难点：配气相位与配气相位图。

　　重点：正时皮带的更换步骤和调整方法。

　　教学体会及建议：(由任课老师撰写)

任务四　气门间隙的检查与调整

【学习目标】

教学能力目标	专业能力目标	专业知识目标	专业素质目标
(1)能够借助教学课件等资料描述气门间隙补偿装置的作用； (2)能够指导学生按照工艺文件进行气门间隙的检查和调整	(1)描述并区分气门间隙补偿装置； (2)分析气门间隙补偿装置的故障； (3)更换、调整气门间隙补偿装置	(1)气门间隙补偿装置的作用、功能与结构； (2)气门间隙补偿装置的故障原因和影响	(1)具有良好的工作责任心和职业道德； (2)具有安全操作意识和良好的环境保护意识； (3)培养学生的团队协作精神

【任务导入】

　　一辆东风雪铁龙世嘉轿车，行驶了1500公里。客户来到4S店反映：车辆冷起动后急速运转时发出较大的"嗒嗒嗒"声，热车以后噪声减小。

【任务分析】

　　根据故障症状和诊断快讯提示，需要进行气门间隙的检查。请描述气门间隙的作用，制定并执行气门间隙检查与调整计划。

【建议学时】

6学时。

【教学设计】

授课阶段	教师活动	学生活动	教学方法	教学媒介	学时分配
导入阶段 —激励 —获取信息	为学生做发动机挺柱的故障引导，提高学生的学习兴趣，让学生对和此故障相关的内容（不含管理系统内容）进行信息搜集理论学习	对液力挺柱故障相关的内容（不含管理系统内容）进行信息搜集理论学习，收集有关液力挺柱异响的关键点，可通过教材、杂志、网络资源获取	头脑风暴 给出关键问题 脑图	工作页 教材 杂志 网络资源 白板	90 min
实施阶段 —制定计划 —作出决定 —实施计划 —独立检查	各个小组汇报工作计划制定情况； 为学生的工作计划提出意见，并为学生工作计划的实施提供保障	(1)对系统进行分析； (2)分析维修过程中应该注意哪些安全措施； (3)思考在修理过程中的工作内容，包括拆卸、检查、更换、清洁、安装等	试车训练 小组讨论 头脑风暴 答疑	工作页 发动机总成 PPT 白板	180 min
深化阶段	总结、提问	个人、小组回答问题	小组讨论	白板	30 min
结果控制阶段 —评价 —反馈	听取小组汇报工作完成和自我评价，以及小组互评，教师对比各个小组的工作完成情况给以点评	小组汇报工作完成情况，小组互评各组工作存在哪些错误和可以改进的点； 进行工作质量的检查记录和后续工作	头脑风暴 小组汇报 小组讨论	工作页 PPT 白板	30 min
总结阶段 —迁移	总结本次工作任务，对整个过程进行梳理	回顾工作任务： 是否在规定的时间内完成挺柱检查和更换；更换挺柱后发动机是否正常工作； 在工作汇总中遇到哪些问题必须汇报老师； 有哪些其他的收获	小组讨论 小组汇报	白板	30 min

【学习资讯】

1. 气门间隙

发动机工作时，气门将因温度升高而膨胀。如果气门与其传动件之间，在冷态时无间隙或间隙过小，则在热态下，气门及其传动件的受热膨胀势必引起气门关闭不严，造成发动机在压缩和作功行程中漏气，从而使功率下降，严重时甚至不易起动。为了消除这种现象，通常在发动机冷态装配时，在气门杆末端与气门驱动零件(摇臂、挺柱或凸轮)之间留有适当的间隙，以补偿气门受热后的膨胀量。这一间隙称为气门间隙。一些中、高级轿车由于装用液力挺柱，挺柱的有效长度能根据工作状况自动调整，因此不需要预留气门间隙。

气门间隙的大小由发动机制造厂根据试验确定。一般在冷态时，进气门的间隙为0.25～0.30mm，排气门的间隙为 0.30～0.35 mm。如果间隙过小，发动机在热态下可能发生漏气，导致功率下降甚至气门烧蚀。如果间隙过大，则影响气门的开启量，同时在气门开启时产生较大的冲击响声。为了能对气门间隙进行调整，一般在摇臂(或挺柱)上装有调整螺钉及锁紧螺母。如图 1-34 所示为三种配气机构的气门间隙。

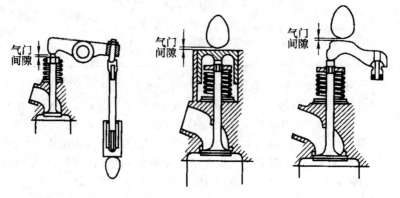

图 1-34 气门间隙

2. 气门间隙的检查与调整

气门间隙过大时，进、排气门开启迟后，缩短了进排气时间，降低了气门的开启高度，改变了正常的配气相位，使发动机因进气不足、排气不净而功率下降，此外，还使配气机构零件的撞击增加，磨损加快。气门间隙过小时，发动机工作后，零件受热膨胀，将气门推开，使气门关闭不严，造成漏气，功率下降，并使气门的密封表面严重积碳或烧坏，甚至气门撞击活塞。气门间隙的具体检查与调整步骤如下：

(1) 拆下气门室盖。拆下气门室盖的固定螺丝，小心取下气门室盖，注意不要损坏气门室盖衬垫。用抹布擦净气门及摇臂轴上的油污，以方便气门调整作业。

(2) 找到一缸压缩上止点。用摇手柄转动曲轴或撬动飞轮，使一缸处于压缩上止点位置。从发动机前面看，曲轴皮带轮的正时凹坑与正时记号对准。在部分大型车上，飞轮壳的检视孔一至六缸刻线与飞轮壳正时记号对齐。例如：东风 EQ6100-1 型发动机，飞轮一至六缸刻线应与飞轮壳的钢球对齐。此时从气门处看：一缸的气门应都处于关闭的状态。如果一缸的气门不全是关闭状态，说明一缸活塞在下止点位置，应再转动曲轴 360°，使一缸处于压缩上止点位置。

(3) 确定各缸处于压缩上止点。根据发动机构造原理我们知道，各缸处于压缩上止点时，该缸的气门均处于关闭状态。因此，可以打开分电器盖并确定各缸高压分线的位置，摇转曲轴，当分火头指向该缸高压分线位置时，触点张开的瞬间位置，即该缸处于压缩行程的上止点位置。这样便可以较准确地确定各缸压缩上止点的位置，方便地调整气门。

（4）测量气门间隙。气门间隙有冷车值和热车值之分，在测量时应在符合该车规定的状态下进行。选出符合规格的塞规插入气门杆与气门摇臂（或凸轮）之间。稍微拉动塞规，如有轻微的阻力，表示间隙正确。为了确定间隙是否在规定范围内，一般用范围极限值来测量（例如间隙范围值为 0.29～0.35 mm 之间），先用 0.29 mm 的塞尺插入气门间隙，此时，塞规如果可以通过，则是正常；再用 0.35 mm 的塞尺插入气门间隙，塞规应无法插入，这样才可以说明间隙在给定间隙范围内。如果 0.29 mm 塞规不能插入间隙，则说明间隙过小；如果 0.35 mm 塞规可以插入间隙，则说明间隙过大。如果上述中任何一项不符合要求，就表示气门间隙不正常，必须调整间隙。

（5）调整气门间隙。

① 气门间隙的调整。首先松开气门调整螺钉的固定螺帽，把规定厚度的塞规插入气门间隙处，一手抽拉塞规一手转动调整螺钉，直到塞规稍微受到阻力为止。调整妥当之后，塞规插到气门间隙中央，调整螺钉保持不动，拧紧固定螺帽锁紧调整螺钉。锁好螺钉后，再用塞规重新测量气门间隙，因为可能在锁紧螺钉时无意转动了调整螺钉，使气门间隙改变。如果气门间隙改变，应重新将其调整到正确为止。

② 两次调整法。根据配气机构构造原理，我们知道，进、排气门排列有一定的规律。因此，可以在基准气缸位于压缩上止点时，按照"双—排—不—进"的原则同时结合发动机点火顺序调整对应气缸的气门，然后转动曲轴一周，使四或六缸位于压缩上止点位置，再调整其余 4 或 5、6 只气门。

③ 逐缸调整法。由于发动机气门排列顺序不尽相同，因此，记忆进、排气门的顺序困难。也可按发动机的点火顺序或喷油顺序逐缸调整气门间隙。为了能准确调整气门间隙，可用前面介绍的方法利用分电器分火头的指向，逐缸调整该缸的进、排气门间隙。

3. 液力挺柱

液力挺柱是精密偶件，一般采用可淬铸铁制造，用于汽车发动机配气机构，可以不必调整气门间隙，并且具有在发动机运转期间噪声较小的优点，在高级轿车上应用得很多。

液力挺柱由挺柱体、柱塞、球座、柱塞弹簧、单向阀和单向阀弹簧等组成。挺柱体和柱塞上的油孔与发动机机体上相应的油孔相通。球座为推杆的支承座。单向阀有片式和球式两种，如图 1-35 所示。

液力挺柱时刻与凸轮轴接触，无间隙运行。挺柱内部则运用液力来达到间隙调节的作用。液力挺柱主要由柱塞、单向阀和单向阀弹簧等组成，利用单向阀的作用储存或释放机油，通过改变挺柱体腔内的机油压力就可以改变液力挺柱的工作长度，从而起到自动调整气门间隙的作用。

如图 1-36 所示，发动机工作时，当气门关闭，机油经挺柱体和柱塞的孔道进入柱塞腔，推开单向阀直入挺柱体腔，柱塞便在挺柱体腔的油压及弹簧的作用下上升，压紧气门推

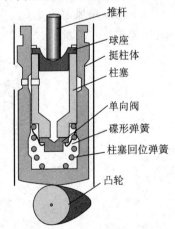

图 1-35　液力挺柱结构

杆。此时柱塞的上升力不足以克服气门弹簧的张力，气门不会被打开而仅是消除了整个气门机构中的间隙。此时挺柱体腔已充满油，单向阀在油压及弹簧的作用下关闭，切断了油

路。当凸轮转到工作面时挺柱上升，气门弹簧张力通过气门推杆作用在柱塞上，但此时单向阀已关闭使油液无法溢出，而油液具有的不可压缩性使得挺柱像一个整体一样推动着气门开启。在此过程中，由于挺柱体腔油压很高，有少许油液通过挺柱体与柱塞的间隙处泄漏出去而使挺柱工作长度"缩短"。当凸轮转过工作面时挺柱下降，气门关闭，挺柱体腔内的油压也随之下降，于是主油道的机油又再次推开单向阀注入挺柱体腔内，补充油液，重复循环以上动作。通过挺柱体腔内的油液泄漏及补充，不断自动调节挺柱的工作长度，从而保持气门工作正常而整个机构又没有间隙存在，减少了零件之间的冲击和噪声，消除了旧款发动机气门间隙的弊病。同时，采用液力挺柱可以将凸轮轴轮廓做得更陡一点，令气门开启与关闭得更快，更加符合现代高速发动机的要求。

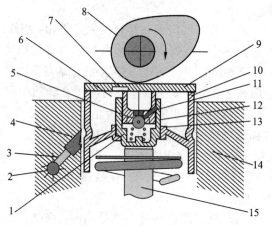

图 1-36　液力挺柱的工作

1—高压油腔；2—缸盖油道；3—油量孔；4—斜油孔；5—球阀；6—低压油腔；7—键形槽；8—凸轮轴；9—挺柱体；10—柱塞焊缝；11—柱塞，12—套筒；13—弹簧；14—缸盖；15—气门杆

【任务实施】

下面以东风雪铁龙 C2 TU3AF 发动机气门间隙调整为例进行说明。该车型配气机构组成如图 1-37 所示。

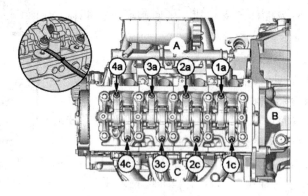

图 1-37　TU3AF 发动机配气机构

A—进气侧；B—变速箱侧；C—排气侧

1. 检查各气门的间隙

如图 1-38 所示，进气门间隙应在 0.15～0.25 mm；排气门间隙应在 0.35～0.45 mm。

注意：气门的调整应在发动机冷态下进行，冷却的最短时间不小于 2 小时。

图 1-38　气门间隙的检查

2. 气门间隙的调整

调整气门间隙的方法与具体步骤如下：

① 转动曲轴，确定某一缸的排气门全开，即该排气门在曲轴转动时，不再继续下移的位置。

② 按表 1-7 顺序进行调整，如此循环 4 次即可全部调好。

表 1-7　气门间隙调整顺序

使下列排气门全开	调整的气门	
	进气	排气
1 缸 1c	3 缸 3a	4 缸 4c
3 缸 3c	4 缸 4a	2 缸 2c
4 缸 4c	2 缸 2a	1 缸 1c
2 缸 2c	1 缸 1a	3 缸 3c

3. 气门间隙检查调整注意事项

（1）根据汽车生产厂家对气门间隙调整的具体要求和规定进行。

（2）调整时应注意温度影响：气门摇臂、气门杆的温度会对气门间隙产生影响，一般来说热机时气门间隙调整应比冷机时要求的间隙值小，有些汽车要求在冷机时调整，有的汽车在热、冷态时均可调整，但其间隙值各不相同。

（3）各缸气门间隙应调整一致，以免在工作中发动机运转不平衡。

（4）气门间隙调整时，所调的气门应完全在关闭状态，这时调整的间隙值才是准确的。

（5）调整前注意检查摇臂头工作面。发动机工作中，摇臂头弧形工作面不断地与气门杆端部撞击、滑磨，尤其在润滑不良的情况下，会引起磨损，磨出凹坑，严重时气门杆端部卡入凹坑而折断摇臂，因此应根据磨损情况予以修复或更换新件，以免影响调整的准确性。

【考核评价】

考核评价表

目标	评价要素	评价标准	评价依据	考核方式		权重	评分
知识	基本知识	理解气门间隙的作用；了解气门间隙补偿机构的类型与调整方法	个人作业 课堂笔记 课堂练习 小组作业 期末考试	学生自评		10%	
				教师评定		10%	
				学生互评		10%	
能力	基本技能	正确描述气门间隙补偿机构的作用与工作原理；能够规范进行气门间隙的检查与调整	实践练习 小组作业 学生作业单	教师评定	动手能力	15%	
					作业单的填写	15%	
素质	学习态度	遵守纪律，积极参与课堂教学活动，按时完成作业，按要求完成准备	课堂表现记录，考勤表，同学及教师观察，课堂笔记	学生自评		10%	
				小组互评			
				教师评定			
	沟通协作	乐于请教和帮助同学，协调小组活动，配合教师教学管理，做好教室值日工作，按要求做课前准备和课后整理	小组作业，小组活动记录，自评及互评记录，值日记录，同学及教师观察	学生自评		15%	
				小组互评			
				教师评定			
	创新精神	有自主学习计划，在作业练习中能提出问题和见解，对教学或管理提出意见和建议，积极参与小组活动	个人作业，自主学习计划，学习活动，个人口头或书面提议	学生自评		15%	
				小组互评			
				教师评定			

【教学小结】

难点：液力挺柱的工作原理。

重点：气门间隙的调整方法和步骤。

教学体会及建议：

任务五　发动机润滑油的检查与更换

【学习目标】

教学能力目标	专业能力目标	专业知识目标	专业素质目标
（1）能够借助教学课件等资料清楚描述润滑系统的功用、组成； （2）能够指导学生识别润滑系统； （3）能够指导学生按照工艺文件进行发动机润滑油的更换与检查	（1）描述发动机润滑系统的组成及各组成部件； （2）对发动机润滑油进行检查与更换	（1）了解发动机润滑系统的组成； （2）了解发动机润滑系统各组成部件的构造； （3）掌握发动机润滑油的检查与更换	（1）具有良好的工作责任心和职业道德； （2）具有安全操作意识和良好的环境保护意识； （3）培养学生的团队协作精神

【任务导入】

一辆东风雪铁龙爱丽舍轿车，行驶了 7500 公里。客户来到 4S 店对其进行首次维护保养，根据东风雪铁龙制造商的质保政策，4S 店需对该车进行机油、机油滤清器的免费更换。

【任务分析】

车辆的首次维护保养对于一名汽车维修技术人员来说是非常普遍的，因而首次维护保养当中对车辆机油、机油滤清器的检查及更换是其必须掌握的一项基本技能。

【建议学时】

6 学时。

【教学设计】

授课阶段	教师活动	学生活动	教学方法	教学媒介	学时分配
导入阶段 —激励 —获取信息	以首次保养内容中的润滑油的检查与更换作为引导，提高学生的学习兴趣，让学生对此次首次保养相关任务（不含管理系统内容）进行信息搜集理论学习	对润滑系统的组成、润滑油的更换（不含管理系统内容）进行信息搜集理论学习，信息收集可通过教材、杂志、网络资源获得	头脑风暴 给出关键问题	工作页 教材 杂志 网络资源 白板	60 min

授课阶段	教师活动	学生活动	教学方法	教学媒介	学时分配
实施阶段 —制定计划 —作出决定 —实施计划 —独立检查	各个小组汇报工作计划制定情况； 为学生的工作计划提出意见，并为学生工作计划的实施提供保障	（1）对待检查的润滑系统进行分析； （2）分析检查过程中应该注意哪些安全措施； （3）思考在检查过程中的工作内容，包括拆卸、检查、更换、清洁、安装等	试车训练 小组讨论 头脑风暴 答疑	工作页 发动机总成 PPT 白板	180 min
深化阶段	总结、提问	个人、小组回答问题	小组讨论	白板	30 min
结果控制阶段 —评价 —反馈	听取小组汇报工作完成情况和学生的自我评价，并进行小组互评，教师对比各小组的工作完成情况给以点评	小组汇报工作完成情况，小组互评各组工作存在哪些错误可以改进； 进行工作质量的检查记录和后续工作	头脑风暴 小组汇报 小组讨论	工作页 PPT 白板	60 min
总结阶段 —迁移	总结本次工作任务，对整个过程进行梳理	回顾工作任务： 是否按时完成任务； 润滑油检查和更换完成后发动机是否正常工作； 在工作汇总遇到哪些问题必须汇报老师，有哪些其他的收获	小组讨论 小组汇报	白板	30 min

【学习资讯】

1. 润滑系统的作用

润滑系统的作用是：在发动机工作时连续不断地把数量足够的洁净润滑油（机油）输送到全部运动件的摩擦表面，并在摩擦表面之间形成油膜，实现液体摩擦，从而减小摩擦阻力，减低功率消耗，减轻机件磨损，以达到提高发动机工作可靠性和耐久性的目的。这里，机油的功能是：润滑、冷却、清洁、密封。

2. 润滑系统的组成

润滑系统的总体组成因发动机不同而有所不同，但一般由油底壳、机油集滤器、机油泵、机油滤清器、机油冷却器等组成。图 1 - 39 所示为桑塔纳 2000GSi 型轿车 AJR 型发动机润滑系。

当发动机工作时，机油从油底壳经集滤器被机油泵 17 送入机油滤清器 12，滤清后再输送到发动机各润滑点。在润滑油路中，装有溢流阀 16 和限压阀 14（开启压力 0.35～0.45 MPa），溢流阀装在机油泵上，限压阀装在机油滤清器支架上，当冷发动机或者润滑油黏度较大时，可避免机油压力过高而造成危险。在机油滤清器内有一个旁通安全阀 13，当滤清器堵塞时，旁通安全阀打开，未被滤清的机油仍能输送到各润滑点。在机油滤清器支架上还安装有一个单向阀10，当发动机不运转时，能阻止汽缸盖油道内的机油流回油底壳。机油压力是由安装在机油滤清器支架上的两个油压开关9、11监控的。油压开关9安装在机油滤清器入口前，当发动机启动之后，机油压力较低，最低油压报警开关闭合，油压指示灯亮。当机油压力超过25 kPa时，最低油压报警开关触点断开，指示灯熄灭。另外，在机油滤清器出口也装有机油压力开关11，当发动机转速超过2150 r/min时，机油压力若低于180 kPa，这时开关触点闭合，报警灯闪亮，同时蜂鸣器鸣响报警。

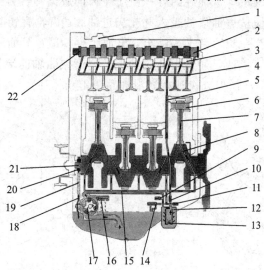

图1-39 桑塔纳AJR型发动机润滑系统结构图

1—加机油口盖；2—凸轮轴轴颈；3—液力挺柱；4—汽缸盖主油道；5—汽缸体-汽缸盖主油道；6—活塞销；7—连杆油道；8—曲轴油道；9—油压开关(250 kPa)；10—单向阀；11—油压开关(180 kPa)；12—机油滤清器；13—旁通安全阀；14—限压阀；15—汽缸体主油道；16—溢流阀；17—机油泵；18—机油泵链轮；19—链条；20—曲轴链轮；21—曲轴；22—凸轮轴

3. 润滑方式

根据发动机不同运动表面的工作特点，分别采用以下三种方式进行润滑。

1) 压力润滑

发动机运转时，由于发动机各运动零件的工作条件不同，所要求的润滑强度也不同，因而要相应地采取不同的润滑方式。曲轴主轴承、连杆轴承及凸轮轴轴承等处承受的载荷及相对速度较大，需要以一定压力将机油输送至磨擦面间隙中，方能形成油膜保证润滑。这种润滑方式称为压力润滑。

2) 飞溅润滑

另一种润滑方式是利用发动机工作时运动零件飞溅起来的油滴或油雾润滑摩擦表面，称为飞溅润滑。这种方式可润滑裸露在外面的载荷较轻的气缸壁、相对滑动较小的活塞销，以及配气机构的凸轮表面等。在发动机辅助系统中有些零件，如水泵及发电机的轴承，则只需定期加注润滑脂(黄油)。近年来在发动机上有采用含有耐磨润滑材料(如尼龙、二硫化钼等)的轴承来代替加注润滑脂的轴承。

3) 润滑脂润滑

润滑脂润滑是通过定期加注润滑脂来润滑零件工作表面的方式，如水泵及发电机轴承等的润滑。

4. 润滑系统主要部件

1）机油泵

机油泵的结构型式通常可分为齿轮式和转子式两种。

（1）齿轮式机油泵。齿轮式油泵工作原理见图 1-40。在油泵壳体内装有一个主动齿轮和一个从动齿轮。齿轮与壳体内壁之间的间隙很小。壳体上有进油口。发动机工作时，齿轮按图中所示箭头方向旋转，进油腔的容积由于轮齿向脱离啮合方向运动而增大，腔内产生一定的真空度，机油便从进油口被吸入并充满进油腔。齿轮旋转时把齿间所存的机油带至出油腔内。由于出油腔一侧轮齿进入啮合，出油腔容积减小，油压升高，机油便经出油口被送到发动机油道中。机油泵通常由凸轮轴上的斜齿或曲轴前端齿轮驱动。在发动机工作时，机油泵不断工作，从而保证机油在润滑油路中不断循环。

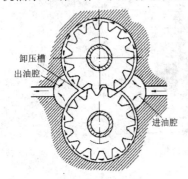

图 1-40　齿轮式机油泵工作原理

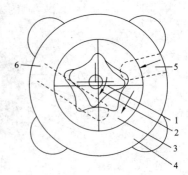

图 1-41　转子式机油泵
1—主动轴；2—内转子；3—外转子；
4—油泵壳体；5—进油孔；6—出油孔

当齿轮进入啮合时，啮合间的机油由于容积变小在齿轮间产生很大的推力，为此，在泵盖上铣出一条卸压槽，使轮齿啮合时齿间挤出的机油可以通过卸压槽流向出油腔。齿轮式机油泵由于结构简单，制造较容易，并且工作可靠，所以应用最广泛。在机油泵盖上装有限压阀，它可将主油道的油压控制在正常范围内（0.15～0.9 MPa）。当油压超出上述范围时，可增加或减小垫片的厚度，以调整弹簧的预紧力，从而保证主油道内保持一定的油压范围。在限压阀的柱塞端头开有一个径向环槽，用来储存进入配合表面的磨屑和杂质，以保证柱塞运动灵活。

（2）转子式机油泵。转子式机油泵工作原理如图 1-41 所示。主动的内转子 2 和从动的外转子 3 都装在油泵壳体 4 内。内转子固定在主动轴 1 上，外转子在油泵壳体内可自由转动，二者之间有一定偏心距。当内转子旋转时，带动外转子旋转。转子齿形齿廓设计使得转子转到任何角度时，内外转子每个齿的齿形齿廓线上总能互相成点接触。这样，内外转子间便形成四个工作腔。某一工作腔从进油孔 5 转过时容积增大，产生真空，机油便经进油孔吸入。转子继续旋转，当该工作腔与出油孔 6 相通时，腔内容积减小，油压升高，机油经出油孔压出。

2）机油滤清器

机油在流到磨擦面之前，所经过的滤清器滤芯愈细密，滤清次数愈多，将使机油流动阻力愈大，为此在润滑系统中一般装有几个不同滤清能力的滤清器——集滤器、粗滤器和细滤器，分别并联和串联在主油道中（与主油道串联的滤清器称为全流式滤清器，与主油道并联的滤清器则称为分流式滤清器），这样既能使机油得到较好的滤清，又不至于造成很大的流动阻力。

（1）集滤器。集滤器一般是滤网式的，装在机油泵之前，防止粒度大的杂质进入机油泵。目前汽车发动机所用的集滤器分为浮式集滤器和固定式集滤器两种。

浮式集滤器的构造如图 1-42 所示。它是由浮子 3、滤网 2、罩 1 及焊在浮子上的吸油管 4 所组成。浮子是空心的，以便浮在油面上。固定管 5 通往机油泵，安装后固定不动。吸油管 4 活套在固定管 5 中，使浮子能自由地随油面升降。浮子下面装有金属丝制成的滤网 2。滤网有弹性，内有环口，平时依靠滤网本身的弹性，使环口紧压在罩 1 上。罩 1 的边缘有缺口，与浮子装合后便形成狭缝。

（2）粗滤器。粗滤器用以滤去机油中粒度较大（直径为 0.05～0.1 mm）以上的杂质。它对机油的流动阻力较小，故可串联于机油泵与主油道之间，即属于全流式滤清器。

粗滤器根据滤清元件（滤芯）的不同，可以有各种不同的结构型式。汽车发动机常用的有金属片缝隙式和纸质式粗滤器。金属片缝隙式粗滤器由于质量大、结构复杂、制造成本高等缺点，已基本被淘汰，目前国产汽车发动机都采用纸质式粗滤器（如图 1-43 所示）。

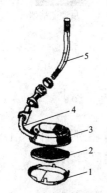
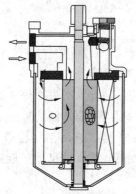
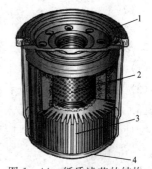

图 1-42　浮式集滤器的构造　　图 1-43　纸质式粗滤器　　图 1-44　纸质滤芯的结构

1—罩；2—滤网；3—浮子；4—吸油管；　　　　　　　　　　　1—上端盖；2—芯筒；3—微孔滤纸；
5—固定管　　　　　　　　　　　　　　　　　　　　　　　　　　4—下端盖

图 1-44 为纸质滤芯的结构。芯筒是滤芯的骨架，用薄铁皮制成，其上加工出许多圆孔。微孔滤纸一般都折叠成折扇形和波纹形，以保证在最小体积内有最大的过滤面积，并提高滤芯刚度。滤芯用塑胶与上、下端盖黏合在一起。微孔滤纸经过酚醛树脂处理，具有较高的强度、抗腐蚀能力和抗水湿性能。因此，纸质滤清器具有质量小、体积小、结构简单、滤清效果好、过滤阻力小、成本低和保养方便等优点，目前在国内外得到了日益广泛的应用。

（3）细滤器。细滤器用以清除直径在 0.001 mm 以上的细小杂质。由于这种滤清器对机油的流动阻力较大，故多做成分流式，即与主油道并联，只有少量机油通过细滤器。因此，细滤器属于分流式滤清器。

细滤器按清除杂质的方法来分，分为过滤式机油细滤器和离心式机油细滤器两种类型。离心式机油细滤器应用得较多，滤清能力强，通过能力好，且不受沉淀物影响，无需更换滤芯，只需定期清洗即可；但对胶质滤清效果较差。这种滤清器由于出油无压力，一般只用作分流式细滤器，在有些小功率发动机上也有用它作为全流式离心细滤器的。

【任务实施】

下面以东风雪铁龙轿车的首保内容为例介绍更换机油及机油滤清器的相关内容。

1. 润滑系统的组成

东风雪铁龙轿车润滑系统的组成见图1-45。

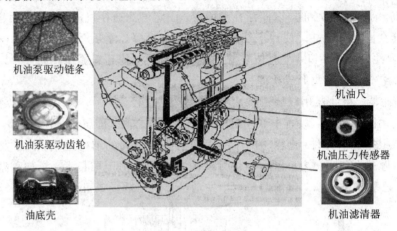

机油泵驱动链条　　　　　　　　　　　　　机油尺

机油泵驱动齿轮　　　　　　　　　　机油压力传感器

油底壳　　　　　　　　　　　　机油滤清器

图1-45　东风雪铁龙轿车润滑系统的组成

2. 发动机机油液面检查的步骤

（1）将车辆停放在水平地面上，并且发动机应停止运转10分钟以上。

（2）将机油标尺拔出查看机油是否异常，然后擦净机油。

（3）将机油标尺完全插入导管，再次拔出油尺检查；油液位超过机油标尺上、下限标记1/2处为合格；否则应排除泄漏后，再添加机油接近到上限标记处。

（4）清洁擦拭干净。

注意：在拔出机油标尺过程中，避免标尺与管壁接触而沾上油滴，以避免造成机油液面高的视觉误判。

3. 更换发动机机油的步骤

（1）将车辆停放在水平地面10分钟以上，检查机油液位应超过机油标尺上、下限标记1/2处，如液位过低则应查明原因。

（2）拧开机油加注口盖和机油滤清器，举升车辆，拧下油底壳放油螺塞，排空机油，至呈滴状流出且流速不大于1滴/秒。

（3）更换放油螺塞密封圈，螺塞用手完全拧入后拧紧至标准力矩。

（4）拆下机油滤清器，更换新的滤清器或滤芯（根据车型），清洁擦拭机油滤清器与滤清器支座相接的工作面。更换新的机油滤清器密封圈，润滑后重新装上机油滤清器。

（5）加注标准量的机油或接近机油标尺上限处。

（6）起动发动机运行1分钟以上，同时检查有无机油泄漏。

（7）停机后检查油位，添加到接近机油标尺上限处。

（8）清洁擦拭干净。

4. 注意事项

（1）必须更换放油螺塞密封圈。

（2）使用该车推荐的机油。

（3）先拆卸机油滤清器以利于机油排空。

（4）须排除滤清器座内的残存机油。

（5）使用机油滤清器专用工具。

（6）注意拧紧力矩的要求。

【考核评价】

考核评价表

目标	评价要素	评价标准	评价依据	考核方式		权重	评分
知识	基本知识	理解润滑系统的作用；了解润滑系统的组成及各部件的工作原理	个人作业 课堂笔记 课堂练习 小组作业 期末考试	学生自评		10%	
				教师评定		10%	
				学生互评		10%	
能力	基本技能	正确描述润滑系统的组成；能够规范进行润滑油的检查与更换	实践练习 小组作业 学生作业单	教师评定	动手能力	15%	
					作业单的填写	15%	
素质	学习态度	遵守纪律、积极参与课堂教学活动，按时完成作业，按要求完成准备	课堂表现记录、考勤表，同学及教师观察，课堂笔记	学生自评		10%	
				小组互评			
				教师评定			
	沟通协作	乐于请教和帮助同学，协调小组活动，配合教师教学管理，做好教室值日工作，做好课前准备和课后整理	小组作业，小组活动记录，自评及互评记录，值日记录，同学及教师观察	学生自评		15%	
				小组互评			
				教师评定			
	创新精神	有自主学习计划，在作业练习中能提出问题和见解，对教学或管理提出意见和建议，积极参与小组活动	个人作业，自主学习计划，学习活动，个人口头或书面提议	学生自评		15%	
				小组互评			
				教师评定			

【教学小结】

难点：润滑系油路分析。

重点：润滑系统的组成，润滑油的检查与更换。

教学体会及建议：（由任课老师撰写）

任务六　　发动机冷却液的检查与更换

【学习目标】

教学能力目标	专业能力目标	专业知识目标	专业素质目标
（1）能够借助教学课件等资料清楚描述冷却系统的功用、组成； （2）能够指导学生在车辆上识别冷却系统的部件； （3）能够指导学生按照工艺文件进行冷却液的更换	（1）正确描述冷却系统的功用、组成； （2）正确更换发动机冷却液	（1）了解冷却系统的功用和结构； （2）掌握冷却系大循环和小循环路线； （3）了解冷却液的性能	（1）具有良好的工作责任心和职业道德； （2）具有安全操作意识和良好的环境保护意识； （3）培养学生的团队协作精神

【任务导入】

　　一位客户的东风雪铁龙世嘉轿车在 4S 店进行维护保养。根据保养规范要求，该车需要进行冷却系统的检查。

【任务分析】

　　根据东风雪铁龙定期维护技术规范，该车需要进行冷却系统和冷却液冰点的检查，必要时还需更换冷却液。请描述冷却系统的组成与原理，制定并执行冷却液更换计划。

【建议学时】

　　6 学时。

【教学设计】

授课阶段	教师活动	学生活动	教学方法	教学媒介	时间分配
导入阶段 —激励 —获取信息	为学生做引导，提高学生的学习兴趣，让学生对和此故障相关的内容（不含管理系统内容）进行信息搜集理论学习	对冷却系统相关的内容进行信息搜集理论学习，收集有关冷却系统的关键点，可通过教材、杂志、网络资源获取	头脑风暴、给出关键问题脑图	工作页 教材 杂志 网络资源 白板	45 min
实施阶段 —制定计划 —作出决定 —实施计划 —独立检查	各个小组汇报工作计划制定情况； 为学生的工作计划提出意见，并为学生工作计划的实施提供保障	（1）对系统进行分析； （2）分析维修过程中应该注意哪些安全措施； （3）思考在修理过程中的工作内容，包括拆卸、检查、更换、清洁、安装	实车训练 小组讨论 头脑风暴 答疑	工作页 发动机总成 PPT 白板	180 min
深化阶段	总结、提问	个人、小组回答问题	小组讨论	白板	45 min

续表

授课阶段	教师活动	学生活动	教学方法	教学媒介	时间分配
结果控制阶段 一评价 一反馈	听取小组汇报工作完成情况和学生的自我评价，并进行小组互评，教师对比各个小组的工作完成情况给以点评	小组汇报工作完成情况，小组互评各组工作存在哪些错误可以改进； 进行工作质量的检查记录和后续工作	头脑风暴 小组汇报 小组讨论	工作页 PPT 白板	90 min
总结阶段 一迁移	总结本次工作任务，对整个过程进行梳理	回顾工作任务： 是否按时完成任务； 冷却液更换后发动机是否正常工作； 在工作汇总中遇到哪些问题必须汇报老师； 有哪些其他的收获	小组讨论 小组汇报	白板	30 min

【学习资讯】

1. 冷却系统的功用

发动机在作功行程中，气缸与燃烧室内的气体温度可高达 $1800\sim2000℃$。因此，必须在发动机上设置冷却系统，以对高温机件进行冷却，保证发动机的正常工作。冷却系统冷却强度的调节是否合适对发动机的工作影响很大。冷却不足，会造成发动机过热，导致发动机充气量下降而影响发动机功率输出。对于汽油机来说，还可能会造成早燃、爆燃和表面点火等不正常燃烧，同时，过高的温度会使润滑油黏度降低，导致机件磨损加剧。冷却过度，会使发动机过冷，导致燃料蒸发困难，可燃混合气形成条件变差。燃烧不完全不但会造成发动机功率下降、油耗量增大，而且还会引起废气排放污染增加。

冷却强度必须适度，不论何种形式的冷却系统，除能满足发动机在最大热负荷情况下冷却外，还必须能在发动机各种工况下对冷却强度进行调节，以维持发动机的正常工作温度，保证发动机的正常工作，这就是发动机冷却系统的作用。

2. 冷却系统的分类

冷却系统按照冷却介质不同可以分为风冷和水冷。汽车发动机，尤其是轿车发动机大都采用水冷系统，只有少数汽车发动机采用风冷系统。

(1) 水冷系统。水冷系统是以冷却液为冷却介质，通过冷却液在发动机水套中循环流动而吸收多余的热量，再将此热量散入大气而进行冷却的一系列装置。由于水冷系统冷却均匀、易调节，便于冬季起动且发动机运转噪声小，目前被广泛采用。采用水冷系统时，气缸盖内冷却液的温度应保持在 $80\sim90℃$ 范围内，气缸壁的温度则在 $197\sim277℃$。

(2) 风冷系统。风冷系统是以空气为冷却介质，将发动机中高温零件的热量通过装在气缸体和气缸盖表面的散热片直接散入大气中而进行冷却的一系列装置。风冷系统因缸体和缸盖刚度差、振动大、噪声大、容易过热等缺点，仅用于部分小排量及军用汽车发动机。采用风冷系统时，气缸体和气缸盖的允许温度分别为 $150\sim180℃$ 及 $160\sim200℃$。

3. 冷却系统的组成及工作原理

1）冷却系统的组成

目前，汽车发动机上采用的水冷系统均为强制循环水冷系统，即利用水泵提高冷却液的压力，强制冷却液在发动机的冷却系统中循环流动。这种系统包括水泵、散热器、冷却风扇、节温器、补偿水桶（图中未画出）、发动机机体和气缸盖中的水套以及其他附加装置等，如图1-46所示。

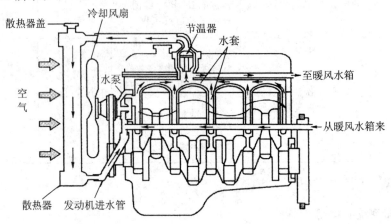

图1-46　发动机水冷系统的组成

2）冷却系统的工作原理

冷却液在水泵中增压后，经分水管进入发动机的机体水套。冷却液从水套壁周围流过并从水套壁吸热而升温，然后向上流入气缸盖水套，从气缸盖水套壁吸热之后经节温器及散热器进水软管流入散热器。由于有冷却风扇的强力抽吸，空气流由前向后高速通过散热器。因此，受热后的冷却液在流过散热器的过程中，热量不断地散发到大气中去，最后冷却后的冷却液流到散热器的底部，又被水泵抽出，再次压送到发动机的水套中，如此循环不止。

通常，冷却液在冷却系统内的循环流动路线有两条，一条为小循环，另一条为大循环。所谓小循环就是冷却液温度低时，冷却液不经过散热器而进行的循环流动，如图1-47(a)所示；而大循环是冷却液温度高时，冷却液经过散热器而进行的循环流动，如图1-47(b)所示。

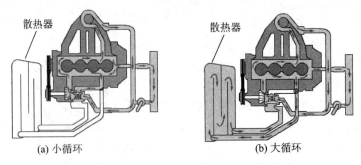

(a) 小循环　　　　　　　　　　　　　(b) 大循环

图1-47　冷却系小循环与大循环路线图

4. 水冷系统主要部件的构造

（1）散热器。散热器俗称冷却液箱，安装在发动机前的车架横梁上。其作用是将冷却液在水套中所吸收的热量传给大气，使冷却液温度下降。散热器要用导热性能良好的材料制造，并应保证足够的散热面积。

散热器一般由上水室、散热器芯、下水室、散热器盖、放水开关等部件组成，如图1-48所示。上、下水室用于储存冷却液，散热器芯的作用是吸收冷却液的热量并将其传给周围高速流过的空气。在上水室上开有进水口，用橡胶软管与缸盖上的出水口相连，由缸盖出水口流出的温度较高的冷却液经橡胶软管从进水口流入上水室。上水室上还设有加水口，并用散热器盖封闭。在下水室底部开有出水口和放水开关，出水口用橡胶软管与水泵进水口相连。冷却液通过散热器冷却后从下水室流出，经水管被吸入水泵并压入缸体水套中。

（2）风扇。风扇的功用是当风扇旋转时吸进空气使其通过散热器，以增强散热器的散热能力，加快冷却液的冷却速度。风扇的扇风量主要与风扇直径、转速、叶片形状、叶片安装角及叶片数量有关。叶片的断面形状有圆弧形和翼形两种，前者由薄钢板冲压而成，后者用塑料或铝合金铸制。翼形风扇效率高、消耗功率少，在轿车和轻型汽车上得到了广泛的应用。一般叶片与风扇旋转平面成30°～45°角（叶片安装角）。叶片数为4～7片。叶片之间的间隔角或相等，或不相等。间隔角不等的叶片可以减小叶片旋转时的振动和噪声。

现代轿车多采用集成电子控制的风扇总成，其结构如图1-49所示。风扇总成用于发动机冷却及座舱空气调节。集成电子控制的风扇总成装配有一个与电机合为一体的电子模块，可以在各种速度下运行。风扇的控制是由发动机冷却液温度控制图决定的。此外，风扇总成还具有延时通风的功能。例如，东风雪铁龙C2轿车的延时条件是：在热发动机停机之后并且冷却液温度大于98℃时，风扇会最长延时运行6分钟。

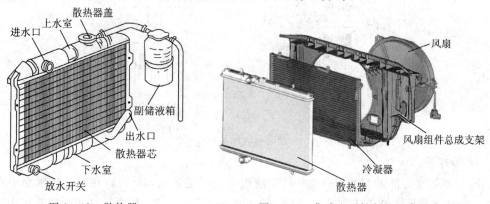

图1-48　散热器　　　　　　　　　图1-49　集成电子控制的风扇总成

（3）水泵。水泵的功用是对冷却液加压，保证其在冷却系统中循环流动。水泵一般安装在发动机前端，通常与风扇一起用带轮同轴驱动。车用发动机上多采用离心式水泵，离心式水泵具有结构紧凑、泵水量大及因故障而停止工作时，不妨碍冷却液在冷却系统内自然循环等优点。

离心式水泵主要由泵体、叶轮和水泵轴组成，叶轮一般是径向或向后弯曲的。其数目一般为6～9片。其工作原理如图1-50所示，当叶轮旋转时，水泵中的冷却液被叶轮带动一起旋转，在离心力作用下冷却液被甩向叶轮边缘，然后经外壳上与叶轮成切线方向的出水管压送到发动机水套内，与此同时，叶轮中心因具有负压而使散热器中的水经进水管被吸入水泵。

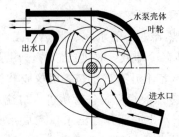

图 1-50 离心式水泵工作原理示意图

（4）节温器。节温器是改变流经散热器冷却液流量的零件，安装在水泵的进水口或气缸盖的出水口处。其作用是根据发动机冷却液温度的高低，自动改变冷却液的循环路线及流量，以使发动机始终在最合适的温度下工作。目前汽车上多采用蜡式节温器，其核心部分为蜡质感温元件，推杆的一端固定于支架上，另一端插入橡胶套的中心孔内，橡胶套与金属外壳间装有精制石蜡，利用石蜡受热后由固态变为液态时体积膨胀的性质进行控制。

当冷却液的温度较低时，石蜡为固体，体积小，弹簧的力量将蜡室及阀向上推，关闭气缸盖水套到水箱的通路，如图 1-51(a)所示。当冷却液的温度上升时，石蜡开始熔化成液体，体积膨胀产生压力，压缩合成橡胶，并作用在推杆上，但因推杆固定在支架上不能动，其反作用力使蜡室克服弹簧弹力向下移动，而使阀打开，让水套冷却液流往散热器，如图 1-51(b)所示。

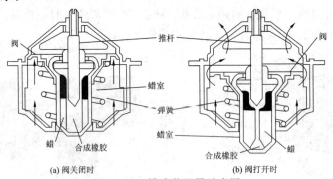

图 1-51 蜡式节温器示意图

5. 冷却液

冷却液是水与防冻剂的混合物。冷却液用水最好是软水，否则将在发动机水套中产生水垢，使传热受阻，易造成发动机过热。纯净水在 0℃ 时结冰。如果发动机冷却系统中的水结冰，将使冷却水终止循环，导致发动机过热。尤其严重的是水结冰时体积膨胀，可能将机体、气缸盖和散热器胀裂。为了适应冬季行车的需要，在水中加入防冻剂制成冷却液以防止循环冷却水的冻结。最常用的防冻剂是乙二醇。冷却液中水与乙二醇的比例不同，其冰点也不同。50％的水与50％的乙二醇混合而成的冷却液，其冰点约为-35.5℃。

在水中加入防冻剂还同时提高了冷却液的沸点。例如，含50％乙二醇的冷却液在大气压力下的沸点是130℃。因此，防冻剂有防止冷却液过早沸腾的附加作用。防冻剂中通常含有防锈剂和泡沫抑制剂。防锈剂可延缓或阻止发动机水套壁及散热器的锈蚀或腐蚀。冷却液中的空气在水泵叶轮的搅动下会产生很多泡沫，这些泡沫将妨碍水套壁的散热。泡沫抑制剂能有效地抑制泡沫的产生。在使用过程中，防锈剂和泡沫剂会逐渐消耗殆尽，因此，定期更换冷却液是十分必要的。在防冻剂中一般还要加入着色剂，使冷却液呈蓝绿色或黄色以便识别。

【任务实施】

下面以更换东风雪铁龙 EW10A 发动机冷却液为例进行讲解。EW10A 发动机冷却系统如图 1－52 所示。

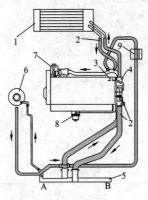

图 1－52　EW10A 发动机冷却系统示意图

1—暖风热交换器；2—放气螺塞；3—放水螺塞(缸体)；4—带节温器的出水室；

5—散热器；6—除气盒；7—水泵；8—(发动机)油/水热交换器；9—(自动变速器)油/水热交换器

更换冷却液推荐专用工具如图 1－53 所示。

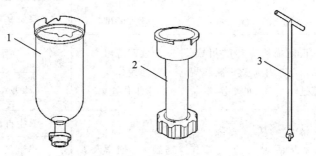

图 1－53　推荐专用工具

1—加注桶 4520－T；2—加注桶转接头 4222－T；3—加注桶堵塞杆 4370－T

（1）排空。① 拧下除气盖的盒子；② 断开散热器水管；③ 拆下缸体的放水螺塞。

（2）加注。如图 1－54 所示，步骤如下：① 打开暖风水管和出水室的放气螺塞；② 连接散热器的下水管；③ 安装曲轴箱放水螺塞(安装新密封圈)，并以(30±1) N·m 的力矩拧紧；④ 在加注孔上安装加注桶 1、堵塞杆 3 和转换接头 2，将冷却管路注满冷却液。

注意：遵守关闭冷却管路的规定。

（3）排气。步骤如下：① 起动发动机，让发动机的转速保持在 1600r/min，直至第一个冷却循环结束(发动机风扇组起动后停止)；② 当冷却液流动无气泡时，关闭放水螺塞；③ 用堵塞杆 3 堵住加注桶 1；④ 拆下加注桶 1、堵塞杆 3 和转换接头 2；⑤ 安装上除气盒盖；⑥ 停止发动机。

（4）检查。步骤如下：① 起动发动机，让发动机的转速保持在 1600r/min，直至第一个冷却循环结束(发动机风扇组起动后停止)；② 停止发动机，并等其冷却；③ 用堵塞杆 3 堵住加注桶 1；④ 拆下除气盒盖，进行可能的补充，使冷却液保持在最大的标记处；⑤ 安装上除气盒盖。

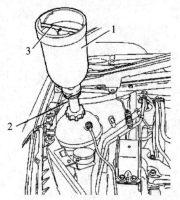

1—加注桶；
2—转换接头；
3—堵塞杆

图 1-54　加注冷却液

【考核评价】

考核评价表

目标	评价要素	评价标准	评价依据	考核方式		权重	评分
知识	基本知识	知识的要求	个人作业 课堂笔记 课堂练习 小组作业 期末考试	学生自评		10%	
				教师评定		10%	
				学生互评		10%	
能力	基本技能	正确描述冷却的组成、结构与工作原理；能够规范进行冷却液的更换	实践练习 小组作业 学生作业单	教师评定	动手能力	15%	
					作业单的填写	15%	
素质	学习态度	遵守纪律，积极参与课堂教学活动，按时完成作业，按要求完成准备	课堂表现记录，考勤表，同学及教师观察，课堂笔记	学生自评		10%	
				小组互评			
				教师评定			
	沟通协作	乐于请教和帮助同学，协调小组活动，配合教师教学管理，做好教室值日工作，做好课前准备和课后整理	小组作业，小组活动记录，自评及互评记录，值日记录，同学及教师观察	学生自评		15%	
				小组互评			
				教师评定			
	创新精神	有自主学习计划，在作业练习中能提出问题和见解，对教学或管理提出意见和建议，积极参与小组活动设计	个人作业，自主学习计划，学习活动，个人口头或书面提议	学生自评		15%	
				小组互评			
				教师评定			

【教学小结】

难点：冷却系统的中大循环和小循环的工作原理。
重点：水冷系统的结构及主要部件的结构形式。
教学体会及建议：（由任课老师撰写）

情境三

发动机的解体、测量与装配

任务一　气缸磨损量的测量

【学习目标】

教学能力目标	专业能力目标	专业知识目标	专业素质目标
(1) 能够借助教学课件等资料了解气缸磨损的特征及后果； (2) 能够指导学生规范地使用量缸表并进行气缸磨损量的测量和计算	(1) 掌握游标卡尺、外径千分尺和量缸表的正确使用； (2) 能正确测量气缸的磨损量	(1) 掌握气缸磨损相关知识； (2) 具有利用各种媒体资源查找相关信息的能力； (3) 掌握相关量具使用知识	(1) 具有良好的工作责任心和职业道德； (2) 具有安全操作意识和良好的环境保护意识； (3) 培养学生的团队协作精神

【任务导入】

一辆东风雪铁龙爱丽舍轿车，行驶了 220 000 公里，出现加速无力、油耗增加排气、冒黑烟等问题。客户来到 4S 店，要求对车辆进行诊断、维修。

【任务分析】

维修技术人员对车辆诊断，并进行发动机不解体检测气缸压力等测试。根据汽车维修技术规范的要求，该车需要进行发动机大修，而气缸磨损量的测量是其中非常重要的一个环节。请分析气缸的原因与特点，描述气缸磨损量的测量工具与测量原理，制定并执行气缸磨损量测量计划。

【建议学时】

6 学时。

【教学设计】

授课阶段	教师活动	学生活动	教学方法及组织形式	教学媒介	学时分配
导入阶段 —激励 —获取信息	组织情景模拟和角色扮演，完成客户委托	小组讨论	角色扮演 提问法	PPT 演示 卡片	90 min

续表

授课阶段	教师活动	学生活动	教学方法及组织形式	教学媒介	学时分配
实施阶段 —制定计划 —作出决定 —实施计划 —独立检查	引导学生收集量缸的资料和操作规范，检查学生制定出的量缸所需的工具和测量步骤	小组讨论、收集资料、制定学习计划并实施气缸内径的测量	卡片法 翻页纸 小组展示	图板	90 min
深化阶段	正确的量缸演示	观看、听讲	讲解法 案例 分析法	PPT 演示 投影仪	90 min
结果控制阶段 —评价 —反馈	修理方案的确定	学生对上课内容进行反馈	提问法 小组讨论	黑板	60 min
总结阶段 —迁移	镗缸的修理方法和注意事项	听讲、回答问题	提问法	网络	30 min

【学习资讯】

1. 气缸磨损机理

随着汽车使用里程的增加和时间的延长，汽车发动机气缸的磨损量会逐渐增大。气缸磨损量过大，一方面会造成气缸与活塞的配合间隙过大，燃烧室的密封不严进而导致汽车的动力性会出现明显的下降；另一方面，由于燃烧室的密封不严，燃烧室里的油气混合气很有可能通过活塞和气缸的间隙窜入到曲轴箱中，这样汽车的油耗量会明显增加。另外，燃油进入曲轴箱中与曲轴箱中的机油相混合，引起机油的变质，进而影响发动机整个系统的润滑效果。此外，气缸与活塞的间隙过大，有可能使油底壳中的机油通过活塞环泵流到燃烧室中，造成烧机油、排气管冒蓝烟现象的出现。当磨损严重时，甚至会出现"敲缸"现象。

1) 气缸磨损原因分析

气缸磨损的原因分析起来，主要有以下几个方面的原因：

(1) 压力的影响。发动机工作时，活塞环在自身弹力和传递到环内壁上的气体压力作用下，压紧在气缸壁上，当活塞在气缸中往复运动时，活塞环与缸壁发生相对摩擦而产生磨损。

(2) 润滑不良。发动机在工作中，由于气缸壁是靠飞溅润滑的，因此上部润滑油供应比较困难，同时气缸上部邻近燃烧室，温度较高，不易在气缸壁表面形成良好的油膜，甚至润滑油可能被烧掉，由此造成气缸上部（尤其是进气门对面）润滑不良，与活塞环形成干摩擦或半干摩擦，使磨损加剧。

(3) 酸性腐蚀物质的影响。当气缸壁的温度较低时，气缸内的水蒸气会在缸壁上凝聚成水珠，废气中的酸性气体分子遇到水后将溶解生成酸性物质（如硫酸、碳酸等），这些酸性物质附在缸壁上对缸壁产生腐蚀作用，使缸壁表面组织结构松散、强度降低。

(4) 磨料的影响。空气中的灰尘、碳渣或润滑油中的杂质，夹持在活塞环与缸壁之间，当活塞上下往复运动时形成有害磨料。由于活塞在气缸中部运动速度最大，磨料对缸壁的磨削作用最严重，故使气缸磨损成"腰鼓形"。

此外，修理时选用的材料质量差。修理质量不好，如缸壁粗糙度超过要求、活塞销座孔倾斜、连杆弯扭等，都会使气缸产生不正常的磨损。

2）气缸磨损规律

气缸在使用中的磨损程度（指活塞环运动的区域内）是不均匀的，沿气缸的长度方向（纵断面）看，磨损是上大下小，失去原来的圆柱形状。沿圆周方向磨损后失去原来的正圆形状，最大径向磨损区域一般接近进气门的对面。气缸上口活塞环接触不到的地方，几乎没有磨损，于是形成了"台阶"。

（1）轴向截面的磨损规律：沿着气缸轴向截面的磨损，在活塞环有效行程范围内呈上大下小的锥形，在第一道活塞环上止点略下处磨损最大，气缸口活塞环接触不到的部位几乎没有磨损，于是形成缸肩。

（2）径向截面的磨损规律：在平行于气缸圆周方向的横向截面上，气缸磨损也是不均匀的，磨成一个不规则的椭圆形，一般是前后或左右方向的磨损最大。

此外，在同一台发动机上，不同气缸的磨损情况也不尽相同，一般水冷却发动机第一缸的前壁和最后一缸的后壁处磨损较为严重。

2. 气缸修理级别与修理尺寸

1）修理尺寸法

在零件结构、强度和强化层允许的条件下，将配合副中主要件的磨损部位经过机械加工至规定的尺寸，恢复其正确的几何形状和精度，然后更换相应的配合件，得到尺寸改变而配合性质不变的修理方法，称为修理尺寸法。例如，气缸的修理、曲轴的修理、凸轮轴的修理等。

2）气缸修理级别和修理尺寸的确定

修理级别可用 $n \geqslant \dfrac{D_{\max} - D_0 + X}{\Delta D}$ 确定，其中，n 为镗削后修理尺寸的级数；$D_{\max}$ 为镗削前气缸磨损的最大缸径，mm；D_0 为原厂气缸的标准直径，mm；X 为气缸的镗磨余量，一般取 0.10～0.20 mm；ΔD 为修理尺寸级差，mm。

加工余量的大小取决于加工设备精度及工人技术水平，如考虑气缸偏磨因素，加工余量还可适当取大些。通过计算，得出的 n 值再进行圆整成整数值，即为气缸镗削后的修理尺寸级别数。得到修理级别后，可计算修理尺寸。

3）量缸表

量缸表由百分表和测量附件组成，它是一种比较性测量仪表，测量精度为 0.01 mm。百分表由表壳、表盘、表面指针、扇形齿和芯轴组成。芯轴准确地装在圆形表壳内，通过上下两孔道可以移动，芯轴的一段有齿条。芯轴的往复运动经过几个扇形齿的传动转变为指针转动，而芯轴和指针又被弹簧拉着，可以自动恢复原位。百分表是借扇形齿和齿条传动及杠杆原理，把微小的尺寸变化加以扩大，用指针显示出来。表面上有 100 个小格，每小格为 0.01 mm。表面上小指针偏转一格相当于 1 mm，表盘可以转动，上面刻有"0"。国产百分表的比较测量范围有 3 种：0～3 mm、0～5 mm 和 0～10 mm。

3. 气缸磨损量的测量与计算

1) 量缸表的常规使用

(1) 以比较测量范围为 0～3 mm 的百分表为例,根据需要选择适当的插杆,旋入插杆孔座,使测杆与插杆总长度稍大于气缸直径,再用千分尺校验。

(2) 将量缸表测杆伸入气缸内测量,当柄杆偏左或偏右时,表的读数都偏大,那么在表的读数最小时的读数即为准确读数,此时记录数据。测量时动作不能太猛,要让测杆慢慢接触缸套。被测表面应擦干净,百分表应避免与水、油污和灰尘接触。对于刚拆卸的发动机,应使其冷却到常温后再进行测量。

(3) 发动机的每一个缸应测量,即在平行于曲轴方向和垂直于曲轴方向的两个方向,沿气缸轴线方向上、中、下三个位置测量。

2) 具体测量步骤

(1) 量缸表的装配与调校。

① 将螺旋千分尺调整到被测气缸的标准直径,并锁紧。

② 选择合适的测量杆,连同锁紧螺母一同装在量缸表杆的下端,并调整到适当的长度。

③ 将百分表装在量缸表杆的上端,使百分表表头压缩 2 mm 左右。

④ 将下端测量杆放在螺旋千分尺上,使测量杆的长度等于气缸的标准直径,旋转表盘,使百分表的指针指向"0",记下百分表小针的读数。

(2) 测量气缸。

① 将量缸表测量杆放在气缸磨损最大的横截面上(活塞上止点时第一道环对应的气缸横截面),使测量杆垂直于气缸体的纵向,左右摆动量缸表,当百分表读数最小时,读取气缸直径,见图 1-55。

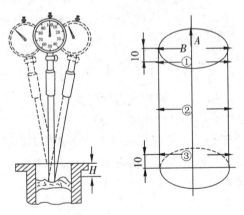

图 1-55　量缸表的使用

② 采用同样方法测量气缸该平面的纵向直径。

③ 计算该平面的圆度误差,计算方法为圆度误差 $=(\,|\,D_1-D_2\,|\,)/2$,其中:D_1 为气缸横向直径;D_2 为气缸纵向直径。

④ 以同样方法测量气缸孔中间平面和下平面的直径,并计算出两平面的圆度误差。

⑤ 计算该气缸的圆柱度误差,计算方法为圆柱度误差 $=(D_{max}-D_{min})/2$,其中:D_{max} 为气缸最大直径;D_{min} 为气缸最小直径。

（3）确定气缸修理尺寸。气缸的修理尺寸可按下式进行计算：

$$修理尺寸＝气缸最大直径＋镗、珩磨余量$$

镗、珩磨余量一般取 0.10～0.20 mm。计算出的修理尺寸应与修理级数相对照，如果与某一修理级数相符，可按某级数修理；如与修理级数不相符，比如计算出的修理尺寸在两级修理级数之间，则应按其中较大的修理级数进行气缸修理。

【任务实施】

下面以东风雪铁龙 TU5JP4 发动机气缸磨损测量为例进行说明。

1. 气缸基本信息

通过查阅维修资料，获取气缸的相关标准信息，见表 1-8。

表 1-8　气缸基本信息与参数

标记	标准尺寸/mm	维修尺寸/mm
高度 A	265.23（±0.05）	265.03（±0.05）
直径 B	78.5（＋0.03；0）	78.9（±0.03；0）
最大不平度（在"a"处）	0.05	
最大不平度（在"b"处）	0.1	

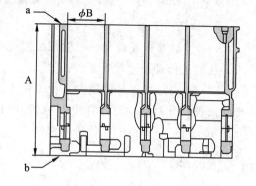

2. 气缸磨损量的测量

1）准备工作

（1）准备清洗干净的待修气缸体一台，与其内径相适应的外径千分尺、量缸表及清洁工具等。

（2）将气缸孔内表面擦试洁净。

（3）安装、校对量缸表。

（4）按被测气缸的标准尺寸选择合适的接杆，装上后，暂不拧紧固定螺母。

（5）把外径千分尺调到被测气缸的标准尺寸，将装好的量缸表放入千分尺。

（6）稍微旋动接杆，使量缸表指针转动约 2 mm，使指针对准刻度零处，扭紧接杆的固定螺母。为使测量准确，重复校零一次，如图 1-56 所示。

（7）读数方法。测量时，若表针顺时针方向离开"0"位，则表示缸径小于尺寸的缸径，它是标准缸径与表针离开"0"位格数之差；若表针逆时针方向离开"0"位，则表示缸径大于标准尺寸的缸径，它是标准缸径与表针离开"0"位格数之和。

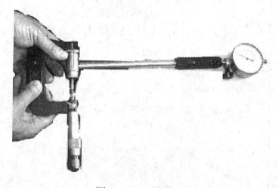

图 1-56　对表

若测量时小针移动超过 1 mm，则应在实际测量值中加上或减去 1 mm。

2）测量方法

使用量缸表，一只手拿着隔热套，另一只手托住管子下部靠近本体的地方。将校对后的量缸表活动测杆在平行于曲轴轴线方向和垂直于曲轴轴线方向两个方位上，沿气缸轴线分上、中、下取三个位置，共测 6 个数值。上面一个位置一般定在活塞在上止点时，位于第一道活塞环气缸壁处，约距气缸上端 15 mm。下面一个位置一般取在汽缸套下端以上10 mm左右处，该部位磨损最小。

3）计算

计算圆度误差和圆柱度误差。气缸磨损圆柱度达到 $0.174 \sim 0.250$ mm 或圆度已达到$0.050 \sim 0.063$ mm（以其中磨损量最大一个气缸为准）时须送大修。交通部部颁标准JT3101－81中规定：磨缸后，干式气缸套的气缸圆度误差应不大于 0.005 mm，圆柱度误差不大于0.0075 mm，湿式气缸套的气缸圆柱度误差应不大 0.0125 mm。

4）修理尺寸的确定

（1）气缸磨损超过允许限度或缸壁上有严重的刮伤、沟槽和麻点，均应采取修理尺寸法将气缸按修理尺寸搪削加大。

（2）磨损最大气缸的最大直径＋加工余量（以直径计算一般为 $0.1 \sim 0.2$ mm），其数值再与修理尺寸对照，如计算出的修理尺寸与某一级数相近，则按该级修理（加工余量取0.20 mm、0.25 mm 一个修理等级）。

【考核评价】

考核评价表

目标	评价要素	评价标准	评价依据	考核方式		权重	评分
知识	基本知识	理解气缸磨损的原理与特征；理解气缸磨损量评价方法	个人作业 课堂笔记 课堂练习 小组作业 期末考试	学生自评		10%	
				教师评定		10%	
				学生互评		10%	
能力	基本技能	正确描述气缸磨损的特征；能够规范进行气缸磨损量的测量	实践练习 小组作业 学生作业单	教师评定	动手能力	15%	
					作业单的填写	15%	
素质	学习态度	遵守纪律，积极参与课堂教学活动，按时完成作业，按要求完成准备	课堂表现记录，考勤表，同学及教师观察，课堂笔记	学生自评		10%	
				小组互评			
				教师评定			
	沟通协作	乐于请教和帮助同学，协调小组活动，配合教师教学管理，做好教室值日工作，做好课前准备和课后整理	小组作业，小组活动记录，自评及互评记录，值日记录，同学及教师观察	学生自评		15%	
				小组互评			
				教师评定			

续表

目标	评价 要素	评价标准	评价依据	考核方式	权重	评分
素质	创新精神	有自主学习计划，在作业练习中能提出问题和见解，对教学或管理提出意见和建议，积极参与小组活动	个人作业，自主学习计划，学习活动，个人口头或书面提议	学生自评 小组互评 教师评定	15%	

【教学小结】

难点：修理尺寸法。

重点：气缸磨损量的测量与量缸表的使用。

教学体会及建议：（由任课老师撰写）

任务二　发动机解体与装配

【学习目标】

教学能力目标	专业能力目标	专业知识目标	专业素质目标
（1）使学生能够借助教学课件等资料清楚描述发动机解体、装配的步骤； （2）能够指导学生按照工艺文件规范地进行发动机的解体和装配	（1）描述发动机的类型与组成； （2）能够对发动机进行解体和装配工作	（1）了解发动机在汽车上的布置； （2）掌握理解从整车上拆卸和组装发动机总成的注意事项和操作步骤； （3）掌握发动机解体和装配过程中的要点	（1）具有良好的工作责任心和职业道德； （2）具有安全操作意识和良好的环境保护意识； （3）培养学生的团队协作精神

【任务描述】

一辆 2008 年 1.3L 福特嘉年华轿车，行驶了 150 000 公里，发动机爆缸，来到 4S 店进行维修。

【任务分析】

根据故障现象，该车需要进行发动机解体大修。请描述发动机解体及装配的步骤及注意事项，制定并执行发动机解体及装配计划。

【建议学时】

8 学时。

【教学设计】

步骤	学习内容	教学方法	教学手段	学生活动	时间分配
导入	本单元的目标和任务	讲授	PPT 演示	听讲	5min
小组作业	（1）发动机抱缸的原因； （2）发动机在汽车上的布置形式及其优缺点	分组讨论 卡片法 翻页法	提问 引导 总结	讨论 查阅资料 小组代表发言	15 min
讲解	（1）发动机的布置形式； （2）发动机的拆装注意事项	多媒体演示	PPT 演示 动画演示	听讲 思考	40 min
深化	拆卸发动机总成前的准备工作	分组讨论	提问 引导 总结	讨论 查阅资料 小组代表发言	30 min
操练	制定拆卸发动机总成工作计划	任务驱动法 分组讨论	提问 总结	讨论 制定计划 代表发言	45 min
操练	按照工作计划拆卸发动机总成	多媒体演示 任务驱动	操作演示 实车讲解	拆卸发动机总成	45 min
操练	制定拆卸、组装发动机工作计划	任务驱动法 分组讨论	提问 总结	讨论 制定计划 代表发言	60 min
操练	按照工作计划拆卸、组装发动机	任务驱动	操作演示 实车讲解	拆卸 组装发动机	150 min
归纳	学生以组为单位讲述自己的认知结果，分析该项目的知识点和技能点	分组讨论 启发	分组讨论	学生相互交流 代表发言 互相点评	60 min
总结	教师给出评价，教师解答问题并作总结	评价 总结	PPT 演示	听讲	30 min
课后作业	布置作业	练习	工作页	完成工作页	课后完成

【学习资讯】

1. 发动机布置形式

发动机的布置形式对于汽车的性能具有重大影响。对于轿车来说，发动机的布置位置可以简单地分为前置、中置和后置三种。目前市面上绝大多数轿车都采用的是前置发动机，中置和后置发动机只在极少数的性能跑车中使用。在前置发动机中，根据发动机放置方向的不同，还可以分为纵置和横置两种。发动机横置就是指发动机的曲轴与汽车前桥平行，而纵置则是曲轴与汽车前桥垂直，如图 1-57 所示。大多数紧凑级车和中型车都采用横置发动机，而大多数的大型豪华轿车都采用纵置发动机。

(a) 横置式　　　　　　　　　　　　　(b) 纵置式

图 1-57　发动机布置形式

横置发动机的曲轴、变速器的输入输出轴以及车桥都是平行的，在动力传递过程中，动力传递的方向没有改变，有效地控制了动力传递过程中的能量损失，提高了动力传递的效率。

2. 发动机总成拆卸顺序及注意事项

拆卸发动机前，应断开或松开与汽车其他系统有关的所有电路、气路和油路，并将发动机与变速器总成脱离，然后从汽车前面将发动机拆卸下来。

从整车上拆卸发动机总成可以分为从车辆底部取出发动机和车辆上部吊出发动机总成两种方法。从车辆底部取出发动机总成的一般顺序如下：

（1）在点火开关切断的情况下，拔下蓄电池的搭铁线（负极）。

（2）拆下蓄电池和蓄电池支架。

（3）利用汽车举升器将汽车举起。

（4）在发动机下放置一个收集盘，打开冷却液的储液罐盖。松开散热器下的水管夹箍，拔下散热器的下水管，放出冷却液。所放出的冷却液必须用干净的容器予以收集，以便处理和再使用。

（5）拧下发动机油底壳的放油螺塞，放出发动机润滑油，并用专用容器收集好。

（6）拆下燃油进油管和回油管；拆下发动机进气软管；断开节气门操纵装置；拆下散热器连接软管；拆下发动机的下护罩。

（7）从排气管上卸下排气消声器。

（8）拆下变速器拉索和里程表线。

（9）断开起动机导线，拆下起动机。

（10）松开车身上的搭铁线。

（11）旋下所有发动机与车身的连接螺栓。

（12）使用发动机托架托住发动机的底部，慢慢使拖架下降，直到将发动机（含变速器）从汽车底部脱离为止。

3. 发动机解体与装配注意事项

在进行发动机解体时，要严格按照维修资料进行，并注意下列事项：

（1）拆卸装配时注意人身安全，发动机应放置牢靠、平稳。

（2）正确使用拆卸和装配工具，严格按照拆卸装配步骤进行操作。

（3）保持工作场地清洁和整齐。

（4）严格遵守"三不着地、三不响"原则，即拆装工具不着地，发动机不着地，拆装零部件不着地；常用工具、工具之间不碰撞、不响，工具和零件之间不碰撞、不响，零部件之间不碰撞、不响。

（5）注意各零部件之间的装配关系，注意装配时的步骤、顺序、技巧，掌握检验方法，注意装配时各零部件的配合间隙、位置关系。

（6）拆卸的零部件按要求清洗、装配、摆放整齐。

（7）注意常用工具、专用工具的正确使用。

（8）注意各螺钉、螺母的拧紧力矩及拧紧顺序。

4．发动机总成装配注意事项

发动机总成的安装顺序基本上与拆卸顺序相反，但应注意以下事项：

（1）更换发动机支架的橡胶缓冲块中固定螺栓的螺母。

（2）连接起动机导线，但不要碰到发动机。

（3）将发动机装入支座，带上螺栓（但不拧紧螺栓），通过摇动发动机使其摆正位置。

（4）按规定加注冷却液，如果气缸盖和气缸体都没有更换，则仍可使用原来放出的冷却液。

（5）调整节气门拉索，使其灵活，如果装配的发动机是电子节气门则需进行节气门位置初始化。

（6）在不拧紧螺栓的情况下，调整排气管。

【任务实施】

下面以长安福特JR发动机的拆卸与装配为例进行说明。

1．发动机解体

发动机解体的具体流程见表1-9。

表1-9　发动机的解体流程

1.拆下机油放油螺栓，放出机油	16.使用管夹拆装器拆卸进气歧管附近的相关管路固定夹
2.拆卸后氧传感器线束插头和线束固定夹	17.拆卸进气歧管附近的相关管路和进气歧管
3.用专用工具拆卸前氧传感器和线束固定夹	18.拆卸气缸盖上面的点火线圈等相关部件电器插头
4.拆下排气歧管隔热板	19.拆下发电机
5.拆卸后氧传感器线束插头和线束固定夹	20.拆下机油尺与机油尺导管、爆震传感器、曲轴箱通风机油分离器、冷却水管（节温器）、CKP传感器、机油压力开关和机油滤清器相关部件
6.用专用工具拆卸前氧传感器和线束固定夹	21.按顺序拆下发动机前端的正时皮带轮相关部件
7.拆卸废气再循环阀管的排气歧管和冷却水管	22.用专用工具固定飞轮，拆卸飞轮固定螺栓，取下飞轮
8.拆卸排气循环阀输出管固定螺栓	23.按顺序拆下气门室盖螺栓，取下气门室盖
9.拆卸排气循环阀输出管到进气管上面的螺栓	24.用火花塞拆卸专用工具拆卸火花塞
10.拆下排气歧管隔热板	25.用专用工具拆下曲轴前油封
11.用专用工具拆卸催化监控传感器	26.用专用工具拆下曲轴后油封
12.拆卸三元催化隔热板	27.拆卸发动机前盖板
13.拆卸排气歧管	28.放松正时链条，拆下正时链条张紧器
14.拆卸空调暖风水管	29.拆下正时链条导板，取下正时链条
15.使用专用工具拆卸燃油管路接头	30.按顺序拆下凸轮轴轴承盖，取下凸轮轴

31.按顺序拆下气缸盖螺栓，取下气缸盖及顶筒	37.拆卸连杆轴瓦，注意轴瓦的摆放顺序以便安装
32.转动发动机180°，按顺序拆卸油底壳螺栓	38.拆卸连杆盖轴瓦，注意轴瓦的顺序以便安装
33.用专用工具拆下油底壳	39.拆卸下气缸体和曲轴
34.拆下曲轴皮带轮和机油泵总成	40.拆下止推垫片
35.拆下机油泵吸油管螺栓，取下吸油管	41.拆卸下气缸体曲轴轴承瓦
36.分别拆下连杆盖螺栓，取下活塞连杆组件	42.拆卸润滑喷油嘴

2. 发动机装配

发动机装配的具体流程见表 1-10。

表 1-10 发动机的装配流程

1.安装曲轴主轴承瓦和润滑喷油嘴	18.使用清洁剂清洁发动机前盖的接合面。在安装发动机前盖板结合面上涂上 3 mm 的密封胶，安装发动机前盖板
2.安装曲轴主轴承瓦	19.安装发动机前盖板，按顺序拧紧螺栓
3.安装曲轴止推垫片	20.用专用工具安装曲轴前油封
4.在下气缸体结合面上涂上 4 mm 的密封胶，安装下气缸体	21.用专用工具安装曲轴后油封
5.安装下气缸体，按顺序拧紧固定螺栓	22.在图中位置涂抹 3 mm 的密封剂，安装气门室盖
6.安装连杆盖轴承瓦	23.按顺序拧紧气门室盖螺栓，然后用专用工具安装火花塞
7.安装连杆轴承瓦	24.安装放油螺栓
8.安装活塞连杆组件，按规定力矩拧紧	25.用专用工具固定飞轮，安装飞轮
9.安装机油吸油管	26.按顺序安装发动机前端的正时皮带轮相关部件
10.安装机油泵总成和曲轴皮带轮	27.拆下专用工具：303-254(福特汽车的维修专用工具编号)
11.在油底壳结合面上涂上 3 mm 的密封胶，安装油底壳	28.安装机油尺导管与机油油尺、爆震传感器、曲轴箱通风机油分离器、(节温器)冷却水管、CKP 传感器、机油压力开关和机油滤清器相关部件
12.安装油底壳，按规定力矩和顺序拧紧螺栓	29.安装发电机
13.安装气缸盖，按顺序拧紧螺栓	30.安装气缸盖上面的点火线圈等相关部件电器插头
14.安装进排气凸轮轴及其相关零件	31.安装进气歧管及附近相关管路
15.校对曲轴、凸轮轴正时标记	32.使用管夹拆装器安装进气歧管附近的相关管路固定夹
16.安装正时链、正时链导轨和张紧轮臂	33.安装空调暖风水管
17.安装正时链条张紧器，拉紧正时链条	34.安装三元催化隔热板

35.安装排气歧管	41.用专用工具安装前氧传感器和线束固定夹
36.用专用工具安装后氧传感器	42.安装后氧传感器线束插头和线束固定夹
37.安装排气循环(EGR)阀输出管，按规定的扭矩拧紧螺栓	43.安装排气歧管隔热板
38.安装排气循环阀输出管到进气管管路，按规定扭矩拧紧	44.用专用工具安装前氧传感器和线束固定夹
39.安装排气歧管隔热板	45.安装催化监控传感器线束插头和线束固定夹
40.安装废气再循环(EGR)阀管的排气歧管和冷却水管	46.添加发动机机油到发动机中

【考核评价】

考核评价表

目标	评价要素	评价标准	评价依据	考核方式		权重	评分
知识	基本知识	理解发动机的布置形式及其优缺点；掌握发动机的拆卸装配要点	个人作业 课堂笔记 课堂练习 小组作业 期末考试	学生自评		10%	
				教师评定		10%	
				学生互评		10%	
能力	基本技能	正确描述发动机的布置形式；能够规范进行发动机的解体与装配	实践练习 小组作业 学生作业单	教师评定	动手能力	15%	
					作业单的填写	15%	
素质	学习态度	遵守纪律，积极参与课堂教学活动，按时完成作业，按要求完成准备	课堂表现记录，考勤表，同学及教师观察，课堂笔记	学生自评		10%	
				小组互评			
				教师评定			
	沟通协作管理	乐于请教和帮助同学，协调小组活动，配合教师教学管理，做好教室值日工作，做好课前准备和课后整理	小组作业，小组活动记录，自评及互评记录，值日记录，同学及教师观察	学生自评		15%	
				小组互评			
				教师评定			
	创新精神	有自主学习计划，在作业练习中能提出问题和见解，对教学或管理提出意见和建议，积极参与小组活动设计	个人作业，自主学习计划，学习活动，个人口头或书面提议	学生自评		15%	
				小组互评			
				教师评定			

【教学小结】

难点：

(1) 发动机总成的拆卸和装配方法。

(2) 装配后的调整。

重点：发动机的解体与装配流程。

教学体会及建议：（由任课老师撰写）

模块二

汽车底盘拆装与调整

情境一

离合器拆装与调整

任务　离合器的拆装与检测

【学习目标】

能力目标	知识目标	素质目标
（1）掌握离合器的拆装步骤和技术要求； （2）掌握离合器的调整方法； （3）掌握离合器的部件检测方法	（1）了解离合器的组成和工作原理； （2）了解离合器各部件的名称及作用； （3）根据结构形式区分不同形式的离合器操纵机构	（1）具有良好的工作责任心和职业道德； （2）具有 5S 意识； （3）具有团队协作精神

【任务导入】

王先生的一辆桑塔纳 2000GLi 型轿车在车辆起步挂挡时总是发出"咔咔"的响声，车主将车送到修理厂，要求检查维修。

【任务分析】

配手动变速器的车辆起步时挂挡发响，说明离合器分离不彻底。而造成不彻底的原因可能是离合器本身，也可能是离合器操纵机构，还可能是离合器与变速器的连接部分出故障。为此，需弄清离合器及操纵机构的结构、装配、调整问题。

【学时建议】

8 学时。

【教学设计】

步骤	学习内容	教学方法	教学手段	学生活动	时间分配
告知	本项目的知识目标、能力目标和素质目标	讲授法	多媒体	听讲	10 min
资讯	离合器基本知识	小组讨论法	分组讨论	学生相互交流	110 min
计划	制定离合器拆装检查计划	小组讨论法	分组讨论	学生相互交流	30 min
决策	计划实施前的准备	讲授法	多媒体	听讲	20 min

续表

步骤	学习内容	教学方法	教学手段	学生活动	时间分配
实操	拆装离合器； 检查离合器各重要部件	提问法 演示法 实训法	实车	回答问题 观察 动手操作	240 min
深化	分析操作注意事项； 各部分损坏对使用的 影响	讲授法 提问法	多媒体 卡片	听讲 回答问题	30 min
归纳	以组为单位学生讲述自 己的认知结果，分析该项 目的知识点和技能点，教 师给出评价	小组讨论法 启发法	分组讨论	学生相互交流 代表发言 互相点评	30 min
评价	教师评价各小组工作 情况	讲授法	板书	听讲	10 min
作业	教师布置：完成工作页	练习法	工作页	完成工作页	课后完成

【学习资讯】

1. 离合器的作用

（1）保证车辆平稳起步。

（2）便于换挡操作。

（3）防止传动系统过载。

2. 离合器的基本组成

摩擦片式离合器包括主动部分、从动部分、压紧装置和操纵机构四大部分，其基本组成如图 2-1 所示。

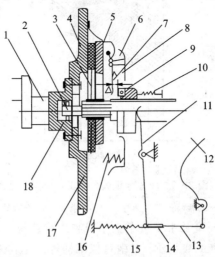

图 2-1　摩擦片式离合器的基本组成

1—曲轴；2—从动轴；3—从动盘；4—飞轮；5—压盘；6—离合器盖；7—分离杠杆；8—弹簧；9—分离轴承；

10、15—回位弹簧；11—分离拨叉；12—踏板；13—拉杆；14—调节叉；16—压紧弹簧；17—从动盘摩擦片；18—轴承

3. 离合器的结构

1）膜片弹簧离合器

膜片弹簧离合器的结构如图 2-2 所示。其工作原理如图 2-3 所示。

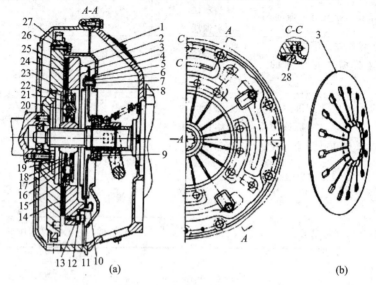

图 2-2　膜片弹簧离合器

1—离合器盖；2—压盘；3—膜片弹簧；4、5—前后支撑环；6—隔套；7—铆钉；8—支撑圈；9—分离轴承；
10—分离钩；11—内六角螺栓；12—传导片；13—座；14—波形片；15—盘毂；16—止动销；17—碟形垫圈；
18—摩擦板；19—摩擦垫圈；20—减震弹簧；21—从动盘钢片；22—铆钉；23—减震器盘；24—摩擦衬片；
25—摩擦衬片铆钉；26—离合器固定螺钉；27—飞轮；28—定位销

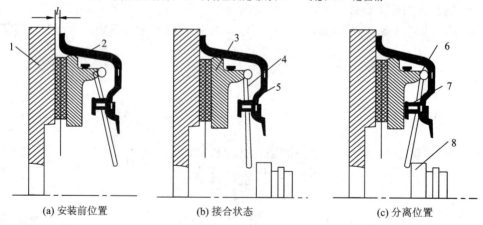

(a) 安装前位置　　　　　(b) 接合状态　　　　　(c) 分离位置

图 2-3　膜片弹簧离合器工作原理示意图

1—飞轮；2—离合器盖；3—压盘；4—膜片弹簧；5—后支撑环；6—分离钩；7—前支撑环；8—分离轴承

这种离合器在轿车、轻型及中型货车上用得越来越广泛，甚至在重型货车上也得到应用。上海桑塔纳、一汽奥迪 100 型轿车、南京依维柯等汽车均采用膜片弹簧离合器。

2）具有扭转减震器的离合器从动盘

具有扭转减震器的离合器从动盘如图 2-4 所示。

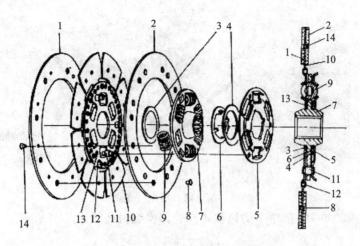

图 2-4　具有扭转减震器的离合器从动盘

1、2—摩擦片；3—摩擦垫圈；4—碟形垫圈；5—减震器盘；

6—摩擦板；7—盘毂；8、12、14—铆钉；9—减震器弹簧；

10—波形片；11—止动销；13—从动盘本体

4. 离合器操纵系统

（1）北京 BJ2020 型汽车的离合器液压式操纵系统如图 2-5 所示。

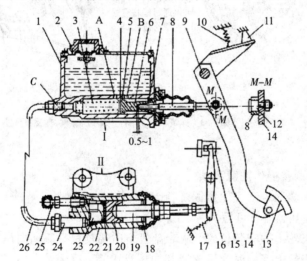

图 2-5　北京 BJ2020 型汽车的离合器液压式操纵系统示意图

1—储液罐壳体；2—储液罐盖；3—活塞回位弹簧；4、7—密封圈；5—密封钢片；

6—主缸活塞；8—推杆；9—铰链；10—踏板回位弹簧；11—踏板限位座；

12—偏心销；13—离合器踏板；14—踏板臂；15—分离轴承座；16—分离叉；

17—回位弹簧；18—卡簧；19—工作缸推杆；20—工作缸活塞；21—工作缸活塞密封圈；

22—工作缸；23—活塞限位块；24—进油管接头；25—放气螺钉；26—油管；

A—补偿孔；B—进油孔

（2）朗逸离合器液压操纵系统如图 2-6 所示。

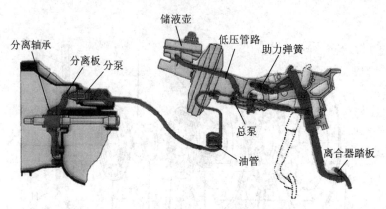

图 2 - 6　朗逸离合器液压操纵系统

（3）桑塔纳 2000GLi 型轿车的机械式离合器操纵机构如图 2 - 7 所示。

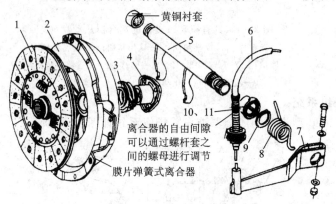

图 2 - 7　桑塔纳 2000GLi 型轿车机械式离合器操纵机构

1—离合器从动盘；2—膜片弹簧与压盘；3—分离轴承；4—分离套筒；5—分离轴；

6—拉索；7—传动杆；8—弹簧；9—卡簧；10、11—轴承套及密封件

【任务实施】

1. 离合器拆装调整操作注意事项

（1）按对角交叉顺序松动飞轮紧固螺栓。

（2）分离轴承不可洗，只可擦。

（3）在双质量飞轮上的安装位置：从动盘毂凸出端较短一侧朝向压盘。

（4）在单质量飞轮上安装时弹簧支架朝向压盘中心。

（5）离合器片上不可有坑、机油或油脂。

（6）压盘是防锈的，且其上已涂润滑脂，只能清洁接触面，否则会大大缩短离合器的使用寿命。

（7）某些易损件，如离合器压盘，勿使其变形，按对角线分别松开和拧紧。

（8）允许膜片弹簧厚度磨损到只有原厚度的一半。

（9）摩擦片不能用油清洗。

（10）挡圈、锁圈：调整挡圈及锁圈不能拉开过度，必须将其完全放在槽内。

（11）轴承：将有标志的一面的滚针轴承（壁后较大）朝向安装工具，在轴与轴承之间涂一层润滑油。所有的轴承和接触表面均使用规定的润滑脂润滑。

（12）在进行离合器踏板修理工作时，应将蓄电池搭铁线拆下。

2. 离合器的拆装

1）离合器的拆卸

（1）首先拆下变速器（详见本章变速器拆卸与安装部分）。

（2）用工具将飞轮固定，然后逐渐将离合器压盘的固定螺栓对角拧松，取下离合器盖及压盘总成，并取下离合器从动盘。

（3）按图2-8和图2-7分解离合器各部件。

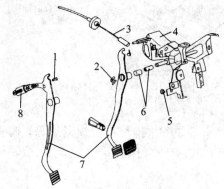

图2-8　离合器踏板装置分解图

1—连接销；2—保险装置；3—离合器拉索；4—踏板支架；5—限位块；

6—轴承衬套；7—离合器踏板；8—助力弹簧

2）离合器的安装

（1）用工具将飞轮固定。

（2）用专用工具将离合器从动盘定位于飞轮和压盘中心，如图2-9所示。

（3）装上紧固螺栓，并用25 N·m的力矩对角逐渐旋紧。

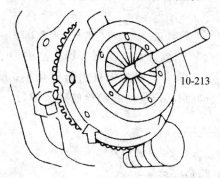

10-213

图2-9　离合器的安装

3. 离合器的调整与检测维护

1）踏板高度的调整

悬式离合器踏板高度、推杆空行程及踏板自由行程的调整如图2-10所示。拧松踏板高度调整点的锁紧螺母，旋动调整螺母，达到规定高度后再紧固锁紧螺母。下踩离合器踏板，直到感觉有阻力时，测量推杆空行程和离合器踏板下踩的距离A，推杆空行程应为1～5 mm，踏板自由行程为5～10 mm。不符合要求时，应松开锁紧螺母，拧动推杆进行调整，直到两者达到规定值后锁紧紧固螺母，最后再检查一次踏板高度。

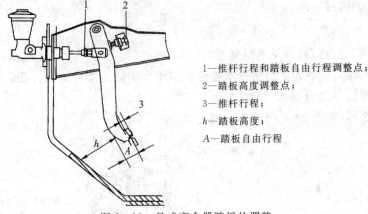

1—推杆行程和踏板自由行程调整点；

2—踏板高度调整点；

3—推杆行程；

h—踏板高度；

A—踏板自由行程

图 2-10　悬式离合器踏板的调整

2）液压操纵式离合器自由行程调整

方法一：用扳手松开离合器工作缸推杆上的锁紧螺母，调长推杆，离合器踏板自由行程减小；反之，离合器自由行程增大，如图 2-11 所示。

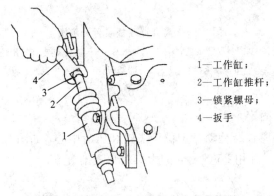

1—工作缸；

2—工作缸推杆；

3—锁紧螺母；

4—扳手

图 2-11　液压操纵式离合器自由行程调整（一）

方法二：用扳手松开离合器踏板臂上连接离合器主缸的偏心螺栓的锁紧螺母。转动偏心螺栓，使偏心螺栓转至左方，则离合器踏板自由行程减小；反之，离合器踏板自由行程增大，如图 2-12 所示。调整好后，拧紧偏心螺栓的锁紧螺母。

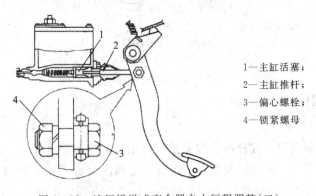

1—主缸活塞；

2—主缸推杆；

3—偏心螺栓；

4—锁紧螺母

图 2-12　液压操纵式离合器自由行程调整（二）

　　3) 从动盘的检查

　　(1) 从动盘径向圆跳动的检查。在距从动盘外边缘 2.5 mm 处测量，离合器从动盘的最大径向圆跳动为 0.4 mm，测量方法如图 2-13(a)所示。

　　(2) 从动盘摩擦片磨损程度的检查。摩擦片的磨损程度，可用游标卡尺进行测量，如图 2-13(b)所示。铆钉头埋入深度 A 应不小于 0.20 mm。

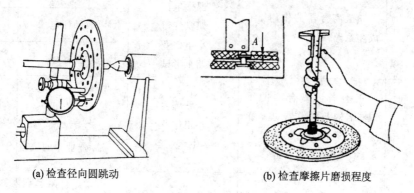

　　(a) 检查径向圆跳动　　　　　　　　(b) 检查摩擦片磨损程度

图 2-13　离合器从动盘的检查

　　4) 压盘平面度的检查

　　离合器压盘平面度不应超过 0.2 mm，检查时可用直尺搁平后以厚薄规测量，如图 2-14所示。

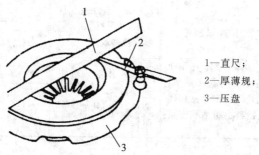

1—直尺；
2—厚薄规；
3—压盘

图 2-14　离合器压盘平面的检查

　　5) 液压系统的排气

　　(1) 将一根软管一端接到放气螺钉上，一头插入排液瓶。

　　(2) 一人用力踩下离合器踏板，然后迅速放松离合器踏板，不做停顿再迅速踩下，如此反复数次后，踩下离合器踏板，并保持一定高度使之不动。

　　(3) 另一人拧松放气螺钉，管路中空气随制动液顺着胶管排出离合器操纵系统，排出空气后再将放气螺钉拧紧。

　　(4) 重复上述步骤多次，直至容器中制动液里无气泡为止。

　　(5) 观察储液罐制动液面高度，必要时添加制动液。

【考核评价】

考核评价表

目标	评价要素	评价标准	评价依据	考核方式		权重	评分
知识	基本知识	知道离合器的作用、组成和原理	个人作业 课堂笔记 课堂练习 小组作业 期末考试	学生自评		10%	
				教师评定		10%	
				学生互评		10%	
能力	基本技能	正确描述离合器的组成、结构与工作原理；能够规范进行离合器拆装与调整	实践练习 小组作业 学生作业单	教师评定	动手能力	15%	
					作业单的填写	15%	
素质	学习态度	遵守纪律，积极参与课堂教学活动，按时完成作业，按要求完成准备	课堂表现记录，考勤表，同学及教师观察，课堂笔记	学生自评		10%	
				小组互评			
				教师评定			
	沟通协作管理	乐于请教和帮助同学，协调小组活动，配合教师教学管理，做好教室值日工作，按要求做课前准备和课后整理	小组作业，小组活动记录，自评及互评记录，值日记录，同学及教师观察	学生自评		15%	
				小组互评			
				教师评定			
	创新精神	有自主学习计划，在作业练习中能提出问题和见解，对教学或管理提出意见和建议，积极参与小组活动方案设计	个人作业，自主学习计划，学习活动，个人口头或书面提议	学生自评		15%	
				小组互评			
				教师评定			

【教学小结】

（1）离合器的组成：主动部分、从动部分、压紧装置和操纵机构四大部分。

（2）离合器的装配：因离合器是高速旋转部件，故动平衡非常重要，装配时要保证动平衡。

（3）离合器的调整：踏板高度；自由行程；液压系统放气。

情境二

变速器拆装与检测

任务 变速器的拆装与检测

【学习目标】

能力目标	知识目标	素质目标
(1) 掌握变速器的拆装步骤和技术要求; (2) 掌握变速器的调整方法	(1) 了解变速器的分类、组成和工作原理; (2) 了解变速器各部件的名称及作用; (3) 了解变速器的操纵、锁止机构	(1) 具有良好的工作责任心和职业道德; (2) 具有 5S 意识; (3) 具有团队协作精神

【任务导入】

张先生的一辆大众波罗轿车在行驶中经常出现三挡跳挡现象,车主将车送到修理厂,要求检查维修、排除故障。

【任务分析】

配手动变速器的车辆行驶中出现跳挡,说明三挡同步器结合套受到了向脱挡方向的力,且此力大于结合套的锁止力。这有可能是锁止力下降,也可能是脱挡方向的力过大。而锁止力下降一般是操纵机构的锁止装置性能下降或齿轮锁止结构磨损,脱挡力过大一般是齿轮的轮齿磨损、轮毂承孔磨损等造成的。为此,需弄清变速器及操纵机构的结构、装配、调整等问题。

【学时建议】

8 学时。

【教学设计】

步骤	学习内容	教学方法	教学手段	学生活动	时间分配
告知	本项目的知识目标、能力目标和素质目标	讲授法	多媒体	听讲	10 min
资讯	变速器基本知识	小组讨论法	分组讨论	学生相互交流	60 min
计划	制定变速器拆装检查计划	小组讨论法	分组讨论	学生相互交流	40 min

续表

步骤	学习内容	教学方法	教学手段	学生活动	时间分配
决策	计划实施前的准备	讲授法	多媒体	听讲	20 min
实操	拆装变速器； 检查变速器各重要部件	提问法 演示法 实训法	实车	回答问题 观察 动手操作	290 min
深化	操作注意事项； 各部分损坏对使用的影响	讲授法 提问法	多媒体 卡片	听讲 回答问题	20 min
归纳	学生以组为单位讲述自己的认知结果，分析该项目的知识点和技能点，教师给出评价	小组讨论法 启发法	分组讨论	学生相互交流 代表发言 互相点评	30 min
评价	教师评价各小组工作情况	讲授法	板书	听讲	10 min
作业	教师布置：完成工作页	练习法	工作页	完成工作页	课后完成

【学习资讯】

02T 变速箱是由大众公司推出的一款变速器，被装配在很多款车上。下面以 02T 为例介绍变速箱的结构。

1. 02T 变速箱的总体结构

02T 变速箱是一个 5 挡前驱的紧凑型变速箱，其总体结构如图 2-15 所示。它是一个双轴变速箱，带有附加的倒挡齿轮轴，1/2 挡齿轮在输出轴啮合；3、4、5 挡齿轮在输入轴上啮合。其外部壳体由变速箱壳体、离合器壳体和变速箱壳体盖等组成，其结构如图 2-16 所示。

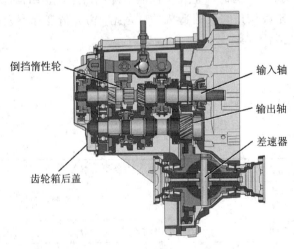

图 2-15　02T 变速箱总体结构

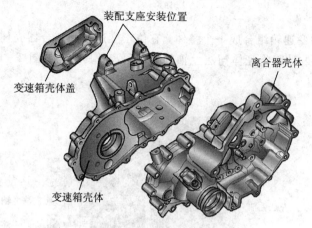

图 2-16　02T 变速箱壳体结构

02T 变速箱采用模块化技术，各模块如图 2-17 所示。

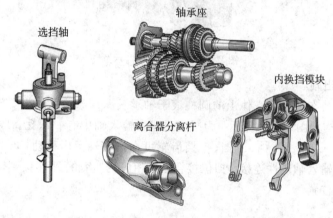

图 2-17　02T 变速箱各模块总成

　　输入/输出轴的深沟球轴承及轴承座共同组成一个整体模块。轴承不是直接安装在变速箱壳体上，而是安装在独立的轴承座上。输入/输出轴上的轴与齿轮在变速箱壳体外部时预装到轴承座上，这样容易安装到变速箱壳体上。维修时，轴承与轴承座须一起更换；拆装时，应使用专用工具（大众专用工具冲头座/止推座 T10083/T10085）。轴承座整体模块的结构如图 2-18 所示。

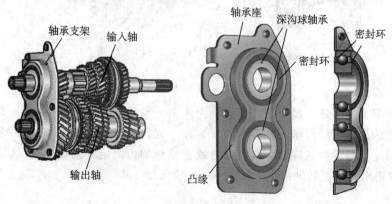

图 2-18　轴承座模块的结构

2. 差速器

差速器与手动变速箱组合成一个整体，它位于变速箱和离合器壳体中两个滚堆轴承之间。两个不同直径的油封将壳体与法兰轴的外部隔离，其结构如图 2-19 所示。

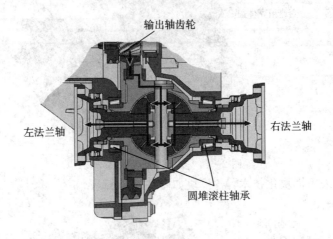

图 2-19   差速器结构示意图

3. 输入/输出轴

输入轴与安装在离合器壳体上的圆柱滚子轴承及深沟球轴承一起安装在变速箱壳体的轴承座上，其结构如图 2-20 所示。为减轻重量，输入轴中有一深孔。1 挡、2 挡、倒挡齿轮刚性连接在输入轴上，3 挡、4 挡、5 挡齿轮可在滚针轴承内移动，3/4 挡和 5 挡同步器齿毂通过花键与输入轴刚性连接。挡位接合后，相应的"惰轮"即连接到输入轴上，锁止环将齿轮固定在该位置。

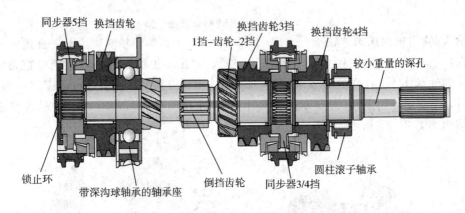

图 2-20   输入轴

输出轴与下列部件一起安装在变速箱壳体中的轴承上，其结构如图 2-21 所示。离合器壳体中的深沟球轴承与输入轴轴承座安装在一起。为减轻重量，此轴为中空。3/4 挡、5 挡和 1/2 挡同步器齿毂在旋转方向上通过紧密排列的齿固定到输出轴上。1/2 挡齿轮是惰轮，安装在输出轴的滚针轴承上。锁止环将齿轮保持在该位置。

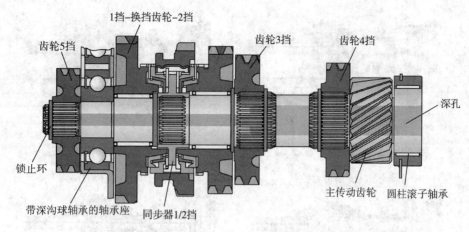

图 2-21　输出轴

4. 同步器

1/2 挡采用三锥面同步器，其结构如图 2-22 所示。

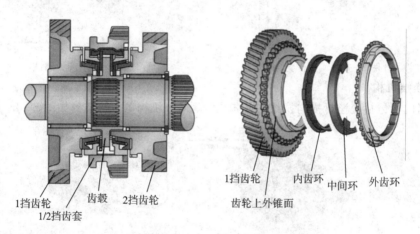

图 2-22　1/2 挡同步器

5. 各挡传力路线

变速器各挡的传力路线如图 2-23～图 2-28 所示。

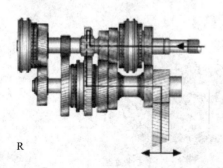

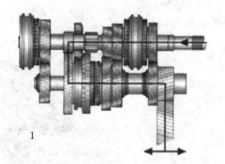

图 2-23　倒挡传力路线　　　　　　　图 2-24　1 挡传力路线

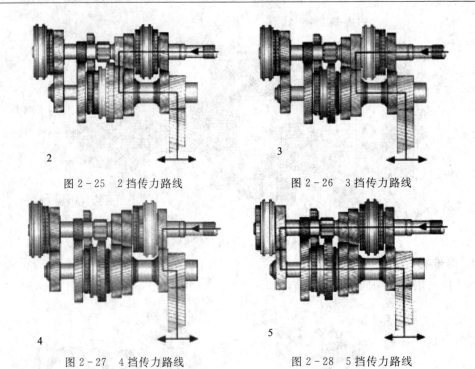

图 2-25　2 挡传力路线　　　　　　图 2-26　3 挡传力路线

图 2-27　4 挡传力路线　　　　　　图 2-28　5 挡传力路线

6. 换挡机构

换挡机构包括变速杆横向拉线、纵向拉线、调节机构等，其结构如图 2-29 所示。

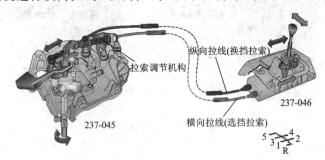

图 2-29　换挡机构组成

1）外部换挡机构

外部换挡机构如图 2-30 所示。

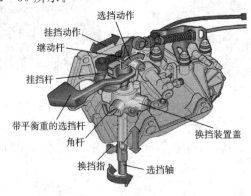

图 2-30　外部换挡机构

　　拉锁操纵装置隔离了传动系统的震动(其具体结构如图 2-31 所示),拉索连接着换挡杆和变速箱,将换挡杆的动作传递给变速箱(换挡轴)。同时为进行保养维修,换挡机构盖上的角杆可以将换挡轴固定在规定位置,从而使拉索机构更容易调整。

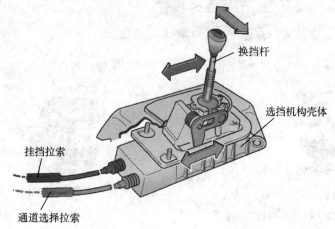

图 2-31　拉锁装置

2) 内部换挡机构

内部换挡机构如图 2-32 所示。

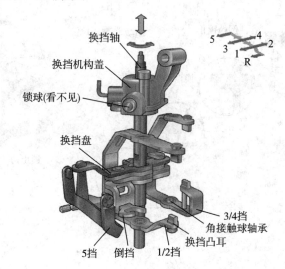

图 2-32　内部换挡机构

　　换挡杆的选挡动作(左—右)通过选挡杆转换为通道选择拉锁的前后动作(其结构如图 2-33 所示)。选挡杆安装在支承轴的旋转轴承上,选挡拉锁的前后动作通过变速箱的外部换挡机构转化为换挡轴的上下移动。在变速箱内,这个上下动作使换挡轴上的换挡拨爪定位在相应的换挡板上,从而选定挡位。

　　换挡动作是通过选挡杆将挂挡动作传递到挂挡拉索(其结构如图 2-34 所示)来实现的。换挡杆沿挡位方向前后移动,并按选挡动作的相反方向拉或推挂挡拉索。

　　换挡过程中,前后移动的挂挡拉索使选挡轴转动。滑块保持通道选挡拉索的继动杆在选定位置不变。变速箱内,换挡轴的换挡指旋转时,移动换挡盘,然后,换挡轴驱动换挡拨叉和换挡滑套,使挡位啮合。

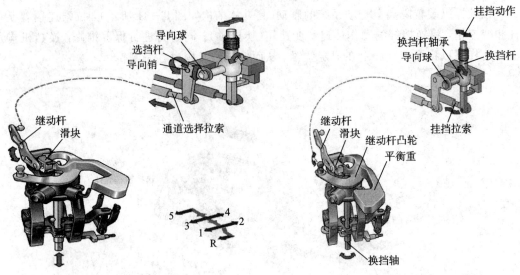

图 2-33　操纵机构选挡示意图　　　　图 2-34　操纵机构换挡示意图

7. 倒挡锁

该变速器的倒挡锁的结构及工作示意如图 2-35 所示，系统中设计了一个压力弹簧。

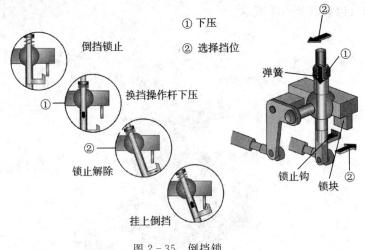

图 2-35　倒挡锁

【任务实施】

1. 变速器拆装的注意事项

拆装变速器时要注意很多方面的问题，否则会造成机件损伤或性能变坏，严重的甚至使变速器无法工作。

（1）拧在变速箱壳体上有涂层的螺栓要更换。

（2）轴承支架与输入轴、输出轴拆卸后必须更换。

（3）严格按照维修手册的要求进行拆装。

（4）正确使用专用工具。

（5）关于密封。

① 用过的密封件，不能重复使用。

② 壳体零件拆卸后，要清除安装结合面上的旧密封胶残余物，安装时再均匀涂上一层密封胶，密封胶不要涂得太厚，以免密封胶混入变速箱齿轮油中。

③ O 形圈、油封、垫圈应每次拆装后更新。

④ 径向轴油封在外直径上略微涂点油，密封唇之间的空隙（箭头）用密封油脂 G052 128 A1 填至半满。

⑤ 更换 O 形圈、油封、垫圈后，必须检查齿轮油油面。

（6）关于防松件。

① 防松环不要过度延伸。

② 损坏的和拉延过的防松环一定要更换。

③ 防松环必须安装沟、槽的底部。

④ 更新开口销，安装位置要求开口顺着受力方向。

（7）关于螺栓和螺母。

① 用于紧固罩盖和壳体的螺栓或螺母沿对角松开或紧固。

② 不要损坏特别敏感的部件，例如：离合器压盘。用对角方式几步松开或拧紧螺栓和螺母。

③ 规定的扭矩适用于未上油的螺栓和螺母。

④ 每次更换自锁螺栓和螺母。

⑤ 对所有的螺栓连接，需确认接触面、螺栓和螺母，如有必要，在装配后打蜡。

⑥ 用钢丝刷清洁用过固化剂的螺栓螺纹，然后在螺栓上涂上固化剂 D197 300 A2，再旋入螺栓。

⑦ 那些带过涂了固化剂螺栓的螺纹孔，必须用毛刷清理固化剂残留物，否则，下一次螺栓拆下时会损害螺纹孔上的螺纹。

（8）关于轴承。

① 安装配套供货的新滚锥轴承，但不要额外进行润滑。

② 安装滚针轴承，带标记的一面（钢板更厚）朝向安装工具。

③ 安装在一根轴上的几个滚锥轴承必须成套更换，使用一个制造商的轴承。

④ 锥形滚柱轴承的内座圈在安装前先用加热器加热至 100 ℃。安装时要按压到底，从而没有轴向间隙。

⑤ 轴承的外座圈和内座圈尺寸相同，不要混淆。轴承是配对使用的。

⑥ 飞轮上用于变速箱输入轴支撑的滚柱轴承记得要涂油脂。

⑦ 装入轴承到变速箱壳体时要用齿轮油涂抹。

（9）关于同步环。

① 不要互换。如果需要再次使用同步环，应当总是安装在原来的同步齿轮上。

② 检查是否磨损，必要时更换。

③ 检查同步环的槽和内环是否有扁平现象（槽磨损）。

④ 如果同步环有涂层，涂层不允许损坏。

⑤ 如果安装了中间环，应检查此中间环的外摩擦面和内摩擦面是否有异常磨损的"烧焦"痕迹和因过热而发生的蓝色"褪色"现象。

⑥ 检查同步齿轮的锥体是否有"烧焦"和异常磨损的痕迹。

⑦ 安装前用齿轮油湿润同步啮合机械机构。

（10）关于齿轮和同步器齿毂。

① 同步器齿毂在压入前进行清洁并加热到大约 100°。

② 齿轮在压入前加热到大约 140°。

③ 可以使用轻便电炉或电磁炉来加热。

④ 可以用温度计 V. A. G 1558 来检测温度。

⑤ 记录齿轮和同步器齿毂的安装位置。

2. 变速器解体、装配与调整

下面以 02T 变速箱为例讲解变速器的拆装调整。

1）变速箱解体

（1）将变速箱装上翻身架。

（2）放掉变速箱中的机油。

（3）拆下离合器壳体处的传动轴法兰，如图 2-36 所示。

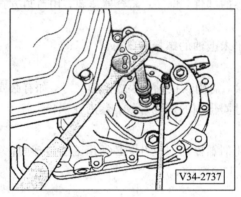

图 2-36　拆下传动轴法兰

（4）拆掉变速箱壳体后盖。

（5）拆下 5 挡拨叉和 5 挡齿轮上的两个卡簧。

（6）拆下输入轴和输出轴上的 5 挡齿轮。

（7）拆下轴承支架固定螺栓 A 和内拨叉架总成固定螺栓 B，如图 2-37 所示。

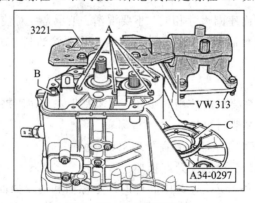

图 2-37　拆下固定螺栓

（8）拆下变速箱壳体处的传动轴法兰。

（9）拆下变速箱壳体和离合器壳体的固定螺栓。

（10）取出离合器壳体和差速器。

（11）拆下换挡轴及其支架 A，拆下倒挡灯开关和内拨叉架总成的四个固定轴销 B，如图 2－38 所示。

（12）拆下倒挡轴径向固定螺栓 A，如图 2－39 所示。

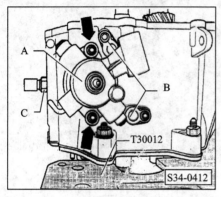
图 2－38　拆卸换挡轴及支架

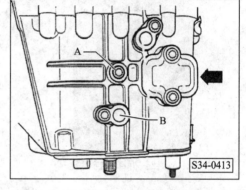
图 2－39　拆下倒挡轴径向固定螺栓

（13）用大众专用工具冲头座 T10085 等将输入轴、输出轴和轴承支架压出变速箱壳体，如图 2－40 所示。

（14）用大众专用工具止推板 T10084、压具 T10081 等将输入轴、输出轴压出轴承支架，如图 2－41 所示。

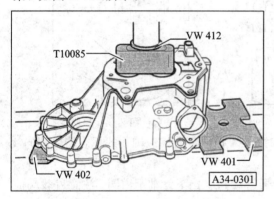
图 2－40　拆卸输入轴、输出轴

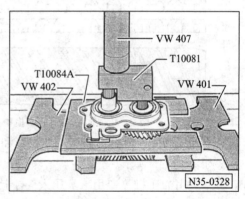
图 2－41　压出输入轴、输出轴

2）分解输入轴

（1）用卡簧钳拆下卡簧。

（2）用油压机和分离装置 KUKKO17/1 等专用工具拆下 4 挡齿轮、滚柱轴承内圈及平垫片，如图 2－42 所示。

（3）用油压机和压板 SVW401 等专用工具将 3/4 挡同步器齿毂和 3 挡齿轮一起压出，如图 2－43 所示。

（4）检查 3/4 挡同步器齿环的磨损情况，检查方法如图 2－44 所示。间隙 a 的新件尺寸为 1.1～1.7mm，磨损极限为 0.5 mm。

3) 装配输入轴

（1）装入 3 挡齿轮、同步器齿环。

（2）组装 3/4 挡同步器齿毂、齿套和滑块等，注意齿毂上较深的槽（箭头 A）对准齿套上的中间凹槽（箭头 B），如图 2-45 所示。

图 2-42　拆卸 4 挡齿轮　　　　图 2-43　压出 3 挡齿轮和同步器齿毂

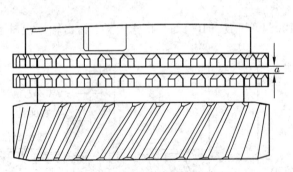
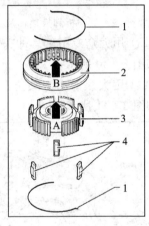

图 2-44　同步器齿环磨损检查　　　　图 2-45　组装 3/4 挡同步器

（3）安装 3/4 挡同步器齿毂、齿套和滑块时，3/4 挡同步器齿毂端面的标志槽应朝向 4 挡，如图 2-46 所示。

（4）用油压机等专用工具压入 3/4 挡同步器齿毂和 4 挡滚针轴承内圈，注意齿毂端面标志槽朝 4 挡，如图 2-47 所示。

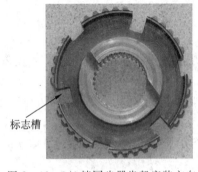
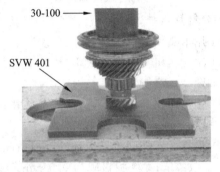

图 2-46　3/4 挡同步器齿毂安装方向　　　　图 2-47　压入 3/4 挡同步器齿毂

（5）用油压机等专用工具压入 4 挡滚针轴承内圈，如图 2-48 所示。

（6）装 4 挡滚针轴承、4 挡齿轮、同步器齿环和平垫片。

（7）装卡簧。若更换输入轴或平垫片或滚拄轴承内圈，则需安装厚度为 2 mm 的卡簧，并向上压卡簧（箭头），用塞尺测量卡簧（A）和滚拄轴承内圈（B）之间的间隙（如图 2-49 所示），查表确定卡簧厚度（卡簧厚度有 2.0 mm、2.1 mm、2.2 mm、2.3 mm、2.4 mm 等 5 种规格，不同厚度的卡簧，可以在零件目录上查找并定购）。

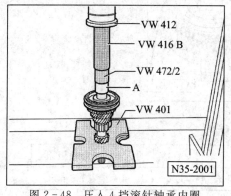

图 2-48　压入 4 挡滚针轴承内圈　　　　图 2-49　卡簧规格确定方法

（8）选出合适厚度的卡簧，用卡簧钳安装卡簧。

4）分解输出轴

（1）取出 1 挡齿轮，拆下卡簧，如图 2-50 所示。

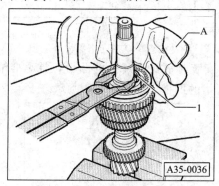

图 2-50　拆卸 1 挡齿轮和卡簧

（2）用 KUKKOL7/1 或变速箱支撑板 VW402 等专用工具拆下 1/2 挡同步器齿毂和 2 挡齿轮，如图 2-51 所示。

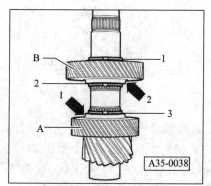

图 2-51　拆卸 1/2 挡同步器齿毂和 2 挡齿轮

（3）拆下卡簧，压出 3/4 挡齿轮，如图 2-52 所示。

（4）检查 1/2 挡同步器齿环磨损情况，如图 2-53 所示。

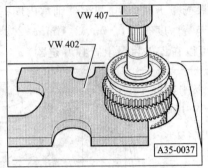

图 2-52　拆卸 3/4 挡齿轮

—检查标准

1/2 挡齿轮	新尺寸	磨损极限
间隙 a	1.2～1.8 mm	0.5 mm

—检查标准

1/2 挡齿轮	新尺寸	磨损极限
间隙 a	0.75～1.25 mm	0.3 mm

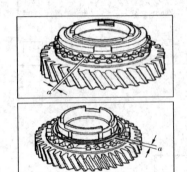

图 2-53　检查 1、2 挡同步器齿环磨损

同步环的安装方法是：安装时箭头 1 所指的凸台，要对准箭头 4 所指的凹槽；箭头 2 所指的凸台要对准箭头 3 所指的凹槽，如图 2-54 所示。

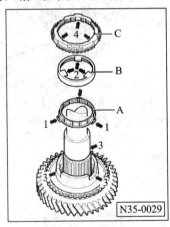

图 2-54　同步环安装示意图

5）装配输出轴

（1）压入 4 挡齿轮（A），齿轮端面凸台（箭头 1）朝向 3 挡，装上两个卡簧。压入 3 挡齿轮（B），齿轮端面凸台（箭头 2）朝向 4 挡，装卡簧，如图 2-55 所示。

（2）装 2 挡齿轮和同步器，用压具 40-21 和 VW402 等专用工具压入 1/2 挡同步器齿毂和齿套，如图 2-56 所示。

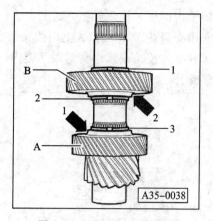

图 2-55　压入 3、4 挡齿轮

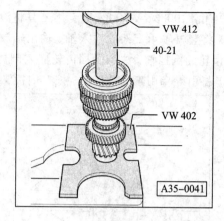

图 2-56　2 挡齿轮及同步器安装示意图

（3）安装 1/2 挡同步器齿毂和齿套时需注意：同步器凸台和缺口的位置要对齐；1/2 挡同步器齿毂端面的标志槽（箭头 A）朝向 2 挡；1/2 挡齿套上的倒挡齿轮端面（箭头 C）朝向 2 挡，如图 2-57 所示。

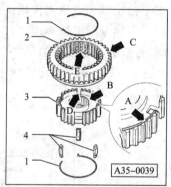

图 2-57　1/2 挡同步器安装方向示意图

（4）装卡簧，装 1 挡同步器齿环和 1 挡齿轮。

6）装配变速器

（1）将轴承支架加热到 100℃。

（2）用 T10083、T10080 等专用工具将轴承支架压入输入轴、输出轴上，如图 2-58 所示。

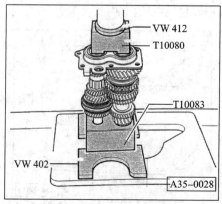

图 2-58　安装轴承支架

（3）用 T10083、VW422 等专用工具将滚针轴承内圈压入输入轴上，如图 2-59 所示。

（4）将装好轴承支架的输入轴、输出轴放入专用支架 T10085 上，装上内拨叉架总成和带倒挡齿轮的倒挡轴，注意倒挡齿轮嵌入倒挡拨叉中，各拨叉嵌入齿套的拨叉槽内。

（5）将引导专用工具 T10079 拧在内拨叉架总成上，如图 2-60 所示。

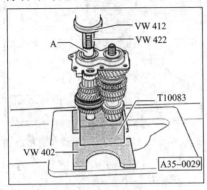

图 2-59　压入滚针轴承内圈

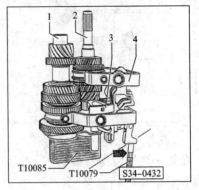

图 2-60　拧入引导专用工具

（6）将带有轴承支架的输入轴、输出轴和带倒挡齿轮的倒挡轴及内拨叉架总成装入变速箱壳体中，如图 2-61 所示。注意引导专用工具 T10079 从变速箱壳体的安装孔中穿出，同时检查各拨叉是否进入各挡齿套的槽中，是否到位。

（7）用 T10083 等专用工具小心地将输入轴、输出轴的轴承支架压入变速箱壳体中，如图 2-62 所示，注意倒挡轴和各拨叉的位置。

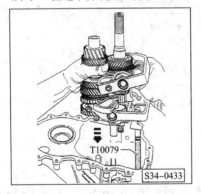

图 2-61　将总成装入变速器壳体

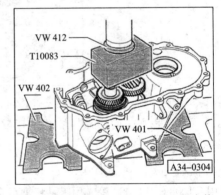

图 2-62　将轴承支架压入变速箱壳体

（8）安装倒挡轴径向固定螺栓 A 和四个内拨叉架总成的固定轴销 B，如图 2-63 所示。

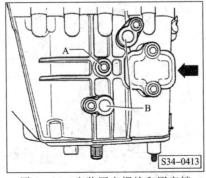

图 2-63　安装固定螺栓和固定销

（9）装上倒车灯开关 C，在空挡位置时安装拨叉轴 A，如图 2-64 所示。

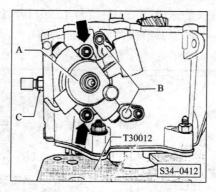

图 2-64　安装拨叉轴

（10）用 6 个新螺栓 A 固定轴承支架，注意从中间对角交叉逐步拧紧，如图 2-65 所示，然后装上内拨叉架总成的固定螺栓 B。

（11）装上差速器 A，如图 2-66 所示，在变速箱壳体与离合器壳体安装的结合面上清除掉旧的密封胶残余物，再均匀涂上一层密封胶，安装离合器壳体，更换新的离合器体和变速箱壳体的螺栓并按规定拧紧。

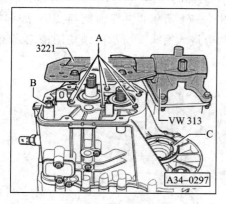

图 2-65　安装固定轴承支架

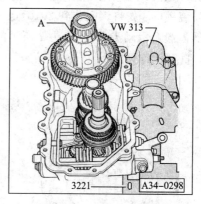

图 2-66　安装差速器总成

（12）安装输出轴上的 5 挡齿轮 1，如图 2-67 所示，齿轮上高台阶的端面（箭头所指的端面）朝后盖。

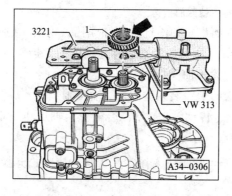

图 2-67　安装输出轴上的 5 挡齿轮

　　(13) 组装 5 挡齿毂和齿套，如图 2-68 所示，标志槽（箭头 A）和宽凸肩（箭头 B）安装时朝向 5 挡，5 挡齿毂上装滑块的深槽（箭头 C）朝向 5 挡齿套内的凹槽（箭头 D），然后用大众专用工具管子 2010 安装 5 挡同步器滑块挡圈，如图 2-69 所示，箭头 1 所指的锁钩应固定在 5 挡齿毂的滑块槽上（箭头 2）。

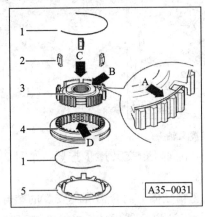
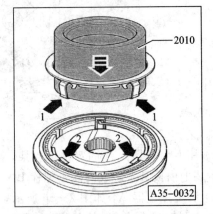

图 2-68　组装 5 挡齿毂和齿套图　　　　　图 2-69　安装 5 挡同步器滑块挡圈

　　· 拆卸锁圈：用螺丝刀从同步器齿毂上拆下锁圈的挂钩 A，如图 2-70 所示。

　　· 安装锁圈：先将锁圈装到 2010 上，如图 2-71 所示，再将锁圈与 2010 一起插入 5 挡同步器齿毂及滑动齿套内（箭头 1 所示的挂钩应进入箭头 2 所示的锁块凹槽内），然后下压锁圈，直至挂钩锁定。

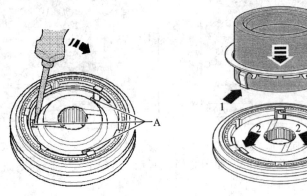

图 2-70　拆下锁圈的挂钩　　　　　图 2-71　安装锁圈

　　(14) 安装输入轴上 5 挡齿轮的滚针轴承和 5 挡齿轮及 5 挡同步器齿环、5 挡同步器齿毂和齿套，如图 2-72 所示，注意齿毂端面标志槽朝向 5 挡。

　　(15) 安装 5 挡拨叉及拨叉轴。

　　(16) 选厚的但能卡入的卡簧装入输入轴、输出轴上。

　　(17) 安装变速箱后盖、传动轴法兰、离合器分离轴承和导套等外部零件。

　　7）调整换挡机构

　　(1) 拆掉蓄电池及外壳，根据下左图箭头方向，依次松开换挡软轴和选挡软轴上的锁止机构，如图 2-73 所示。

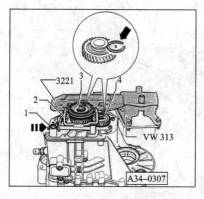
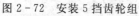

图 2-72　安装 5 挡齿轮组

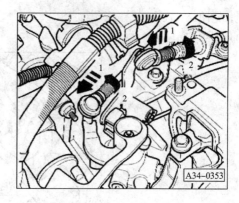

图 2-73　松开锁止机构

(2) 根据图 2-74 所示,向下压换挡轴至 1、2 挡之间的空挡位置,按箭头 2 所示的方向插入锁销,然后按箭头 3 所示的方向旋转锁销约 90°。

(3) 拆下换挡杆上的防尘罩。

(4) 将换挡杆置于 1、2 挡之间的空挡位置,使插销孔对齐,将专用工具 T10027(定位销)插入锁销孔中,如图 2-75 所示。

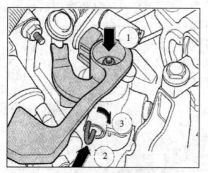

图 2-74　安装锁销

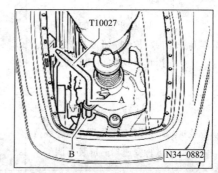

图 2-75　安装定位销

(5) 按图 2-76 所示的箭头方向,依次将换挡软轴和选挡软轴上的锁止机构慢慢锁上,注意锁止机构不能脱手,以免弹簧的弹力损坏零件。

(6) 按图 2-77 所示的箭头方向旋转换挡轴锁销,并将锁销退回初始位置以解除对换挡轴的锁止。

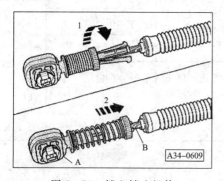

图 2-76　锁上锁止机构

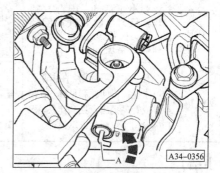

图 2-77　解除换挡轴锁止

(7) 把换挡杆锁止专用工具 T10027 从锁销孔中拔出,以解除换挡杆的锁止。

(8) 挂入 1 挡,然后将换挡杆向左压到底并松开,此时在换挡轴上必须有 1 mm 左右的行程，见图 2 - 78。

(9) 试车。

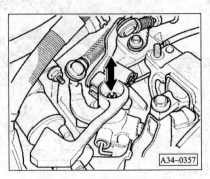

图 2 - 78　换挡轴间隙检查

【考核评价】

考核评价表

目标	评价要素	评价标准	评价依据	考核方式		权重	评分
知识	基本知识	知道变速器的分类、结构和原理，知道操纵机构、锁止机构的结构和原理	个人作业 课堂笔记 课堂练习 小组作业 期末考试	学生自评		10%	
				教师评定		10%	
				学生互评		10%	
能力	基本技能	正确描述变速器的组成、结构与工作原理；能够规范进行变速器的拆装与调整	实践练习 小组作业 学生作业单	教师评定	动手能力	15%	
					作业单的填写	15%	
素质	学习态度	遵守纪律，积极参与课堂教学活动，按时完成作业，按要求完成准备	课堂表现记录，考勤表，同学及教师观察，课堂笔记	学生自评		10%	
				小组互评			
				教师评定			
	沟通协作管理	乐于请教和帮助同学，协调小组活动，配合教师教学管理，做好教室值日工作，按要求做课前准备和课后整理	小组作业，小组活动记录，自评及互评记录，值日记录，同学及教师观察	学生自评		15%	
				小组互评			
				教师评定			
	创新精神	有自主学习计划，在作业练习中能提出问题和见解，对教学或管理提出意见和建议，积极参与小组活动方案设计	个人作业，自主学习计划，学习活动，个人口头或书面提议	学生自评		15%	
				小组互评			
				教师评定			

【教学小结】

(1) 变速器的基本结构：变速传动机构和操作机构。

(2) 02T 变速箱的具体结构、拆装过程、注意事项。

情境三

主减速器和差速器拆装与检修

任务　主减速器和差速器的拆装与检测

【学习目标】

能力目标	知识目标	素质目标
（1）掌握主减速器和差速器的拆装步骤和技术要求； （2）掌握主减速器和差速器的调整方法； （3）掌握主减速器和差速器的部件检测方法	（1）了解主减速器和差速器的组成和工作原理； （2）了解主减速器和差速器各部件的名称及作用	（1）具有良好的工作责任心和职业道德； （2）具有5S意识； （3）具有团队协作精神

【任务导入】

刘先生的一辆上海大众波罗轿车在车辆转弯行驶时前桥处总是发出异响，而直线行驶时并无此异常声音，车主将车送到修理厂，要求检查维修。

【任务分析】

车辆转弯行驶时有异响，而直线行驶时没有，说明差速器有故障。因为直线行驶时差速器内部的零件并不运动，只有在转弯时，行星齿轮、半轴齿轮、差速器壳、十字轴、行星齿轮和半轴齿轮垫片等零件才有相对运动。为此，需弄清驱动桥的结构、装配、调整等问题。

【学时建议】

8学时。

【教学设计】

步骤	学习内容	教学方法	教学手段	学生活动	时间分配
告知	本项目的知识目标、能力目标和素质目标	讲授法	多媒体	听讲	10 min
资讯	离合器基本知识	小组讨论法	分组讨论	学生相互交流	110 min
计划	制定离合器拆装检查计划	小组讨论法	分组讨论	学生相互交流	30 min

续表

步骤	学习内容	教学方法	教学手段	学生活动	时间分配
决策	计划实施前的准备	讲授法	多媒体	听讲	20 min
实操	拆装主减速器和差速器；检查主减速器和差速器各重要部件	提问法 演示法 实训法	实车	回答问题 观察 动手操作	240 min
深化	分析操作注意事项；各部分损坏对使用的影响	讲授法 提问法	多媒体 卡片	听讲 回答问题	30 min
归纳	以组为单位学生讲述自己的认知结果，分析该项目的知识点和技能点，教师给出评价	小组讨论法 启发法	分组讨论	学生相互交流 代表发言 互相点评	30 min
评价	教师评价各小组工作情况	讲授法	板书	听讲	10 min
作业	教师布置：完成工作页	练习法	工作页	完成工作页	课后完成

【学习资讯】

下面以桑塔纳 2000 系列轿车为例对主减速器和差速器进行说明。该车的变速器为两轴式，其输出轴上的锥齿轮即为主减速器的主动锥齿轮，桑塔纳 2000 系列轿车主减速器为单级式，主减速齿轮是一对螺旋伞齿轮，齿面为准双曲面。主减速器的传动比为 4.444。差速器为行星齿轮式，车速表驱动齿轮安装于差速器壳体上。主减速器和差速器的装配图见图 2-79，分解如图 2-80 所示。

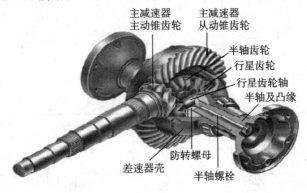

图 2-79　桑塔纳 2000 主减速器差速器装配图

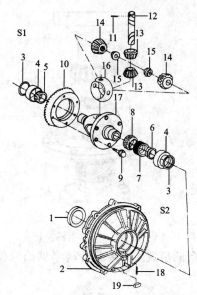

图 2－80　主减速器和差速器分解图

1—密封圈；2—主减速器盖；3—从动锥齿轮的调整垫片(S1 和 S2)；4—轴承外圈；5—差速器轴承；6—锁紧套筒；7—车速表主动齿轮；8—差速器轴承；9—螺栓(拧紧力矩 70 N·m)；10—从动锥齿轮；11—夹紧销；12—行星齿轮轴；13—行星齿轮；14—半轴齿轮；15—螺纹管；16—复合式止推垫片；17—差速器壳；18—磁铁固定销；19—磁铁

【任务实施】

1. 半轴齿轮和行星齿轮的更换

1）半轴齿轮和行星齿轮的拆卸

（1）拆卸变速器，拆下差速器，拆下从动锥齿轮。

（2）拆下行星齿轮轴的夹紧套筒，如图 2－81 所示。

（3）取下行星齿轮轴，再取下行星齿轮和半轴齿轮。

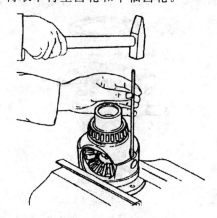

图 2－81　拆下行星齿轮轴的夹紧套筒

2）半轴齿轮和行星齿轮的安装

在安装之前，检查复合式止推垫片是否损坏，如有损坏则应进行更换。

（1）通过半轴凸缘将半轴齿轮固定在差速器壳上，如图 2－82 所示。

图 2-82　安装半轴齿轮

（2）将行星齿轮放在适当的位置上，接着转动半轴凸缘使行星齿轮进入差速器壳，如图 2-83 所示。

图 2-83　安装行星齿轮

（3）安装行星齿轮轴，如图 2-84 所示。在行星齿轮轴上安装夹紧销。

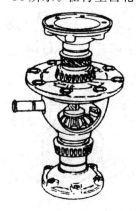

图 2-84　安装行星齿轮轴

（4）取下差速器半轴凸缘。用 120℃ 的温度加热，将从动锥齿轮安装在差速器壳上。

（5）将差速器安装在变速器壳体内。安装半轴凸缘。

（6）安装变速器。

2. 主动锥齿轮和从动动锥齿轮总成的安装

（1）在变速器输出轴上安装所有齿轮、轴承及同步器，计算输出轴的调整垫片 S3（输出轴前轴承外圈与变速器客体之间）的厚度。

（2）如图 2-85 所示，用 120℃的温度给从动锥齿轮加热，并将其装在差速器壳上，安装时用两个螺纹销做导向。

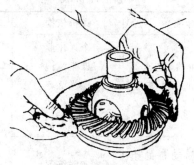

图 2-85　安装从动锥齿轮

（3）安装新的从动锥齿轮螺栓，并用 70 N·m 的力矩交替旋紧。

（4）计算从动齿轮的调整垫片 S1 和 S2 的厚度。把计算好的垫片安装在适当的位置上。

（5）将轴承支座安装在变速器壳体上，并用新的衬垫。安装变速器后盖。

（6）将差速器安装在变速器壳体上。将主减速器盖安装在壳体上，并用 25 N·m 的力矩旋紧螺栓。

（7）安装车速里程表的主动齿轮和导向器。安装车速里程表的传感器。

（8）安装半轴凸缘中的一个，并用凿子将它锁住，装上螺栓，用 20 N·m 的力矩把它旋紧。安装另一个半轴凸缘。

（9）加注齿轮油并安装变速器。

3. 主减速器和差速器的调整

1）主减速器的调整原则

① 先调整轴承预紧度，再调整啮合印痕，最后调整啮合间隙。

② 主、从动圆锥齿轮轴承预紧度必须按原厂规定的数值和方法进行调整和检查，在主减速器的调整过程中，轴承预紧度不得变更，始终应符合原厂规定的数值。

③ 在保证啮合印痕合格的前提下，调整啮合间隙。啮合印痕和啮合间隙的变化量都必须满足技术条件，否则成对更换齿轮副。

④ 准双曲面圆锥齿轮、奥利康圆锥齿轮（等高齿）和格利森圆锥齿轮（非等高齿）啮合印痕的技术标准不尽相同，调整方法也有差异。前两种齿轮往往移动主动圆锥齿轮调整啮合印痕，以移动从动圆锥齿轮调整啮合间隙；而对格利森圆锥齿轮的调整则无特殊的要求。

2）主从动锥齿轮的检查

在从动锥齿轮上任意找 3 个相邻的齿，均匀地涂上一层红丹油，一手抓住从动齿轮边缘，另一手正反两个方向转动主减速器主动齿轮，然后检查两个齿轮的啮合印痕。其印痕面积应不小于齿面的 60%，其位置应在齿长方向的中间、齿高方向的中间偏下。

3）主从动锥齿轮啮合印痕的调整

调整啮合印痕时，要遵循"顶进主，根出主；大进从，小出从"的原则。

【考核评价】

考核评价表

目标	评价要素	评价标准	评价依据	考核方式		权重	评分
知识	基本知识	理解主减速器、差速器的结构、分类和原理，知道各部件的作用	个人作业 课堂笔记 课堂练习 小组作业 期末考试	学生自评		10%	
				教师评定		10%	
				学生互评		10%	
能力	基本技能	正确描述驱动桥的组成、结构与工作原理；能够规范进行主减速器和差速器的更换与调整	实践练习 小组作业 学生作业单	教师评定	动手能力	15%	
					作业单的填写	15%	
素质	学习态度	遵守纪律，积极参与课堂教学活动，按时完成作业，按要求完成准备	课堂表现记录，考勤表，同学及教师观察，课堂笔记	学生自评		10%	
				小组互评			
				教师评定			
	沟通协作管理	乐于请教和帮助同学，协调小组活动，配合教师教学管理，做好教室值日工作，按要求做课前准备和课后整理	小组作业，小组活动记录，自评及互评记录，值日记录，同学及教师观察	学生自评		15%	
				小组互评			
				教师评定			
	创新精神	有自主学习计划，在作业练习中能提出问题和见解，对教学或管理提出意见和建议，积极参与小组活动方案设计	个人作业，自主学习计划，学习活动，个人口头或书面提议	学生自评		15%	
				小组互评			
				教师评定			

【教学小结】

（1）主减速器的结构：单级和双级。小型车用单级即可，大型车一般用双级。

（2）主减速器的调整：必须先调整支撑轴承的预紧度，然后调整啮合印痕与啮合间隙。在保证印痕的前提下，调整啮合间隙，若有一项不满足，则要成对更换齿轮副。主从动锥齿轮的调整原则是：调整啮合印痕时，要遵循"顶进主，根出主；大进从，小出从"。调整一般是通过调整螺塞、垫片等来实现的。

（3）差速器一般在使用中要更换行星轮和调整垫片。

情境四

转向系统拆装与检修

任务　转向器的拆装与检测

【学习目标】

能力目标	知识目标	素质目标
（1）掌握转向系统的拆装步骤和技术要求； （2）掌握转向系统的调整方法	（1）知道转向系统的分类、组成和工作原理； （2）知道转向系统各部件的名称及作用	（1）具有良好的工作责任心和职业道德； （2）具有5S意识； （3）具有团队协作精神

【任务导入】

王女士的一辆大众波罗轿车在行驶中发现方向盘的空行程较以前明显增大，为防止发生交通事故，车主将车送到修理厂，要求检查维修，排除故障。

【任务分析】

方向盘的自由行程（空行程）增大，一般会有两方面的原因：一是转向操纵机构，二是转向器。转向操纵机构的各铰链处会随着使用时间的增长而不断磨损，当磨损增大到一定程度时，即可在方向盘上感觉出自由行程增大。转向器的各配合副在使用中也会不断磨损，累积到一定程度后，也会出现上述现象。为此，需弄清转向器及操纵机构的结构、装配、调整等问题。

【学时建议】

8学时。

【教学设计】

步骤	学习内容	教学方法	教学手段	学生活动	时间分配
告知	本项目的知识目标、能力目标和素质目标	讲授法	多媒体	听讲	10 min
资讯	转向系统基本知识	小组讨论法	分组讨论	学生相互交流	60 min
计划	制定转向系统拆装检查计划	小组讨论法	分组讨论	学生相互交流	40 min

续表

步骤	学习内容	教学方法	教学手段	学生活动	时间分配
决策	计划实施前的准备	讲授法	多媒体	听讲	20 min
实操	拆装转向器；检查转向器各重要部件	提问法演示法实训法	实车	回答问题观察动手操作	290 min
深化	分析操作注意事项；各部分损坏对使用的影响	讲授法提问法	多媒体卡片	听讲回答问题	20 min
归纳	学生以组为单位讲述自己的认知结果，分析该项目的知识点和技能点，教师给出评价	小组讨论法启发法	分组讨论	学生相互交流代表发言互相点评	30 min
评价	教师评价各小组工作情况	讲授法	板书	听讲	10 min
作业	教师布置：完成工作页	练习法	工作页	完成工作页	课后完成

【学习资讯】

1. 桑塔纳轿车转向系统总体结构

桑塔纳轿车的动力转向器及管路布置如图 2-86 所示。

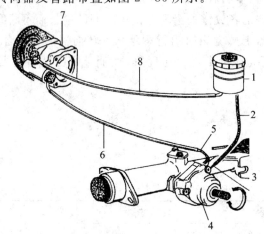

图 2-86 动力转向器及管路布置

1—储油罐；2—动力转向器出油软管；3—动力转向器出油硬管；

4—动力转向器；5—动力转向器进油硬管；6—动力转向器进油软管；

7—叶片式油泵；8—进油软管

桑塔纳轿车液压动力转向机构的分解与检修如图2-87所示。

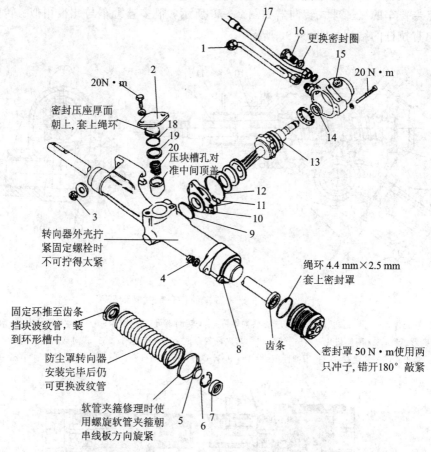

图2-87 液压动力转向机构的分解与检修

1—油管40 N·m；2—压盖；3—自锁螺母35 N·m；4—自锁螺母20 N·m；5—更换齿形环；6—挡圈；
7—齿条密封罩；8—圆柱内六角螺栓；9—圆绳环42×2；10—中间盖；11、12、18—圆绳环；13—转向机构主动齿轮；
14—密封圈；15—阀门罩壳；16—管接头螺栓30 N·m；17—回油管；19—补偿垫片；20—压簧

桑塔纳轿车转向操纵机构的布置如图2-88所示。

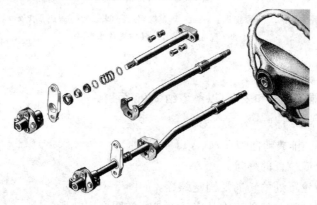

图2-88 桑塔纳轿车转向操纵机构的布置

2. 其他车型转向系统的结构

北京吉普车的循环球式转向器如图 2-89 所示，很多越野车与此很相似。转向操纵机构中转向直拉杆的结构如图 2-90 所示。

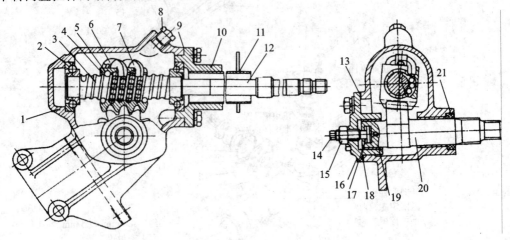

图 2-89 北京吉普车的循环球式转向器

1—转向器壳体；2—推力角接触球轴承；3—转向螺杆；4—转向螺母；5—钢球；6—钢球导管卡；7—钢球导管；8—六角头锥形螺塞；9—调整垫片；10—上盖；11—转向柱管总成；12—转向轴；13—转向器侧盖衬垫；14—调整螺钉；15—螺母；16—侧盖；17—孔用弹性挡圈；18—垫片；19—摇臂轴衬套；20—齿扇轴（摇臂轴）；21—油封

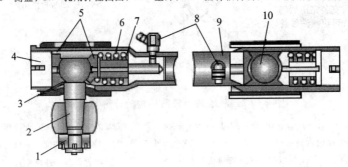

图 2-90 转向直拉杆

1—螺母；2—转向节臂球头销；3—橡胶防尘垫；4—调整螺塞；5—球头座；6—压紧弹簧；7—弹簧座；8—滑脂嘴；9—直拉杆体；10—转向摇臂球头销

【任务实施】

1. 动力转向器的拆卸和安装(以桑塔纳 2000 为例)

1）动力转向器的拆卸

（1）吊起车辆。排放转向液压油（ATF 润滑油）。

（2）拆下固定横拉杆的螺母。

（3）拆卸左前轮罩处的转向器固定螺栓，如图 2-91 所示。

（4）松开在转向控制阀外壳上的高压油管，如图 2-92 所示。

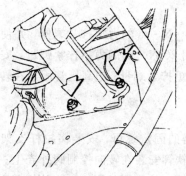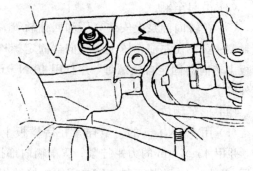

图 2-91　拆卸左前轮罩处的转向器固定螺栓　　　　　图 2-92　松开高压油管

（5）拆卸后横板上固定转向器的左边自锁螺母，如图 2-93 所示。

（6）把车辆放下。拆卸紧固齿条与转向横拉杆的螺栓，如图 2-94 所示。

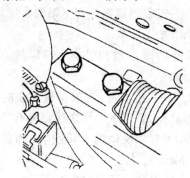

图 2-93　拆卸后横板上固定转向器的左边自锁螺母　　　图 2-94　拆卸紧固齿条与转向横拉杆的螺栓

（7）拆卸仪表板侧边下盖、通风管和踏板盖。

（8）拆卸紧固转向小齿轮与下轴的螺栓（如图 2-95 所示），并使各轴分开。

（9）拆卸防尘套。从汽车内部，拆卸固定转向控制阀外壳上回油软管的泄放螺栓，如图 2-96 所示。

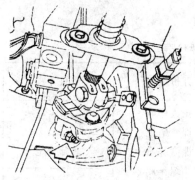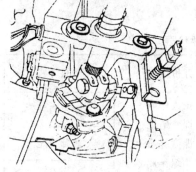

图 2-95　拆卸紧固转向小齿轮与下轴的螺栓　　　　图 2-96　拆卸泄放螺栓

（10）拆卸后横板上转向器的固定自锁螺母。

（11）拆下转向器。

2）动力转向器的安装

安装时应注意：油泵上和在转向控制阀上固定泄放螺栓的密封环只要被拆卸，就应该更换。

（1）安装后横板的转向器，安装自锁螺母但不必完全拧紧。

（2）吊起车辆。

（3）在转向油泵上安装高压和回油软管，并用 40 N·m 的力矩拧紧螺栓，并使用新的密封圈；安装在左前轮罩上的转向器固定螺栓，并用 20 N·m 的力矩拧紧螺母，安装在后横板上转向器固定自锁螺母，并且用 40 N·m 的力矩拧紧螺母；把高压管固定在转向控制阀外壳上。

（4）把车辆放下。

（5）用 40 N·m 的力矩拧紧在后横板上转向器的固定螺母；安装横拉杆支架固定螺栓，并用 45 N·m 的力矩拧紧；从车辆内部把回油软管安装在转向控制阀外壳上；安装保护网（防尘套）；连接下轴，安装固定螺栓并用 25 N·m 的力矩拧紧；安装踏板盖、通风管和仪表板盖。

（6）吊起车辆。

（7）安装固定横拉杆支架的自锁螺母，并用 45N·m 的力矩拧紧。

（8）把车辆放下。

（9）向储油罐内注入 ATF 油，直到达到标有"Max"处。决不能再使用已排出的ATF 油。

（10）吊起车辆。在发动机停止的情况下转动转向盘数次，以便把系统中存在的空气排出，并补充 ATF 油，使之达到标有"Max"处。

（11）起动发动机，完全向左和右转动转向盘，观察油面高度，一直操作到油面稳定在标有"Max"处为止。

2. 转向器的调整

各种转向器在装配后都要进行一定的调整。齿轮齿条式转向器要调整齿条背面的间隙，循环球式转向器则要调整齿条与齿扇的啮合间隙和螺杆支撑轴承预紧度。

对于转向操纵机构中的横、直拉杆的接头，一定要调整其球销座压紧的预紧度。另外还要注意转向摇臂与转向器输出轴的安装位置，否则会出现两边转向角度不同的现象。

【考核评价】

考核评价表

目标	评价要素	评价标准	评价依据	考核方式		权重	评分
知识	基本知识	知道转向系统的分类、组成和原理	个人作业 课堂笔记 课堂练习 小组作业 期末考试	学生自评		10%	
				教师评定		10%	
				学生互评		10%	
能力	基本技能	正确描述转向系统的组成、结构与工作原理；能够规范进行动力转向器总成的拆装，能进行常见转向器的分解与组装	实践练习 小组作业 学生作业单	教师评定	动手能力	15%	
					作业单的填写	15%	

续表

目标	评价要素	评价标准	评价依据	考核方式	权重	评分
素质	学习态度	遵守纪律、积极参与课堂教学活动、按时完成作业、按要求完成准备	课堂表现记录，考勤表，同学及教师观察，课堂笔记	学生自评 小组互评 教师评定	10%	
	沟通协作管理	乐于请教和帮助同学，协调小组活动、配合教师教学管理，做好教室值日工作，按要求做课前准备和课后整理	小组作业，小组活动记录，自评及互评记录，值日记录，同学及教师观察	学生自评 小组互评 教师评定	15%	
	创新精神	有自主学习计划，在作业练习中能提出问题和见解，对教学或管理提出意见和建议，积极参与小组活动方案设计	个人作业，自主学习计划，学习活动，个人口头或书面提议	学生自评 小组互评 教师评定	15%	

【教学小结】

（1）常用的转向器有齿轮齿条式和循环球式两种形成。

（2）小型车一般是在齿轮齿条式转向器上增加动力转向系统。

（3）转向器在使用中要进行维护调整，以维持正确的间隙，从而保证转向器的性能。齿轮齿条式转向器要检查调整齿条背部间隙，循环球式转向器要检查调整齿扇和螺母的啮合间隙及蜗杆轴的支撑轴承预紧度。

（4）转向操作机构的调整非常重要，它关系到转向操纵性能，甚至决定行车安全。

情境五

制动系统拆装与检修

任务　制动器的拆装与检测

【学习目标】

能力目标	知识目标	素质目标
（1）掌握制动器的拆装步骤和技术要求； （2）掌握制动器的调整方法； （3）掌握制动器的部件检测方法	（1）了解制动器的组成和工作原理； （2）了解制动器各部件的名称及作用	（1）具有良好的工作责任心和职业道德； （2）具有 5S 意识； （3）具有团队协作精神

【任务导入】

李先生的一辆桑塔纳 2000 轿车在制动时感觉制动踏板"发软"，制动距离较以前明显增长，车主将车送到修理厂，要求检查维修。

【任务分析】

造成制动距离增大的原因一般有两个：一是制动器，二是制动传动机构。对于制动器，往往是制动蹄与制动鼓（制动块与制动盘）之间磨损太严重、制动摩擦副之间有油污、安装调整不当等造成的；对于制动传动机构，往往是液压系统进气、制动液泄露、真空助力装置失效、真空泄漏等造成的。为此，需弄清制动器及制动传动装置的结构、装配、调整等问题。

【学时建议】

8 学时。

【教学设计】

步骤	学习内容	教学方法	教学手段	学生活动	时间分配
告知	本项目的知识目标、能力目标和素质目标	讲授法	多媒体	听讲	10 min
资讯	制动器基本知识	小组讨论法	分组讨论	学生相互交流	110 min
计划	制定制动器拆装检查计划	小组讨论法	分组讨论	学生相互交流	30 min

续表

步骤	学习内容	教学方法	教学手段	学生活动	时间分配
决策	计划实施前的准备	讲授法	多媒体	听讲	20 min
实操	拆装制动器； 检查制动器各重要部件	提问法 演示法 实训法	实车	回答问题 观察 动手操作	240 min
深化	操作注意事项； 各部分损坏对使用的影响	讲授法 提问法	多媒体 卡片	听讲 回答问题	30 min
归纳	学生以组为单位讲述自己的认知结果，分析该项目的知识点和技能点，教师给出评价	小组讨论法 启发法	分组讨论	学生相互交流 代表发言 互相点评	30 min
评价	教师评价各小组工作情况	讲授法	板书	听讲	10 min
作业	教师布置：完成工作页	练习法	工作页	完成工作页	课后完成

【学习资讯】

1. 液压鼓式制动器

目前，很多普通轿车的后轮采用液压鼓式制动器，一般为领从蹄式(其结构如图2-97所示)或双向自增力式。使用过程中，制动间隙是不需要人工调整的，而是由自调装置自动完成。

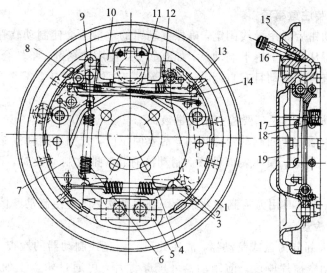

图2-97　鼓式制动器结构

1—制动底板；2—杠杆；3—右制动蹄；4—下回位弹簧；5—固定块；6、11、12、18—弹簧；7—左制动蹄；

8—观察孔；9—楔形调整块；10—轮缸活塞；13—销；14—中间杆；15—制动轮缸；16—放气螺钉；

17—圆销；19—压板

2. 钳盘式制动器

钳盘式制动器分为定钳盘式和浮钳盘式。一般车辆使用浮钳盘式，其结构如图 2 - 98 所示。

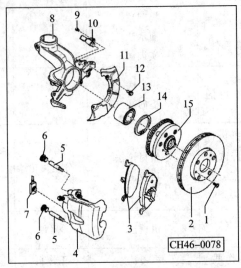

图 2 - 98　钳盘式制动器结构

1—十字头螺钉(4 N·m)；2—制动盘；3—制动片；4—制动钳；5—导向销(30 N·m)；6—盖子；
7—带有空心接头和空心螺栓的制动软管；8—车轮轴承壳体；9—带筋螺栓(8 N·m)；10—ABS 车速传感器；
11—盖板；12—六角螺栓(10 N·m)；13—车轮轴承；14—夹箍；15—带车轮传感器齿圈的轮毂

【任务实施】

1. 制动器拆装注意事项

(1) 拆卸制动钳后要用导线固定，确保制动钳的重量不会使制动软管弯折或损坏。

(2) 不要强行从轮毂上拆下制动盘，如有必要，使用除锈剂，不然会损坏制动盘。

(3) 拆卸带有驻车制动且有自调功能的制动器时要用专用工具，否则制动钳的自动调整功能将损坏。

(4) 更换制动摩擦片后，要检查制动液液面。

(5) 把制动钳活塞压回制动钳壳体内，活塞回位前，先抽出制动液储液罐中的制动液，否则会引起制动液外溢，损坏表面油漆。制动液有毒，排放制动液时，只能使用专用容器存放。

(6) 安装后，停车时用力将制动器踏板踩到底数次，以便使制动摩擦片正确就位。

2. 制动器的检查

因现代轿车大部分为盘式制动器，故在此只介绍盘式制动器的检查。

(1) 检查制动摩擦片厚度。前制动器外侧摩擦片，可通过轮盘上的检视孔目测检查。内摩擦片，利用反光镜进行目测检查。摩擦片磨损极限值为 7 mm(包括底板)，如果小于规定值，就应更换摩擦片。

(2) 检查制动盘厚度。制动盘厚度为 20 mm，磨损极限值为 17.8 mm。制动盘摩擦片表面上的圆跳动量为 0.06 mm，如果检查结果不符合规定，就应更换新件。

3. 制动器踏板总成的结构与调整

制动器踏板总成的分解如图 2-99 所示。

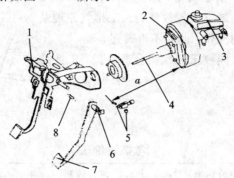

图 2-99 制动器踏板总成分解图

1—踏板轴承支架；2—带制动主缸的助力器；3—储液罐；4—制动主缸推力杆；
5—销子和锁片；6—支承轴套；7—制动踏板；8—回位弹簧

（1）制动踏板自由行程的调整：检查制动踏板自由行程时，用手轻轻压下踏板，直到手感明显变重时，测出这段行程量，其值应不大于 45 mm。如果不符合规定，可松开制动主缸助力器上推力杆上的螺母，通过旋动叉头来调整推力杆长度，从而调整制动踏板自由行程，且保证踏板有效行程为 135 mm，总行程不小于 180 mm。图 2-100 为制动踏板行程的调整，注意制动器踏板的行程大小应不受附加的地毯厚度影响。

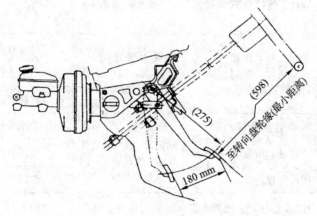

图 2-100 制动踏板的行程调整

（2）调整制动推力杆：如果更换新的制动主缸助力器总成，那么必须调整制动推力杆，旋动制动主缸助力器推力杆上的叉头，使叉头调整尺寸达到 220 mm。紧固防松螺母，再装上主缸的安装罩壳，螺母紧固力矩为 20 N·m。注意：所有的固定位置，在安装前都要涂上白色的固体润滑剂。

4. 制动系统放气

下面以上海大众桑塔纳 2000 轿车为例来说明制动系统放气。

（1）使用 VW1238/l 放气装置放气。接通 VW1238/l 制动系统放气装置，按规定顺序打开放气螺栓（如图 2-101 所示），然后排出制动钳和车轮制动轮缸中的气体，用专用排液瓶盛放排出的制动液。

制动系统放气顺序如下：① 右后车轮制动轮缸；②左后车轮制动轮缸；③ 右前制动钳；④ 左前制动钳。

（2）不用 VW1238/1 放气装置放气；人工排气原理及要求同液压操纵离合器的操作，此处不再赘述。

人工排气原理及要求同液压操纵离合器的操作，此处不再赘述。

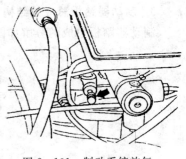

图 2-101　制动系统放气

【考核评价】

考核评价表

目标	评价要素	评价标准	评价依据	考核方式		权重	评分
知识	基本知识	知道制动器的分类、组成和原理	个人作业 课堂笔记 课堂练习 小组作业 期末考试	学生自评		10%	
				教师评定		10%	
				学生互评		10%	
能力	基本技能	正确描述制动系统的组成、结构与工作原理；能够规范进行制动蹄的更换与调整，能够进行制动系统放气	实践练习 小组作业 学生作业单	教师评定	动手能力	15%	
					作业单的填写	15%	
素质	学习态度	遵守纪律，积极参与课堂教学活动，按时完成作业，按要求完成准备	课堂表现记录，考勤表，同学及教师观察，课堂笔记	学生自评		10%	
				小组互评			
				教师评定			
	沟通协作管理	乐于请教和帮助同学，协调小组活动，配合教师教学管理，做好教室值日工作，按要求做课前准备和课后整理	小组作业，小组活动记录，自评及互评记录，值日记录，同学及教师观察	学生自评		15%	
				小组互评			
				教师评定			
	创新精神	有自主学习计划，在作业练习中能提出问题和见解，对教学或管理提出意见和建议，积极参与小组活动方案设计	个人作业，自主学习计划，学习活动，个人口头或书面提议	学生自评		15%	
				小组互评			
				教师评定			

【教学小结】

（1）小型车一般用液压制动器，有盘式和鼓式两种。大型车一般用气压制动器，以保证足够的制动力。

（2）盘式制动器一般可实现制动器间隙自调，无需人工调整，而鼓式制动器有些可实现间隙自调，有些则需要人工调整。

（3）小型车一般都加装制动助力器。

（4）液压制动系统在更换制动液后必须进行放气工作。正常使用中也可能需要放气。

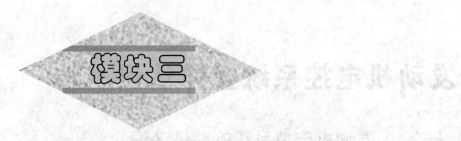

模块三

典型电控系统检修

情境一
发动机电控系统整体认识

任务　发动机电控系统的整体认识

【学习目标】

教学能力目标	专业能力目标	专业知识目标	专业素质目标
（1）能够借助教学课件等资料清楚描述发动机电控技术控制功能； （2）能够结合车辆，引导学生找到各发动机电控系统各构件的具体位置及控制特点	（1）描述发动机各电控系统的功能； （2）识别各发动机不同电控系统及各构件的具体位置	（1）了解汽车电控系统的组成； （2）了解发动机电控系统的控制特点； （3）理解各发动机不同电控系统并找到各构件的具体位置	（1）具有良好的工作责任心和职业道德； （2）具有安全操作意识和环境保护意识； （3）培养学员的团队协作精神

【任务导入】

福特轿车发动机出现起动困难、怠速不稳的情况，来 4S 店要求进行维修。

【任务分析】

经检测发现是由于平时保养不够，导致节气门体脏污、个别真空管老化破损；此外，个别电磁阀有关闭不严等现象，需要对发动机进行检修。发动机电控系统的整体认识是发动机维修作业的一项重要内容，是发动机电控系统的检修基础。

【教学设计】

步骤	学习内容	教学方法	教学手段	学生活动	时间分配
告知	本项目的知识目标和能力目标	讲授法	多媒体	听讲	20 min
导入	发动机电控系统的功能及性能对比	小组讨论法 启发法 讲授法	分组讨论 多媒体	学生相互交流 代表发言 互相点评	140 min
操练	发动机电控系统的基本组成、类型识别与构件辨识	讲授法 提问法 演示法 实训法	实车	听讲 观察 回答问题 动手操作	220 min

续表

步骤	学习内容	教学方法	教学手段	学生活动	时间分配
深化	创建发动机电控系统各组成部分的工作特点、基本组成与性能对比简表	讲授法 提问法	多媒体 卡片	听讲 回答问题 画图	60 min
归纳	学生以组为单位讲述自己的认知结果，分析该项目的知识点和技能点，并由教师给出评价	小组讨论法 启发法	分组讨论	学生相互交流 代表发言 互相点评	80 min
总结	教师解答问题并作总结	讲授法	多媒体	听讲	20 min
作业	教师布置：完成工作页	练习法	工作页	完成工作页	课后完成

【建议学时】

4 学时。

【学习资讯】

1. 发动机电控系统的基本组成

发动机电控系统主要由信号输入装置、电控单元（ECU）和执行器组成。发动机电控系统控制单元通过发动机上的各种传感器随时监测发动机的工作，然后通过各种执行器来控制空气、燃油的混合比、点火正时等，使发动机在发挥最佳效能的同时保持较低的废气排放。

如图 3-1 所示，传感器将信号发送给控制单元，控制单元进行计算、分析，然后把得到的结果发送给执行器，执行器按控制单元的指令进行动作。有些执行器动作后，由专门的传感器检测动作结果，再反馈给控制单元，控制单元对先前的指令进行修正调整，构成闭环工作系统。

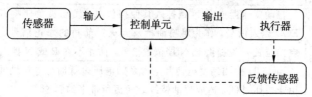

图 3-1　电控系统工作原理图

（1）传感器。发动机电控系统传感器类型见表 3-1。

表 3-1　发动机电控系统传感器类型

传感器名称	作　用
空气流量计	在 L 型 EFI 系统中，用于测量发动机吸入空气量，ECU 将其信号作为燃油喷射和点火控制的主控制信号
进气歧管 绝对压力传感器	在 D 型 EFI 系统中，用于测量进气管压力（真空度），ECU 将其信号作为燃油喷射和点火控制的主控制信号

传感器名称	作　　用
曲轴位置传感器	检测曲轴(或活塞)位置信号和曲轴转角信号(转速信号),ECU 将其信号作为点火和燃油喷射的主控制信号
凸轮轴位置传感器	判别气缸定位装置,向 ECU 输入凸轮轴位置信号,是点火控制的主控制信号
冷却水温传感器	检测发动机冷却水温度,向 ECU 输入温度信号,作为燃油喷射和点火正时的修正信号,同时也是其他控制系统的控制信号
进气温度传感器	检测进入进气管道的空气温度,向 ECU 输入进气温度信号,作为燃油喷射和点火正时的修正信号
节气门位置传感器	节气门位置传感器检测节气门的开度状态,如急速(全关)、全开及节气门开、闭的速率信号,输入 ECU,控制燃油喷射及其他控制系统,如 EGR 和开、闭环控制等
氧传感器	检测排气中氧的含量,向 ECU 输入空燃比的反馈信号,进行喷油量的闭环控制
爆震传感器	爆震传感器向 ECU 输入爆震信号,经 ECU 处理后,控制点火提前角,抑制爆震产生
大气压力传感器	检测大气压力,向 ECU 输入大气压力信号,修正喷油和点火控制
车速传感器	检测车速,向 ECU 输入车速信号,控制发动机转速,实现超速断油控制。在发动机和自动变速器共同控制时,也是自动变速器的主控制信号
起动信号	起动时,由起动系向 ECU 提供一个起动信号,作为喷油量、点火提前角的修正信号
发电机负荷信号	当发电机负荷因开启用电量较大的电器设备而增大时,向 ECU 输入此信号,作为喷油量与点火提前角的修正信号
空调作用信号(A/C)	当空调开关打开,空调压缩机进入工作,发动机负荷加大时,由空调开关向 ECU 输入空调作用信号,作为对喷油量及点火提前角控制的修正信号
挡位开关信号和空挡位置开关信号	自动变速器由 P/N 挡挂入其他挡位时,发动机负荷将有所增加,挡位开关向 ECU 输入信号,作为对喷油量及点火提前角的修正信号。当挂入 P 或 N 挡时,空挡位置开关提供 P/N 挡位置信号,防止不在 P 或 N 挡时发动机起动
蓄电池电压信号	当 ECU 检测到蓄电池和电源系的电压过低时,将对供油量进行修正,以补偿由于电压过低,造成喷油持续时间短所带来的影响
离合器开关信号	在离合器接合和分离过程中,由离合器开关向 ECU 输入离合器工作状态信号,作为喷油量及点火提前角控制的修正信号
刹车开关信号	在制动时,由刹车开关向 ECU 提供制动信号,作为对喷油量、点火提前角、自动变速器等的控制信号

(2)控制单元(ECU)。ECU 在使用中也常称为"电脑",其基本功能主要有以下五项:

①接收传感器或其他装置传送来的信息;给传感器提供参考(基准)电压:2 V、5 V、9 V 和 12 V(个别为 8 V);将输入的信息转变为微机所能接受的信号。

②存储、计数、分析处理信息;存储处理程序;存储该车型的特性参数;存储运算中的数据(随存随取)及故障信息。

③ 运算、分析，根据信息参数求出执行命令数值，将输出的信号与标准值对比并查出故障。

④ 输出执行命令，把弱信号变为强的执行命令，输出故障信息。

⑤ 自我修正功能(自适应功能)。

(3) 执行器。执行器是受 ECU 控制并具体执行某项控制功能的装置。当执行器是电磁线圈时，一般由 ECU 控制电磁线圈的搭铁回路，有的则是由 ECU 控制某些电控电路，如点火控制器等。

2. 发动机电控系统控制功能

发动机电控系统控制功能如表 3 - 2 所示。

表 3 - 2　发动机电控系统控制功能

电控系统名称	系统控制功能
电控燃油喷射系统(EFI)	该系统能有效控制混合气浓度，使发动机在各种工况下的空燃比达到最佳值。该系统主要包括喷油量、喷射正时、燃油停供及燃油泵的控制
电控点火系统(ESA)	该系统使发动机在不同转速、进气量等条件下，在最佳点火提前角工况下工作。电控点火系统主要包括点火提前角、闭合角和爆震控制等方面
急速控制系统(ISC)	该系统能根据发动机冷却水温度及其他有关参数，如空调开关信号、动力转向开关信号等，使发动机在最佳急速转速下运转
排放控制系统	排放控制系统主要包括废气再循环系统(EGR)、三元催化转化器和A/F反馈控制、燃油蒸气控制系统、二次空气喷射系统等，各排放控制系统能大幅度减少废气中有害气体的排放量，是排气净化的有效手段
进气控制系统	进气控制系统主要包括进气惯性增压系统、动力阀控制系统、可变气门正时(和升程)技术、节气门电控系统等，各进气系统能随发动机转速变化适时改变进气量，提高发动机的动力性和经济性
自诊断与报警系统	自诊断系统利用 ECU，对电控系统中的各部件进行监测、诊断，根据发动机电控系统的工作情况，自行、及时地找出发动机电控系统出现的故障。同时，ECU 控制各种指示和报警装置，显示有关控制系统的工作状况。当控制系统出现故障时能及时发出报警信号，以引起驾驶人员或维修人员的注意，以便及时排查故障
失效保护	当 ECU 检测到传感器或电路中出现故障时，仍然会按照 ECU 设定的程序和数据使控制系统继续工作(此时性能会有所下降)或停机
微机故障备用控制系统(后备系统)	当 ECU 内微机控制程序出现故障时，ECU 把燃油喷射和点火正时控制在预定的水平上，作为一种后备功能使车辆继续行驶。该系统只能维持基本功能，而不能保持正常的运行功能。当发动机进入后备系统工作时，也叫"跛行"状态，还有的称其为"缓慢回家"状态

【任务实施】

从 20 世纪 70 年代中期开始，福特公司不断开发并改进计算机和数字控制系统。长安福特现有量产车型上配备的发动机有长安福特公司生产的 Duratec 系列发动机和 Ecoboost 系列发动机两种类型，其喷射方式有进气管(缸外)喷射和缸内直喷两种形式。

长安福特发动机电控系统都采用了 EEC－Ⅴ管理系统，主要功能有：空燃比控制（进气、燃油喷射系统）、怠速控制、点火控制和排放控制等。现量产车 型发动机配置如表 3－3 所示，各发动机电控系统主要技术参数如表 3－4～表 3－7 所示。

表 3－3　福特现量产车型发动机配置

车型	发动机排量	燃油喷射位置	发动机系列
新嘉年华	1.3L	进气管喷射	Duratec
	1.5L	进气管喷射	Duratec
蒙迪欧-致胜	2.0L	进气管喷射	Duratec
	2.3L	进气管喷射	Duratec
	2.0T	缸内直喷	Ecoboost
经典福克斯	1.8L	进气管喷射	Duratec
	2.0L	进气管喷射	Duratec
S－MAX	2.3L	进气管喷射	Duratec
新福克斯	1.6L	进气管喷射	Duratec
	2.0L	缸内直喷	Duratec

表 3－4　Duratec－HE 系列 1.3L/1.5L 电控发动机主要技术参数

项　目	主要技术参数	
Duratec－HE 16V 发动机	1.3 L	1.5 L
压缩比	10.0∶1	10.0∶1
最大输出功率	61 kW/6000 r/min	74 kW/6000 r/min
最大输出扭矩	121 N·m/3500 r/min	122 N·m/3500 r/min
最大转速（瞬时）	6850 r/min	6850 r/min
最大转速（持续）	6500 r/min	6500 r/min
怠速	650～750 r/min	650～750 r/min
节气门	电子节气门	电子节气门
进气系统	IMSC（进气歧管涡流控制）	IMSC 和 IMRC（进气歧管信道控制）
点火系统	COP（单缸独立点火）	COP
燃油喷射	PFI（顺序）	PFI（顺序）
凸轮轴驱动方式	链条驱动	链条驱动
可变气门正时	无	无

表 3－5　Duratec 系列 1.8L/2.0L 电控发动机主要技术参数

项　目	主要技术参数	
Duratec－HE 发动机	1.8L	2.0L
压缩比	10.8∶1	10.8∶1
最大输出功率	92 kW/6000 r/min	107 kW/6000 r/min
最大输出扭矩	165 N·m/4000 r/min	185 N·m/4500 r/min

续表

项　目	主要技术参数	
最大转速（瞬间）	6850 r/min	6850 r/min
最大转速（持续）	6500 r/min	6500 r/min
节气门	电子节气门	电子节气门
急速	（700±50）r/min	（700±50）r/min
进气系统	IMSC 和 IMRC	IMSC 和 IMRC
点火系统	COP	COP
燃油喷射	PFI（顺序）	PFI（顺序）
凸轮轴驱动方式	链条驱动	链条驱动
可变气门正时	无	无
最大机油消耗	0.5 L/1000 km	0.5 L/1000 km

表 3－6　Duratec 系列 2.3L 电控发动机主要技术参数

项　目	主要技术参数
压缩比	10.6∶1
最大输出功率	118 kW/6500 r/min
最大输出扭矩	205 N·m / 4500 r/min
最大转速（瞬间）	6675 r/min
最大转速（持续）	6450 r/min
节气门	电子节气门
急速	（700±50）r/min
进气系统	IMSC 和 IMRC
点火系统	COP
燃油喷射	PFI（顺序）
凸轮轴驱动方式	链条驱动
可变气门正时	进气 VCT

表 3－7　Ecoboost 系列 2.0T 直喷电控发动机主要技术参数

项　目	主要技术参数
压缩比	10∶1
最大输出功率	149 kW（203 PS）/6000 r/min
最大输出扭矩	300 N·m/(1750～4000) r/min
发动机最大转速（瞬间）	6800 r/min
发动机最大转速（连续）	6500 r/min
急速	760 r/min
可变气门正时	进、排气 VCT
凸轮轴驱动方式	链条驱动

图 3-2 和图 3-3 所示为长安福特不同发动机装备的元件图。表 3-8 所示为福特最新 Ecoboost 发动机电控系统主要传感器、执行器与控制器组成与安装位置。

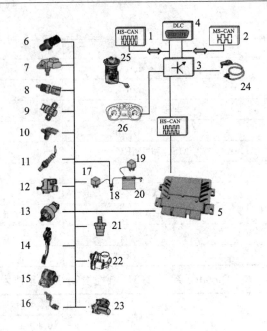

图 3-2　输入信号

1—高速 CAN 数据总线；2—中速 CAN 数据总线；3—GEM；4—DLC（数据通信插口）；5—PCM；6—EOP 开关；
7—MAF；8—ECT 传感器；9—CKP 传感器；10—CMP 传感器；11—HO₂S；12—BPP 开关；13—PSP 开关；
14—APP 传感器；15—发电机；16—KS；17—起动机继电器；18—点火锁；19—动力系统控制模块继电器；20—蓄电池；
21—空调（A/C）压力传感器；22—节气门控制单元；23—CPP 开关；24—PATS 发送和接收单元；
25—燃油储量传感器；26—仪表板

表 3-8　Ecoboost 系列 2.0T 直喷发动机构件布置一览表

项目	名　称	安装部位	类　型	备　注
传感器	曲轴位置传感器（CKP）	前端正时盖上	霍尔式	60-2 个信号齿
	凸轮轴位置传感器（CMP）	缸盖上	霍尔式	进气排气侧各 1 个
	水温传感器（ECT）	缸盖上	热敏电阻式	负温度系数
	空气流量温度传感器（MAFT）	空滤后增压器前	热膜式及热膜电阻式	用于计量吸入发动机的进气量
	增压压力温度传感器（MAPT）	中冷器出口处	压敏电阻型及热敏电阻式	监测增压压力和进气温度
	进气鼓管压力传感器（MAP）	节气门后进气鼓管上	压敏电阻型	用于监测节气门后方进气歧管里绝对压力
	爆震传感器（KS）2 个	缸体上	压敏电阻型	用于点火闭环控制
	前氧传感器（HO₂S）	三元催化器前	带加热的平面双点四线式	信号电压：0~1 V
	后氧传感器	三元催化器后	带加热的平面双点四线式	信号电压：0~1 V
	低压燃油压力传感器	低压管路上	压敏电阻型	用于低压闭环控制
	高压燃油压力传感器	油轨上	压敏电阻型	用于高压压闭环控制
	油门踏板位置传感器（APP）	油门踏板上方	霍尔式	内置 2 个传感器

项目	名　称	安装部位	类型	备注
传感器	机油油位油温传感器	缸体上	负温度系数	只采集油温信号
	节气门位置传感器	电子节气门总成上	双电位计式	两信号一升一降，其和为 5 V
执行器	喷油器	缸盖燃烧室上	电磁阀式	高压打开、低压维持
	电动燃油泵	油箱内		由电子油泵单元控制
	点火线圈	缸盖燃烧室上	电感式	单缸独立点火、带动率输出级
	节气门电机	电子节气门总成上	带减速装置的电机	
	燃油调节阀（IMV）	高压油泵上	电磁阀式	PWM 控制
	气门正时控制电磁阀（EVCT）	缸盖上	电磁阀式	进气排气侧各 1 个
	碳罐净化控制电磁阀 E（VAP）	碳罐后方的进油管路上	电磁阀式	PWM 控制
	增压压力控制电磁阀	增压器上	电磁阀式	PWM 控制
控制器	Bosch PCM MED17.0 系统；两个接线插头，分别为 96 及 58 针。发动机控制模块 PCM 与诊断插座 DLC 之间采用 CAN 通信，发电机与 PCM 之间采用 LIN 通信、PCM 通过 FPDM 控制电动燃油泵，实现对低压燃油压力的闭环控制，PCM 通过对燃油计量阀的控制，实现对高压燃油压力的闭环控制			

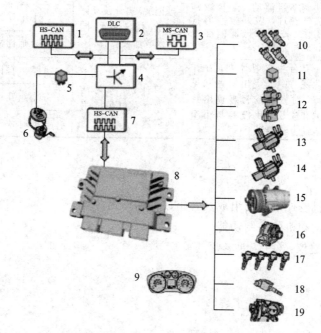

图 3-3　输出信号

1—高速 CAN 数据总线；2—DLC；3—中速 CAN 数据总线；4—GEM(网关)；5—油泵继电器；6—油泵；7—高速 CAN 数据总线；8—PCM；9—组合仪表：通过 CAN 数据总线，收到发电机转速信号，MIL（故障指示灯）充电报警灯，车速以及报警灯；10—喷油器；11—起动机继电器；12—EGR 阀；13—电动执行器－涡流阀；14—电子控制单元 IMRC；15—空调压缩机；16—发电机；17—点火开关线圈；18—碳罐净化控制电磁阀 EVAP 开关；19—节气控制单元

【考核评价】

考核评价表

目标	评价要素	评价标准	评价依据	考核方式		权重	评分
知识	基本知识	知识的要求	个人作业 课堂笔记 课堂练习 小组作业 期末考试	学生自评		10%	
				教师评定		10%	
				学生互评		10%	
能力	基本技能	正确描述发动机电控系统的组成与工作原理；能够识别发动机电控系统主要构件	实践练习 小组作业 学生作业单	教师评定	动手能力	15%	
					作业单的填写	15%	
素质	学习态度	遵守纪律，积极参与课堂教学活动，按时完成作业，按要求完成准备	课堂表现记录，考勤表，同学及教师观察，课堂笔记	学生自评		10%	
				小组互评			
				教师评定			
	沟通协作管理	乐于请教和帮助同学，协调小组活动、配合教师教学管理，做好教室值日工作，按要求做课前准备和课后整理	小组作业，小组活动记录，自评及互评记录，值日记录，同学及教师观察	学生自评		15%	
				小组互评			
				教师评定			
	创新精神	有自主学习计划，在作业练习中能提出问题和见解，对教学或管理提出意见和建议，积极参与小组活动方案设计	个人作业，自主学习计划，学习活动，个人口头或书面提议	学生自评		15%	
				小组互评			
				教师评定			

【教学小结】

难点：发动机电控系统的组成及各组成件的识别。

重点：电控发动机的控制功能。

教学体会及建议：（由任课老师撰写）

情境二

电控汽油喷射系统检修

任务一 进气系统检修

【学习目标】

教学能力目标	专业能力目标	专业知识目标	专业素质目标
（1）能够借助教学课件等资料清楚描述进气系统基本组成及作用、主要组成构件的结构原理、常见故障的检修方法； （2）能够结合车辆或发动机台架，指导学生进行进气系统故障的检修	（1）能够描述进气系统的基本组成与性能特点； （2）能够描述进气系统主要组成构件的结构原理； （3）能够对进气系统进行检修	（1）具有进气系统基本组成的相关知识； （2）掌握进气系统主要部件结构原理的相关知识； （3）掌握进气系统检修的相关知识	（1）具有良好的工作责任心和职业道德； （2）具有安全操作意识和良好的环境保护意识； （3）培养学员的团队协作精神

【任务导入】

　　一辆丰田卡罗拉轿车，装备1.6L发动机，行程达到8.1万公里之后，出现发动机起动后怠速发抖、加速时吐冒黑烟、动力不足、换挡冲车、耗油量高等故障，来到4S店要求给予维修。

【任务分析】

　　发动机怠速时发抖的主要原因之一是气门、节气门积碳所致。要维修该故障，维修技师需要对进气系统进行检修。

【建议学时】

　　12学时。

【教学设计】

步骤	学习内容	教学方法	教学手段	学生活动	时间分配
导入	本项目的知识目标和能力目标	讲授	PPT 演示	听讲	10 min
小组作业	(1) 进气系统的作用； (2) 进气系统的组成； (3) 进气系统主要部件的结构原理	分组讨论 启发 讲授	分组讨论 多媒体	学生相互交流 代表发言 互相点评	30 min
讲解	进气系统的作用、组成及其类型，进气系统主要部件的结构原理及故障检测与诊断	多媒体演示	PPT 演示 动画演示	听讲 思考	160 min
操练	进气系统故障检测与诊断	讲授 提问 演示 实训	实车	听讲 观察 回答问题 动手操作	180 min
深化	创建电控发动机进气系统的工作过程简图	讲授 提问	多媒体 卡片	听讲 回答问题 画图	60 min
归纳	学生以组为单位讲述自己的认知结果，分析该项目的知识点和技能点，并由教师给出评价	小组讨论 启发	分组讨论	学生相互交流 代表发言 互相点评	80 min
总结	教师解答问题并作总结	讲授	多媒体	听讲	20 min
作业	教师布置：完成工作页	练习	工作页	完成工作页	课后完成

【学习资讯】

1. 进气系统的组成与工作原理

进气系统(见图 3-4)的作用是为发动机可燃混合气的形成提供必需的空气量，同时对流入发动机气缸的空气量进行直接(L 型)或间接(D 型)计量。进气系统主要由空气滤清器、空气流量传感器、节气门体、进气室、各种连接管和真空管等组成。此外还包括节气门位置传感器和用于发动机怠速控制的怠速控制阀。空气经过空气滤清器、空气流量传感器(D 型系统无此装置)、节气门体、进气总管和进气岐管进入各气缸，如图 3-4 所示。同时，现代汽车发动机进气系统还运用各种进气控制技术，它包括进气惯性增压控制、废气涡轮增压控制、可变气门正时控制和电子节气门控制等。

2. 进气系统基本元件的构造及工作原理

1) 空气滤清器

空气滤清器的作用是净化空气，在此不再详述。

2) 空气流量传感器和进气压力传感器

L 型 EFI 系统的空气流量传感器或 D 型 EFI 系统进气压力传感器的作用是把测得的空气流量转换为电压信号，并把此电压信号送至 ECU，ECU 根据此信号和转速等信号来决定基本喷油量(在任务三中介绍)。

3) 节气门体与怠速调整螺钉

节气门体装在空气流量传感器后方的进气管上，它由节气门、节气门位置传感器、怠速旁通气道和怠速调整螺钉等组成，如图3-5所示。节气门用来控制发动机正常运行工况下的进气量。由于EFI系统在发动机怠速时通常将节气门全关，故设一旁通气道，在发动机怠速时供给少量空气。节气门位置传感器装在节气门轴上，用以检测节气门开启角度。为防止寒冷季节流经节气门体的空气中水分在节气门体上冻结，有些节气门体上设有冷却水管来对节气门体进行预热。发动机怠速运转时的节气门近乎关闭，因此需经节气门体上的旁通气道供应空气以控制怠速，怠速调整螺钉就是用来调整该空气流量的，如图3-5所示。当怠速调整螺钉顺时针方向旋入时，旁通气道开口减小，发动机怠速时的转速降低；逆时针旋转怠速调整螺钉时，旁通气道开口加大，发动机怠速时的转速升高。在有怠速控制阀(ISCV)的发动机中，有些没有此螺钉，ECU完全通过控制ISCV来实现对怠速时转速的控制。

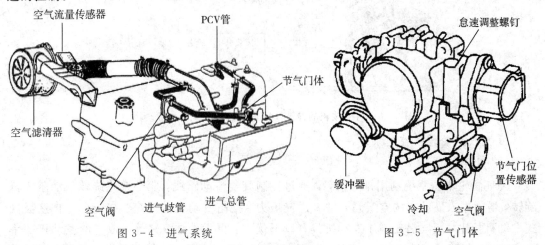

图3-4 进气系统　　　　　　　　　图3-5 节气门体

3. 进气控制系统

1) 进气惯性增压控制系统

(1) 功用。

进气惯性增压控制系统也称谐波增压进气控制系统，该系统利用进气气流惯性产生的压力波提高充气效率。

当气体高速流向进气门时，如果进气门突然关闭，进气门附近的气体流动突然停止，由于惯性作用，进气管中的气体仍然继续流动，将使进气门附近的气体压缩，压力上升。当气体的惯性过后，被压缩的气体开始膨胀，向与进气气流相反的方向流动，压力下降。膨胀气体波传到进气管口又被反射回来，形成压力波。如果上述的进气压力脉动波与进气门的配气相位配合好，可使进气管内的空气产生谐振，利用谐振效果在进气门打开时就会形成增压进气效果，有利于增加发动机的输出功率。一般而言，进气管较长时，谐振压力波的波长就长，有利于发动机中低转速输出功率的增加；进气管较短时，谐振压力波的波长就短，有利于发动机高速范围内输出功率的增加。如果发动机进气管的长度可以随转速变化，就可以使发动机在整个转速范围内充分利用进气谐振效应，有效地提高发动机动力性。进气惯性增压控制系统根据其工作原理大体上可分为两种：一种是可变波长的谐波增压进气控制系统；另一种是根据发动机转速和负荷的变化情况，自动地改变进气管的有效长度。

（2）结构与工作原理。

如图 3-6 所示为 PASSAT B5 发动机采用的可变波长的谐波增压进气控制系统（ACIS）工作原理图。低转速时，ECU 使进气控制阀片关闭，进气流经较长的管道；高转速时阀片打开，由于流动阻力的不同，进气会自动地大部分经由阀片直接流入进气歧管，从而使有效长度变短。这种方法可以在高、低转速时均获得高的充量系数，从而提高转矩。

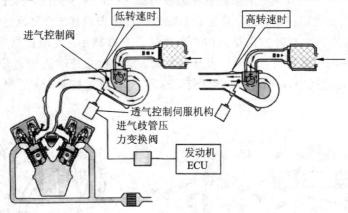

图 3-6　可变波长的谐波增压进气控制系统工作原理图

2）废气涡轮增压控制系统

（1）功用。

废气涡轮增压系统利用排气能量，通过控制废气流动路线，驱动泵轮旋转带动压气机旋转，增加进入发动机的空气量，增大进气压力，提高发动机的功率。与传统的自然吸气式发动机相比，废气涡轮增压发动机具有以下优点：更大的体积效率，改进的发动机功率和扭矩，油耗降低，排气减少，再利用废气能量，不受海拔影响，瞬间超增压以满足发动机的直接需求。

（2）工作原理。

图 3-7 所示为废气涡轮增压系统的工作原理图。ECU 根据发动机的加速、爆震、冷却液温度、进气量等信号，确定增压压力的目标值，并通过进气管压力传感器来反馈发动机的实际增压压力值。ECU 根据其差值控制增压压力控制电磁阀的脉冲信号占空比，电磁阀通过控制作用在膜片式控制阀上的气体压力来控制涡轮增压旁通阀的开度位置，增压器旁通阀开口的大小能够控制废气涡轮的转速，从而控制增压压力的大小，实现增压压力的闭环控制。增压器旁通阀在发动机静止的状态下是关闭的。

3）可变气门正时控制系统

可变气门正时控制系统根据发动机工作条件改变气门开闭的时间和角度，调整进气和排气量，使缸内混合气达到最佳状态，从而减少有害气体排放，提高发动机功率、燃料经济性。

下面以本田公司的可变气门正时和气门升程电控系统（VTEC）和福特的可变气门正时系统（VCT）为例来介绍可变气门正时技术。

(1) 可变气门正时和气门升程系统(VTEC)。

可变气门正时和气门升程系统可以使发动机在高速时改变气门正时和升程，在 ECM 的控制下，还可以改变高速时进、排气门开启的"重叠时间"，使发动机在高速范围由于 VTEC 作用而输出更大的功率。

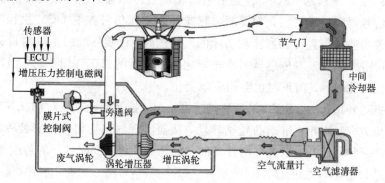

图 3-7　废气涡轮增压系统的工作原理图

如图 3-8 所示，VTEC 机构主要由气门、凸轮、摇臂、同步活塞 A、B、正时活塞等组成。VTEC 机构中的凸轮有三个，它们的线型不相同。高速凸轮位于中央，叫做中间凸轮，它的升程最大；另两个低速凸轮中，较高的一个叫做主凸轮，较低的叫做次凸轮。与这三个凸轮相对应的是中间摇臂、主摇臂和次摇臂。两个气门分别装在主、次摇臂上。在三个摇臂内有一孔道，内装有正时活塞、同步活塞 A 与 B、定位活塞。每个气缸的两个进气门上都安装有这样一套 VTEC 机构。

VTEC 控制系统工作原理示意图如图 3-8 所示。执行部分由 VTEC 机构中的凸轮、摇臂和同步活塞等组成；控制部分由 ECM、VTEC 电磁阀、VTEC 压力开关等组成，由 ECM 判断何时能改变气门正时和升程。当发动机转速为 2300~3200 r/min、车速超过 10 km/h、冷却水温度超过 10℃和根据进气歧管压力判断发动机负荷较大时，ECM 操纵 VTEC 电磁阀打开油路，使从机油泵输出的压力油推动同步活塞把三个摇臂联锁起来，实行 VTEC 气门正时和升程变动，以改变进气量，增加发动机功率。如果不符合以上转换条件，ECM 将 VTEC 电磁阀断电，切断油路，不实行 VTEC 控制。

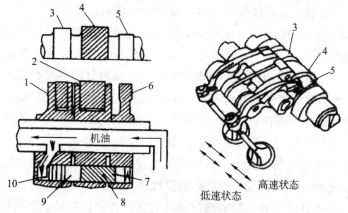

图 3-8　VTEC 结构原理图

1—主摇臂；2—中间摇臂；3—主凸轮；4—中间凸轮；5—次凸轮；6—次摇臂；7—定位活塞；

8、9—同步活塞 A、B；10—正时活塞

（2）可变气门正时系统（VCT）。

在发动机工作过程中，VCT系统持续不断地改变进排气气门正时，以得到最适宜的进气效果。VCT系统由油压控制电磁阀（OCV）、可变凸轮轴正时执行机构、凸轮轴位置传感器等组成，如图3-9所示。PCM首先根据曲轴位置传感器、进气压力传感器和进气门位置传感器的信号得到目标气门正时，输出相应的占空比信号控制OCV执行气门正时。利用凸轮轴位置与曲轴位置传感器监测实际的气门正时，让实际气门正时与目标气门正时相一致。同时利用冷却液温度传感器与汽车车速信号不断的修正气门正时，当冷却液温度或汽车车速发生变化时，气门正时也会相应地变化。

在发动机运转过程中，PCM根据各传感器信号，控制凸轮轴正时油压控制阀，改变油压大小及液流方向，使叶片带动凸轮轴转动，从而实现气门正时提前、滞后或不变。在调整范围上，理论上可最大延迟进气门打开的角度为3°，最大提前打开的角度为37°，因而可调整的范围总共是40°，如图3-10所示。

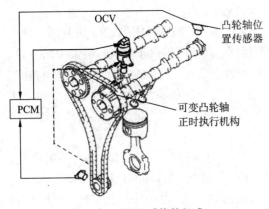

图3-9　VCT系统的组成

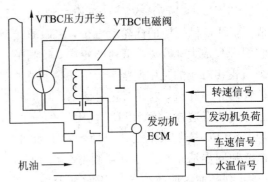

图3-10　VTEC控制系统工作原理示意图

4）电子节气门（ETB）

电子节气门的节气门开度大小不通过加速踏板的拉索直接控制。当发动机运行时，ECU根据加速踏板踩下的程度和不同驾驶条件要求来计算节气门开度，驱动节气门控制电动机，将节气门定位，达到优化节气门开度控制的目的。

电子节气门工作原理如图3-11所示，驾驶员操纵加速踏板，加速踏板位置传感器产生相应的电压信号输入PCM。PCM根据当前的工作模式、踏板移动量和变化率解析驾驶员意图，计算出对发动机扭矩的基本需求，得到相应的节气门转角的基本期望值，然后再经过CAN总线和整车控制模块进行通信，获取其他工况信息以及发动机转速、挡位、节气门位置、空调能耗等传感器信息，由此计算出整车所需的全部扭矩。通过对节气门转角期望值进行补偿，得到节气门的最佳开度，驱动控制电机使节气门达到最佳的开度位置。节气门位置传感器则把节气门的开度信号反馈给电控模块，形成闭环的位置控制。

节气门驱动电机一般为直流电机。控制模块通过调节脉冲信号的占空比来控制直流电机转角的大小，电机方向则是由和节气门相连的复位弹簧控制的。电机输出转矩和脉宽调制信号的占空比成正比。

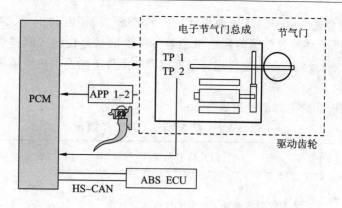

图 3-11　电子节气门工作原理

【任务实施】

下面以丰田卡罗拉 1ZR-FE 发动机为例来讲解进气系统检修相关内容。

1. 卡罗拉 1ZR-FE 发动机进气系统的整体认识

1）双 VVT-i 系统

卡罗拉 1ZR-FE 发动机的双 VVT-i 系统中进排气凸轮轴都采用了智能可变气门正时。

（1）组成。双 VVT-i 系统主要由曲轴位置传感器、空气流量传感器、进气门位置传感器、进气凸轮轴位置传感器、排气凸轮轴位置传感器、冷却液温度传感器、车速传感器、ECU、进气凸轮正时机油控制阀、排气凸轮正时机油控制阀、进气 VVT-i 控制器、排气 VVT-i 控制器组成。

（2）系统图。双 VVT-i 系统如图 3-12 所示。

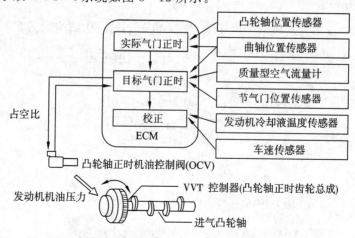

图 3-12　双 VVT-i 系统的系统图

（3）工作工程。ECU 根据曲轴位置传感器、空气流量传感器、进气门位置传感器、冷却液温度传感器、车速传感器送来的信号与预定储存在 ECU 内部的参数值进行对比计算，计算出各行驶条件下的最佳气门正时（目标气门正时）并向凸轮轴正时机油控制阀总成发送一个目标占空比控制信号，该控制信号用来调节施加到 VVT-i 控制器上的机油压力，该机油压力用来调节进气(排气)凸轮轴角度,从而实现气门正时的提前、滞后和保持不变。同时 ECU 利用凸轮轴位置传感器和曲轴位置传感器的信号检测实际进气气门正时(排气气门正时),并执行反馈控制,这样提高了整体驾驶条件下的发动机转矩和燃油经济性,降低了废气排放量。

(4) 双 VVT-i 的工作情况见表 3-9。

表 3-9　双 VVT-i 的工作情况

发动机工况	气门开启的角度	作用
在怠速、低负荷、低温和起动时	减少气门重叠角,减少废气进入进气侧	(1) 稳定燃烧,提高燃油经济性; (2) 保证发动机运转平稳
中等负荷	增大气门重叠角,增大内部 EGR 率,减少泵气损失	(1) 改善排放控制; (2) 改善燃油经济性
中低速,大负荷	(1) 进气门提前关闭,提高充气效率(减少废气进入进气侧); (2) 派气门延迟打开,充分利用燃烧压力	改善转矩/功率
高速,大负荷	(1) 进气门延迟关闭,利用谐波增压作用提高充气效率; (2) 排气门提前打开,在排气行程减少泵气损失	提高发动机的输出功率

2) 电子节气门体

卡罗拉 1ZR-FE 发动机采用电子节气门,电子节气门体结构如图 3-13 所示。

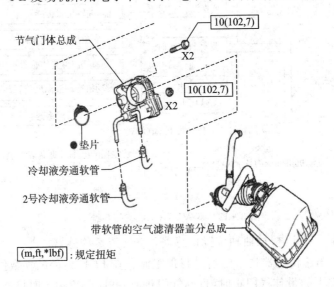

图 3-13　卡罗拉 1ZR-FE 发动机的电子节气门结构

　　(1)结构。节气门控制电机采用反应灵敏度高、耗能少的直流电动机,其线路图如图3-14所示。

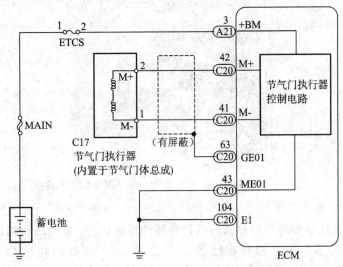

图3-14　卡罗拉1ZR-FE发动机节气门控制电动机的线路图

　　(2)工作原理。ECU根据踏板位置传感器的信号,以占空比的形式控制电动机的转角,并通过减速齿轮带动节气门转过相应的角度。节气门的实际开启角度由节气门位置传感器检测并反馈给发动机ECU,ECU可以在响应驾驶员输入时正确地控制节气门控制电动机,进而控制节气门。当没有电流流向电动机时,节气门复位弹簧使节气门开启到一定固定角度位置(大概6°)。

　　当ECU检测到故障发生时,将点亮组合仪表上的故障指示灯并同时切断电动机电源。

　　(3)节气门控制电动机控制信号波形。在发动机暖机后息速运转时,用智能检测仪分别测量节气门总成的端子M+与ECU的端子(B31~B43)之间、节气门总成的端子M-与ECU的端子(B31~B43)之间的波形,标准波形如图3-15所示。

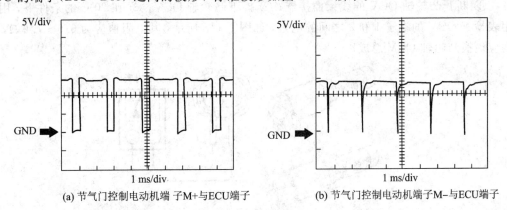

(a) 节气门控制电动机端子M+与ECU端子　　　　(b) 节气门控制电动机端子M-与ECU端子

图3-15　节气门控制电动机端子的占空比信号标准波形

2. 卡罗拉1ZR-FE发动机进气系统检修

1)进气系统的车上检查

按照图3-16所示检查各点有没有空气吸入。

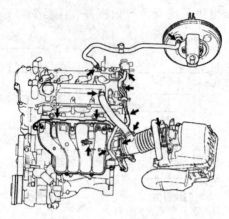

图 3-16　卡罗拉 1ZR-FE 发动机进气系统的车上检查

2) 双 VVT-i 系统主要部件的检修

双 VVT-i 系统主要部件的检修包括传感器的检修和进、排气凸轮轴正时机油控制阀 (OCV) 的检修，传感器的检修将在任务三中介绍。进、排气凸轮轴 OCV 的线路图如图 3-17 所示。进、排气凸轮轴 OCV 的检修可按下列步骤进行。

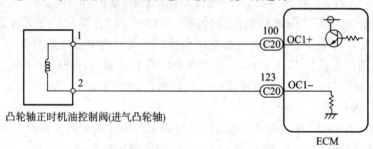

图 3-17　凸轮轴 OCV 的线路图

(1) 检查凸轮轴 OCV 电磁线圈的电阻。

① 断开凸轮轴 OCV 的线束插接器；② 拆下凸轮轴 OCV；③ 在 20℃ 的条件下，用万用表检查 OCV 的端子 1 和 2 之间的电阻，如图 3-18 所示，其电阻值应为 6.9~7.9 Ω，否则应更换凸轮轴 OCV 总成。

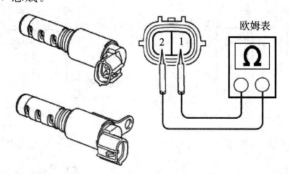

图 3-18　检查凸轮轴 OCV 电磁线圈的电阻

(2) 检查凸轮轴 OCV 的工作情况。

① 断开凸轮轴 OCV 的线束插接器；② 拆下凸轮轴 OCV；③ 将蓄电池正极 (＋) 引线接至端子 1，负极 (－) 引线接至端子 2，并检查 OCV 的移动情况，如图 3-19 所示。当施加

蓄电池正极（＋）电压时，OCV 如图 3-20 所示向左移动；当切断蓄电池正极（＋）电压时，OCV 如图 3-19 所示向右移动。如果结果不符合规定，应更换凸轮轴 OCV。

（3）检查凸轮轴 OCV 与 ECU 之间的线束和插接器。

① 检查线束的断路。

·断开凸轮轴 OCV 的线束插接器。

·断开 ECU 插接器。

·用万用表检查凸轮轴 OCV 的端子 1 与 ECU 的端子（B31～B100）之间的电阻；检查凸轮轴 OCV 的端子 2 与 ECU 的端子（B31～B123）之间的电阻，电阻值都应低于 1 Ω，否则应更换线束。

② 检查线束的短路。

·断开凸轮轴 OCV 的线束插接器。

·断开 ECU 插接器。

·用万用表检查凸轮轴 OCV 的端子 1 或 ECU 的端子（B31～B100）与车身搭铁之间的电阻；检查凸轮轴 OCV 的端子 2 或 ECU 的端子（B31～B123）与车身搭铁之间的电阻。电阻值都应为 10 kΩ 或更高，否则应更换线束。

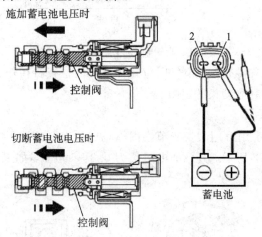

图 3-19　检查凸轮轴 OCV 的工作情况

（4）检查凸轮轴 OCV 的滤清器。

① 拆下凸轮轴 OCV；② 检查并确认滤清器没有阻塞，如图 3-20 所示。

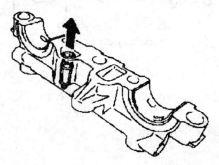

图 3-20　检查凸轮轴 OCV 的滤清器

(5) 读取凸轮轴 OCV 的输出波形。

① 点火开关转到 OFF；② 用智能检测仪连接 OCV 的端子 1(OC＋)与端子(OC－)；③ 发动机怠速运转，观察示波器波形，其标准波形如图 3－21 所示。

3）节气门体总成的检修

(1) 检查节气门控制电动机工作情况。

① 将点火开关转到 ON 位置。

② 踩下加速踏板时，检查控制电动机是否有工作响声。确认控制电动机没有发出摩擦噪声。如果存在摩擦噪声，应更换节气门体。

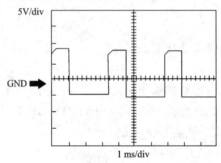

图 3－21　凸轮轴 OCV 的输出标准波形

(2) 检查节气门位置传感器。节气门位置传感器的检查将在任务三中介绍。

(3) 检查节气门控制电动机的电阻。

① 断开节气门体总成插接器。

② 在 20℃ 条件下，用万用表检查节气门体总成线束侧的端子 2(M＋)与端子 1(M－)之间的电阻，如图 3－22 所示。其标准电阻值为 0.3～100 Ω，如果结果不符合规定，应更换节气门体总成。

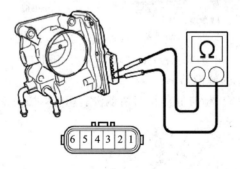

图 3－22　检查节气门控制电动机的电阻

(4) 检查节气门控制电动机与 ECU 之间的线束和插接器。

① 检查线束断路。

· 断开节气门体总成线束插接。

· 断开 ECU 插接器。

· 用万用表检查节气门体总成的端子 2(M＋)与 ECU 的端子(B31～B42)之间的电阻。检查节气门体总成端子 1(M－)与 ECU 的端子(B31～B42)之间的电阻，其标准电阻必须低于 1 Ω，否则说明线束断路。

　　② 检查线束短路。

·断开节气门体总成线束插接器。

·断开 ECU 插接器。

·用万用表检查节气门体总成的端子 2（M＋）或 ECU 的端子（B31～B42）与车身搭铁之间的电阻；检查节气门体总成端子 1（M－）或 ECU 的端子（B31～B42）与车身搭铁之间的电阻。其标准电阻必须高于 10 kΩ 或更高，否则说明线束短路。

【考核评价】

目标	评价要素	评价标准	评价依据	考核方式		权重	评分
知识	基本知识	知识的要求	个人作业 课堂笔记 课堂练习 小组作业 期末考试	学生自评		10%	
				教师评定		10%	
				学生互评		10%	
能力	基本技能	正确描述电控发动机进气系统的组成与工作原理；能够描述电控发动机进气系统主要构件结构原理；能够对电控发动机进气系统进行检修	实践练习小组作业 学生作业单	教师评定	动手能力	15%	
					作业单的填写	15%	
素质	学习态度	遵守纪律，积极参与课堂教学活动，按时完成作业，按要求完成准备	课堂表现记录，考勤表，同学及教师观察，课堂笔记	学生自评		10%	
				小组互评			
				教师评定			
	沟通协作管理	乐于请教和帮助同学，协调小组活动，配合教师教学管理，做好教室值日工作，做好课前准备和课后整理	小组作业，小组活动记录，自评及互评记录，值日记录，同学及教师观察	学生自评		15%	
				小组互评			
				教师评定			
	创新精神	有自主学习计划，在作业练习中能提出问题和见解，对教学或管理提出意见和建议，积极参与小组活动	个人作业，自主学习计划，学习活动，个人口头或书面提议	学生自评		15%	
				小组互评			
				教师评定			

【教学小结】

　　难点：

　　（1）电控发动机进气系统的工作原理；

　　（2）电控发动机进气系统主要部件的结构原理；

　　（3）电控发动机进气系统的检修。

　　重点：电控发动机进气系统的检修。

教学体会及建议：（由任课老师撰写）

任务二　燃油系统检修

【学习目标】

教学能力目标	专业能力目标	专业知识目标	专业素质目标
（1）能够借助教学课件等资料清楚描述燃油系统基本组成及作用、主要组成构件的结构原理、常见故障的检修方法； （2）能够结合车辆或发动机台架，指导学生进行燃油系统故障的检修	（1）能够描述燃油系统的基本组成与性能特点； （2）能够描述燃油系统主要组成构件的结构原理； （3）能够对燃油系统进行检修	（1）掌握燃油系统基本组成的相关知识； （2）掌握燃油系统主要部件结构原理的相关知识； （3）掌握燃油系统检修的相关知识	（1）具有良好的工作责任心和职业道德； （2）具有安全操作意识和良好的环境保护意识； （3）培养学生的团队协作精神

【任务导入】

一辆丰田卡罗拉 1.8GLX MT 轿车，已行驶 9 万公里。该车加满油后在车库停放 3 天，起动发动机时出现起动困难、有时不能起动、起动后怠速不稳定又很快熄火的现象。在开往 4S 店途中等红灯时熄火，再也无法起动，最后拖到 4S 店待修。

【任务分析】

根据该车维修和保养记录及初步检查，判断为发动机燃油系统故障，维修技师需要对燃油系统进行检修。

【建议学时】

16 学时。

【教学设计】

步骤	学习内容	教学方法	教学手段	学生活动	时间分配
告知	本项目的知识目标和能力目标	讲授法	多媒体	听讲	20 min
导入	燃油系统的功能、组成及类型，进气系统主要部件的结构原理	小组讨论法 启发法 讲授法	分组讨论 多媒体	学生相互交流 代表发言 互相点评	240 min
操练	燃油系统性能检测与故障诊断	讲授法 提问法 演示法 实训法	实车	听讲 观察 回答问题 动手操作	300 min
深化	创建电控发动机燃油系统的工作过程简图	讲授法 提问法	多媒体 卡片	听讲 回答问题 画图	60 min

步骤	学习内容	教学方法	教学手段	学生活动	时间分配
归纳	学生以组为单位讲述自己的认知结果，分析该项目的知识点和技能点，并由教师给出评价	小组讨论法启发法	分组讨论	学生相互交流代表发言互相点评	80 min
总结	教师解答问题并作总结	讲授法	多媒体	听讲	20 min
作业	教师布置：完成工作页	练习法	工作页	完成工作页	课后完成

【学习资讯】

1. 燃油系统的组成及工作原理

燃油系统的作用是向发动机精确地提供所需要的燃油量，该系统主要由油箱、电动燃油泵、燃油滤清器、燃油脉动阻尼器(有的汽车没有)、燃油压力调节器、冷起动喷油器(有的汽车没有)及供油总管等组成，如图 3-23 所示。燃油由燃油泵从油箱中泵出，经过燃油滤清器除去杂质及水分后，再送至燃油脉动阻尼器(有的汽车装在回油管上)，以减少其脉动。喷油器根据 ECU 的喷油指令，开启喷油阀，将适量的燃油喷于进气门前，待进气冲程时，再将燃油混合气吸入气缸中。装在供油总管上的燃油压力调节器用于调节系统油压，目的在于保持油路内的油压略高于进气管负压 300 kPa 左右。

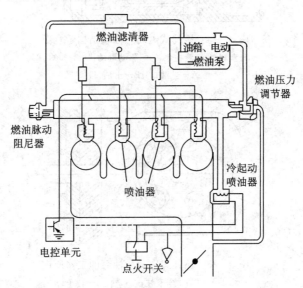

图 3-23　燃油系统的组成

2. 燃油系统主要部件的结构原理

燃油系统中的主要部件有电动燃油泵、燃油滤清器、燃油压力调节器、喷油器等。

1）电动燃油泵

电动燃油泵的作用是从油箱中吸入汽油，将油压提高到规定值，然后通过供给系统送到喷油器。它通常将永磁式驱动电动机、泵体和外壳三部分制成一体。

（1）电动燃油泵的结构原理。

　　按机械泵体结构的不同，电动燃油泵可分为滚柱式、涡轮式、齿轮式和叶片式等；按安装位置的不同，它又可分为内装式和外装式。内装式电动燃油泵安装在油箱内部，由于不易产生气阻和泄漏，有利于热油输送，且工作噪声小和安全性高，因而被广泛采用。滚柱式电动燃油泵的结构示意图如图 3-24 所示，其工作原理如图 3-25 所示。装有滚柱的转子与泵体之间偏心安装。转子凹槽内的滚柱在旋转惯性力的作用下紧压在泵体的内表面。相邻两滚柱与泵体内表面形成一个油腔。在转子转动过程中，油腔的容积不断发生变化，在转向进油腔时容积增大，吸入燃油；在转向出油腔时，容积减小，压力升高并泵出燃油。为安全起见，在燃油泵中设有安全阀。当燃油泵工作压力升高到一定压力值时，安全阀打开，燃油泵出油腔与吸油腔相通，燃油在泵内循环，避免供油压力过高。为防止发动机停转时，供油压力突然下降而引起燃油倒流，在燃油泵出油口安装了单向阀。当发动机熄火时，燃油泵停止转动，单向阀关闭，这样在供油系统中仍有残余压力。油路中残余压力的存在有利于发动机再起动，并能避免高温时气阻现象的发生。

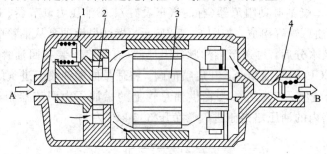

图 3-24　滚柱式电动燃油泵结构示意图
1—安全阀；2—滚柱泵；3—驱动电动机；4—单向阀；
A—进油口；B—出油口

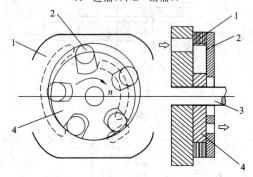

图 3-25　滚柱式电动燃油泵的工作原理
1—泵体；2—滚柱；3—轴；4—转子

　　涡轮式电动燃油泵属于内装泵，如图 3-26 所示。燃油泵体部分主要由一个或两个叶轮、外壳和泵盖组成。当叶轮旋转时，叶轮边缘的叶片把汽油从进油口压向出油口。图 3-27(a)、(b) 分别为齿轮式和叶片式电动燃油泵工作原理图。齿轮式电动燃油泵工作原理与滚柱式十分类似，主要是利用内外齿啮合过程中腔室容积大小的变化，将汽油以一定的压力泵出。由于泵腔数目较多，因而出油压力的波动较滚柱式小。叶片式电动燃油泵的工作原理则类似于涡轮式，叶片式和涡轮式的主要区别在于叶轮的形状、数目和滚道布置。其优点是两者都能以蒸气和燃油的混合物运转，并能通过适当的放气口分离蒸气，防止气阻。

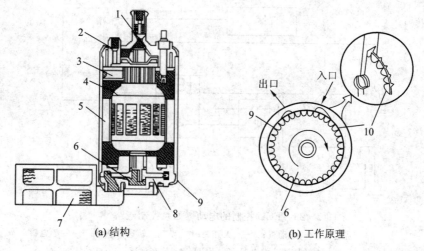

图 3-26 涡轮式电动燃油泵

1—单向阀；2—卸压阀；3—电刷；4—电枢；5—磁极；6—叶轮；7—滤网；8—泵盖；9—壳体；10—叶片

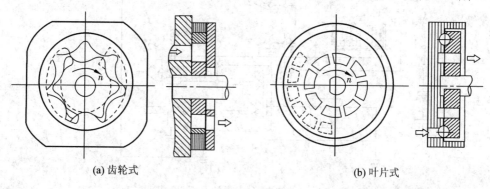

图 3-27 齿轮式和叶片式电动燃油泵工作原理图

（2）电动燃油泵的控制。

电动燃油泵的控制主要包括油泵的开关控制和油泵的转速控制两方面。

电动燃油泵的开关控制电路如图 3-28 所示。ECU 根据起动信号及曲轴位置传感器测得的发动机转速信号，控制电动燃油泵的工作。在发动机起动及运转时，使油泵继电器线圈通电，继电器触点闭合，电动燃油泵运转；在发动机未起动时，若将点火开关由"OFF"位置转到"ON"位置，ECU 会让电动燃油泵运转 3～5 s，以提高油路压力。电动燃油泵转速的控制如图 3-29 所示，油泵 ECU 对油泵转速（泵油量）的控制，也是通过控制加到油泵电动机上的不同电压来实现的。当发动机在起动阶段或高速、大负荷下工作时，发动机 ECU 向油泵 ECU 的 FPC 端输入一个高电位信号，此时油泵 ECU 的 F_p 端向油泵电动机供给较高的电压（相当于蓄电池电源电压），使油泵高速运转。发动机起动后，在怠速或小负荷下工作时，发动机 ECU 向油泵 ECU 的 FPC 端输入一个低电位信号，此时油泵 ECU 的 F_p 端向油泵电动机供给低于蓄电池的电压（约 9 V），使油泵低速运转。当发动机的转速低于最低转速（如 120 r/min）时，油泵 ECU 断开油泵电路，油泵停止工作，此时尽管点火开关处于接通状态，油泵也不工作。

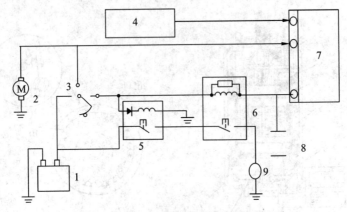

图 3-28　ECU 控制的电动燃油泵控制电路

1—蓄电池；2—发动机；3—点火开关；4—发动机转速传感器；5—主继电器；
6—电动燃油泵继电器；7—ECU；8—检查插座；9—电动燃油泵

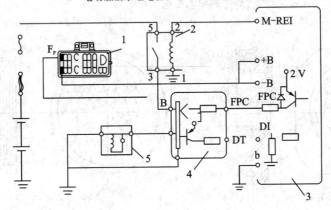

图 3-29　油泵转速控制电路(专设油泵 ECU 式)

1—检查连接器；2—主继电器；3—发动机 ECU；4—油泵 ECU；5—电动燃油泵

2）燃油滤清器

过滤器结构如图 3-30 所示。常见滤芯元件的结构如图 3-31 所示。滤芯阻塞时，将使油压下降、起动困难、发动机功率降低，此时应按规定更换过滤器。

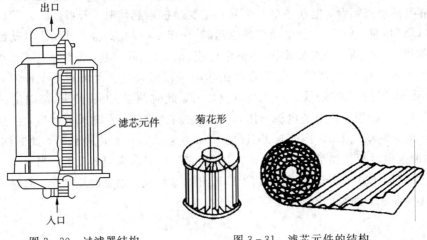

图 3-30　过滤器结构　　　　　图 3-31　滤芯元件的结构

3）燃油压力调节器

为了保证喷油器喷油量只与喷油器通电时间的长短有关，汽车上设置燃油压力调节器。燃油压力调节器可以使燃油压力相对于大气压力或进气管负压保持一定，即保持喷油压力与喷油环境压力的差值一定，约为 250 kPa。燃油压力调节器的结构如图 3 - 32 所示。

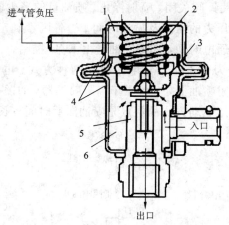

图 3 - 33　燃油压力调节器的结构
1—弹簧室；2—弹簧；3—膜片；4—壳体；5—阀；6—燃料室

燃油压力调节器常置于输油总管一端，膜片将金属壳体内部分为弹簧室和燃料室两部分，弹簧室一侧通过管路与进气歧管相通。膜片朝向燃料室的一侧承受油压。另一端所受压力为进气歧管负压与弹簧压力之和。当进气歧管的真空度增大时，膜片进一步移向弹簧室方向，使阀门开度增大，回油量增加，使输油管压力略降，保持与变化了的进气歧管压力差值恒定。燃油泵停止工作时，在弹簧张力的作用下，阀门关闭，使燃油泵止回阀与调压器阀门间的油路内保持一定的残余压力。

4）喷油器

喷油器的作用是根据 ECU 提供的电信号，控制燃油喷射。喷油器的结构如图 3 - 33 所示，它由滤网、电接头、电磁线圈、回位弹簧、衔铁和针阀等组成。轴针式喷油器针阀下部还有一段探入喷口的轴针。不喷油时，弹簧将针阀压紧在阀座上，防止滴漏；停喷瞬时，弹簧使针阀迅速回位，断油干脆。

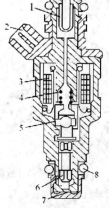

图 3 - 33　喷油器的结构
1—滤网；2—电接头；3—电磁线圈；4—回位弹簧；5—衔铁；6—针阀；7—轴针；8—密封圈

喷油器按电磁线圈阻值不同,可分为低阻式和高阻式两种。低阻喷油器是指电磁线圈电阻值为 2～5 Ω 喷油器,高阻喷油器是指电磁线圈电阻值为 12～17 Ω 的喷油器。ECU 的喷油控制信号将喷油器与电源回路接通时,电磁线圈通电并在周围产生磁场,吸引衔铁移动,而衔铁与针阀一体,因此针阀克服弹簧张力而打开,燃油即开始喷射。当 ECU 将电路切断时,吸力消失,弹簧使针阀关闭,喷射停止。喷油量的多少取决于针阀行程、喷口截面积、喷射环境压力与燃油压力的压差及喷油时间。当各因素确定时,喷油量取决于针阀的开启时间,即电磁线圈的通电时间,亦即喷油量由 ECU 控制。

喷油器的驱动方式分为电流驱动与电压驱动两种方式。电流驱动只适用于低阻喷油器,电压驱动既可用于低阻喷油器,又可用于高阻喷油器,如图 3-34 所示。电流驱动方式只适用于低阻喷油器。电压驱动方式的特点是喷油滞后时间较长。

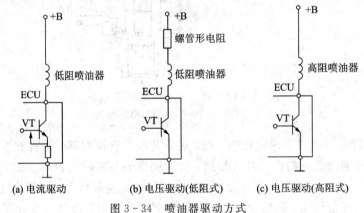

图 3-34　喷油器驱动方式

【任务实施】

下面以丰田卡罗拉 1ZR-FE 发动机为例来讲解燃油系统检修相关内容。

1. 卡罗拉 1ZR-FE 发动机燃油系统整体认识

卡罗拉 1ZR-FE 发动机燃油系统的零部件位置如图 3-35 所示。卡罗拉 1ZR-FE 发动机燃油系统采用无回油油路的燃油系统,燃油箱内集成了燃油压力调节器、燃油滤清器、燃油泵、燃油表传感器、活性碳罐,这样可以避免燃油回流导致的燃油温度上升,如图 3-36 所示。下面主要介绍燃油泵总成和喷油器。

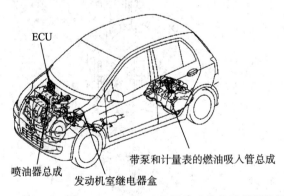

图 3-35　卡罗拉 1ZR-FE 发动机燃油系统的零部件位置

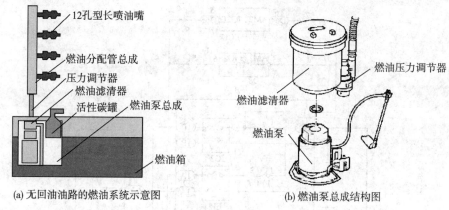

(a) 无回油油路的燃油系统示意图　　　　(b) 燃油泵总成结构图

图 3-36　卡罗拉 1ZR-FE 发动机无回油油路的燃油系统

（1）燃油泵总成。

燃油泵总成集成了燃油压力调节器、燃油滤清器、燃油泵、燃油表传感器，这样可避免燃油回油导致的燃油箱内燃油温度上升，减少油路中"气阻"现象，还减少了外露燃油管路和油管接头漏油故障。燃油表传感器总成如图 3-37 所示，燃油泵总成端子如图 3-38 所示。

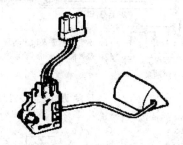

图 3-37　卡罗拉 1ZR-FE 发动机燃油表传感器总成

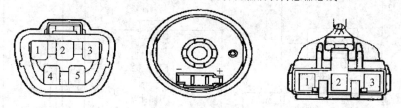

图 3-38　卡罗拉 1ZR-FE 发动机燃油泵总成端子

（a）燃油泵总成线束端子；（b）燃油泵端子；（c）燃油表传感器线束端子

燃油泵控制线路如图 3-39 所示。该控制线路保证了燃油泵只在发动机运转时泵油；发动机不运转时，即使点火开关开启，燃油泵也不泵油。另外，当发动机 ECU 从安全气囊中央传感器总成检测到气囊展开信号时，发动机 ECU 便会断开电路开路继电器，使燃油泵停止工作。当燃油断开控制开始时，也可通过关闭点火开关而取消，使燃油泵重新开始运转。

（2）喷油器。

卡罗拉 1ZR-FE 发动机采用长嘴形、12 孔喷油器，这有利于提高汽油的雾化。喷油器安装在进气歧管上。喷油器为电磁式，它根据 ECM 发出的喷油脉冲信号，将燃油喷入气缸，其线路图如图 3-40 所示。

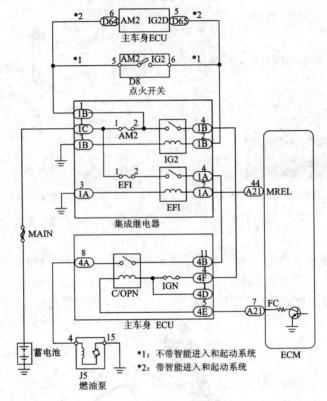

图 3 - 39　卡罗拉 1ZR - FE 发动机燃油泵控制线路图

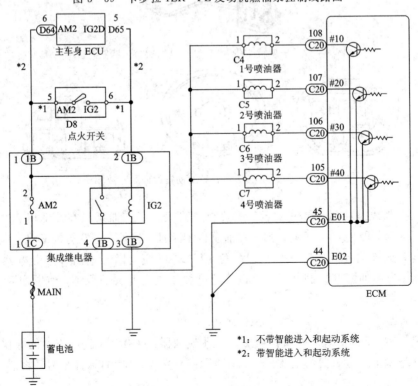

图 3 - 40　卡罗拉 1ZR - FE 发动机喷油器线路图

2. 卡罗拉 1ZR‑FE 发动机燃油系统的检修

1）燃油系统油压的检测

（1）检查燃油泵的工作情况及燃油泄漏。

① 检查燃油泵的工作情况。

a. 将 IT‑Ⅱ 连接到 DLC3 上。

b. 将点火开关转到 ON，然后打开 IT‑Ⅱ 主开关。注意：不要起动发动机。

c. 进入下列菜单：Powertrain / Engine / Active Test / Control the Fuel Pump / Speed。

d. 检查燃油进油管内来自燃油管路的压力；检查并确认能听到燃油箱中燃油流动的声音，如果听不到声音，检查集成继电路、燃油泵、ECM 和导线连接器。

② 检查是否存在燃油泄漏；检查并确认燃油系统进行保养后各处均无燃油泄漏，如果有燃油泄漏，根据需要修理或更换零部件。

③ 将点火开关转到 OFF。

④ 从 DLC3 上断开 IT‑Ⅱ。

（2）检查燃油压力。

① 释放燃油系统压力。

a. 从燃油泵总成上断开线束插接器。

b. 起动发动机。发动机自然停机后将点火开关转到 OFF 位置。提示：DTC P0171 可能会被设定。

c. 再次使发动机转动，但不要将其起动。

d. 拆下燃油箱盖，释放燃油箱内的压力。

e. 从蓄电池负极端子上断开电缆。

f. 将连接器连接到燃油泵总成上。注意事项：拆下任何燃油系统部件前，注意防止汽油飞溅；由于燃油管路内存留有剩余压力，即使已经注意防止汽油飞溅，在断开燃油管路时，还是要用一块布来防止汽油飞溅。

② 安装燃油压力表。

a. 从蓄电池负极（一）端子上断开电缆。注意：蓄电池电压符合规定条件 11～14 V。

b. 从主燃油管上断开燃油软管，如图 3‑41 所示。

c. 安装燃油压力表，并擦净汽油。

d. 将电缆连接到蓄电池负极（一）端子上。

③ 用 IT‑Ⅱ 主动测量燃油压力。

a. 将 IT‑Ⅱ 连接到 DLC3 上。

b. 进入下列菜单：Powertrain / Engine / Active Test / Control the Fuel Pump / Speed。

c. 测量燃油压力。燃油压力规定值：304～343 kPa (3.1～3.5 kgf/cm², 44.1～49.7 psi)。如果燃油压力

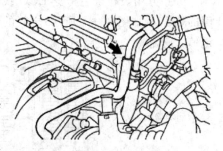

图 3‑41 断开燃油软管

大于标准值，则更换燃油压力调节器。如果燃油压力小于标准值，则检查燃油软管和连接器、燃油泵、燃油滤清器和燃油压力调节器。

d.断开 IT-Ⅱ。

④ 检查发动机怠速运转时的燃油压力。

a.起动发动机。

b.测量怠速时的燃油压力。燃油压力规定值：304～343 kPa（3.1～3.5 kgf/cm²，44.1～49.7 psi）。

⑤ 检查发动机停机时燃油系统内的残余压力。

a.使发动机停机。

b.检查并确认发动机停机后，燃油压力可以保持为规定值达 5 min。燃油压力规定值：147 kPa（1.5 kgf/cm²，21 psi）或更高。如果燃油压力不符合规定，则检查燃油泵或喷油器。

⑥ 拆卸燃油压力表。

a.检查燃油压力后，从蓄电池负极（一）端子上断开电缆，并小心拆下燃油压力表，以防止汽油溅出。

b.将燃油管重新连接到主燃油管上（燃油管连接器）。

c.检查是否存在燃油泄漏。

2）燃油泵总成的检修

（1）检查燃油泵。

① 检查燃油泵电阻。

a.断开燃油泵总成插接器。

b.在 20℃的条件下，用万用表检查燃油泵总成的端子 4 和 5 之间的电阻，标准电阻：0.2～3.0 Ω。

② 检查燃油泵的工作情况。将蓄电池正极（＋）引线连接到燃油泵总成的端子 1，负极（一）引线连接到燃油泵总成端子 2，检查并确认燃油泵工作。

注意：① 这些连接蓄电池的测试必须在 10 s 内完成，以防止线圈烧坏；② 使燃油泵尽可能远离蓄电池；③ 在蓄电池侧接通和切断电压，而不能在燃油泵侧。

（2）检查主车身 ECU 和燃油泵之间的线束和连接器。

① 检查线束短路。

a.断开主车身 ECU 和燃油泵总成连接器。

b.用万用表检查主车身 ECU 线束侧的端子 2A-8（如图 3-42 所示）与燃油泵 J5 线束侧的端子 4（如图 3-43 所示）之间的电阻。电阻规定值：低于 1 Ω。若测量电阻值不符合规定值，则说明线束短路。

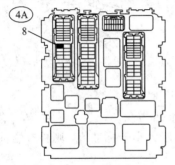

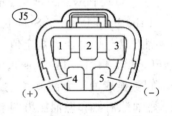

图 3-42　主车身 ECU 线束侧的端子　　　　图 3-43　燃油泵线束侧端子

② 检查线束断路。

a. 断开主车身 ECU 和燃油泵总成连接器。

b. 用万用表检查主车身 ECU 线束侧的端子 2A-8 与燃油泵 J5 线束侧的端子 4 之间的电阻。电阻规定值：10 kΩ 或更高。

（3）检查燃油泵和车身接地之间的线束和连接器。

① 断开燃油泵连接器。

② 检查油泵 J5 端子 5 与车身搭铁之间的电阻。电阻规定值：低于 1 Ω。

（4）检查燃油表传感器的电阻（如图 3-44 所示）。

① 检查并确认浮子在 F（上端）和 E（下端）之间的平稳移动，如图 3-44 所示。

② 用万用表检查燃油泵总成端子 2 和 3 之间的电阻。标准电阻：F（上端）为 13.5～16.5 Ω；E（下端）为 405.5～414.5 Ω。若测量电阻值不符合规定，应更换燃油表传感器总成。

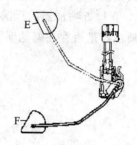

图 3-44　检查燃油表传感器

3）喷油器的检修

（1）检查喷油器的电源电压。

① 断开喷油器连接器。

② 将点火开关转到"ON"位置。

③ 用万用表电压挡测量喷油器线束侧端子 1 与车身搭铁端之间的电压，如图 3-45 所示。标准电压：11～14 V。

④ 如测量结果不符合规定条件，则检查喷油器的电源电路是否有断路或短路。

（2）检查喷油器总成。

① 检查喷油器电磁线圈的电阻。

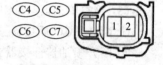

图 3-45　喷油器的线束端子

a. 断开喷油器插接器。

b. 在 20℃ 条件下，用万用表测量喷油器侧端子 1 和 2 之间的电阻，如图 3-46 所示。标准电阻：11.6～12.4 Ω。

c. 若测量结果不符合规定，则更换喷油器。

② 检查喷油器工作情况（喷油器喷射情况和喷油量）。

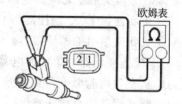

图 3-46　检查喷油器电磁线圈的电阻

注意事项：在通风良好的地方进行检查；不要在明火附近进行检查；必须在蓄电池侧进行切换。

a. 将 SST（燃油管连接器）连接到 SST（软管），然后将其连接到燃油管（车辆侧），如图 3-47 所示。

b. 将 O 形圈安装到喷油器上。

c. 将 SST（接头和软管）连接到喷油器上，并用 SST（夹箍）夹住喷油器和接头，如图 3-48 所示。

d. 将喷油器放置在量筒内。注意事项：在喷油器总成上安装合适的乙烯管以防止汽油飞溅。

　　e. 操作燃油泵。

　　f. 将 SST（导线）连接到喷油器和蓄电池上，并持续 15 s，然后用量筒测量喷射量，如图 3-49 所示。

　　g. 每个喷油器检测 2 或 3 次。喷射量规定值：每 15 s 喷射量 60～73 cm^3。各喷油器之间的差值：13 cm^3 或更少。若喷射量不符合规定，则更换喷油器。

　　③ 检查喷油器的泄漏。在上述条件下，从蓄电池上断开 SST（导线）的测试探头，并检查喷油器是否存在燃油泄漏。燃油滴漏规定值：每 12 min 滴漏 1 滴或更少。

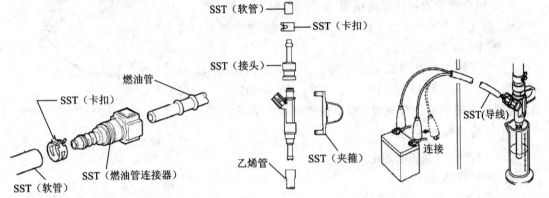

图 3-47　连接燃油管连接器　　　　图 3-48　连接喷油器　　图 3-49　将喷油器连接到蓄电池上

　　（3）检查喷油器与 ECU 之间的线束和插接器。

　　① 断开 ECU 插接器。

　　② 断开喷油器插接器。

　　③ 用万用表测量喷油器线束侧端子 2（见图 3-45）与 ECU 线束侧端子（C20-108，如图 3-50 所示）之间的电阻，电阻值应低于 1Ω。

　　④ 用万用表测量喷油器线束侧端子 2（见图 3-45）或 ECU 线束侧端子（C20-108，见图 3-50）与车身搭铁之间的电阻，电阻值应为 10 kΩ 或更高。

　　⑤ 重新连接 ECU 插接器。

　　⑥ 重新连接喷油器插接器。

　　（4）检查喷油器与集成继电器之间的线束和插接器。

　　① 从发动机舱继电器盒上拆下集成继电器。

　　② 断开喷油器总成插接器。

　　③ 用万用表测量喷油器线束侧端子 1（见图 3-45）与集成继电器端子（1C-1，如图 3-51 所示）之间的电阻，电阻值应低于 1 Ω。

　　④ 用万用表测量喷油器线束侧端子 2（见图 3-45）或 ECU 线束侧端子（1C-1，见图 3-51）与车身搭铁之间的电阻，电阻值应为 10 kΩ 或更高。

　　⑤ 重新连接集成继电器插接器。

　　⑥ 重新连接喷油器总成插接器。

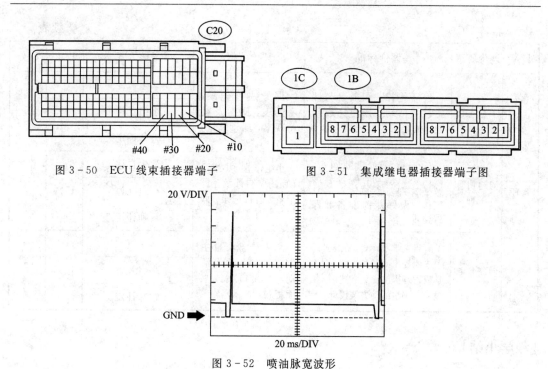

图 3 - 50　ECU 线束插接器端子　　　　　图 3 - 51　集成继电器插接器端子图

图 3 - 52　喷油脉宽波形

（5）检查喷油脉宽波形。

① 点火开关转到 OFF。

② 用示波器连接喷油器的端子 2 与车身搭铁。

③ 发动机怠速运转，观察示波器波形。波长随发动机转速的增加而变短。规定波形如图 3 - 52 所示。

【考核评价】

考核评价表

目标	评价要素	评价标准	评价依据	考核方式		权重	评分
知识	基本知识	知识的要求	个人作业 课堂笔记 课堂练习 小组作业 期末考试	学生自评		10%	
				教师评定		10%	
				学生互评		10%	
能力	基本技能	正确描述电控发动机燃油系统的组成与工作原理；能够描述电控发动机燃油系统主要构件的结构原理；能够对电控发动机燃油系统进行检修	实践练习 小组作业 学生作业单	教师评定	动手能力	15%	
					作业单的填写	15%	

目标	评价要素	评价标准	评价依据	考核方式	权重	评分
素质	学习态度	遵守纪律，积极参与课堂教学活动，按时完成作业，按要求完成准备	课堂表现记录，考勤表，同学及教师观察，课堂笔记	学生自评 小组互评 教师评定	10%	
	沟通协作管理	乐于请教和帮助同学，协调小组活动，配合教师教学管理，做好教室值日工作，做好课前准备和课后整理	小组作业，小组活动记录，自评及互评记录，值日记录，同学及教师观察	学生自评 小组互评 教师评定	15%	
	创新精神	有自主学习计划，在作业练习中能提出问题和见解，对教学或管理提出意见和建议，积极参与小组活动方案设计	个人作业，自主学习计划，学习活动，个人口头或书面提议	学生自评 小组互评 教师评定	15%	

【教学小结】

难点：

(1) 电控发动机燃油系统的工作原理；

(2) 电控发动机燃油系统的检修。

重点：电控发动机燃油系统的检修。

教学改进及建议：(由任课老师撰写)

任务三　电控系统检修

【学习目标】

教学能力目标	专业能力目标	专业知识目标	专业素质目标
(1) 能够借助教学课件等资料清楚描述电控系统基本组成及作用、主要组成构件的结构原理、常见故障的检修方法； (2) 能够结合车辆或发动机台架，指导学生进行电控系统故障的检修	(1) 能够描述电控系统的基本组成与性能特点； (2) 能够描述电控系统主要组成构件的结构原理； (3) 能够对电控系统进行检修	(1) 掌握电控系统基本组成的相关知识； (2) 掌握电控系统主要部件结构原理的相关知识； (3) 掌握电控系统检修的相关知识	(1) 具有良好的工作责任心和职业道德； (2) 具有安全操作意识和良好的环境保护意识； (3) 培养学生的团队协作精神

【任务导入】

一辆一汽丰田卡罗拉(COROLLA)1.6L GL AT 轿车，行驶里程为 4 万公里。起动时无法起动，发动机能正常运转但不能着车，发动机无初始燃烧，故障指示灯(MIL)常亮。

【任务分析】

连接检测仪读取故障码，由故障码分析该故障产生原因如下：① 曲轴位置传感器电路断路或短路；② 曲轴位置传感器；③ 曲轴位置传感器信号盘；④ ECM。要维修该故障，维修技师需对电控系统进行检修。

【建议学时】

12 学时。

【教学设计】

步骤	学习内容	教学方法	教学手段	学生活动	时间分配
告知	本项目的知识目标和能力目标	讲授法	多媒体	听讲	20 min
导入	电控系统的功能、组成及类型，进气系统主要部件的结构原理	小组讨论法 启发法 讲授法	分组讨论 多媒体	学生相互交流 代表发言 互相点评	140 min
操练	电控系统性能检测与故障诊断	讲授法 提问法 演示法 实训法	实车	听讲 观察 回答问题 动手操作	220 min
深化	创建电控发动机电控系统的工作过程简图	讲授法 提问法	多媒体 卡片	听讲 回答问题 画图	60 min
归纳	学生以组为单位讲述自己的认知结果，分析该项目的知识点和技能点，并由教师给出评价	小组讨论法 启发法	分组讨论	学生相互交流 代表发言 互相点评	80 min
总结	教师解答问题并作总结	讲授法	多媒体	听讲	20 min
作业	教师布置：完成工作页	练习法	工作页	完成工作页	课后完成

【学习资讯】

1. 概述

典型发动机电控系统的组成如图 3-55 所示，其中 ECU 是发动机控制系统的核心部件。在 ECU 的存储器中存放了发动机各种工况的最佳喷油持续时间，在接受了各种传感器传来的信号后,经过计算确定满足发动机运转状态的燃油喷射要求。

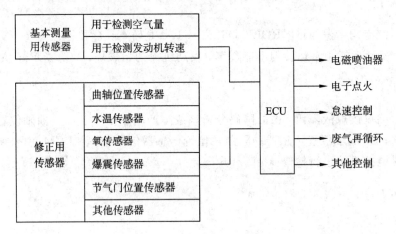

图 3-55　电控系统的组成

电控系统的控制功能主要有喷油量的控制、喷油正时的控制、燃油停供的控制和电动汽油泵的控制等。

喷油量的控制使发动机在各种工况下都处于良好的工作状态,精确地计算出基本喷油持续时间和各种参数的修正量。电子控制单元根据空气流量传感器或进气压力传感器、发动机转速传感器、进气温度传感器、冷却液温度传感器等提供的信号而计算出喷油器喷油持续时间长短,发动机各种工况的最佳喷油持续时间存放在电子控制单元的存储器中。喷油正时的控制是指电子控制单元根据发动机各缸的点火顺序和随发动机工况的不同而将喷油正时控制在最佳时刻。燃油停供控制包括减速断油控制、限速断油控制、溢油消除控制。燃油泵的控制有开关控制和泵油量控制。开关控制有两种形式:一种是当点火开关打开后电子控制单元指令汽油泵运转 2~3 s,以产生必需的油压,若发动机未起动,则电子控制单元将油泵控制电路断开,使油泵停止工作,在发动机起动和运转过程中,电子控制单元控制汽油泵正常工作;另一种形式是只有在发动机运转时,油泵才工作。油泵泵油量的控制保证发动机在起动、高转速、大负荷工况时,油泵提高转速以增加泵油量;当发动机在低转速、中小负荷工作时,油泵低速运转,以减少电能消耗和油泵的磨损。

2. 电控系统主要部件的结构原理

电控汽油喷射系统用传感器主要有空气流量传感器、进气压力传感器、节气门位置传感器、曲轴位置传感器、凸轮轴位置传感器、进气温度传感器、冷却液温度传感器和氧传感器等。

1) 空气流量传感器

空气流量传感器(MAF、AFS)又叫空气流量计。它将吸入的空气量转换成电信号送至ECU,作为决定喷油量的基本信号之一,主要用于 L 型 EFI 系统。根据测量原理不同,空气流量传感器有叶片式、卡门旋涡式、热线式及热膜式几种类型,目前热线式和热膜式这两种空气流量传感器应用得最为广泛。

(1) 热线式空气流量传感器的结构和工作原理如图 3-56 所示。

如图 3-56(a)所示,在空气通路中放置一根直径很小的铂丝,工作时经通电后发热。传感器的前后端均装有金属防护网,前面的用于进气整流,后面的用于防止发动机回火时把铂丝烧坏。防护网用卡箍固定在壳体上。如图 3-56(b)所示,当发动机起动后,空气流经铂丝周围时带走其热量,使其温度下降,热线电阻变化导致电桥失去平衡,此时与铂丝相连的桥式电路将改变电流,以保持铂丝温度恒定。即当空气流量变化时,流过铂丝的电流也随之发生变化。将这种变化的信号输入 ECU,即可测得空气的质量流量。

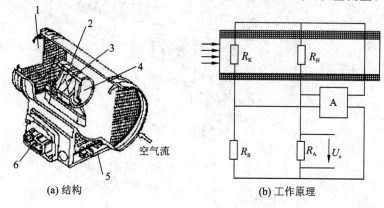

(a) 结构　　　　　　　(b) 工作原理

图 3-56　热线式空气流量传感器的结构和工作原理

1—防护网；2—取样管；3—白金热线；4—温度补偿电阻；5—控制电路板；6—电接头

热线式空气流量传感器在使用一段时间后,由于铂丝表面受空气尘埃玷污,造成热辐射能力降低而影响传感器的测量精度,因此控制电路中设计有"自洁电路"来实现自洁功能。每当 ECU 接受到发动机熄火的信号时,ECU 将控制自洁电路接通,将铂丝加热到 1000℃左右,并持续 1 s 时间,使粘附在铂丝上的尘埃烧掉。另一种防止铂丝脏污的方法是提高其表面温度,一般将表面温度设定在 200℃以上,以便烧掉脏污物。如图 3-57 所示,在发动机怠速稳定后,检查空气流量传感器输出电压信号波形。通过与维修资料中输出电压信号的正确参考值进行比较,可以检测其性能好坏。

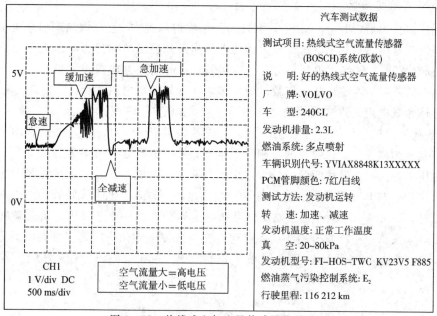

图 3-57　热线式空气流量传感器信号波形

（2）热膜式空气流量传感器的结构如图 3 - 58 所示。

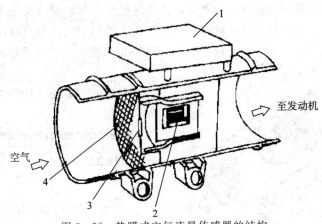

图 3 - 58　热膜式空气流量传感器的结构

1—电路；2—热膜；3—进气温度传感器；4—金属网

　　热膜式空气流量传感器的结构和工作原理与热线式空气流量传感器基本相同，只是把发热体由热线改为热膜。热膜把发热金属铂固定在树脂薄膜上，可使发热体不直接承受空气流动所产生的作用力，增加了发热体强度，提高了空气流量传感器的可靠性，该传感器产生的信号多为模拟信号。

　　热线式和热膜式空气流量传感器的响应速度很快，其测量精度不会受到进气脉动的影响（气流脉动在发动机大负荷、低转速时最为明显），测量精度高。因其测量的是质量流量，避免了海拔不同引起的误差。此外，它们还具有进气阻力小、无磨损部件、使用寿命长等优点。当空气流量传感器出现故障时，发动机起动困难，怠速不稳，容易熄火，加速性能差，但有备用系统时，故障征兆有所缓减。

　　2）进气压力传感器

　　进气压力传感器（MAP、APS）用于 D 型汽油喷射系统中。它在汽油喷射系统中所起的作用和空气流量传感器相似。进气压力传感器根据发动机的负荷状态测出进气歧管内的绝对压力（真空度），并转换成电压信号，与转速信号一起输送到电控单元（ECU），作为确定基本喷油量的依据。该传感器应用较广泛的多为半导体压敏电阻式、真空膜盒式两种。

　　半导体压敏电阻式进气歧管绝对压力传感器，如图 3 - 59 所示，由压力转换元件（硅膜片）和把转换元件输出信号进行放大的混合集成电路组成。压力转换元件是利用半导体的压阻效应制成的硅膜片。硅膜片的一侧是真空室，另一侧导入进气歧管压力，所以进气歧管内绝对压力越高，硅膜片的变形越大，其变形量与压力成正比。附着在薄膜上的应变电阻的阻值则产生与其变形量成正比的变化。利用这种原理，可把进气歧管内压力的变化变换成电信号。如图 3 - 60 所示，在发动机怠速稳定运转后，检查进气压力传感器输出电压信号波形。从汽车专用维修资料中，可查到各种车型传感器在不同真空度时所对应的输出电压值，将这些参数与示波器显示的波形进行比较，可以检查进气压力传感器的性能好坏。

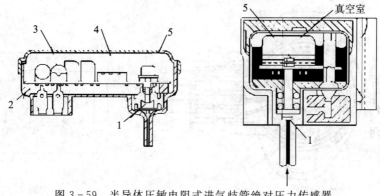

图 3-59　半导体压敏电阻式进气歧管绝对压力传感器

1—滤清器；2—塑料外壳；3—MFI 过滤器；4—混合集成电路；5—压力转换元件

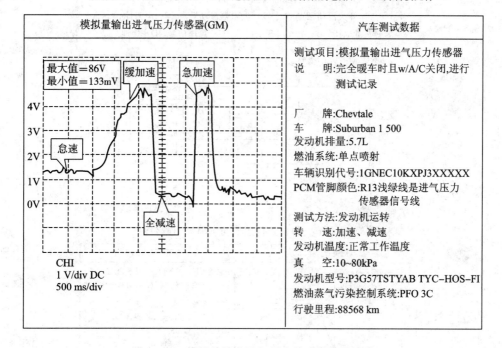

图 3-60　模拟量输出进气压力传感器信号波形

3）节气门位置传感器

　　节气门位置传感器(TPS)安装在节气门体上，用以检测节气门的开度，它通过杠杆机构与节气门联动，反映发动机节气门的开度及怠速、加速、减速和全负荷等不同工况。节气门位置传感器的结构如图 3-61 所示，它有两个与节气门轴同轴的触点，一个触点可在可变电阻器上滑动，将节气门开度值转化为电压值；另一个专门用于确定节气门完全关闭时的位置，提供准确的怠速信号。设置怠速触点，不但可以精确地确定怠速工况，而且可以用怠速时的电压值对反映节气门开度的电压值进行修正，以提高控制精度。其与 ECU 的连接线路如图 3-62 所示。如图 3-63 所示，接通点火开关，发动机不起动，慢慢地让油门从怠速位置到全开，并重新回至油门全闭，检查节气门位置传感器输出信号电压波形。

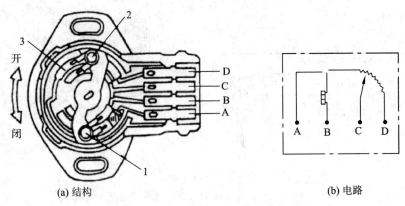

(a) 结构　　　　　　　　　　　　　　　　(b) 电路

图 3-61　综合型节气门位置传感器

1—急速开关滑动触点；2—线性电阻器滑动触点；3—电阻体；

A—基准电压；B—节气门开度信号；C—急速信号；D—接地

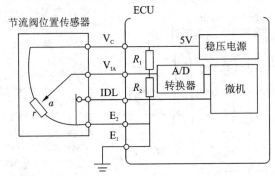

图 3-62　节气门位置传感器与 ECU 的连接线路

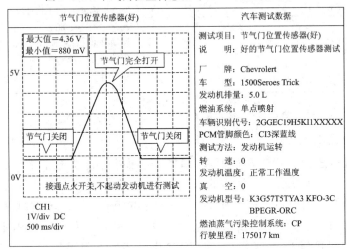

节气门位置传感器(好)	汽车测试数据
最大值=4.36 V 最小值=880 mV 5V 节气门完全打开 节气门关闭　　节气门关闭 0V 接通点火开关，不起动发动机进行测试 CH1 1V/div DC 500 ms/div	测试项目：节气门位置传感器(好) 说　明：好的节气门位置传感器测试 厂　牌：Chevrolert 车　型：1500Seroes Trick 发动机排量：5.0 L 燃油系统：单点喷射 车辆识别代号：2GGEC19H5KI1XXXXX PCM管脚颜色：CI3深蓝线 测试方法：发动机运转 转　速：0 发动机温度：正常工作温度 真　空：0 发动机型号：K3G57T5TYA3 KFO-3C 　　　　　　BPEGR-ORC 燃油蒸气污染控制系统：CP 行驶里程：175017 km

图 3-63　模拟式节气门位置传感器信号波形

　　4）曲轴位置传感器与凸轮轴位置传感器

　　曲轴位置传感器(CKP,CPS)又称为发动机转速与曲轴转角传感器，安装在曲轴的前部、中部或飞轮上，其作用是采集曲轴转动角度信号、曲轴位置信号和发动机转速信号，并输入控制单元，以便确定点火时刻和喷油时刻。凸轮轴位置传感器(CMP)又称为判缸传感器(CIS),安装在凸轮轴的前部、后部,其作用是采集进气凸轮轴的位置信号,并输入控制单元 ECU,以便控制单元 ECU 识别 1 缸压缩上止点,从而进行顺序喷油控制、点火时刻控制和爆震选择控制。此外,凸轮轴位置信号还用于发动机起动时识别出第一次点火时刻。凸轮轴与曲轴位置传感器的结构原理完全相同,检测方式也相同。由于它们的作用不尽相同,一般来说,有了曲轴位置传感器还应装有凸轮轴位置传感器;相反,有了凸轮轴位置传感器可以不装曲轴位置传感器。常用的曲轴与凸轮轴位置传感器有霍尔式、磁感应式和光电式三种。

(1) 磁感应式曲轴位置传感器。

捷达 GT、GTX,桑塔纳 2000GSi 型轿车的磁感应式曲轴位置传感器安装在曲轴箱内靠近离合器一侧的缸体上,结构及安装部位如图 3-63 所示,主要由磁感应式传感器和信号转子组成。

磁感应式传感器用螺钉固定在发动机缸体上,由永久磁铁、传感线圈和线束插头组成。如图 3-64 所示,永久磁铁上带有一个传感器磁头 3,传感器磁头正对安装在曲轴上的齿盘式信号转子 4,传感器磁头与磁轭(导磁板)连接而构成导磁回路。在齿盘式信号转子的圆周上间隔均匀地制有 58 个凸齿、57 个小齿缺和一个大齿缺输出基准信号,对应于 1 缸或 4 缸上止点前一定角度。每个凸齿和小齿缺所占的曲轴转角均为 3°,大齿缺所占的曲轴转角为 15°。曲轴位置传感器 G28 与控制单元 J220 的连接关系如图 3-65 所示。端子 1 为转速与转角信号正极,与控制单元 56 端子连接;端子 2 为转速与转角信号负极,与控制单元 63 端子连接;端子 3 为屏蔽线端子,与控制单元 67 端子连接。信号转子每转一圈,传感线圈产生 58 个交变电压信号,如图 3-66 所示,并输入给电子控制单元(ECU)。

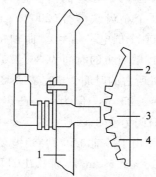

图 3-64　曲轴位置传感器 CPS 的结构

1—缸体;2—齿缺(基准标记);3—传感器磁头;4—信号转子

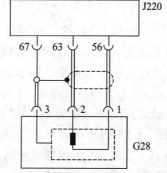

图 3-65　曲轴位置传感器 CPS 的连接

1、2、3—端子;J220—控制单元;G28—曲轴位置传感器

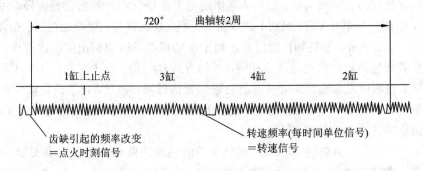

图 3-66　曲轴位置传感器输出信号

磁感应式传感器的突出优点是不需要外加电源。ECU 每接收到曲轴位置传感器 58 个信号，就可知道发动机曲轴旋转了一转。ECU 根据每分钟接收输出电压脉冲信号的数量，便能迅速计算出发动机曲轴旋转的转速。因为曲轴位置传感器输出信号转子上的大齿缺对应的信号为基准信号，所以 ECU 控制喷油时间和点火时间是以大齿缺对应的信号为基准的。信号转子上每个凸齿和每个小齿缺所占的曲轴转角均为 3°，大齿缺所占的曲轴转角为 15°，所以 ECU 接收到大齿缺对应的信号后，其内部分频电路将凸齿信号和小齿缺信号进行分频处理，便可得到曲轴转角信号。

在电控系统中，ECU 控制喷油时间、点火线圈初级绕组导通角等参数都是通过控制时间来进行的，因此需要知道曲轴转角与时间的对应关系。例如，当发动机工作在 2000 r/min 转速时，曲轴位置传感器输入 ECU 的信号为 116 000 个凸齿信号（2000×58＝116 000 个高电平信号）、114 000 个小齿缺信号（2000×57＝114 000 个低电平信号）和 2000 个大齿缺信号（2000×1＝2000 个低电平信号），曲轴每转一圈所占的时间为 60 000/2000＝30 ms，58 个凸齿和 57 个齿缺所占的时间为 30/120×(58＋57)＝ 28.75 ms，一个大齿缺相当于 5 个凸齿或小齿缺，所占的时间为 30/120×5＝1.25 ms，每个凸齿信号或小齿缺信号所占时间为 28.75/115＝0.25 ms，因为一个凸齿或一个小齿缺信号所占曲轴转角为 3°，所以每 1°曲轴转角所占时间为 0.25×1°/ 3°　≈ 0.083 ms。设大齿缺信号后第一个凸齿信号对应于上止点前 60°（相当于提前 0.083×60≈5.0 ms），1 缸点火提前角为上止点前 20°（相当于提前 0.083 × 20 ≈ 1.67 ms），那么 ECU 接收到 1 缸上止点前的基准信号（大齿缺信号）后 3.33 ms（5.0－1.67＝3.33 ms）时刻，向点火控制器发出指令，切断初级绕组电流，使次级绕组产生高压电，点燃可燃混合气，从而实现提前 20°点火。

（2）霍尔式曲轴位置传感器。

切诺基吉普车 2.5L（四缸）、4.0L（六缸）电控燃油喷射式发动机采用了差动霍尔式曲轴位置传感器，其安装在变速器壳体上。该传感器向计算机提供的发动机转速与曲轴位置（转角）信号，作为计算喷油时间和点火时刻的重要依据之一。2.5L 四缸电控发动机的飞轮上制有 8 个凹槽，如图 3-67 所示。8 个凹槽分成两组，每 4 个槽为一组，两组之间相隔角度为 180°，同一组中相邻两个凹槽之间间隔角度为 20°，如图 3-67(a)所示。4.0L 六缸电控发动机的飞轮上制有 12 个凹槽，如图 3-67(b)所示。12 个凹槽分成三组，每 4 个槽为一组，相邻两组之间间隔角度为 120°，同一组中相邻两个凹槽之间间隔角度也为 20°。发动机飞轮相当于传感器的信号转子。根据差动霍尔式传感器的工作原理可知，当发动机飞轮上的凹槽转过霍尔传感器头部时，凹槽与磁头之间的气隙就会发生变化，在传感器的信号电路中就会产生霍尔电压。传感器输出的信号电压高电平为 5 V，低电平为 0.3 V。曲轴位置传感器输出电压信号与正时关系如图 3-68 所示。

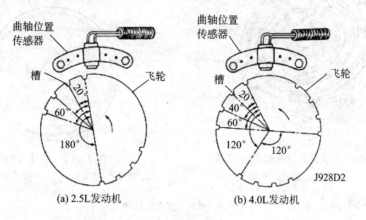

(a) 2.5L发动机　　　　(b) 4.0L发动机

图 3-67　切诺基吉普车曲轴位置传感器的结构图

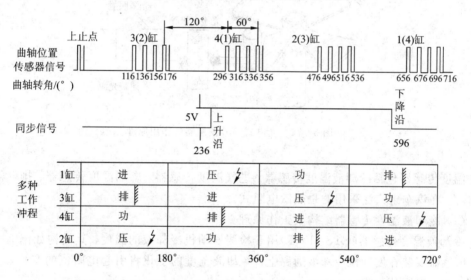

图 3-68　切诺基吉普车曲轴位置输出电压信号与正时关系

（3）光电式凸轮轴位置传感器。

日产公司光电式凸轮轴位置传感器设置在分电器内，它由信号发生器和带缝隙光孔的信号盘组成，如图 3-69 所示。信号盘安装在分电器轴上，如图 3-70 所示。图 3-71 所示为光电式信号发生器的作用原理。当发光二极管的光束照射到光敏二极管上时，光敏二极管感光而导通；当发光二极管的光束被遮挡时，光敏二极管截止。信号发生器输出的脉冲电压信号经过电子电路放大整形后，即向电控单元输送曲轴转角1°信号和120°信号。因信号发生器安装位置的关系，120°信号在活塞上止点前70°输出。发动机曲轴每转2圈，分电器轴转1圈，则1°信号发生器输出360个脉冲，每个脉冲周期高电位对应1°，低电压亦对应1°，共表征曲轴转角720°。与此同时，120°信号发生器共产生6个脉冲信号。

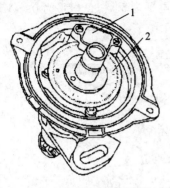

图 3-69　光电式凸轮轴位置传感器

1—曲轴转角传感器；2—信号盘

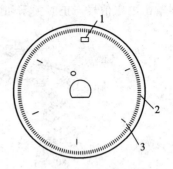

图 3-70　信号盘的结构

1—120°信号孔(第 1 缸)；2—1°信号缝隙；3—120°信号孔

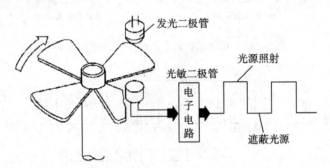

图 3-71　光电式信号发生器的作用原理

5）温度传感器

温度传感器包括冷却液温度传感器、进气温度传感器、燃油温度传感器、排气温度传感器等。在汽车上广泛采用的是热敏电阻式。

（1）冷却液温度传感器结构及工作原理。

冷却液温度传感器(CTS、ECT)用于检测发动机冷却液的温度，其结构如图 3-72 所示。传感器安装在发动机冷却液通路上，冷却液温度的变化将引起电阻值的变化，冷却液温度升高，电阻值下降。

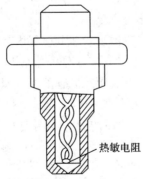

图 3-72　热敏电阻式冷却液温度传感器的结构

（2）进气温度传感器结构及工作原理。

进气温度传感器(ATS、IAT)结构与工作原理与水温传感器相同。进气温度传感器的作用就是检测进气温度，并将检测结果送给 ECU，以便根据温度变化进行喷油量修正，获得最佳空燃比。D 型 EFI 系统中进气温度传感器安装在空气滤清器壳体内或进气总管内，L 型 EFI 系统中的进气温度传感器装在空气流量传感器内或者进气总管内。冷却液温度传感器、进气温度传感器与 ECU 的连接线路如图 3 - 73、图 3 - 74 所示。

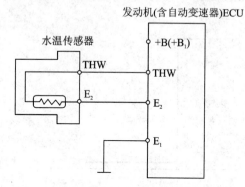

图 3 - 73　冷却液温度传感器与 ECU 连接电路图

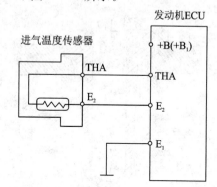

图 3 - 74　进气温度传感器与 ECU 连接电路图

6) 氧传感器

氧传感器是排气氧传感器 (EGO) 的简称，其作用是通过检测排气中的氧离子含量来获得混合气空燃比信号，并将该信号转变为电信号输入 ECU。ECU 根据氧传感器信号，对喷油时间进行修正，实现空燃比反馈控制（闭环控制）。利用氧传感器对混合气空燃比进行闭环控制后，能将过量空气系数控制在 0.98～1.02 之间的范围内（空燃比 A/F 约为 14.7），使发动机能够得到最佳浓度的混合气，从而降低有害气体的排放量。汽车目前采用的氧传感器根据是否加热又可分为加热型氧传感器与非加热型氧传感器两种。

氧化锆式氧传感器的结构如图 3 - 75 所示，主要由钢质护管、二氧化锆制成的陶瓷管、电极引线等组成。氧化锆 (ZrO_2) 是一种固体电解质，将其制作成试管形的陶瓷管，以便排气中的氧离子能够均匀扩散与渗透。氧化锆陶瓷管称为锆管，锆管内外表面都喷涂有一层铂膜作为电极，并与传感器信号输出引线相连接。锆管内表面通大气，外表面通排气。为了防止发动机排出的废气对铂膜产生腐蚀，在锆管外表面的铂膜上还喷涂有一层氧化锆陶瓷粉末（白色）作为保护膜。

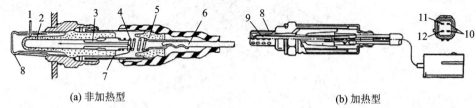

(a) 非加热型　　　　　　　　　　　　　　(b) 加热型

图 3 - 75　氧化锆式氧传感器的结构

1—排气；2—锆管；3—电极；4—弹簧；5—绝缘座；6—电极引线；7—大气；8—钢质护管；9—加热元件；
10—加热元件引线端子；11、12—信号输出引线端子

二氧化锆固体电解质属于多孔性材料，锆管相当于一个微电池，如图 3 - 76 所示，传感器的信号源相当于一个可变电源。当供给发动机的可燃混合气很浓（即空燃比小于 14.7）时，排气中的氧离子含量较少，此外，排气中尚未完全燃烧的碳氢化合物和一氧化碳等成分，在锆管外表面催化剂铂的催化作用下，碳氢化合物和一氧化碳等将与氧离子发生氧化

反应,生成无害的水和二氧化碳,这将使锆管外表面的氧离子浓度进一步降低。由于锆管内表面与大气相通,因此锆管内外表面的氧离子浓度差较大,锆管两个铂膜电极之间的电位差较高,约为 0.9 V,如图 3-77 所示。

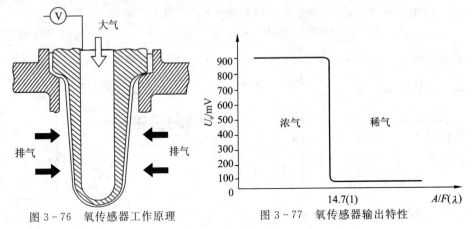

图 3-76 氧传感器工作原理   图 3-77 氧传感器输出特性

【任务实施】

下面以丰田卡罗拉 1ZR-FE 发动机为例来讲解电控系统检修相关内容。

1. 卡罗拉 1ZR-FE 发动机燃油喷射控制系统的整体认识

卡罗拉 1ZR-FE 发动机电子控制系统如图 3-78 所示。ECU 根据各传感器的输入信号,经处理后,发出指令控制各执行机构的动作,实现喷油量、喷油正时等控制。

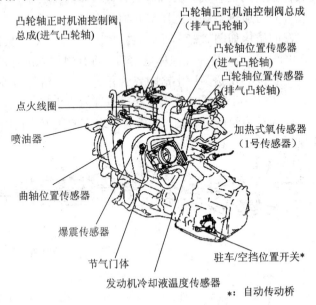

图 3-78 卡罗拉 1ZR-FE 发动机电子控制系统

2. 卡罗拉 1ZR-FE 发动机燃油喷射电控系统的检修

1) 空气流量传感器的检修

空气流量传感器安装在空气滤清器后的进气通道上。空气流量传感器采用热线式,结构如图3-79所示。空气流量传感器线束端子含义如图3-80所示，电路图如图3-81所示。

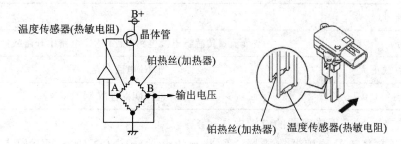

图3-79　空气流量传感器的内部电路和结构

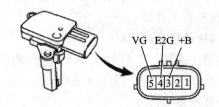

图3-80　空气流量传感器的线束端子

1—进气温度信号线；2—进气温度搭铁线；3—空气流量传感器电源线；4—空气流量传感器搭铁线；
5—空气流量传感器信号线

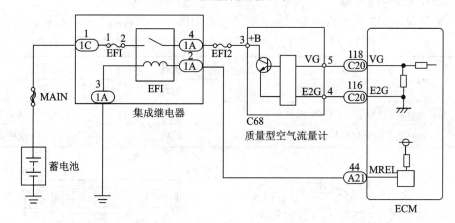

图3-81　空气流量传感器的电路图

空气流量传感器的检修方法如下：

(1) 使用 IT-Ⅱ 读取 DTC。

① 将 IT-Ⅱ 连接到 DLC3 上；② 将点火开关转到 ON 位置；③ 打开 IT-Ⅱ；④ 进入下列菜单：Powertrain/Engine and ECT/DLC；⑤ 读取 DLC。

(2) 使用 IT-Ⅱ 读取空气流量值。

① 将 IT-Ⅱ 连接到 DLC3 上；② 起动发动机；③ 打开 IT-Ⅱ；④ 进入下列菜单：Powertrain/Engine and ECT/Data List/MAF；⑤ 读取数值；⑥ 分析测量结果，结果如表3-10所示。

表 3-10　读取空气流量数据分析

空气流量(g/s)	故　　障
约 0	空气流量传感器电源电路开路、VG 电路中开路或短路
271.0 或更大	E2G 电路开路
1.0~271.0	检查间歇性故障

(3) 检查空气流量传感器的电源电压。

① 断开空气流量传感器连接器；② 将点火开关转到 ON；③ 用万用表检查传感器 C68 线束侧的端子 3(+B)与车身搭铁之间的电压，如图 2-82 所示。标准电压为 11~14 V；④ 重新连接空气流量传感器连接器。

(4) 检查空气流量传感器的信号电压。

① 断开空气流量传感器连接器；② 在端子 3(+B)和端子 4(E2G)之间施加蓄电池电压，③ 用万用表检查传感器的端子 5 与端子 4 之间的电压。标准电压为 0.2~4.9 V；④ 重新连接空气流量传感器连接器。

(5)检查空气流量传感器与 ECM 之间的线束和插接器。

① 断开空气流量传感器连接器。

② 断开 ECM 连接器。

③ 根据表 3-11 中的值测量电阻，端子含义如图 3-82 和图 3-83 所示。

表 3-11　空气流量传感器与 ECM 之间电阻的测量

万用表连接	条件	规定条件
C68-5(VG)-C20-118(VG)	始终	低于 1 Ω
C68-4(E2G)-C20-116(E2G)	始终	低于 1 Ω
C68-5(VG)或 C20-118(VG)-车身接地	始终	10 kΩ 或更高

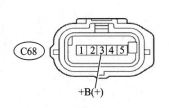
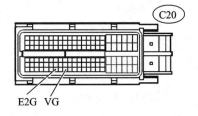

图 3-82　空气流量传感器线束插接器的前视图　图 3-83　ECM 线束连接起前视图

④ 重新连接空气流量传感器连接器。

⑤ 重新连接 ECM 连接器。

⑥ 检查熔丝 EFI2。从发动机室继电器盒上拆下 EFI2 保险丝，如图 3-84 所示；用万用表检查熔丝的电阻，标准电阻：低于 1 Ω；重新安装 EFI2 保险丝；

⑦ 检查空气流量传感器与集成继电器之间的线束和插接器。

断开空气流量传感器连接器；从发动机室继电器盒上拆下集成继电器(EFI 继电器)，如图 3-85 所示；根据表 3-12 中的值测量电阻，端子含义如图 3-82 和图 3-83 所示；重新连接空气流量传感器连接器；重新安装集成继电器。

⑧ 检查空气流量传感器的搭铁情况。断开空气流量传感器连接器；用万用表检查传感器端子 4(E2G) 与车身搭铁之间的电阻，标准电阻：低于 1 Ω；重新连接传感器连接器。

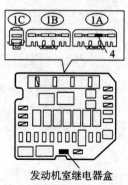

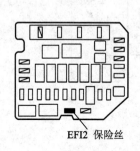

EFI2 保险丝

发动机室继电器盒

图 3 - 84　发动机室继电器盒　　　　图 3 - 85　至集成继电器线束连接起前视图

表 3 - 12　空气流量传感器与集成继电器之间电阻的测量

万用表连接	条件	规定条件
C68 - 3(+B)-1A - 4	始终	低于 1 Ω
C68 - 3(+B) 或 1A - 4-车身接地	始终	10 kΩ 或更高

2) 进气温度传感器的检修

进气温度传感器嵌在空气流量传感器中，与空气流量传感器一同安装在进气通道上。进气温度传感器用来监控进气温度，将进气温度信号变为电压信号提供给 ECM，修正喷油量和点火正时。进气温度传感器有一个内置热敏电阻，其电阻值可随进气温度而改变。进气温度降低时，热敏电阻值升高。温度上升时，电阻值降低，其工作特性如图 3 - 86 所示。

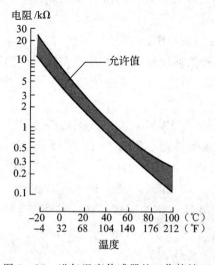

图 3 - 86　进气温度传感器的工作特性

　　进气温度传感器的电路图如图 3-87 所示，ECM 通过内装电阻 R 向传感器提供 5 V 的电压。内装电阻 R 和传感器的热敏电阻串联。传感器热敏电阻的电阻值变化时，端子 THA 上的电压也随之变化，该电压信号送往 ECM，ECM 根据该信号，增加发动机在冷态工作时的喷油量以提高其运行性能。

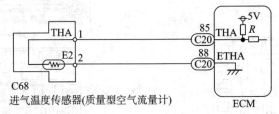

图 3-87　进气温度传感器的电路图

　　进气温度传感器的检修方法如下。

　　(1) 使用 IT-Ⅱ 读取 DTC。

　　① 将 IT-Ⅱ 连接到 DLC3 上；② 将点火开关转到 ON 位置；③ 打开 IT-Ⅱ；④ 进入下列菜单：Powertrain/Engine and ECT/DLC；⑤ 读取 DLC。

　　(2) 使用 IT-Ⅱ 读取进气温度值。

　　① 将 IT-Ⅱ 连接到 DLC3 上；② 起动发动机；③ 打开 IT-Ⅱ；④ 进入下列菜单：Powertrain / Engine and ECT / Data List / Intake Air；⑤ 读取数值。标准：与实际进气温度相同，若 IT-Ⅱ 显示 -40℃，则传感器线路存在开路；若 IT-Ⅱ 显示 140℃，则传感器线路存在短路。

　　(3) 检查进气温度传感器的电源电压。

　　① 断开空气流量传感器的插接器；② 将点火开关转到 ON 位置；③ 用万用表检查传感器线束 C68 线束侧的端子 1 与车身搭铁之间的电压，标准电压：5 V；④ 重新连接流量传感器的插接器。

　　(4) 检查进气温度传感器的信号电压。

　　① 起动发动机；② 用万用表检查传感器 C68 的端子 1 与端子 2 之间的电压，标准电压：随进气温度的变化而变化。

　　(5) 检查进气温度传感器的电阻。

　　① 断开空气流量传感器的插接器；② 用万用表检查传感器 C68 的端子 1 与端子 2 之间的电阻，标准电阻：电阻随温度的变化而变化，如图 3-90 所示；③ 重新连接空气流量传感器插接器。

　　(6) 检查进气温度传感器与 ECM 之间的线束和插接器。

　　① 断开空气流量传感器插接器；② 断开 ECM 插接器；③ 用万用表检查传感器 C68 线束侧的端子 1 与 ECM 线束侧的端子 C20-65 之间的电阻，传感器 C68 线束侧的端子 2 与 ECM 线束侧的端子 C20-88 之间的电阻，标准电阻：低于 1 Ω；④ 用万用表检查传感器 C68 线束侧的端子 1 或 ECM 线束侧的端子 C20-65 与车身搭铁之间的电阻，标准电阻：10 kΩ 或更高。

　　3) 冷却液温度传感器的检修

　　冷却液温度传感器安装在缸盖出水口处。冷却液温度传感器用来监控冷却液温度，将冷却液温度信号变为电压信号提供给 ECM，作为控制喷油量和点火提前角的修正信号、冷却风扇控制的主控信号。冷却液温度传感器有一个内置热敏电阻，其电阻值根据发动机冷却液温度的变化而变化。冷却液温度降低时，热敏电阻值升高；温度上升时，电阻值降低。电阻值的这些变化被作为电压变化传送至 ECM。冷却液温度传感器电路图如图 3-88 所示，其插接器端子如图 3-89 所示。

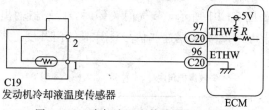

图 3-88　冷却液温度传感器的电路图　　　　　图 3-89　冷却液温度传感器的插接器端子

冷却液温度传感器的检修方法如下。

（1）使用 IT-Ⅱ 读取 DTC。

① 将 IT-Ⅱ 连接到 DLC3 上；② 将点火开关转到 ON 位置；③ 打开 IT-Ⅱ；④ 进入下列菜单：Powertrain/Engine and ECT/DLC；⑤ 读取 DLC。

（2）使用 IT-Ⅱ 读取冷却液温度值。

① 将 IT-Ⅱ 连接到 DLC3 上；② 起动发动机；③ 打开 IT-Ⅱ；④ 进入下列菜单：Powertrain / Engine and ECT / Data List / Coolant Temp；⑤ 读取数值。规定条件：发动机暖机状态下，在 80～100℃(176～212℉)。若 IT-Ⅱ 显示 -40℃，则传感器线路存在开路；若 IT-Ⅱ 显示 140℃，则传感器线路存在短路。

（3）检查进气温度传感器的电源电压。

① 断开冷却液温度传感器的插接器；② 将点火开关转到 ON 位置；③ 用万用表检查传感器线束 C19 线束侧的端子 1 与车身搭铁之间的电压，标准电压：5V；④ 重新连接流量传感器的插接器。

（4）检查冷却液温度传感器的信号电压。

① 起动发动机；② 用万用表检查传感器 C19 的端子 1 与端子 2 之间的电压。标准电压：随冷却液温度的变化而变化。

（5）检查冷却液温度传感器的电阻。

① 断开冷却液温度传感器的插接器。② 用万用表检查传感器 C19 的端子 1 与端子 2 之间的电阻，标准电阻：冷却液温度为 20℃ 时，规定电阻为 2.32～2.59 kΩ；冷却液温度为 80℃ 时，规定电阻为 0.310～0.326 Ω。注意：在水中检查冷却液温度传感器时，要保持端子的干燥，检查后，将传感器擦干，如果电阻不符合规定，则更换冷却液温度传感器。③ 重新连接冷却液温度传感器插接器。

（6）检查冷却液温度传感器与 ECM 之间的线束和插接器。

① 断开冷却液温度传感器插接器；② 断开 ECM 插接器；③ 用万用表检查传感器 C19 线束侧的端子 1 与 ECM 线束侧的端子 C20-96 之间的电阻，传感器 C68 线束侧的端子 2 与 ECM 线束侧的端子 C20-97 之间的电阻，标准电阻：低于 1 Ω。④ 用万用表检查传感器 C19 线束侧的端子 2 或 ECM 线束侧的端子 C20-97 与车身搭铁之间的电阻。标准电阻：10 kΩ或更高。

4）节气门位置传感器的检修

节气门位置（TP）传感器安装在节气门体总成上，为非接触式，即使在极端的驾驶条件下（如速度极高或极低时）也可以产生准确的信号。节气门位置传感器有两个传感器电路，各自发送 VTA1 和 VTA2 信号，如图 3-90 所示。VTA1 用于检测节气门开度，VTA2 用于检测 VTA1 的故障。传感器信号电压在 0～5 V 之间变化，其变化幅度与节气门的开度成比例，并被发送到 ECM 的端子 VTA。如图 3-91 所示，节气门关闭时，传感器输出电压降低。节气门打开时，传感器输出电压升高。ECM 根据这些信号计算节气门开度，并控制节气门执行器来适应驾驶情况。

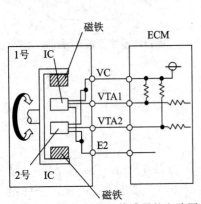

图 3-90　节气门位置传感器的电路图

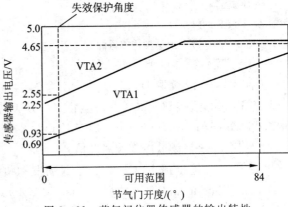

图 3-91　节气门位置传感器的输出特性

节气门位置传感器的任何一个 DTC 和与 ETCS（电子节气门控制系统）故障相关的 DTC 一同存储时，ECM 进入失效保护模式。在失效保护模式下，ECM 切断流入节气门执行器的电流，并且通过回位弹簧使节气门回位到 6°。然后，根据加速踏板开度，ECM 通过控制燃油喷射和点火正时来调整发动机输出功率，使车辆以最低速度继续行驶。如果轻轻踩下加速踏板，车辆可缓慢行驶。失效保护模式持续至检测到合格条件，然后将点火开关转到 OFF。

节气门位置传感器的检修方法如下。

（1）使用 IT-Ⅱ读取 DTC。

① 将 IT-Ⅱ连接到 DLC3 上；

② 将点火开关转到 ON 位置；

③ 打开 IT-Ⅱ；

④ 进入下列菜单：Powertrain/Engine and ECT/DLC；

⑤ 读取 DTC。

（2）使用 IT-Ⅱ读取 1 号节气门位置和 2 号节气门位置。

① 将 IT-Ⅱ连接到 DLC3 上；② 起动发动机；③ 打开 IT-Ⅱ；④ 进入下列菜单：Powertrain / Engine and ECT/Data List /Throttle Position NO.1 and NO.2；⑤ 读取数值。规定条件如表 3-13 所示。

（3）检查节气门位置传感器的电源电压（VC 电压）。

① 断开节气门总成插接器；② 将点火开关转到 ON 位置；③ 用万用表检传感器线束 C17 线束侧的端子 5（VC）与端子 3（E2）之间的电压。标准电压：4.5～5.0 V；④ 重新节气

门总成器的插接器。

表 3-13 节气门位置传感器的规定条件

完全松开加速踏板时		完全踩下加速踏板时		故障部位
1号节气门位置（VTA1）	2号节气门位置（VTA2）	1号节气门位置（VTA1）	2号节气门位置（VTA2）	
0～0.2V	0～0.2V	0～0.2V	0～0.2V	VC 电路开路
4.5～5.0V	4.5～5.0V	4.5～5.0V	4.5～5.0V	E2 电路开路
0～0.2V 或 4.5～5.0V	2.4～3.4V（失效保护）	0～0.2V 或 4.5～5.0V	2.4～3.4V（失效保护）	VTA1 电路开路或搭铁短路
0.7～1.3V（失效保护）	0～0.2V 或 4.5～5.0V	0.7～1.3V（失效保护）	0～0.2V 或 4.5～5.0V	VTA2 电路开路或搭铁短路
0.5～1.1V	2.1～3.1V	3.3～4.9V（无失效保护）	4.6～5.0V（无失效保护）	节气门位置传感器电路正常

（4）检查节气门位置传感器与 ECM 之间的线束和插接器。

① 断开节气门总成插接器；② 断开 ECM 插接器；③ 用万用表检查传感器 C17 线束侧的端子 5（VC）与 ECM 线束侧的端子 C20-67（VCTA）之间的电阻；传感器 C17 线束侧的端子 6（VTA）与 ECM 线束侧的端子 C20-115（VTA1）之间的电阻；传感器 C17 线束侧的端子 4（VTA2）与 ECM 线束侧的端子 C20-114（VTA2）之间的电阻；传感器 C17 线束侧的端子 3（E2）与 ECM 线束侧的端子 C20-91（ETA）之间的电阻。标准电阻：低于 1Ω；④ 用万用表检查传感器 C17 线束侧的端子 5（VC）或 ECM 线束侧的端子 C20-67（VCTA）与车身搭铁之间的电阻；传感器 C17 线束侧的端子 6（VTA）或 ECM 线束侧的端子 C20-115（VTA1）与车身搭铁之间的电阻；传感器 C17 线束侧的端子 4（VTA2）或 ECM 线束侧的端子 C20-114（VTA2）与车身搭铁之间的电阻，标准电阻：10 kΩ 或更高；⑤ 重新连接节气门总成插接器；⑥ 重新连接 ECM 插接器。

5）曲轴位置传感器的检修

曲轴位置传感器安装在曲轴前端附近，ECU 利用此信号控制燃油喷射时间和点火正时。曲轴位置（CKP）传感器系统由曲轴位置传感器齿板和感应线圈组成。传感器齿板有 34 个齿，被安装在曲轴上。感应线圈由缠绕的铜线、铁芯和磁铁构成。传感器齿板旋转，每个齿通过感应线圈时，产生脉冲信号。发动机每转动一次，感应线圈就产生 34 个信号。根据这些信号，ECM 计算曲轴位置以及发动机转速。利用这些计算值，燃油喷射时间和点火正时得到控制。曲轴位置传感器与 ECM 的连接电路图如图 3-92 所示，曲轴位置传感器插接器的端子含义如图 3-93 所示。

曲轴位置传感器的检修方法如下。

（1）使用 IT-Ⅱ 读取 DTC。

① 将 IT-Ⅱ 连接到 DLC3 上；② 将点火开关转到 ON 位置；③ 打开 IT-Ⅱ；④ 进入下列菜单：Powertrain/Engine and ECT/DTC；⑤ 读取 DTC。

（2）使用 IT-Ⅱ 读取数据流检查发动机转速。

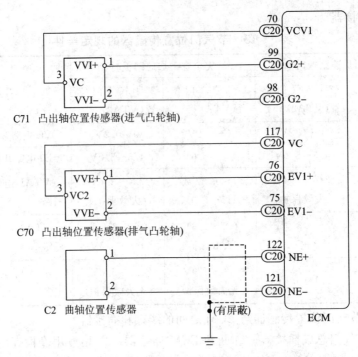

图 3-92 曲轴位置传感器和进(排)气凸轮轴位置传感器的电路图

① 将 IT-Ⅱ 连接到 DLC3 上；② 将点火开关转到 ON 位置；③ 打开 IT-Ⅱ；④ 进入下列菜单：Powertrain/Engine and ECT/Data List/Engine Speed；⑤ 起动发动机；⑥ 发动机运转时读取 IT-Ⅱ 所显示的数值；⑦ 检查结果，OK：显示正确值；如果 IT-Ⅱ 上所显示的发动机转速为零，则曲轴位置传感器电路可能开路或短路；如果 IT-Ⅱ 上显示的发动机转速低于实际转速，则曲轴位置传感器可能输出电压不足。

（3）检查曲轴位置传感器的电阻。

① 断开曲轴位置传感器的插接器；② 用万用表检查传感器 C2 的端子 1 与端子 2 之间的电阻，标准电阻：在 20℃ 时为 1850～2450 Ω；③ 重新连接曲轴位置传感器的插接器。

（4）检查曲轴位置传感器与 ECM 之间的线束和插接器。

① 断开曲轴位置传感器插接器；断开 ECM 插接器；② 用万用表检查传感器 C2 线束侧的端子 1 与 ECM 线束侧的端子 C20-122 之间的电阻，传感器 C2 线侧的端子 2 与 ECM 线束侧的端子 C20-121 之间的电阻，标准电阻：低于 1 Ω；③ 用万用表检查传感器 C2 线束侧的端子 1 或 ECM 线束侧的端子 C20-122 与车身搭铁之间的电阻；传感器 C2 线束侧的端子 2 或 ECM 线束侧的端子 C20-121 与车身搭铁之间的电阻，标准电阻：10 kΩ 或更高；④ 重新连接曲轴位置传感器插接器；⑤ 重新连接 ECM 插接器。

（5）检查曲轴位置传感器的脉冲信号波形。

① 将点火开关转到 OFF 位置；② 用示波器连接传感器的端子 1 和端子 2；③ 发动机暖机后怠速运转，观察示波器波形，规定波形如图 3-94 所示。

（6）检查曲轴位置传感器的安装。检查曲轴位置传感器的安装状态，如图 3-95 所示。

（7）检查曲轴位置传感器齿板及传感器齿板上的齿，传感器齿板应没有任何破裂或变形。

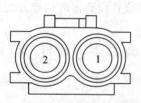

图 3-93　曲轴位置传感器的线束端子
1—正信号端子；2—负信号端子

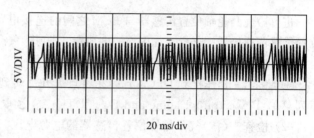

图 3-94　曲轴位置传感器的脉冲波形

图 3-95　检查曲轴位置传感器的安装状态

6）进（排）气凸轮轴位置传感器的检修

进（排）气凸轮轴位置传感器安装在进（排）气凸轮轴的后端，它将进（排）气凸轮轴旋转数据转换为脉冲信号，并将这些脉冲信号发送到 ECU 来确定进（排）气凸轮轴角度，ECM 利用该数据控制燃油喷射正时、点火正时和气门正时。

进（排）气凸轮轴位置传感器利用磁阻效应原理制成。进（排）气凸轮轴位置传感器（G 信号传感器）由正时转子和 MRE 传感器组成，如图 3-96 所示。MRE 传感器由永久磁铁、MRE 元件和信号处理集成电路模块组成（用树脂封装）。正时转子安装在进（排）气凸轮轴上，正时转子的外圆周上有 3 个齿。

凸轮轴旋转时，正时转子和 MRE 元件之间的空气间隙随之变化，从而影响磁场方向。因此，MRE 元件的电阻上下浮动，从而通过 MRE 元件的电流发生改变。这种电流的改变由信号放大电路、滤波电路和整形电路转换成数字信号，输送给 ECM，如图 3-97 所示。

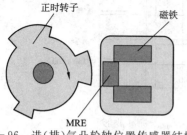

图 3-96　进（排）气凸轮轴位置传感器结构图

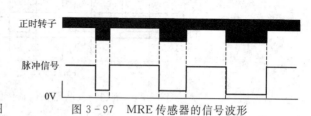

图 3-97　MRE 传感器的信号波形

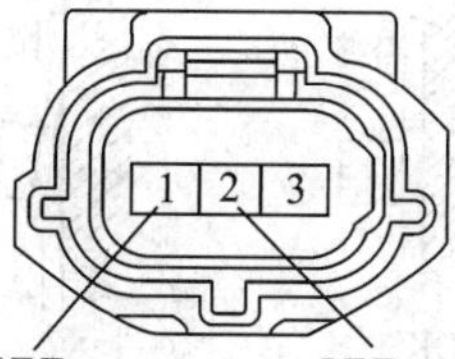

图 3-98　进（排）气 CMPS 插接器端子

进(排)气凸轮轴位置传感器与 ECM 之间的连接电路如图 3-92 所示，进(排)气凸轮轴位置传感器插接器端子含义如图 3-98 所示。进(排)气凸轮轴位置传感器的检修方法如下。

(1) 使用 IT-Ⅱ 读取 DTC。

① 将 IT-Ⅱ 连接到 DLC3 上；② 将点火开关转到 ON 位置；③ 打开 IT-Ⅱ；④ 进入下列菜单：Powertrain/Engine and ECT/DTC；⑤ 读取 DTC。

(2) 检查进(排)气凸轮轴位置传感器的电源电压。

① 断开进(排)气凸轮轴位置传感器的插接器；② 将点火开关转到 ON 位置；③ 用万用表检测传感器线束 C71(或 C70)线束侧的端子 3(VC)与车身搭铁之间的电压，标准电压：4.5～5.0 V；④ 重新连接进(排)气凸轮轴位置传感器的插接器。

(3) 检查进(排)气凸轮轴位置传感器与 ECM 之间的线束和插接器。

① 断开进(排)气凸轮轴位置传感器插接器；② 断开 ECM 插接器；③ 用万用表检查传感器 C70(或 C71) 线束侧的端子 1 与 ECM 线束侧的端子 C20-76(或 C20-99)之间的电阻，传感器 C70(或 C71) 线束侧的端子 2 与 ECM 线束侧的端子 C20-75(或 C20-98)之间的电阻，标准电阻：低于 1 Ω；④ 用万用表检查传感器 C70(或 C71) 线束侧的端子 1 或 ECM 线束侧的端子 C20-76(或 C20-99) 与车身搭铁之间的电阻；传感器 C70(或 C71) 线束侧的端子 2 或 ECM 线束侧的端子 C20-75(或 C20-98) 与车身搭铁之间的电阻，标准电阻：10 kΩ 或更高；⑤ 重新连接进(排)气凸轮轴位置传感器插接器；⑥ 重新连接 ECM 插接器。

(4) 检查进(排)气凸轮轴位置传感器的脉冲信号波形。

① 将点火开关转到 OFF 位置；② 用示波器分别连接进(排)气凸轮轴位置传感器的端子 1 和端子 2；③ 发动机暖机后怠速运转，观察示波器波形。规定波形如图 3-99 所示。

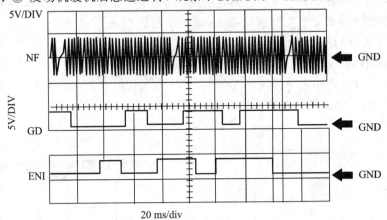

图 3-99　进(排)气凸轮轴位置传感器的输出标准波形

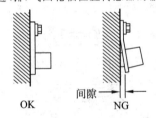

图 3-100　检查进(排)气凸轮轴位置传感器的安装

（5）检查曲轴位置传感器的安装。检查曲轴位置传感器的安装状态，如图 3 - 100 所示。

（6）检查曲轴位置传感器齿板（传感器齿板上的齿）及传感器齿板上的齿，传感器齿板没有任何破裂或变形。

7）1 号加热式氧传感器的检修

1 号传感器是指安装在三元催化转化器前面并靠近发动机总成附近的传感器。为了能获得对废气中 CO、HC 和 NO_x 的较高净化率，要最有效地使用三元催化转化器，必须准确控制空燃比，使其总能接近理论空燃比。通过使用加热式氧（HO_2S）传感器，可以帮助 ECM 实现空燃比的准确控制。

HO_2S 传感器置于三元催化转化器前部，用来检测废气中的氧浓度，其结构如图 3 - 101 所示。空燃比过稀时，废气中氧浓度将变浓，HO_2S 传感器会通知 ECM 空燃比过稀的状态。相反，空燃比大于理论值时，废气中氧浓度将变稀，HO_2S 传感器会通知 ECM 空燃比过浓的状态。HO_2S 传感器具有在空燃比接近理论值时大幅度改变其输出电压的性能，如图 3 - 102 所示。

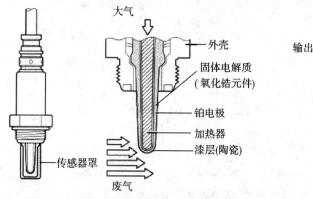

图 3 - 101　1 号氧传感器的结构　　　　图 3 - 102　1 号氧传感器的输出特性

ECM 使用 HO_2S 传感器输出的辅助信息来确定空燃比是过浓还是过稀，并相应地调节燃油喷射时间。如果因内部故障而造成 HO_2S 传感器无法正常运行，则 ECM 就不能对初始空燃比控制的偏离进行补偿。

HO_2S 传感器为平面式，并集成在加热器上，加热器用来加热固体电解质（氧化锆元件）。加热器由 ECM 控制。进气量低（废气温度低）时，电流流入加热器以加热传感器，从而准确地检测空燃比。另外，传感器和加热器部分比常规型传感器窄。加热器产生的热量通过氧化铝传导到固体电解质，这样就加快了传感器的启动。1 号加热式氧传感器与 ECM 之间的连接电路如图 3 - 103 所示，1 号加热式氧传感器插接器端子含义如图 3 - 104 所示。

1 号加热式氧传感器的检修方法如下。

（1）使用 IT - Ⅱ 读取 DTC。

① 将 IT - Ⅱ 连接到 DLC3 上；② 将点火开关转到 ON 位置；③ 打开 IT - Ⅱ；④ 进入下列菜单：Powertrain/Engine and ECT/DTC；⑤ 读取 DTC。

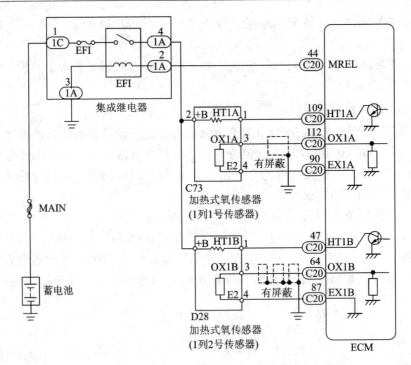

图 3 - 103　1 号氧传感器的电路图

图 3 - 104　1 号加热式氧传感器的端子含义

（2）使用 IT - Ⅱ 读取 1 号加热式氧传感器的测试值。

①将 IT - Ⅱ 连接到 DLC3 上；②将点火开关转到 ON 位置；③打开 IT - Ⅱ；④进入下列菜单：Powertrain/Engine and ECT/Data List/O_2S B1 S1；⑤使动发动机以 2500 r/min 的转速运转 90 s；⑥发动机怠速运转时，读取氧传感器的电压。标准电压：氧传感器的电压在低于 0.4 V 和高于 0.5 V 之间交替，周期小于 1 s，见图 3 - 105。

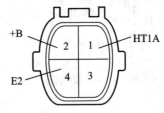

图 3 - 105　1 号加热式氧传感器的测试值

（3）检查 1 号氧传感器加热器的电阻。

①断开 1 号氧传感器的插接器；②用万用表检查传感器 C73 的端子 1 与端子 2 之间的电阻，标准电阻：在 20℃ 时为 5 ～10 Ω；③用万用表检查传感器 C73 的端子 1 与端子 4 之间的电阻，标准电阻：10 kΩ 或更高；④重新连接曲轴位置传感器的插接器。

（4）检查 1 号氧传感器的电源电压。

① 断开 1 号氧传感器的插接器；② 将点火开关转到 ON 位置；③ 用万用表检传感器线束 C73 线束侧的端子 2（VC）与车身搭铁之间的电压，标准电压：9～14 V；④ 重新连接 1 号氧传感器的插接器。

（5）检查 1 号氧传感器与 ECM 之间的线束和插接器。

① 断开 1 号氧传感器插接器；② 断开 ECM 插接器；③ 用万用表检查传感器 C73 线束侧的端子 1 与 ECM 线束侧的端子 C20-109 之间的电阻，传感器 C73 线束侧的端子 3 与 ECM 线束侧的端子 C20-112 之间的电阻，传感器 C73 线束侧的端子 4 与 ECM 线束侧的端子 C20-90 之间的电阻，标准电阻，低于 1 Ω；④ 用万用表检查传感器 C73 线束侧的端子 1 或 ECM 线束侧的端子 C20-109 与车身搭铁之间的电阻，传感器 C73 线束侧的端子 3 或 ECM 线束侧的端子 C20-112 与车身搭铁之间的电阻，传感器 C73 线束侧的端子 4 或 ECM 线束侧的端子 C20-90 与车身搭铁之间的电阻，标准电阻：10 kΩ 或更高；⑤ 重新连接 1 号氧传感器插接器；⑥ 重新连接 ECM 插接器。

【考核评价】

考核评价表

目标	评价要素	评价标准	评价依据	考核方式		权重	评分
知识	基本知识	知识的要求	个人作业 课堂笔记 课堂练习 小组作业 期末考试	学生自评		10％	
				教师评定		10％	
				学生互评		10％	
能力	基本技能	正确描述电控发动机电控系统的组成与工作原理；能够描述电控发动机电控系统主要构件结构原理；能够对电控发动机电控系统进行检修	实践练习 小组作业 学生作业单	教师评定	动手能力	15％	
					作业单的填写	15％	
素质	学习态度	遵守纪律，积极参与课堂教学活动，按时完成作业，按要求完成准备	课堂表现记录，考勤表，同学及教师观察，课堂笔记	学生自评		10％	
				小组互评			
				教师评定			
	沟通协作管理	乐于请教和帮助同学，协调小组活动，配合教师教学管理，做好教室值日工作，做好课前准备和课后整理	小组作业，小组活动记录，自评及互评记录，值日记录，同学及教师观察	学生自评		15％	
				小组互评			
				教师评定			
	创新精神	有自主学习计划，在作业练习中能提出问题和见解，对教学或管理提出意见和建议，积极参与小组活动方案设计	个人作业，自主学习计划，学习活动，个人口头或书面提议	学生自评		15％	
				小组互评			
				教师评定			

【教学小结】

难点：

（1）电控发动机电控系统的工作原理；

（2）电控发动机电控系统主要部件的结构原理；

（3）电控发动机电控系统的检修。

重点：电控发动机电控系统的检修。

教学体会及建议：（由任课老师撰写）

情境三

电控点火系统与辅助控制系统检修

任务一　电控点火系统的检修

【学习目标】

教学能力目标	专业能力目标	专业知识目标	专业素质目标
（1）能够借助教学课件等资料清楚描述汽车发动机电控点火系统的基本组成、主要组成及原理； （2）能够结合车辆，引导学生对电控点火系统常见故障进行诊断检修	（1）能够描述电控点火系统的基本组成； （2）能够描述进气系统主要组成构件的结构原理； （3）能够对电控点火系统进行诊断检修	（1）掌握电控点火系统基本组成的相关知识； （2）掌握电控点火系统主要部件结构原理的相关知识； （3）掌握电控点火系统检修的相关知识	（1）具有良好的工作责任心和职业道德； （2）具有安全操作意识和环境保护意识； （3）培养学生的团队协作精神

【任务导入】

一辆 2010 年款世嘉轿车，装备 TU5JP4 发动机，排量为 1.6L，行程 3 万公里左右，发动机故障指示灯点亮，并出现发动机抖动、怠速不稳、加速动力不足等现象，来到 4S 店要求给予维修。

【任务分析】

使用 Diagbox 诊断仪读取发动机 ECU 中储存的故障信息为：单个缸或未知缸燃烧不足的故障或点火线圈控制故障，从而判断是电控点火系统故障，要对电控点火系统进行检修。

【建议学时】

12 学时。

【教学设计】

步骤	学习内容	教学方法	教学手段	学生活动	时间分配
告知	本项目的知识目标和能力目标	讲授法	多媒体	听讲	15 min
导入	电控点火系统与传统点火系统的区别及优势，电控点火系统的功能、组成及类型	小组讨论法 启发法 讲授法	分组讨论 多媒体	学生相互交流 代表发言 互相点评	180 min
操练	电控点火系统性能检测与故障诊断	讲授法 提问法 演示法 实训法	点火系统零部件 实车讲解	听讲 观察 回答问题 动手操作	180 min
深化	创建发动机电控点火系统的工作过程简图	讲授法 提问法	多媒体 卡片	听讲 回答问题 画图	60 min
归纳	学生以组为单位讲述自己的认知结果，分析该项目的知识点和技能点，并由教师给出评价	小组讨论法 启发法	分组讨论	学生相互交流 代表发言 互相点评	90 min
总结	教师解答问题并作总结	讲授法	多媒体	听讲	15 min
作业	教师布置：完成工作页	练习法	工作页	完成工作页	课后完成

【学习资讯】

在电控汽油喷射发动机中广泛采用电控点火系统，即通过 ECU 对点火系统进行控制。电控点火控制包括点火提前角的控制、通电时间控制和爆震控制三个方面。该控制对点火提前角、爆震的控制更加精确，其发动机的经济性、动力性更加优越并能减少空气污染。

1. 传统点火系统

传统点火系统主要由蓄电池、点火开关、分电器、点火线圈和火花塞等组成，如图 3-106 所示。蓄电池供给点火系统所需要的电能。点火开关接通或断开点火系统电源。点火线圈存储点火能量，并将蓄电池电压转变为点火高压。分电器由断电器和点火提前机构等部分组成。断电器的作用是接通或切断点火线圈初级回路；点火提前机构的作用是随发动机转速、负荷和汽油辛烷值变化调节点火提前角。火花塞将点火高压引入气缸燃烧室，并在电极间产生电火花，点燃混合气。

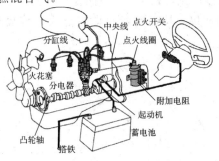

图 3-106　传统点火系统

　　传统点火系统由于本身存在的固有缺点，使其性能满足不了现代发动机对点火系统的要求，所以目前正处于淘汰的阶段，取而代之的是各种类型的电控点火系统。

2. 电控点火系统

　　电控点火系统由电控单元根据汽油机的运行工况调整和控制点火提前角，使发动机的动力性、经济性、排放等方面的性能达到最优。另外，电控点火系统通过爆震传感器对爆震进行反馈控制，使汽油机大部分运行工况都处于爆震的临界状态，使汽油机的动力性潜力得到了充分的发挥。

　　现代轿车采用的电控点火系统主要有两种方式：电控有分电器点火系统和电控无分电器点火系统。电控有分电器点火系统中的 ECU 通过传感器得到发动机的转速和负荷信号，查阅存于其内部存储器中的最佳控制参数，从而获得这一工况下的最佳点火提前角和点火线圈初级电路通电时间，将其转换成点火正时指令（IGT）送至点火控制器（模块），控制点火线圈初级电流通断，切断时，次级线圈中感应出高压，再由分电器送至相应缸的火花塞产生电火花。目前应用最多的是电控无分电器点火系统。电控无分电器点火系统完全取消了传统的分电器，点火线圈产生的高压电直接送到火花塞，有效地降低点火系统对无线电的干扰。电控无分电器点火系统可分为双缸同时点火和顺序点火两种类型。

　　1）双缸同时点火

　　双缸同时点火是指两个汽缸共用一个点火线圈，其次级绕组的两端分别与两个汽缸上的火花塞相连接，当产生高压电时，它对两个火花塞同时点火，如图 3-107 所示。点火时两个火花塞同时跳火，其中处于排气冲程的气缸的点火是无效点火，工作于压缩冲程的气缸的点火是有效点火。

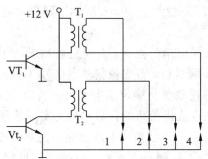

图 3-107　双缸同时点火

　　如图 3-108（a）所示，双缸同时点火系统的本质其实就是一个串联回路：次级线圈（＋）→火花塞 4 中心电极→火花塞 4 气隙→火花塞 4 旁电极→发动机机体→火花塞 1 旁电极→火花塞 1 气隙→火花塞 1 中心电极→次级线圈（－）→次级线圈（＋）。其等效电路图可以表示为图 3-108（b），其中 R_1 和 R_4 分别为火花塞 1 和火花塞 4 的等效电阻，即火花塞体电阻与气隙电阻之和。同一型号的火花塞体电阻基本一致，但是气缸处于不同行程时火花塞的气隙电阻大小差别很大。在压缩冲程上止点附近时，火花塞气隙对外表现出高电阻；而在排气冲程上止点附近时，火花塞气隙对外表现出的电阻很低。根据串联电路分压原理，电阻越大的负载承担的电压越高，电阻越小的负载承担的电压越低。因此，在双缸同时点火在双缸中，工作在压缩行程中的火花塞其对外表现的气隙电阻大，分得的次级点火线圈的点火电压就高；而工作在排气行程中的火花塞，其气隙电阻小，因此分得的点火电压也低。双缸同时点火系统正是依靠不同工况下火花塞气隙所呈现出的阻抗不同，实现了点火电压的合理分配。

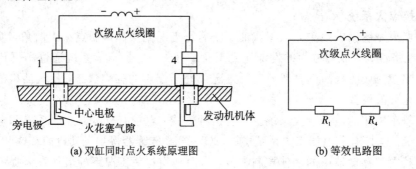

(a) 双缸同时点火系统原理图　　　　　　　(b) 等效电路图

图 3 - 108　双缸同时点火原理分析

2）顺序点火

顺序点火即单缸独立点火方式，是指每一个汽缸的火花塞上各配一个点火线圈，单独对本缸火花塞通电点火，如图 3 - 109 所示。在这种点火方式中，点火线圈与火花塞制成一体直接安装在缸盖上，特别适合于四气门发动机使用，是电控点火系统发展的一个趋势。

3）点火提前角控制

在电控点火系统中，电控单元对点火提前角的控制分为发动机起动时点火提前角的控制和发动机起动后点火提前角的控制两种。

（1）发动机起动时点火提前角的控制。发动机起动时，电控单元不进行最佳点火提前角调整控制，而是根据发动机转速信号和起动开关信号，以固定不变的点火提前角点火。当发动机转速超过一定值时（一般大于 500 r/min），则自动转入电控单元控制的最佳点火提前角计算及控制程序。

（2）发动机起动后点火提前角的控制。发动机起动后，电控单元对最佳点火提前角的计算和控制一般按照如下步骤进行：首先根据基准信号（G）与转速信号（Ne）确定初始点火提前角，然后根据发动机转速和负荷确定基本点火提前角，最后根据有关传感器的信号确定修正点火提前角，这三项点火提前角的代数和即为实际的最佳点火提前角。

最佳点火提前角＝初始点火提前角＋基本点火提前角＋修正点火提前角

① 初始点火提前角。为了控制点火正时，电控单元根据上止点位置来确定点火提前角。有些发动机电控单元把 G1 或 G2 信号出现后第一个转速信号（Ne）过零点定位压缩冲程上止点前 10°，并以这个角度作为点火正时计算的基准点，称之为初始点火提前角，其大小随发动机的不同而不同。

② 基本点火提前角。发动机正常运转时，电控单元按怠速工况和非怠速工况两种情况，确定基本点火提前角。发动机处于怠速工况时，电控单元根据节气门位置信号、发动机转速信号及空调开关信号，确定基本点火提前角。发动机处于非怠速工况时，电控单元根据发动机转速和节气门位置信号，从 ECU 存储器中的数据表中查出相应工况的基本点火提前角，如图 3 - 110 所示。

③ 修正点火提前角。除了转速和负荷外，其他如发动机温度、空调、助力转向等对点火提前角也有重要影响的因素，这些均归入到修正点火提前角中。

④ 最大和最小提前角控制。其最大和最小点火提前角的一般范围为：最大点火提前角

是 35～45°；最小点火提前角是－10～0°。

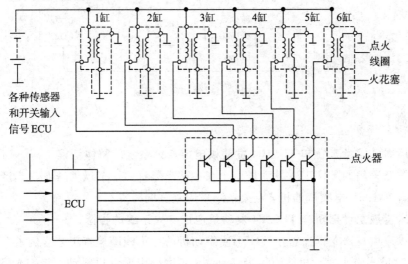

图 3-109　顺序点火

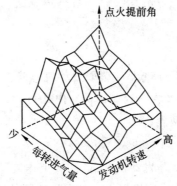

图 3-110　非怠速工况基本点火提前角图

4）爆震控制

（1）爆震概述。

爆震即末端混合气的自燃。一般的爆震是因为燃烧室内油气点火后，火焰尚未完全扩散，远程未燃的油气即因为高温或高压而自燃，其火焰与正规燃烧的火焰撞击而产生极大压力，使得发动机产生不正常的敲击。爆震是汽油机运行过程中非常有害的一种故障现象。汽油机持续爆震，火花塞电极或活塞就可能产生过热、熔损、汽缸磨损加剧等现象，导致发动机损坏，因此必须防止爆震现象的发生。

（2）爆震反馈控制原理。

爆震与点火时刻存在着密切的关系，点火提前角越大越容易产生爆震。为了防止爆震的产生，使点火时刻离爆震界限只有一个较小的余量，这样既可控制爆震的发生，又能更有效地得到发动机的输出功率。这种控制由爆震传感器来检测爆震信号送至发动机 ECU，ECU 根据此信号来调整点火提前角。如图 3-111 所示，以保证在任何工况下的点火提前角都处于接近发生爆震的最佳角度。

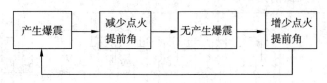

图 3-111　爆震反馈控制

【任务实施】

1. 东风雪铁龙世嘉轿车 TU5JP4 发动机电控点火系统的整体认识

世嘉轿车采用的 TU5JP4 发动机应用在多款东风标致、东风雪铁龙汽车产品中，为前横置四缸直列 1.6L 电喷汽油机，点火系统采用双缸同时点火。

2. 东风雪铁龙世嘉轿车 TU5JP4 发动机电控点火系统的检修

下面以东风雪铁龙世嘉轿车 TU5JP4 发动机的点火线圈检查工艺为例进行实施说明。

2010 款世嘉轿车发动机故障报警灯点亮，车辆出现发动机抖动、怠速不稳、加速动力不足等现象。该车装配的 TU5JP4 发动机属于电控发动机，点火系统采用双缸同时点火。下面对该故障进行故障诊断。

1）使用诊断仪进行故障诊断

使用东风雪铁龙专用诊断仪 Diagbox 读取发动机电脑中的故障，故障信息为：单个缸或未知缸燃烧不足的故障或点火线圈控制故障。由此可判断发动机电控点火系统出现故障，需要对电控点火系统进行检修。

2）检查线束及线束连接

检查点火线圈的线束连接、与发动机 ECU 的线束连接是否正常，如不正常，则更换线束或者线束连接插接器；若正常，则进行下一步点火线圈的检测。

3）拆下点火线圈，进行目视检查

（1）检查点火线圈的线束插接器是否氧化、腐蚀，如有，则直接更换点火线圈。

（2）检查点火线圈的护套是否有破损、击穿的痕迹，如有破损、击穿，则更换点火线圈的护套。

（3）检查点火线圈护套中的弹簧是否存在损坏，如果弹簧缺失或损坏，则更换点火线圈护套。

（4）检查点火线圈与护套连接的凹槽孔内是否有油液，如有，则直接更换点火线圈。

4）检查点火线圈初级电路的阻值（气缸 1/4）

确保万用表状况良好，使用第一次测试的量程进行自校准（自动量程），然后选择适当的量程进行测量。测量时，不要用手指触摸万用表的表笔。查找电路图得知，点火线圈 4 路灰色插接器的 1 和 4 端为气缸 1/4 的初级线圈，在 4 路灰色插接器"a"的 1 和 4 端子之间测量初级电路的电阻，如图 3-112 所示。把测出的数据与表 3-14 中的阻值进行比较，如果阻值不正确，则更换点火线圈。

表 3-14　气缸 1/4 及 2/3 初级线圈电阻标准值

初 级 电 阻		
环境温度/℃	20	80
最小阻值/Ω	0.4	0.6
标准阻值/Ω	0.5	0.7
最大阻值/Ω	0.6	0.8

5）检查点火线圈初级电路的阻值（气缸 2/3）

同样地，查找电路图得知，点火线圈 4 路灰色插接器的 2 和 4 端为气缸 2/3 的初级线圈，在 4 路灰色插接器"a"的 2 和 4 端子之间测量初级电路的电阻，如图 3-113 所示。

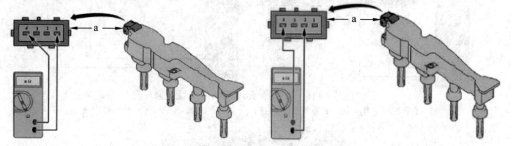

图 3-112　气缸 1/4 初级线圈电阻测量　　　　图 3-113　气缸 2/3 初级线圈电阻测量

把测出的数据与表 3-15 中的阻值进行比较，如果阻值不正确，则更换点火线圈。

表 3-15　气缸 1/4 及 2/3 次级线圈电阻标准值

次 级 电 阻		
环境温度/℃	20	80
最小阻值/kΩ	13	16
标准阻值/kΩ	16	17
最大阻值/kΩ	17	19

6）检查点火线圈次级电路的阻值（气缸 1/4）

测量 1 缸和 4 缸之间次级电路的电阻如图 3-114 所示。将测得的阻值与表 3-15 中的阻值进行比较，如果阻值不正确，则更换点火线圈。

7）检查点火线圈次级电路的阻值（气缸 2/3）

测量 2 缸和 3 缸之间次级电路的电阻，如图 3-115 所示，将测得的阻值与表 3-16 中的阻值进行比较，如果阻值不正确，则更换点火线圈。

8）检查点火线圈间的绝缘电阻

测量气缸 1/2、1/3、4/2 及 4/3 的绝缘电阻，如图 3-116 所示，看其阻值是否是"∞"，如果阻值不是，则更换点火线圈。

9）检查点火线圈气缸与线束插接器间的绝缘电阻

测量点火线圈气缸与线束插接器的绝缘电阻，如图 3-117 所示，看其阻值是否是"∞"，如果阻值不是，则更换点火线圈。

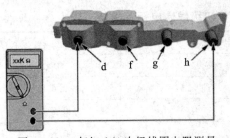

图 3-114　气缸 1/4 次级线圈电阻测量
d-1 号气缸测量点；f-2 号气缸测量点；
g-3 号气缸测量点；h-4 号气缸测量点

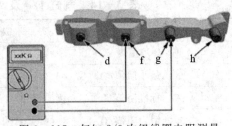

图 3-115　气缸 2/3 次级线圈电阻测量
d-1 号气缸测量点；f-2 号气缸测量点；
g-3 号气缸测量点；h-4 号气缸测量点

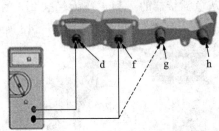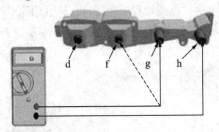

图 3-116　检查点火线圈间的绝缘电阻
d-1 号气缸测量点；f-2 号气缸测量点；g-3 号气缸测量点；h-4 号气缸测量点

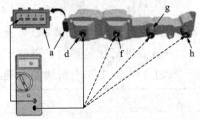

图 3-117　测量点火线圈气缸与线束插接器的绝缘电阻

a-点火线圈插接器端子；d-1 号气缸测量点；f-2 号气缸测量点；g-3 号气缸测量点；h-4 号气缸测量点

10）记录

把测量的数据记录在表 3-16 中，并进行分析。

表 3-16　点火线圈电阻测量记录表

初级线圈电阻。正常值：环境温度 20℃，0.4～0.6 Ω；正常值：环境温度 80℃，0.6～0.8 Ω			
气缸 1/4		气缸 2/3	
次级线圈电阻。正常值：环境温度 20℃，13～17 kΩ；正常值：环境温度 80℃，16～19 kΩ			
气缸 1/4		气缸 2/3	
点火线圈间绝缘电阻。正常值：∞			
气缸 1/2		气缸 4/2	
气缸 1/3		气缸 4/3	
检查点火线圈气缸与线束插接器间的绝缘电阻。正常值：∞			
	端子 1	端子 2	端子 3	端子 4
1 号气缸				
2 号气缸				
3 号气缸				
4 号气缸				

【考核评价】

考核评价表

目标	评价要素	评价标准	评价依据	考核方式		权重	评分
知识	基本知识	知识的要求	个人作业 课堂笔记 课堂练习 小组作业 期末考试	学生自评		10%	
				教师评定		10%	
				学生互评		10%	
能力	基本技能	正确描述电控发动机电控系统的组成与工作原理；能够描述电控发动机电控系统主要构件结构原理；能够对电控发动机电控系统进行检修	实践练习 小组作业 学生作业单	教师评定	动手能力	15%	
					作业单的填写	15%	
素质	学习态度	遵守纪律，积极参与课堂教学活动，按时完成作业，按要求完成准备	课堂表现记录，考勤表，同学及教师观察，课堂笔记	学生自评		10%	
				小组互评			
				教师评定			
	沟通协作管理	乐于请教和帮助同学，协调小组活动，配合教师教学管理，做好教室值日工作，按要求做好课前准备和课后整理	小组作业，小组活动记录，自评及互评记录，值日记录，同学及教师观察	学生自评		15%	
				小组互评			
				教师评定			
	创新精神	有自主学习计划，在作业练习中能提出问题和见解，对教学或管理提出意见和建议，积极参与小组活动	个人作业，自主学习计划，学习活动，个人口头或书面提议	学生自评		15%	
				小组互评			
				教师评定			

【教学小结】

难点：

（1）点火提前角的控制，爆震闭环控制；

（2）电控点火系统的检修。

重点：

（1）点火线圈电阻的测量；

（2）电控点火系统的工作原理。

教学体会及建议：（由任课老师撰写）

任务二　怠速控制系统的检修

【学习目标】

教师教学能力目标	能力目标	知识目标	素质目标
(1) 能够借助教学课件等资料清楚描述汽车发动机怠速控制系统的基本组成及工作原理; (2) 能够结合车辆,引导学生对怠速控制系统常见故障进行诊断检修	(1) 能够描述怠速控制系统的基本组成; (2) 能够描述怠速控制系统主要组成构件的结构原理; (3) 能够对怠速控制系统进行诊断检修	(1) 掌握怠速控制系统基本组成的相关知识; (2) 掌握怠速控制系统主要部件结构原理的相关知识; (3) 掌握怠速控制系统检修的相关知识	(1) 具有良好的工作责任心和职业道德; (2) 具有安全操作意识和环境保护意识; (3) 培养学员的团队协作精神

【任务导入】

2012 年款东风雪铁龙 C5 轿车,装备 EW10A 发动机,排量为 2.0 L,行程为 4.5 万公里左右,发动机怠速不稳,发动机运转过程中,尤其是急松油门踏板过程中,发动机抖动较大,有时会忽然熄火,但发动机故障灯没有点亮,来到 4S 店要求进行维修。

【任务分析】

经检测诊断发现节气门处积碳和油泥比较多,导致节气门工作不良,从而影响节气门的正常运行,要对该车的节气门进行清洗维修,对怠速控制系统进行检修。

【建议学时】

12 学时。

【教学设计】

步骤	学习内容	教学方法	教学手段	学生活动	时间分配
告知	本项目的知识目标和能力目标	讲授法	多媒体	听讲	20 min
导入	怠速控制系统的功能、组成及类型,进气系统主要部件的结构原理	小组讨论法 启发法 讲授法	分组讨论 多媒体	学生相互交流 代表发言 互相点评	180 min
操练	怠速控制系统性能检测与故障诊断	讲授法 提问法 演示法 实训法	实车讲解	听讲 观察 回答问题 动手操作	180 min

步骤	学习内容	教学方法	教学手段	学生活动	时间分配
深化	创建电控发动机怠速控制系统的工作过程简图	讲授法 提问法	多媒体 卡片	听讲 回答问题 画图	60 min
归纳	学生以组为单位讲述自己的认知结果，分析该项目的知识点和技能点，并由教师给出评价	小组讨论法 启发法	分组讨论	学生相互交流 代表发言 互相点评	80 min
总结	教师解答问题并作总结	讲授法	多媒体	听讲	20 min
作业	教师布置：完成工作页	练习法	工作页	完成工作页	课后完成

【学习资讯】

1. 怠速概述

1）怠速系统作用

怠速是指发动机在无负荷的情况下运转，维持发动机稳定运转的最低转速被称为怠速，是发动机的运行的基本工况之一。工作性能良好的发动机，其怠速一般为 550～800 r/min。怠速控制装置就是要在发动机内部阻力矩不断变化的情况下，由 ECU 自动维持发动机以稳定怠速运转，并实现快怠速暖机过程。

2）怠速分类

怠速有驻车怠速和行车怠速两种。车辆处于驻车状态时启动发动机，发动机稳定运转的最低转速称为驻车怠速。行车怠速是指汽车挂挡过程中，不踩油门踏板或行驶中把油门踏板松开，保持节气门最小开度时的发动机运转速度。

2. 怠速控制系统的组成及原理

怠速控制系统的基本组成如图 3-118 所示。

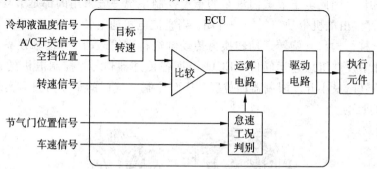

图 3-118 怠速控制系统组成

怠速控制的实质是对怠速时充气量的控制。ECU 通过检测从各传感器的输入信号所决定的目标转速与发动机的实际转速进行比较，根据比较得出的差值，确定相当于目标转速的控制量，去驱动控制怠速充气量的执行机构，从而实现对怠速充气量的控制。怠速控制采用的是反馈控制，因此为避免非怠速状态下实施怠速控制，还必须通过节气门全关信号及车速信号等来判断发动机是否正处于怠速状态,从而起动怠速控制。与怠速控制有关的信号有:发动机转速、节气门位置、车速、冷却水温度、空挡起动开关、点火开关、空调开关和电器负载等。

怠速控制的内容包括起动后控制、暖机过程控制、负荷变化的控制和减速时的控制等。发动机起动后,冷却水没有达到正常温度之前,应自动提高发动机的怠速,以免发动机运转发抖、不稳或停转,同时缩短暖机时间。在发动机怠速运转使用空调时,由于发动机负荷增大,需要自动提高发动机怠速,以免发动机停转。对动力转向伺服机构来说,在发动机低速转向行驶时,需要自动提高发动机怠速,以免发动机转速下降而造成熄火,并使转向轻便、可靠。当发动机转速急剧降低到怠速时,需要不同程度地自动提高发动机怠速,以免急抬急速踏板时发动机停转,同时减少排放污染。

3. 怠速控制系统的分类

怠速控制的实质是通过调节空气通道的流通面积来控制怠速的进气量。目前使用的怠速控制装置,按控制原理可分为节气门直动控制式和旁通空气控制式两类。

1)节气门直动控制式

节气门直动式通过执行元件改变节气门的最小开度来控制怠速进气量,如图 3-119 所示。这种控制型式的优点是结构简单、工作稳定性好。

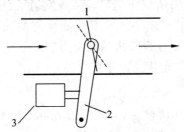

图 3-119　节气门直动式怠速控制系统
1—节气门;2—操纵臂;3—怠速执行器

由于电子节气门可以直接由电脑来控制节气门开度,这跟节气门直动式的怠速控制系统原理基本相同,因此电子节气门汽车的怠速控制系统一般采用的都是节气门直动式。如图 3-120 所示,由电机带动节气门的开闭。当直流电机通电转动时,经减速齿轮机构减速增扭后,由丝杠机构将其旋转运动转换为传动轴进行直线运动。传动轴顶靠在节气门最小开度限制器上,发动机怠速运转时,ECU 根据各传感器信号,控制电机的正反转和转动量,以改变节气门最小开度限制器的位置,从而控制节气门的最小开度,实现对怠速进气量进行控制的目的。

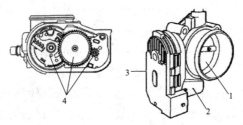

图 3-120　节气门直动式怠速系统原理
1—节气门;2—电机;3—节气门位置传感器;4—传动齿轮

2）旁通空气控制式

旁通空气控制式是通过改变旁通流通面积来控制怠速进气量，以达到怠速控制目的。

旁通空气控制式怠速控制系统又分为两种型式，即机械控制方式的怠速空气阀（AAC）和电控的怠速控制阀（ISCV）。目前机械控制式的怠速空气阀基本已经被淘汰，本教材不再详细介绍。

怠速控制阀能够在发动机 ECU 的控制下，根据发动机的实际工况来改变怠速时流入发动机的空气量。例如，发动机摩擦力矩变化或其他因素致使发动机怠速转速发生变化时，ECU 可根据接收到的转速信号控制怠速控制阀的开度，使转速维持恒定。怠速控制阀的怠速控制机构一般有三种结构，即旋转滑阀式怠速控制阀、步进电动机式怠速控制阀、电磁怠速控制阀，如图 3-121 为步进电动机式怠速控制阀的基本结构。

不管是哪种类型，它们都属于怠速控制系统中的执行器，用来接收发动机 ECU 的指令工作，改变旁通空气的通道面积，进而控制怠速进气量，以达到怠速控制的目的。

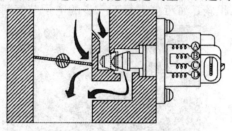

图 3-121　步进电动机式怠速控制阀结构

4. 怠速控制系统的检测

1）怠速控制系统的就车检测

在冷车状态下起动发动机后，暖机过程开始时，发动机怠速转速应能达到规定的快怠速转速（通常为 1200 r/min）；在发动机达到正常工作温度后，怠速转速应能恢复正常（通常为 750 r/min 左右）。如果冷车起动后怠速不能按上述规律变化，则怠速控制系统有故障。发动机达到正常工作温度后，在打开空调开关时，发动机怠速转速应能上升到900 r/min左右。若打开空调开关后发动机转速下降，则怠速控制系统有故障。

2）怠速控制系统的检测

节气门直动式的怠速控制系统需要检测电源电压、发动机 ECU、电子节气门信号等参数；而怠速控制阀式的怠速控制系统则需要检查电源电压、发动机 ECU、怠速控制阀的工作情况。

【任务实施】

1. 东风雪铁龙 EW10A 发动机怠速控制系统的整体认识

东风雪铁龙 C5 轿车 EW10A 发动机为直列、四缸、四冲程、水冷、双顶置凸轮轴、16气门，采用多点顺序喷射系统；怠速控制系统采用的是节气门直动式来控制怠速进气量。

2. 东风雪铁龙 EW10A 发动机怠速控制系统的检修

下面以东风雪铁龙 C5 轿车 EW10A 发动机的电子节气门检测维修为例进行实施说明。2012 年款 C5 轿车，装备 EW10A 发动机，排量为 2.0L，行程为 4.5 万公里左右，发动机怠速不稳，发动机运转过程中，尤其是急松油门踏板过程中，发动机抖动较大，有时会忽然熄火，来到4S店要求给予维修。经检测诊断对该车的节气门进行清洗维修，对怠速控制系统进行检修。

（1）使用诊断仪进行故障诊断。

由于发动机故障灯没有点亮，使用东风雪铁龙专用诊断仪 Diagbox 读取发动机电脑中的故障，无故障码。进行参数测量，发现电子节气门开度有误，需进行怠速控制系统检修。

（2）检查线束及线束连接。

检查电子节气门的线束连接、与发动机 ECU 的线束连接是否正常，如不正常，则更换线束或者线束连接插接器；若正常，则进行下一步电子节气门的检测。

（3）拆下电子节气门，进行目视检查。

打开发动机罩，拔掉蓄电池电源。拆卸进气管、空滤和节气门的固定螺栓，取下节气门，目视节气门上是否有积碳和油污，如图3-122所示。如有，则需使用清洗剂清洗节气门上的积碳和油污。如无积碳、油污再进行下一步的电子节气门检修。

图3-122　检查电子节气门积碳和油污

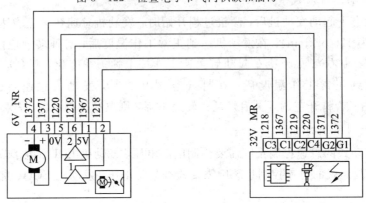

图3-123　电子节气门电路原理图

（4）电子节气门检测。

① 查找电路图，此电子节气门连接插接器有6个端子，全部连接在发动机电脑上，其中端子3、4连接电机，端子1供电，端子5接地，端子2、6是信号端子，如图3-123所示。

② 用万用表检测电子节气门的端子1是否是5V电压，用万用表检测电子节气门的端子5打铁是否良好，如没有5V电压或者打铁不牢，则需检查发动机电脑的供电和打铁，如果正常，就进行电子节气门信号检测。

③ 用万用表检测电子节气门的端子2、6的信号情况，正常情况如表3-17所示，如不

同，则需更换电子节气门。

表 3-17　节气门位置传感器信号电压表

节气门位置	地面和通道 2 之间的电压	地面和通道 6 之间的电压
节气门打开（全开）	0.5 V	4.5 V
节气门关闭（怠速）	4.5 V	0.5 V

（5）电子节气门初始化。

清洗或者更换完电子节气门后，为使系统良好运行，有必要进初始化程序。初始程序旨在让发动机计算机读取节气门的关闭位置和最大开度位置。电子节气门初始化的操作如下：

① 保证各处的线束连接正确；

② 打开点火开关；

③ 保持至少 10 s（此 10 s 期间不要关闭点火开关，不要踩加速踏板）；

④ 关闭点火开关，并保持 15 s，发动机计算机录入电子节气门初始化的各项参数。

（6）记录。

把检测的记录和测量的数据记录在表 3-18 中，并进行分析。

表 3-18　怠速控制系统检测记录表

步　骤	结果记录	分　析
诊断仪测量结果		
电子节气门拆装、检查		
电子节气门清洗		
电源、接地检测		
信号检测		
电子节气门初始化		

【考核评价】

考核评价表

目标	评价要素	评价标准	评价依据	考核方式	权重	评分
知识	基本知识	知识的要求	个人作业 课堂笔记 课堂练习 小组作业 期末考试	学生自评	10%	
				教师评定	10%	
				学生互评	10%	
能力	基本技能	正确描述怠速控制系统的组成与工作原理；能够描述怠速控制系统主要构件结构原理；能够对怠速控制系统进行检修	实践练习 小组作业 学生作业单	教师评定	动手能力 15%	
					作业单的填写 15%	

续表

目标	评价要素	评价标准	评价依据	考核方式	权重	评分
素质	学习态度	遵守纪律，积极参与课堂教学活动，按时完成作业，按要求完成准备	课堂表现记录，考勤表，同学及教师观察，课堂笔记	学生自评	10%	
				小组互评		
				教师评定		
	沟通协作管理	乐于请教和帮助同学，协调小组活动，配合教师教学管理，做好教室值日工作，做好课前准备和课后整理	小组作业，小组活动记录，自评及互评记录，值日记录，同学及教师观察	学生自评	15%	
				小组互评		
				教师评定		
	创新精神	有自主学习计划，在作业练习中能提出问题和见解，对教学或管理提出意见和建议，积极参与小组活动方案设计	个人作业，自主学习计划，学习活动，个人口头或书面提议	学生自评	15%	
				小组互评		
				教师评定		

【教学小结】

难点：(1) 怠速控制阀检测；
　　　(2) 电子节气门的检修。
重点：(1) 电子节气门的工作原理；
　　　(2) 怠速控制系统的工作原理。
教学体会及建议：(由任课老师撰写)

任务三　排放控制系统的检修

【学习目标】

教学能力目标	专业能力目标	专业知识目标	专业素质目标
(1) 能够借助教学课件等资料清楚描述排放控制系统基本组成及作用、主要组成构件的结构原理、常见故障的检修方法； (2) 能够结合车辆或发动机台架，指导学生进行排放控制系统故障的检修	(1) 能够描述排放控制系统的基本组成与性能特点； (2) 能够描述排放控制系统主要组成构件的结构原理； (3) 能够对排放控制系统进行检修	(1) 掌握排放控制系统基本组成的相关知识； (2) 掌握排放控制系统主要部件结构原理的相关知识； (3) 掌握排放控制系统检修的相关知识	(1) 具有良好的工作责任心和职业道德； (2) 具有安全操作意识和良好的环境保护意识； (3) 培养学生的团队协作精神

【任务导入】

一辆丰田锐志轿车，VIN 号为 LFMBE22D890166346，装备 2.5L V6 发动机，A960E 6 速自动变速器，行驶里程为 45119 公里。车辆在正常行驶的过程中，发动机故障指示灯突然点亮。据用户反映，此故障已检修过多次，每次都是清除故障码后，行驶一段时间就再次点亮发动机故障指示灯。

【任务分析】

首先使用丰田专用检测仪 IT - II 进行检测，存在故障码 P0430（二号汽缸侧催化系统效率低于限制）。根据故障产生的机理分析可知，能够引起该故障的原因主要有 2 号前排气歧管（带三元催化器）、排气管前节漏气、2 号气缸侧的空燃比传感器、2 号气缸侧的加热型氧传感器。维修技师根据以上分析对排放控制系统进行检修。

【建议学时】

12 学时。

【教学设计】

步骤	学习内容	教学方法	教学手段	学生活动	时间分配
告知	本项目的知识目标和能力目标	讲授法	多媒体	听讲	20 min
导入	系统排气控制的功能、组成及类型，排气控制系统主要部件的结构原理	小组讨论法 启发法 讲授法	分组讨论 多媒体	学生相互交流 代表发言 互相点评	180 min
操练	排气控制系统性能检测与故障诊断	讲授法 提问法 演示法 实训法	实车讲解	听讲 观察 回答问题 动手操作	180 min
深化	创建电控发动机系统排气控制的工作过程简图	讲授法 提问法	多媒体 卡片	听讲 回答问题 画图	60 min
归纳	学生以组为单位讲述自己的认知结果，分析该项目的知识点和技能点，教师给出评价	小组讨论法 启发法	分组讨论	学生相互交流 代表发言 互相点评	80 min
总结	教师解答问题并作总结	讲授法	多媒体	听讲	20 min
作业	教师布置：完成工作页	练习法	工作页	完成工作页	课后完成

【学习资讯】

1. 三元催化转化器(TWC)和空燃比(A/F)的反馈控制

1) 三元催化转化器

三元催化转化器是现代汽车普遍采用的排气净化装置，它装在排气管上，如图 3-124 所示。它能把发动机排出的废气中的有害气体转化成无害气体。

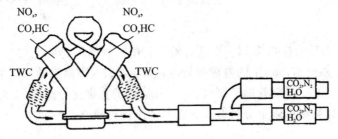

图 3-124　三元催化转化器安装位置示意图

三元催化转化器的催化剂是铂(或钯)和铑的混合物，它不仅能将 HC 氧化成 CO_2 和 H_2O，而且能促使 NO_x 和 CO 发生反应而转变成 CO_2 和 N_2。从三元催化转化器转化效率与空燃比(A/F)的关系图(见图 3-125)可知：只有发动机在标准的理论空燃比等于 14.7 时，三元催化转化器的转化效率才最佳。因此必须保持对空燃比进行精确的控制，使其保持在理论值附近很窄的范围内。

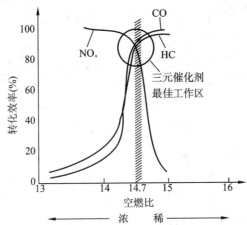

图 3-125　三元催化转化器转化效率与空燃比的关系图

图 3-126 为网格型三元催化转化器，其外观像一个排气消声器(也起消声器作用)。壳体用耐高温、耐腐蚀的材料制成，内部装有催化床。它装在靠近发动机的排气管位置上。其寿命可达 8~10 万公里，催化床内的触媒是将催化剂附着在直径为 2~4 mm 的 Al_2O_3 载体表面的颗粒。铂能促使 CO、HC 氧化，而铑则能加速 NO_x 的还原。催化剂表面的活性作用是由排气热量激发的，其作用温度范围以活化开始温度(250℃)为下限，以过热引起催化剂故障的极限温度(1000℃)为上限。保持催化剂高净化率、高使用寿命的使用温度范围为 400~800℃。

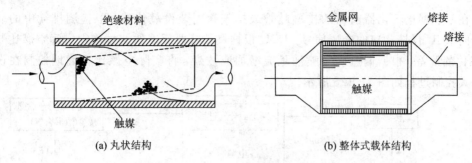

(a) 丸状结构　　　　　　　(b) 整体式载体结构

图 3-126　三元催化转化器的外观结构

　　三元催化转化器常见的故障是：堵塞引起排气不畅，催化剂过热老化、失效等。其原因可能是：炭灰的积聚、污染、催化芯子熔化、陶瓷芯子破裂、催化剂过热、汽油的品质不佳及含铅量超标、烧机油、是否合理使用等。测试三元催化转化器性能好坏的最精确方法是用五气分析仪测量排气管废气。三元催化转化器有故障时，会导致废气中的 HC、CO 和 NO_x 成分的含量升高。发动机其他控制系统，如燃油系统、点火系统和排放系统，也会影响排放废气成分。

　　三元催化转化器性能好坏也可通过测试催化转化器的温度来判断。测试时，将数字高温计的仪表探针放在催化转化器的进气口与出气口，以测量其温度。如果工作正常，出气口温度应比进气口温度至少高出 38℃。如果出气口温度与进气口温度差值低于 38℃，则表明催化转化器工作不良，应将其更换或进行修理。

　　有的汽车在催化转化器的下游加装了一个氧传感器，其目的是监测三元催化转化器的工作。这一氧传感器的信号被 ECU 用作自诊断的依据（见图 3-127）。一旦催化转化器失效，自诊断系统将闪亮故障指示灯。用示波器或发动机分析仪测试上下游两个传感器的信号波形，也可以检测催化转化器。

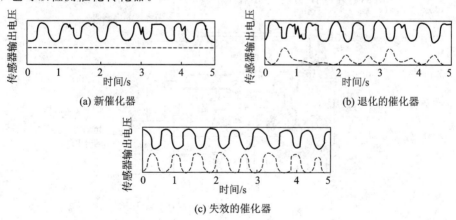

(a) 新催化器　　　　　　(b) 退化的催化器

(c) 失效的催化器

图 3-127　三元催化转化器性能监测

　　2）空燃比（A/F）反馈控制

　　在发动机开环控制过程中，ECU 是根据转速、进气量、进气压力、进气温度等信号确定喷油量，从而控制混合气空燃比的。因为控制系统属于开环控制，所以控制过程中很难将实际空燃比控制在 14.7 附近很窄的范围内。为了将实际空燃比精确地控制在 14.7 附近，发动机控制系统中现已普遍采用了由氧传感器组成的空燃比反馈方式，即闭环控制方式。在三元催化转化器前面的排气歧管或排气管内装设氧传感器，检测排气中的氧气含量，向 ECU 反馈相应的电压信号。ECU 根据氧传感器反馈的信号确定实际空燃比与理论空燃比的偏差，根据偏差确定喷油量应增加或减少，将实际空燃比精确地控制在设定值处。其控制过程如图 3 - 128 所示。

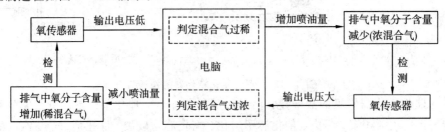

图 3 - 128　空燃比反馈控制过程

采用闭环控制的实质是保持空燃比在 14.7 附近，在非理论空燃比运行工况采用开环控制。发动机进入开环还是闭环控制，均由 ECU 根据有关输入信号确定。在下列工况 ECU 采用开环控制：① 怠速运转；② 节气门全开，大负荷；③ 减速断油；④ 发动机起动；⑤ 发动机冷却水温低或氧传感器温度未到达工作温度；⑥ 氧传感器失效或其线路出现故障时。

2. 废气再循环系统(EGR)

废气再循环就是在 ECU 控制下，根据发动机的不同工况，将一部分废气引入进气管，与新鲜可燃混合气混合后，再进入气缸燃烧，从而降低了燃烧速度和温度，减少了 NO_x 生成量。目前，按废气再循环有无，反馈控制可分为开环控制废气再循环系统和闭环控制废气再循环系统。

1) 开环控制废气再循环系统的结构与工作原理

如图 3 - 129 所示，开环控制废气再循环系统主要由 EGR 阀和 EGR 电磁阀等组成。

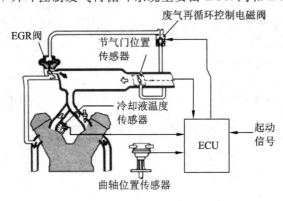

图 3 - 129　开环控制 EGR 系统

EGR 阀安装在废气再循环真空通道中，用以控制废气再循环量。如图 3 - 130 所示，作用在废气再循环阀真空室内的真空度愈大，阀的开度就愈大，再循环的废气量也愈大。

EGR 电磁阀用于控制循环阀真空通道的真空度，其结构如图 3 - 131 所示，它主要由阀体、阀芯、弹簧和电磁线圈等组成。当废气再循环控制电磁阀的电磁线圈通电时，阀芯在磁场力的作用下移，通大气阀口关闭，进气歧管与废气再循环阀真空室相通；当废气再循环控制电磁阀的电磁线圈不通电时，阀芯被弹簧顶紧，真空通道被截断，而此时通大气阀口开启,废气再循环阀真空室与大气相通。

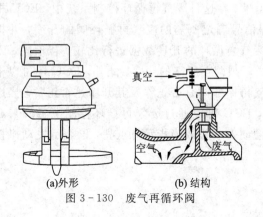

(a)外形   (b)结构
图 3-130 废气再循环阀

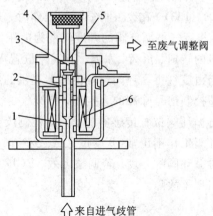

⇨ 至废气调整阀

真空→

空气   废气

⇧ 来自进气歧管

图 3-131 废气再循环控制电磁阀结构
1—真空通道;2—弹簧;3—阀芯;4—阀体;
5—通大气阀口;6—电磁线圈

ECU 根据空气流量传感器、节气门位置传感器、水温传感器、发动机转速传感器等信号,控制 EGR 电磁阀电磁线圈的通断。当 ECU 不给 EGR 电磁阀电磁线圈通电时,控制 EGR 阀的真空通道接通,EGR 阀开启,进行废气再循环;当 ECU 给 EGR 电磁阀电磁线圈不通电时,控制 EGR 阀的真空度通道被切断,EGR 阀关闭,停止废气再循环。下列工况 ECU 取消废气再循环:① 发动机处于起动状态;② 发动机水温低于 50℃;③ 节气门位置传感器的怠速触点接通;④ 发动机低速、小负荷运转(转速低于 1000 r/min 左右);⑤ 发动机高速运转(转速高于 4500 r/min);⑥ 突然加速或减速。

2) 闭环控制废气再循环系统的结构与工作原理

在开环控制的废气再循环系统中,EGR 率只受 ECU 预先设置好的程序控制,ECU 不检测发动机各种工况下的 EGR 率,因此无反馈信号;而在闭环控制的废气再循环系统中,ECU 以 EGR 率传感器的反馈信号实现闭环控制,其控制框图如图 3-132 所示。发动机排气中的一部分(回流废气)经控制阀进入稳压箱,稳压箱上 EGR 率传感器对稳压箱中新鲜空气与废气形成的混合气不断地进入氧气浓度检测,并将检测结果输入 ECU。ECU 对该输入信号进行分析计算后,向废气再循环控制阀输出控制信号,不断调整 EGR 率,使废气再循环的 EGR 率时刻保持在理想值上,从而有效减少氮氧化合物的排放量。

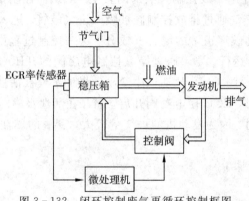

图 3-132 闭环控制废气再循环控制框图

　　有些车型(如福特汽车)发动机的废气再循环阀内设置有一个废气再循环阀位置传感器(见图 3 - 133)。在废气再循环阀工作时,其膜片带动废气再循环阀位置传感器的滑动触点移动,将废气再循环阀的开度转变为电压信号。在这种废气再循环控制系统中,ECU 根据发动机的转速、负荷、水温、节气门位置等信号确定所需的废气再循环阀的开度,并把该开度与由废气再循环阀位置传感器提供的废气再循环的开度数据进行比较。若不同,ECU 便调整控制信号脉冲的占空比,将废气再循环阀调至所需的开度。此外,ECU 还可以根据废气再循环阀位置传感器的信号,检测废气再循环阀是否工作及其开度是否正常。当废气再循环阀工作不正常(开度过大或过小)时,ECU 可以通过废气再循环控制电磁阀来调整废气再循环阀的开度。若调整无效,ECU 便使发动机故障指示灯点亮,以表示发动机控制系统出现了故障。

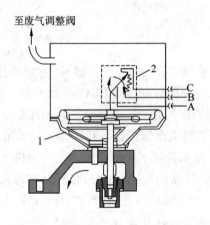

图 3 - 133　　废气再循环阀位置传感器

1—废气再循环阀;2—废气再循环阀位置传感器

3. 燃油蒸发控制系统(EVAP)

　　燃油蒸发控制系统的作用是收集汽油油箱内蒸发的汽油蒸气,并将汽油蒸气导入气缸参加燃烧,从而防止汽油蒸气直接排出大气而造成污染。同时需根据发动机工况,控制导入气缸参加燃烧的汽油蒸气量。

　　如图 3 - 134 所示,发动机工作时,ECU 根据发动机转速、温度、空气流量等信号,控制炭罐电磁阀的开闭来控制排放控制阀上部的真空度,从而控制排放控制阀的开度。当排放控制阀打开时,燃油蒸气通过排放控制阀被吸入进气歧管。进入进气歧管的回收燃油蒸气量必须加以控制,以防破坏正常的混合气成分。这一控制过程由 ECU 根据发动机的水温、转速、节气门开度等运行参数,通过操纵控制电磁阀的开闭来实现。在发动机停机或怠速运转时,ECU 使电磁阀关闭,从油箱中逸出的燃油蒸气被活性炭罐的活性炭吸收。当发动机以中、高速运转时,ECU 使电磁阀开启,储存在活性炭罐内的燃油蒸气经过真空软管后被吸入发动机。此时,因为发动机的进气量较大,少量的燃油蒸气不会影响混合气的成分。

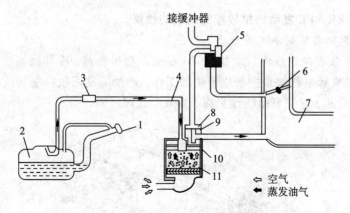

图 3-134 燃油蒸发控制系统

1—油箱盖；2—油箱；3—单向阀；4—排气管；5—炭罐控制电磁阀；

6—节气门；7—进气道；8—真空阀；9—排放控制阀；10—定量排放孔；11—活性炭罐

4. 二次空气喷射系统(AI)

二次空气喷射系统的主要功用是在冷起动时，ECU 根据发动机温度，控制新鲜空气送入排气管，促使废气中的 CO 和 HC 进一步氧化，从而降低 CO 和 HC 的排放量，同时加快三元催化转化器的升温。

如图 3-135 所示，二次空气喷射系统所需空气由空气滤清器提供，受二次空气阀的控制，送入各缸的排气门附近。点火开关接通后，蓄电池向二次空气电磁阀供电，ECU 控制电磁阀搭铁回路。ECU 给电磁阀通电时，来自进气歧管的真空度作用于二次空气阀真空室，将二次空气阀的膜片阀吸起，使二次空气进入排气管；当二次空气电磁阀不通电时，则将关闭通向二次空气阀真空室的真空通道，膜片阀弹簧推动膜片下移，关闭二次空气供给通道。二次空气喷射系统只能将 CO 和 HC 转化为 H_2O 和 CO_2，不能还原 NO_x。

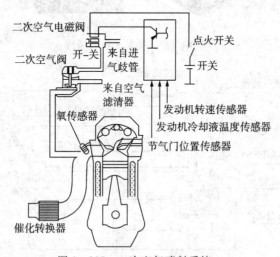

图 3-135 二次空气喷射系统

【任务实施】

下面以丰田卡罗拉 1ZR-FE 发动机为例来讲解排放控制系统检修相关内容。

1. 卡罗拉 1ZR‑FE 发动机排放控制系统的检修

1）燃油蒸发回收控制系统的检修

燃油蒸发回收控制系统由发动机 ECM 根据发动机转速、冷却液温度、节气门开度等运转参数，通过炭罐电磁阀来控制该系统的工作。燃油蒸发回收控制系统的组成与零件位置如图 3-136 所示。它主要由活性炭罐、炭罐电磁阀组成。

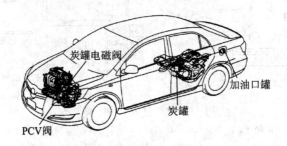

图 3-136 燃油蒸发排放控制系统组成与零件位置

活性炭罐安装在后排座椅坐垫总成下方，后地板检修孔盖的位置。活性炭罐的结构如图 3-137 所示，活性炭罐的工作原理如图 3-138 所示。

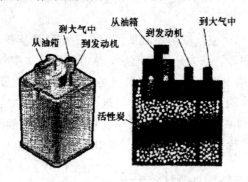

图 3-137 活性炭罐的结构

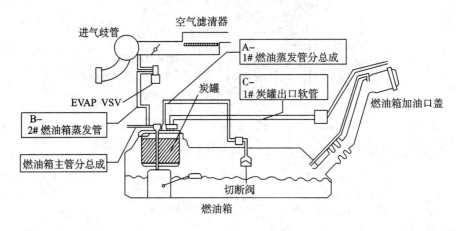

图 3-138 活性炭罐的工作原理

炭罐电磁阀安装在发动机后方，与缸盖通过一个连接架连接，炭罐电磁阀控制从活性炭罐到进气管的燃油蒸气通道。它是占空比控制型真空电磁阀，其结构与线束端子的含义如图 3 - 139 所示。

　　(1) 炭罐电磁阀的检修(炭罐电磁阀的电路图见图 3 - 140 所示)。

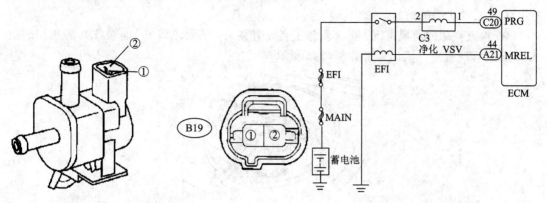

图 3 - 139　炭罐电磁阀的线束端子　　　　图 3 - 140　炭罐电磁阀电路图

　　① 检查电磁阀的工作状况。

　　· 起动发动机至正常工作温度,并使之怠速运转。

　　· 拔下电磁阀与炭罐连接的真空软管,用手检查有无真空吸力。标准值:当系统工作正常时,在发动机怠速运转中,电磁阀应不通,无真空吸力。使发动机转速保持在 2000 r/min,再次检查有无真空吸力,有吸力时说明正常;无吸力时应检查电磁阀线束插头内的电源电压。

　　② 检查电磁阀的电阻。

　　· 拔下电磁阀线束插头。

　　· 用万用表电阻档测量电磁阀端子 1 和 2 之间的阻值,如果结果不符合规定,则更换占空比控制型真空开关阀。规定阻值:23~26 Ω(20℃)。

　　③ 检查电磁阀的电源电压。

　　·关闭点火开关。

　　· 拔下电磁阀线束插头。

　　· 打开点火开关,用万用表电压档测量电磁阀线束端子 2 与车身搭铁之间的电压。标准电压:9~14 V;

　　· 重新连接电磁阀线束插头。

　　④ 检查电磁阀导通情况。

　　· 拔下电磁阀线束插头,向电磁阀 E 口吹气,F 口应不通,如图 3 - 141(a)所示。

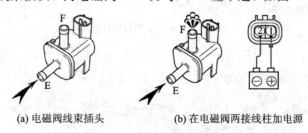

(a) 电磁阀线束插头　　　　(b) 在电磁阀两接线柱加电源

图 3 - 141　检查电磁阀导通情况

• 将电源加在电磁阀两接线柱上，再向电磁阀 E 口吹气，F 口应通气，如图 3 - 141(b)。如果导通情况不符合规定，则更换占空比控制型真空开关阀。

（2）活性炭罐的检修。

① 检查炭罐的通风情况。拆下炭罐上各软管接头，关闭端口 B，向端口 A 施加压缩空气，端口 C 应有空气流出，如图 3 - 142 所示。

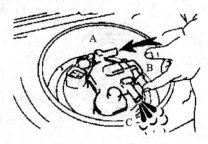

图 3 - 142　检查炭罐的通风情况

② 检查单向阀。

• 拆下炭罐各软管接头，关闭端口 C，向端口 A 施加压缩空气，端口 B 应有空气流出，如图 3 - 143 所示。

• 关闭端口 C，用手持式真空泵向端口 A 施加真空，开始时真空将保持不变。逐渐增大真空，真空达到规定值后，端口 B 开始有空气流出且真空减小，如图 3 - 144 所示。

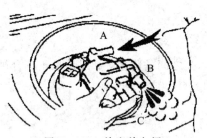
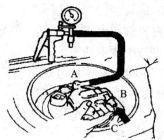

图 3 - 143　检查单向阀　　　　　　图 3 - 144　检查单向阀

③ 检查与更换周期。当单向阀堵塞时，炭罐就不再正常工作，这样燃油蒸气就排到大气中，所以一般每隔 40 000 km 或 2 年需要对炭罐进行检查或更换。

2）三元催化转化器的检修

1ZR - FE 发动机排气系统主要由排气歧管、三元催化转化器、消声器、排气总管、排气管连接件和支架等组成，如图 3 - 145 所示。其中三元催化转化器集成在前排气管总成中，消声器位于车辆中部。

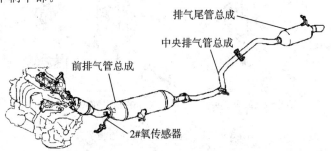

图 3 - 145　1ZR - FE 发动机排气系统的组成及零部件位置

三元催化转化器用来降低 HC、CO 和 NO_x 的排放量，它类似消声器，它的外面用双层薄不锈钢板制成筒形，在双层薄板夹层中装有绝热材料——石棉纤维毡，内部在网状隔板中间有净化剂。净化剂由载体和催化剂组成，载体一般由 Al_2O_3 制成，其形状有球形、多棱体形和网状隔板等。催化剂用的是金属铂、铑、钯，将其中一种喷涂在载体上，就构成了催化剂。

检查三元催化转化器堵塞的方法如下：

（1）温度测试法。在发动机运转时，检测排气管温度，一般三元催化转化器出气口温度高于进气口温度 40℃ 左右，即使发动机处于怠速也应高出 10℃ 左右，否则说明三元催化转化器可能堵塞。

（2）氧传感器信号测试法。对比三元催化转化器前后氧传感器信号波形，若前后氧传感器波形一样，则说明三元催化转化器堵塞。

（3）尾气分析测试法。通过尾气分析仪对发动机尾气进行检测，若三种有害排放物高，则说明三元催化转化器损坏。

（4）排气管背压测试法。使用压力表检测发动机排气管背压，若排气管背压过高，则说明三元催化转化器可能发生堵塞。

3）曲轴箱强制通风系统的检修

曲轴箱强制通风系统根据发动机工况将曲轴箱内的气体通过一个单向导通的机械阀（PCV 阀）引入进气歧管内，并有少量的空气由空气滤清器经 PCV 阀直接进入进气歧管，这就避免了进气门处结冰、燃烧不充分、排放恶劣等现象，防止窜气进入大气，同时防止机油变质。1ZR-FE 发动机的曲轴箱强制通风系统主要由 PCV 阀和连接软管组成。PCV 阀由柱塞式阀门、弹簧和壳体组成。PCV 阀的检修方法如下：

（1）检查 PCV 的工作情况。

① 拆下 PCV 阀，并使 PCV 阀与发动机气缸盖罩处软管连通。

② 起动发动机，让发动机怠速。

③ PCV 阀接口处应能明显感觉有真空吸力。

（2）检查 PCV 阀是否堵塞。

① 向气缸盖侧吹空气，检查并确认空气畅通，如图 3-146(a)所示。

② 向进气歧管侧吹入空气，检查并确认空气流通困难，如图 3-146(b)所示。如果不符合规定，则更换 PCV 阀。

③ 也可以将拆下的 PCV 阀用手摇动检查，若听到有"咔哒"声，则说明 PCV 阀灵活可用。

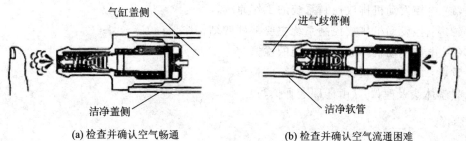

(a) 检查并确认空气畅通　　　　　　　　(b) 检查并确认空气流通困难

图 3-146　检查 PCV 阀是否堵塞

【考核评价】

考核评价表

目标	评价要素	评价标准	评价依据	考核方式		权重	评分
知识	基本知识	知识的要求	个人作业 课堂笔记 课堂练习 小组作业 期末考试	学生自评		10％	
				教师评定		10％	
				学生互评		10％	
能力	基本技能	正确描述电控发动机排放控制系统的组成与工作原理；能够描述电控发动机排放控制系统主要构件的结构原理；能够对电控发动机排放控制系统进行检修	实践练习 小组作业 学生作业单	教师评定	动手能力	15％	
					作业单的填写	15％	
素质	学习态度	遵守纪律，积极参与课堂教学活动，按时完成作业，按要求完成准备	课堂表现记录，考勤表，同学及教师观察，课堂笔记	学生自评		10％	
				小组互评			
				教师评定			
	沟通协作管理	乐于请教和帮助同学，协调小组活动，配合教师教学管理，做好教室值日工作，做好课前准备和课后整理	小组作业，小组活动记录，自评及互评记录，值日记录，同学及教师观察	学生自评		15％	
				小组互评			
				教师评定			
	创新精神	有自主学习计划，在作业练习中能提出问题和见解，对教学或管理提出意见和建议，积极参与小组活动方案设计	个人作业，自主学习计划，学习活动，个人口头或书面提议	学生自评		15％	
				小组互评			
				教师评定			

【教学小结】

难点：

(1) 电控发动机排放控制系统的工作原理；

(2) 电控发动机排放控制系统主要部件的结构原理；

(3) 电控发动机排放控制系统的检修。

重点：电控发动机排放控制系统的检修。

教学体会及建议：（由任课老师撰写）

模块四

汽车自动变速器检修

情境一

液力自动变速器结构及使用

任务　液力自动变速器的结构及使用

【学习目标】

教学能力目标	专业能力目标	专业知识目标	专业素质目标
(1) 能够参考相关资料并借助教学课件等清楚描述液力自动变速器的基本组成和原理； (2) 能够结合车辆，引导学生正确使用液力自动变速器	掌握液力自动变速器的使用方法	(1) 了解液力自动变速器的特点； (2) 掌握液力自动变速器的分类、组成和基本原理	(1) 具有良好的工作责任心和职业道德； (2) 具有安全操作意识和环境保护意识； (3) 培养学员的团队协作精神

【任务导入】

　　一辆 2005 款帕萨特汽车，由一年轻司机驾驶，经常急加速超车，并且更有甚者，在下坡时，为了降低车速，常常采用从 D 位移至 3 或 2 的方法，结果导致多片离合器烧伤损坏，到专修店花费 1.8 万元维修费才得以修复。

【任务分析】

　　自动变速器操纵杆的位置有：P、R、N、D、3、2(S)、1(L)，代表变速器不同的状态和换挡范围，D 为正常的前进挡，可以换至所有前进挡，从 D 依次向 3、2(S)、1(L)，高挡逐渐减少，换挡范围越来越小，在高速时，从 D 位换至 3、2(S)、1(L)，就相当于手动变速器在 5 挡行驶，突然换至 3、2、1 挡一样，会导致变速器强烈冲击，甚者损坏变速器。

【教学时数】

　　2 学时。

【教学设计】

步骤	学习内容	教学方法	教学手段	学生活动	时间分配
导入	任务导入	视频、PPT 演示，讲解，引入任务	视频PPT	听讲	3 min

步骤	学习内容	教学方法	教学手段	学生活动	时间分配
讲解	任务分析	视频、PPT 演示，结合自动变速器总成分析任务	案例 引导 分析	讨论 查阅资料 小组代表发言	5 min
小组作业	教学准备	先集中讲解任务，提出要求，然后分组，领用工具	实物讲解	分组准备	8 min
讲解	相关知识： （1）自动变速器的特点； （2）自动变速器的分类、组成及原理	对照实物，教师集中讲解	PPT 实物 讲解	听讲 思考 发言	5 min 24 min
小组作业操练	任务实施： 自动变速器的使用	学生熟悉结构并使用自动变速器	实物	分组操练 完成任务	30 min
评价演示	教学测评	内容见后	任务实施成果	小组互评 教师评定	10 min
讲解演示	教学小结	内容见后	提问 总结	讨论 总结	5 min
课后作业	布置作业	练习	课后思考	完成课后思考	课后完成

【教学资讯】

1. 自动变速器的特点

1）自动变速器的优点

手动变速器因采用机械齿轮传动，故工作可靠，结构简单，传动效率高。但是，因其动负荷大，易使零件过早地磨损，特别是手动变速器要求在外界条件比较复杂的情况下，频繁地操纵离合器和换挡，使驾驶员易于疲劳，不利于行车安全。汽车上装用自动变速器后，与手动变速器相比，具有以下几个明显的优点：

（1）整车具有更好的驾驶性能。消除了频繁的离合器操作和换挡，使驾驶操作简单、省力、方便。

（2）提高了汽车的动力性和平均车速。能自动适应行驶阻力的变化，在一定范围内实现无级变速，各种运行条件下能以最佳挡位行驶。

（3）提高了汽车行驶的平顺性。能吸收和衰减换挡过程中的冲击与震动，起步、加速更加平稳。

（4）提高了发动机的工作稳定性。降低了排放，可避免因外界负荷突增而造成发动机工作不稳或熄火的现象。

（5）较好的行车安全性。不需频繁地换挡，驾驶员的精力更集中，驾驶疲劳程度大幅减轻。

（6）有利于延长零件使用寿命。因采用液力传动，发动机和传动系统是"液力弹性"连接的，能减缓接合冲击，减轻传动系负担。

2）自动变速器的不足之处

自动变速器也有其不足之处，具体表现如下：

（1）结构较复杂。

（2）传动效率低，经济性有待提高。

自动变速器虽说结构复杂，传动效率低，但因其有很大的优越性和使用潜力，故在现代汽车上广泛使用，并呈上升趋势。

2. 自动变速器的分类

按照不同的分类方式可将自动变速器分为不同的类别，如下所述：

按驱动方式分 $\begin{cases} \text{后驱动自动变速器} \\ \text{前驱动自动变速器（自动驱动桥）} \\ \text{四驱动自动变速器} \end{cases}$

按前进挡的挡位数分 $\begin{cases} \text{3 个前进挡} \\ \text{4 个前进挡} \\ \text{5 个前进挡（少数为 6、7、8 挡）} \end{cases}$

按机械变速器的类型分 $\begin{cases} \text{行星齿轮式自动变速器} \\ \text{平行轴式自动变速器} \end{cases}$

按控制方式分 $\begin{cases} \text{电子控制自动变速器} \\ \text{液压控制自动变速器} \end{cases}$

按结构和传动原理不同分 $\begin{cases} \text{液力自动变速器} \\ \text{无级变速器 CVT} \\ \text{机械自动变速器 AMT 及双离合式自动变速器} \end{cases}$

3. 电控液力自动变速器的组成

自动变速器按控制方式分为液压控制自动变速器和电控自动变速器两大类。从 20 世纪 90 年代起，电控自动变速器的使用越来越多，而液压控制自动变速器的使用越来越少，并逐渐被淘汰。实际上，自动变速器总体来说由两大部分组成，即无级变速的液力变矩器和有限挡位的机械变速器。具体地说，液压控制自动变速器主要由液力变矩器、齿轮变速传动系统、液压控制系统和手控连杆机构、散热系统、工作液、壳体等辅助装置组成。对于电控自动变速器，则是在上述组成部分的基础上附加了包括传感器、ECU 和电磁阀在内的电控系统，如图 4-1 所示。

1）液力变矩器

液力变矩器安装在发动机与机械变速器之间，将发动机扭矩传递给机械变速器输入轴。与普通离合器的区别是，它靠液力传动来传递扭矩，并能改变发动机扭矩，实现无级变速，如图 4-2 所示。

2）齿轮变速传动系统

齿轮变速传动系统可提供不同的传动比，形成自动变速器不同的挡位。它由液压控制系

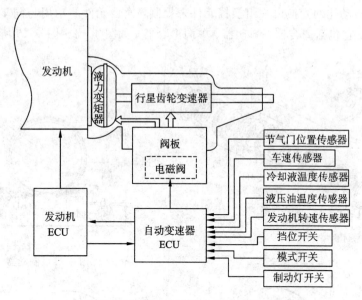

图 4 - 1　电控液力自动变速器控制原理

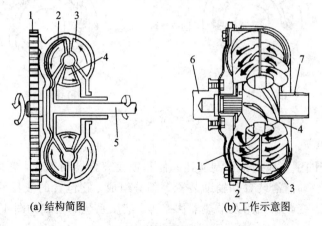

(a) 结构简图　　　　　　(b) 工作示意图

图 4 - 2　液力变矩器

1—飞轮；2—蜗轮；3—泵轮；4—导轮；5—变矩器输出轴；6—曲轴；7—导轮固定套管

统通过换挡元件控制不同的传动路线，即可实现不同挡位的转换。绝大部分齿轮变速传动系统采用行星齿轮机构进行变速，也有少数采用平行轴式齿轮机构变速，如图 4 - 3 所示。

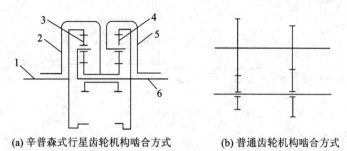

(a) 辛普森式行星齿轮机构啮合方式　　　　(b) 普通齿轮机构啮合方式

图 4 - 3　齿轮机构

1—前排齿圈；2—太阳轮；3—前行星架；4、5—后行星架；6—前行星架和后齿圈组件

　　齿轮系统传动比的变换由一组换挡元件来控制，换挡元件的功用与同步器相似，但受液压系统控制。它包括离合器、制动器、单向离合器，如图4-4～图4-6所示。

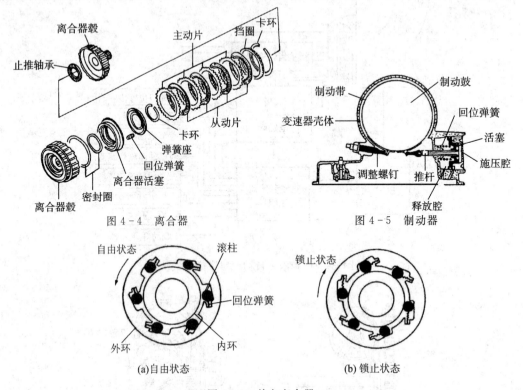

图4-4　离合器　　　　　　　　　　　图4-5　制动器

图4-6　单向离合器

　3）液压控制系统

　　液压控制系统的主要作用是控制换挡元件和锁止离合器的工作，它由供油机构、调压机构、操纵机构、冷却润滑装置和辅助装置等部分组成。它包含的液压回路有液压操纵回路、润滑回路、液力变矩器回路及散热器回路等。液压系统的组成如图4-7所示。

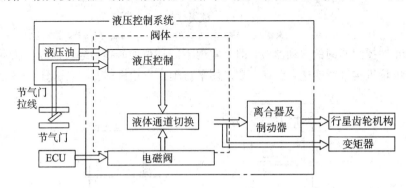

图4-7　液压控制系统的组成

　4）电子控制系统

　　电子控制系统与液压控制系统合称为电液控制系统。电子控制系统包括各类传感器、电控单元及执行器等，如图4-8所示。

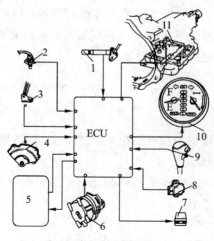

图 4 - 8　电子控制系统

1—输入轴转速传感器；2—车速传感器；3—液压油温度传感器；4—挡位开关；5—巡航电子控制单元；
6—发动机转速传感器；7—自诊断插座；8—节气门位置传感器；9—超速挡开关；10—仪表板；11—电磁阀

5）辅助装置

（1）手控连杆机构。连杆机构是自动变速器操纵杆，由驾驶员根据本人意愿操纵行车方式，限制最高挡位，提供驻车挡，如图 4 - 9 所示。在传统车的自动变速器中，还有一根节气门拉线，连接自动变速器中的节气门调压阀。

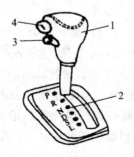

图 4 - 9　自动变速器操纵杆

1—选挡杆；2—挡位；3—超速挡开关或保持开关；4—锁止按钮

（2）散热系统。散热系统大都与自动变速器分开而自成一体，也有与自动变速器合二为一的，主要用于通过工作液散发自动变速器在工作过程中产生的热量。

（3）工作液。工作液即自动变速器油，又名 ATF。工作液充满于自动变速器内腔，并作为工作介质传递液力变矩器的扭矩，控制液压控制系统和行星齿轮系统中换挡元件的动作，同时在自动变速器和散热系统之间循环流动，起润滑、清洗、冷却作用，也起防尘作用。

（4）壳体。壳体即变速器外壳，容纳变速器各部分元件，并将之固定在发动机、传动系统和车身之间，同时也起散热和防尘作用。

4. 电控自动变速器的基本工作原理

电子控制自动变速器的基本工作原理如图 4 - 1 所示。传感器采集发动机节气门开度、车速、冷却液温度、变速器工作液温度、制动等信号参数，并将其转换为电信号后输送到自动变速器 ECU，ECU 经运算处理后，按照设定的换挡程序向电磁阀发出控制指令，电磁阀操纵阀板中的换挡阀动作，通过液压控制换挡元件的工作状态，从而改变齿轮系统的传动路线及传动比实现自动换挡。对于液压控制自动变速器，由于无电控系统，因此通过节气门阀和速控阀将节气门和车速转变成油压控制信号，来控制换挡阀的动作，从而控制换挡元件的工作状态，实现齿轮系统的自动换挡。

【任务实施】

1. 挡位使用

自动变速器换挡操纵装置的类型有按钮式、拉杆式，换挡操纵杆通常有 4～7 个位置，7 个位置功能如下：

P：驻车挡，变速器内部为空挡，在汽车静止不动的情况下允许发动机运转，同时锁止变速器输出轴，以防止汽车溜车。

R：倒挡，使汽车反向行驶。

N：空挡，在汽车静止并没有锁止变速器输出轴的情况下，允许发动机运转。

D：驱动挡，挡位可以从 1 挡变到最高挡。最高为超速挡，此时传动比最高，在高速巡航条件下，可以适当降低发动机转速，使油耗降低，排放污染下降。

S：中速挡，禁止升入高速挡，有发动机制动功能。

L：低速挡，在恶劣条件下提供足够的扭矩，不能升挡，有发动机制动功能。

2. 自动变速器的使用

为充分发挥自动变速器的性能优势，防止因使用操作不当而造成早期损坏，在驾驶装用自动变速器的汽车时，应注意以下几点：

（1）在驾驶时，如无特殊需要，不要将操纵手柄在 D 位、S 位、L 位之间来回拨动。

特别要禁止在行驶中将操纵手柄拨入 N 位（空挡）或在下坡时用空挡滑行，否则，由于发动机怠速运转，自动变速器内由发动机驱动的油泵出油量减少，而自动变速器内的齿轮等零件在汽车的带动下仍作高速旋转，这样这些零件会因润滑不良而损坏。

（2）挂上挡行驶后，不应立即猛烈地一脚踩油门踏板到底。在行驶中，当自动变速器自动升挡或降挡的瞬间，不应再猛烈地加踩油门踏板，否则，会使自动变速器中的摩擦片、制动带等受到严重损坏。

（3）当汽车还没有完全停稳时，不允许从前进挡换至倒挡，也不允许从倒挡换到前进挡，否则会损坏自动变速器中的摩擦片和制动带。

（4）一定要在汽车完全停稳后才能将操纵手柄拨入停车挡位；否则自动变速器会发出刺耳的金属撞击声，并损坏停车锁止机构。

（5）要严格按照标准调整好发动机怠速，怠速过高或过低都会影响自动变速器的使用效果。怠速过高，会使汽车在挂挡起步时产生强烈的闯动；怠速过低，在坡道上起步时，若松开制动后没有及时加油门，汽车会后溜，增加了坡道起步的操作难度。

（6）为了防止不正确的操作造成自动变速器的损坏，大部分车型的自动变速器操纵手柄上都有一个锁止按钮（见图 4-9）。在进行下列换挡操作时，必须按下锁止按钮，否则操纵手柄将被锁而不能移动：

① 由 P 位换至其他任何挡位或由其他任何挡位换至 P 位。

② 由任何挡位换至 R 位。

此外，在汽车行驶中若要在 D 位、2 位（或 S 位）、1 位（或 L 位）等前进挡中变换挡位时，若按"1位→2位→D位"的顺序进行变换（即由低挡位换至高挡位），则可以不受任何车速条件的限制。也就是说，不论车速高低都可按此顺序改变操纵手柄的位置。但是，如果要按"D位→2位→1位"的顺序（即由高挡位换至低挡位）变换操纵手柄的位置，则必须让汽车减速至车速低于相应的升挡车速后才能进行。例如，欲将操纵手柄从D位换至2位，必须在车速降至低于2→3挡的升挡车速后才能进行。如果将操纵手柄由高挡位换至低挡位时车速过高，就相当于人为地手动强制低挡。这样在车速过高时进行强制低挡，不但汽车会受到发动机的强烈制动作用，而且相应的低挡执行机构将因急剧摩擦而损坏。因此，有些车型在进行"D位→2位→1位"的降挡操作时，也必须按下锁止按钮，否则操纵手柄将被锁住而无法由高挡位向低挡位移动。

【考核评价】

考核评价表

目标	评价要素	评价标准	评价依据	考核方式		权重	评分
知识	基本知识	（1）了解液力自动变速器的特点； （2）掌握液力自动变速器的分类、组成和基本原理	个人作业 课堂笔记 课堂练习 小组作业 期末考试	学生自评		10%	
				教师评定		10%	
				学生互评		10%	
能力	基本技能	掌握液力自动变速器的使用方法	实践练习 小组作业 学生作业单	教师评定	动手能力	15%	
					作业单的填写	15%	
素质	学习态度	遵守纪律，积极参与课堂教学活动，按时完成作业，按要求完成准备	课堂表现记录，考勤表，同学及教师观察，课堂笔记	学生自评		10%	
				小组互评			
				教师评定			
	沟通协作管理	乐于请教和帮助同学，协调小组活动，配合教师教学管理，做好教室值日工作，做好课前准备和课后整理	小组作业，小组活动记录，自评及互评记录，值日记录，同学及教师观察	学生自评		15%	
				小组互评			
				教师评定			
	创新精神	有自主学习计划，在作业练习中能提出问题和见解，对教学或管理提出意见和建议，积极参与小组活动设计	个人作业，自主学习计划，学习活动，个人口头或书面提议	学生自评		15%	
				小组互评			
				教师评定			

【教学小结】

1. 自动变速器的优点

（1）整车具有更好的驾驶性能。

（2）提高了汽车的动力性和平均车速。

（3）提高了汽车行驶的平顺性。

（4）提高了发动机的工作稳定性，降低了排放。

（5）具有较好的行车安全性。

（6）有利于延长零件使用寿命。

2．自动变速器的缺点

（1）结构较复杂。

（2）传动效率低，经济性有待提高。

3．自动变速器的结构

液压控制液力自动变速器主要由液力变矩器、齿轮变速传动系统、液压控制系统和手控连杆机构、散热系统、工作液、壳体等辅助装置组成。对于电控液力自动变速器，则在上述组成部分的基础上附加电控系统。

4．自动变速器换挡操纵装置

自动变速器换挡操纵装置的类型有按钮式、拉杆式，换挡操纵杆通常有 4～7 个位置，应注意各挡的位置，正确使用。

情境二

液力变矩器检修

任务 液力变矩器的检修

【学习目标】

教学能力目标	专业能力目标	专业知识目标	专业素质目标
(1) 能够清楚描述液力变矩器的基本组成、原理、特性； (2) 能够引导学生维护、检修液力变矩器	能够维护、检修液力变矩器	(1) 了解液力变矩器的功用； (2) 掌握液力变矩器的结构组成； (3) 掌握液力变矩器的动力传递、变矩及锁止离合的原理	(1) 具有良好的工作责任心和职业道德； (2) 具有安全操作意识和环境保护意识； (3) 培养学员的团队协作精神

【任务导入】

一辆丰田牌轿车，冷车踩制动踏板发动机不熄火，当热车踩制动踏板时有熄火现象。本故障是由于变矩器锁止离合器控制电磁阀故障所导致的。冷车时，电磁阀工作正常；热车时，电磁阀过热，踩下制动踏板时，电磁阀虽能接收控制单元信号，但不能改变油路状态。就如同手动变速器踩下制动踏板时不踩下离合器踏板一样，必然导致发动机熄火。

【任务分析】

汽车故障与冷车有关系，可以从以下三个方面考虑：第一考虑油，冷车和热车油的黏度会发生变化，影响流速，可能带来故障；第二考虑电气元件，热车电路中电阻值会发生变化，从而带来故障；第三考虑金属热膨胀，带来配合间隙的变化，也会导致卡滞、泄露等故障。这一切都要建立在了解结构原理的基础上，下面介绍相关知识。

【教学时数】

2学时。

【教学设计】

步骤	学习内容	教学方法	教学手段	学生活动	时间分配
导入	任务导入	视频、PPT 演示，讲解，引入任务	视频 PPT	听讲	3 min

续表

步骤	学习内容	教学方法	教学手段	学生活动	时间分配
讲解	任务分析	视频、PPT 演示，结合变矩器总成分析任务	引导分析	讨论查阅资料发言	5 min
小组作业	教学准备	先集中讲解任务，提出要求，然后分组，领用工具	液力变矩器总成5台、百分表、千分表、专用固定工具各5套	分组准备	8 min
讲解	相关知识：液力耦合器和变矩器	对照实物，教师集中讲解并演示	PPT实物讲解	听讲思考发言	29 min
小组作业、操练	任务实施：变矩器的诊断与检修	学生熟悉结构并维护、检修变矩器	实物讲解	分组操练完成任务	30 min
评价演示	教学测评	内容见后	任务实施成果	互评教师评定	10 min
讲解演示	教学小结	内容见后	提问总结	讨论总结	5 min
课后作业	布置作业	练习	课后思考	完成课后思考	课后完成

【教学资讯】

1. 液力耦合器

液力耦合器是一个液力传动装置，主要由泵轮、蜗轮及壳体三个元件组成。由于耦合器有两个工作轮，对工作液来说，在工作中是受两个力的二力构件系统，因而耦合器就表现为等矩传动的"液力联轴器"，所以在自动变速器中很少采用。

2. 液力变矩器

1）液力变矩器的组成

液力变矩器由以下部件组成：

蜗轮：液力变矩器的输出元件。

泵轮：液力变矩器的输入元件。

导轮：液力变矩器的反应变矩元件。

单向离合器：改变液力变矩器的工作状态。

液力变矩器有三个工作轮，即在泵轮和蜗轮之间附加一个尺寸较小的导轮。导轮通过单向离合器支撑在变速器壳体上，导轮与单向离合器外轮(环)相连，而单向离合器的内轮(环)通过轴固定在变速器壳体上，如图 4-10 所示。由于工作液受三个力的作用，根据力

矩方程式 $M_蜗 = M_泵 + M_导$，可知液力变矩器有改变转矩的功能。

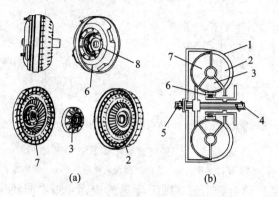

图 4-10　液力变矩器的结构

1—变矩器壳；2—泵轮；3—导轮；4—输出轴；5—输入轴；6—单向离合器；7—蜗轮；8—扭转减振器

2）液力变矩器的工作原理

变矩器工作时，其中的工作液仍然有两种运动，即牵连运动和相对运动。其牵连运动和耦合器中的牵连运动基本一样；但由于导轮对工作液的作用，相对运动的轨迹发生了变化，故变矩器表现出与耦合器不同的工作原理和工作效果，如图 4-11 所示，具体如下：

（1）车辆静止，发动机怠速运转。当发动机怠速时，由发动机产生的转矩为最小值。由于采用制动器制动车辆使车轮固定，因此液力变矩器不能克服载荷使蜗轮旋转。在车辆停车时，蜗轮与泵轮的传动比为零，转矩比则达到最大值，此值叫做失速转矩比。因此，一旦蜗轮的载荷减小，便能迅速地以高转矩旋转。

（2）车辆起步阶段。当释放制动器后，在蜗轮上的载荷减小。随着踩下加速踏板，液力变矩器在小传动比阶段的增矩作用迅速发挥出来，使蜗轮以大于发动机产生的转矩旋转，用于克服车辆起步时的阻力，车辆开始起步。

（3）车辆低速行驶阶段。当车辆低速行驶时，蜗轮的转速小于泵轮的转速，两者转速差较大，工作液在从蜗轮回流至泵轮的过程中冲击到导轮叶片的前面，如图 4-12(a)所示，这时导轮固定不动，工作液反射回流到泵轮叶片的后面，从而增大泵轮的转矩，提高了对蜗轮的输出转矩。由力矩方程式 $M_蜗 = M_泵 + M_导$，因 $M_导 > 0$，可知 $M_蜗 > M_泵$。故变矩器表现为增矩状态。

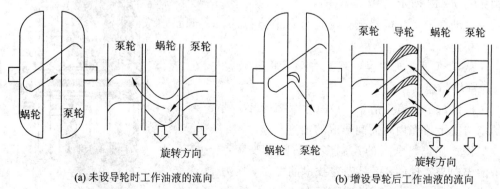

(a) 未设导轮时工作油液的流向　　　(b) 增设导轮后工作油液的流向

图 4-11　工作油液流向示意图

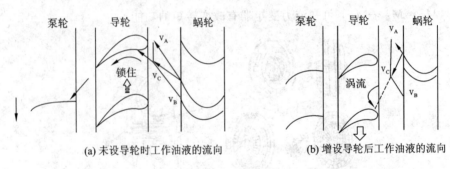

(a) 未设导轮时工作油液的流向   (b) 增设导轮后工作油液的流向

图 4 - 12　不同转速时工作油液的流向

v_A—沿蜗轮叶片流动的工作液速度；v_B—工作液圆周运动速度；v_C—工作液实际循环流动速度

（4）车辆从中速至高速行驶阶段。随着车速的提高，蜗轮的转速也逐渐上升，工作液在从蜗轮回流至泵轮的过程中改变方向，冲击导轮叶片的后面，如图 4 - 12(b) 所示，这时导轮开始旋转，因 $M_蜗＝0$，便有 $M_蜗＝M_泵$，变矩器达到耦合点进入耦合区。

（5）发动机制动阶段。驾驶员在车辆行驶过程中放松加速踏板，泵轮由于与发动机连接，因此和发动机一起以怠速运转，而蜗轮与输出轴连接，其转速与车速有关。在车速较高时，蜗轮的转速将会高于泵轮转速，因而反向带动发动机转速增加（辅助制动挡），产生发动机制动力。

3）锁止离合器

液力变矩器在进入耦合器工作区后没有转矩增大的效果，在泵轮和蜗轮之间还存在着至少 4%～5% 的转速差，导致液力变矩器的传动效率还达不到 100%，存在明显的能量损失。为了防止这种情况的出现，减少燃油消耗，现代汽车的自动变速器都装有带锁止离合器的液力变矩器，在高速时，通过机械方式直接连接泵轮和蜗轮，以便将发动机产生的动力 100% 传递给变速器。

（1）锁止离合器的分类。锁止离合器根据锁止方式的不同，分为机械式锁止离合器、离心式锁止离合器和行星齿轮式锁止离合器三种；根据工作液控制方式的不同，又分为工作液流向控制式和工作液压力控制式两种。

（2）锁止离合器的结构与原理。

① 机械式锁止离合器。机械式锁止离合器的结构如图 4 - 13 所示。

·主动部分：变矩器壳，内表面有摩擦衬片，与泵轮相连；

·从动部分：减振盘、减振弹簧、蜗轮传动板，与蜗轮相连；

·操纵部分：锁止活塞、一面的摩擦衬片、锁止活塞与变矩器壳内表面间形成的油缸。

机械式锁止离合器的控制多数是通过改变工作液的流向来实现的，但是随着技术的发展，压力控制式也越来越多，它通过液压压力的调节，来改变锁止离合器的结合力。

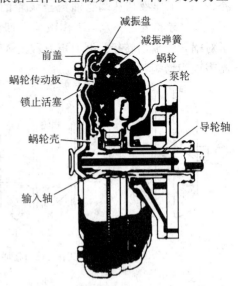

图 4 - 13　机械式锁止离合器的结构

a.锁止离合器的分离。当车辆行驶速度较低时，液压控制系统控制工作液通过变速器输入轴油道流入锁止离合器活塞前部的油缸，从活塞的后部流出进入机油散热器，如图4-14所示。这时在锁止离合器的前后侧的压力相等，于是锁止离合器的活塞向后移动，不与变矩器的壳体接触，锁止离合器处于分离状态。

b.锁止离合器的接合。当车辆以中高速（通常60 km/h以上）行驶时，液压控制系统使工作液通过输入轴和导轮轴的油道从锁止离合器活塞的后部进入变矩器，活塞前部的工作液通过变速器输入轴的油道排出，如图4-15所示。这时，锁止活塞被油压推动压靠在变矩器壳内的前部，与变矩器壳体连成一体并同步旋转，蜗轮和泵轮机械地连接在一起，提高了传动效率。

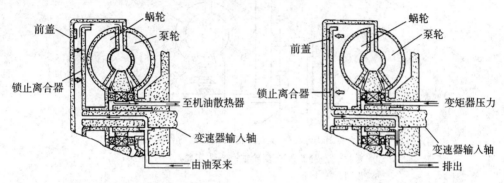

图4-14 锁止离合器的分离　　　　图4-15 锁止离合器的接合

② 离心式锁止离合器。如图4-16所示，离心式锁止离合器通过单向离合器与蜗轮轮毂相连，其外缘通过弹簧（图中未标出）与腹板相连，腹板上固定有若干片摩擦片。

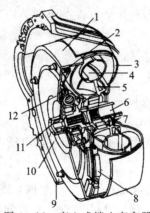

图4-16 离心式锁止离合器

1—变矩器壳体；2—腹板；3—泵轮；4—蜗轮；5—导轮；6—液压泵驱动轴；
7—导轮单向离合器；8—离心式离合器摩擦片；9—启动齿圈固定螺栓；
10—输入轴；11—单向离合器；12—离心式离合器总成

工作原理是：当离合器处于分离状态时，腹板被弹簧拉向离合器中心。随着蜗轮转速的升高，腹板在离心力的作用下外张，靠近变矩器壳体。当蜗轮达到一定转速时，摩擦片压紧变矩器壳体，离合器通过单向离合器带动蜗轮旋转。此时，蜗轮与泵轮连接成一体。由上可知，离心式锁止离合器的工作是由发动机转速和负荷控制的。

③ 行星齿轮式锁止离合器。如图 4 - 17 所示,它在液力变矩器中增加了一套行星齿轮机构。行星架与发动机曲轴相连,是输入件,太阳轮通过花键与蜗轮轴相连,为输出件,齿圈与泵轮相连。这种由行星齿轮机构锁止的液力变矩器采用外分流式液力机械传动的传动方式,其动力要经过液力传动和机械传动两种途径。发动机的动力传递给行星架后,一部分经太阳轮传至蜗轮轴,即机械传动;另一部分经齿圈传给泵轮,再由蜗轮输出,即液力传动。这两种传动方式传递动力的多少取决于变速器所处的挡位。当变速器处于 3 挡时,有 93% 的动力经过机械传动的途径传递,而液力传动只占 7%。这时可以认为液力变矩器被锁止,泵轮与蜗轮连接成一体,通过机械传动的方式传递动力。

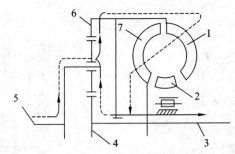

图 4 - 17　行星齿轮式锁止离合器

1—泵轮;2—导轮;3—蜗轮轴;4—太阳轮;5—行星架;

6—齿圈;7—蜗轮

以上三种锁止离合器的共同特点是:在良好路面以中高速行驶时,变矩器的输入轴与输出轴刚性连接,提高传动效率;在汽车起步或在坏路行驶时,解除锁止,变矩器发挥变矩作用,自动适应行驶阻力的变化。

电控自动变速器必须满足以下五个方面的条件,ECU 才能使锁止离合器进入锁止工况。

a.发动机冷却液温度不得低于 53~65℃。

b.挡位开关指示变速器处于行驶挡。

c.制动灯开关必须指示没有进行制动。

d.车速必须高于 37~65 km/h。

e.来自节气门位置传感器的信号,必须高于最低电压,以指示节气门处于开启状态。

4) 液力变矩器的冷却

液力变矩器在工作时,由于工作液的冲击和摩擦,致使部分能量损失而变成了摩擦热,能量损失又导致传动效率的下降,过热的工作液又会导致传动效率更低。为了保持液力变矩器的传动效率,在锁止离合器没有接合时,工作液必须经过冷却。

变速器的油泵通过液力变矩器组件中心的空心轴,不断把加压后的工作油液送入液力变矩器。工作液通过液力变矩器循环,然后经过蜗轮通过位于空心轴内部的蜗轮轴排出。工作液从变矩器排出后直接进入变速器外部的散热器,散热后回到变速器油底壳。这一冷却回路保证进入液力变矩器的油液经过冷却,从而保证液力变矩器的工作效率。

5) 液力变矩器的种类

(1) 三元件液力变矩器。三元件是指其工作轮的数目为三个,由泵轮、蜗轮和导轮组成。其特点是：工作效率在进入耦合区之前先达到最大值，然后有所下降，进入耦合区之后又继续上升。

（2）四元件液力变矩器。它采用两个导轮分别装在各自的单向离合器上，形成双导轮结构。由于其结构复杂，近年很少使用。

【任务实施】

液力变矩器的外部变形、磨损会造成漏油和运转跳动，内部单向离合器及轴向间隙不良会使自动变速器运行性能变差，甚者不能运行。因此，液力变矩器的检查维护非常重要。

1. 液力变矩器的基本检查

（1）目视检查。

检查液力变矩器的外部有无损坏和裂纹，是否由于高温而导致外表发蓝，是否有明显的高温烧灼现象。检查液力变矩器的连接螺纹是否损坏，检查传动轴是否光滑。

（2）检查单向离合器。

将专用工具插入液力变矩器毂缺口和单向离合器外座圈中，转动定子齿面，检查单向离合器是否正常，在逆时针方向转动时应锁止，在顺时针方向转动时应自由。

（3）锁止离合器的检修。

锁止离合器的摩擦片只有 1 块，个别有 2～3 块，它们经常损坏，其检修方法如下：

① 变矩器解体检修。将变矩器解体剖开，对其内部检查，这是最彻底、最直观的方法。

② 扭矩能力试验。通入压缩空气，让锁止离合器锁止，并利用扭力扳手来测试变矩器不打滑的最大扭矩。

③ 经验分析判断。在没有专用工具时，可从以下几个方面判断：是否存在明显的锁止离合器故障；变矩器是否已经工作很长时间；变速器油中有无过量的摩擦材料磨屑或其他金属磨屑；变矩器是否有因过热发蓝的现象。若有上述现象，需送修或更换变矩器。

（4）蜗轮轴轴向间隙检查。

蜗轮轴轴向间隙是指蜗轮前后间隙量。如果间隙值不当，会导致内部元件运动干涉。将百分表固定在壳体上进行测量，若大于规定值应更换变矩器。

（5）变矩器轴套的偏摆量检查。

将变矩器安装在飞轮上，用千分表检查旋转一周的偏摆量，应不大于 0.03 mm，若超过此值，则转换角度安装，否则应进行更换。

（6）清洗。

清洗方法有两种：一种是将变矩器壳体切成两半清洗；另一种是固定在专用清洗机上清洗。

2. 故障诊断与分析

液力变矩器的常见故障有：传动效率低、油温高、变矩器无挡、锁止离合器不能锁止及锁止力矩不足等。

分析步骤一般为：自动变速器油质、油面检查—变矩器表面检查—单向离合器检查—蜗轮轴向间隙检查—锁止离合器检查—液压及电控系统检查。

【考核评价】

考核评价表

目标	评价要素	评价标准	评价依据	考核方式		权重	评分
知识	基本知识	（1）了解液力变矩器的功用； （2）掌握液力变矩器的结构组成； （3）掌握液力变矩器的动力传递、变矩及锁止离合的原理	个人作业 课堂笔记 课堂练习 小组作业 期末考试	学生自评		10%	
				教师评定		10%	
				学生互评		10%	
能力	基本技能	能够维护、检修液力变矩器	实践练习 小组作业 学生作业单	教师评定	动手能力	15%	
					作业单的填写	15%	
素质	学习态度	遵守纪律，积极参与课堂教学活动，按时完成作业，按要求完成准备	课堂表现记录，考勤表，同学及教师观察，课堂笔记	学生自评		10%	
				小组互评			
				教师评定			
	沟通协作管理	乐于请教和帮助同学，协调小组活动，配合教师教学管理，做好教室值日工作，做好课前准备和课后整理	小组作业，小组活动记录，自评及互评记录，值日记录，同学及教师观察	学生自评		15%	
				小组互评			
				教师评定			
	创新精神	有自主学习计划，在作业练习中能提出问题和见解，对教学或管理提出意见和建议，积极参与小组活动设计	个人作业，自主学习计划，学习活动，个人口头或书面提议	学生自评		15%	
				小组互评			
				教师评定			

【教学小结】

（1）液力变矩器由泵轮、蜗轮、导轮和单向离合器组成，现代汽车变矩器都增设锁止离合器。

（2）汽车在静止、起步、低速行驶时，变矩器为增矩状态；在中高速行驶时，变矩器为耦合状态，此时，锁止离合器开始锁止。

（3）液力变矩器的常见故障有：传动效率低、油温高、变矩器无挡、锁止离合器不能锁止及锁止力矩不足等。

（4）液力变矩器的基本检查有：目视检查、单向离合器检查、锁止离合器的检查、蜗轮轴的轴向间隙检查和变矩器轴套的偏摆量检查等。

情境三

齿轮变速传动系统检修

任务一　辛普森齿轮机构的检修

【学习目标】

教学能力目标	专业能力目标	专业知识目标	专业素质目标
（1）能够借助教学课件等资料清楚描述行星齿轮机构的组成和基本工作原理； （2）能够结合自动变速器，分析行星齿轮机构的传动关系，讲解拆装、检修辛普森式齿轮机构的方法及步骤	（1）能分析4挡、5挡辛普森式及CR-CR齿轮机构的传动关系； （2）能初步拆装、检修辛普森式齿轮机构	（1）掌握行星齿轮机构的组成和基本工作原理； （2）掌握辛普森式齿轮机构的结构特点和原理； （3）掌握CR-CR齿轮机构的结构特点和原理； （4）掌握换挡元件的结构和原理	（1）具有良好的工作责任心和职业道德； （2）具有安全操作意识和环境保护意识； （3）培养学员的团队协作精神

【任务导入】

自动变速器中典型的齿轮机构有辛普森式、CR-CR式、拉威娜式和平行轴式。采用平行轴式齿轮机构的变速器由于尺寸较大，只有少数车采用，如本田车系。目前绝大多数汽车自动变速器采用的是行星齿轮机构，如丰田、大众、奥迪、宝马等系列。若丰田A341或U341自动变速器制动器、离合器、单向离合器或齿轮机构发生故障，就必须拆装自动变速器。

【任务分析】

辛普森齿轮机构的结构特点是前后两排齿轮机构共用一个太阳轮，并且前行星架与后齿圈共用或前齿圈与后行星架共用。中间的换挡元件提供了齿轮机构确定运动条件，要检查更换换挡元件和齿轮机构就需拆装自动变速器。自动变速器拆装非常复杂，技术要求高，所以就必须进行相关知识和技能的学习训练。

【教学时数】

8学时。

【教学设计】

步骤	学习内容	教学方法	教学手段	学生活动	时间分配
导入	任务导入	视频、PPT演示，讲解，引入任务	视频 PPT	听讲	3 min
讲解	任务分析	视频、PPT演示，结合自动变速器总成分析任务	引导 分析	讨论 查阅资料 发言	5 min
小组作业	教学准备	先集中讲解任务，提出要求，然后分组，领用工具	辛普森式自动变速器5台，厚薄规、拆装专用工具5套	分组准备	8 min
讲解	相关知识： （1）齿轮变速器传动系统； （2）辛普森式齿轮变速器传动系统； （3）CR-CR齿轮变速传动系统	对照实物，教师集中讲解并演示	PPT 实物讲解	听讲 思考 发言	30 min 49 min 45 min
小组作业操练	任务实施：行星齿轮机构的拆装检修	学生熟悉结构并拆装检修	实物	分组操练 完成任务	205 min
评价演示	教学测评	内容见后	任务实施成果	互评 教师评定	10 min
讲解演示	教学小结	内容见后	提问 总结	讨论 总结	5 min
课后作业	布置作业	练习	课后思考	完成课后思考	课后完成

【教学资讯】

1. 齿轮变速传动系统

在自动变速器中，齿轮变速传动系统包括一套齿轮机构和一组换挡元件。齿轮机构又分两种形式，即平行轴式齿轮变速机构和行星齿轮机构。

1）平行轴式齿轮变速机构（普通齿轮变速机构）

（1）基本变速机构的组成。基本变速机构包括普通齿轮和平行轴。

（2）变速原理。变速传动原理和手动变速器一样，但换挡控制原理与行星齿轮变速传动系统相同。

2）行星齿轮机构

（1）单一行星排的组成。基本的行星齿轮机构组成如图4-18所示。

　　三个基本件分别为太阳轮、齿圈和装有行星齿轮的行星轮架。

　　行星齿轮机构的三个基本件既可作为输入件，也可作为输出件。

　　(2)行星齿轮机构的传动方式。为分析运动规律，设太阳轮、齿圈和行星轮架的转速分别为n_1、n_2和n_3，齿数分别为z_1、z_2和z_3，齿圈与太阳轮的齿数比为a。根据能量守恒定律，由作用在该机构各元件上的力矩和结构参数，可导出表示单排行星齿轮机构一般运动规律的特性方程式：

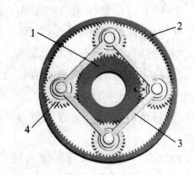

图4-18　基本行星齿轮机构
1—太阳轮；2—齿圈；3—行星轮架；4—行星齿轮

$$n_1 + an_2 - (1+a)n_3 = 0$$

　　由上式或行星齿轮机构运动规律可知，单排行星齿轮机构具有两个自由度，在三个基本件中任选两个分别作为主动件和从动件，而另一个基本件若不受任何约束，则行星齿轮机构的运动不会有确定性。从特性方程式也可看出，三个未知数中必须有两个未知数确定，第三个未知数才会有确定的值，否则方程式将是无穷多解。由此可得出行星齿轮机构有确定运动的条件是：固定一个基本件或者将两个基本件连接在一体。这一条件的提供者就是换挡元件。根据特性方程，单排行星齿轮机构能提供以下8种动力传动方式。

　　① 太阳轮为输入元件，由行星轮架输出，齿圈被固定。前进一挡，传动比为

$$i_{13} = 1 + a$$

　　② 输入元件是行星轮架，由太阳轮输出，齿圈被固定。前进超速挡，传动比为

$$i_{31} = 1/(1+a)$$

　　③ 固定元件是太阳轮，动力经齿圈输入，由行星轮架输出。前进二挡，传动比为

$$i_{23} = 1 + z_1/z_2$$

　　④ 固定元件是太阳轮，输入元件是行星轮架，输出元件是齿圈。前进超速挡，传动比为

$$i_{32} = z_2/(z_1 + z_2)$$

　　⑤ 输入元件是太阳轮，行星轮架被固定，行星齿轮只能自转，并带动齿圈旋转输出动力。太阳轮的旋转方向与齿圈相反，低速倒挡，传动比为

$$i_{12} = -z_2/z_1$$

　　⑥ 输入元件是齿圈，行星轮架被固定，行星齿轮只能自转，并带动太阳轮旋转输出动力。太阳轮的旋转方向与齿圈相反，超速倒挡，传动比为

$$i_{21} = -z_1/z_2$$

　　⑦ 若三元件中的两元件被连接在一起转动，则第三元件必然与这两者以相同的转速转动，这时为直接挡，传动比为1。

　　⑧ 若所有元件均不受约束，则行星齿轮机构无传动作用。

　　(3)行星齿轮机构传动比的计算。行星齿轮机构的传动比可由特性方程直接计算而得。对于单排行星齿轮机构，通过解方程求解；对于多排行星齿轮机构，则通过解方程组求解，但必须借助基本件固定、连接等条件。

　　(4)行星齿轮机构的优点。

① 所有行星齿轮均参与工作，都承受载荷，行星齿轮工作更安静，强度更大。

② 行星齿轮工作时，齿轮间产生的作用力由齿轮系统内部承受，不传递到变速器壳体，变速器可以设计得更薄、更轻。

③ 行星齿轮机构采用内啮合与外啮合相结合的方式，与单一的外啮合相比，减小了变速器尺寸。

④ 行星齿轮系统的齿轮处于常啮合状态，不存在挂挡时的齿轮冲击，工作平稳，寿命长。

（5）双行星排。双行星排由两排行星齿轮机构组成，可实现更多、更合理的动力传动方式。图 4-19 所示为典型的双排行星齿轮机构，可以实现合理的三个前进挡和一个倒挡。有些行星齿轮机构采用双行星齿轮，在无级变速器中常被采用，如图 4-20 所示。

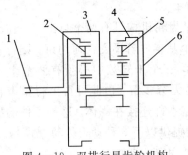

图 4-19　双排行星齿轮机构

1—前齿圈；2—前行星轮；3—前后太阳轮；4—前行星轮架后齿圈组件；5—后行星轮；6—后齿圈

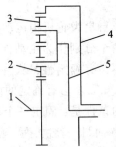

图 4-20　双行星齿轮机构

1—太阳轮；2—内行星轮；3—外行星轮；4—齿圈；5—行星轮架

3）换挡元件

（1）多片摩擦离合器。

① 作用。由液压操纵系统控制，将变速器的输入轴和行星排的某个基本元件连接，或将行星排的某两个基本元件连接在一起，也可将某个基本件固定，从而提供确定运动的条件。

② 组成。自动变速器中的多片摩擦离合器几乎都是湿式的，它由离合器鼓、活塞、回位弹簧、钢片、摩擦片、离合器毂等组成，如图 4-21 和图 4-22 所示。

③ 结构。

图 4-21　多片摩擦离合器结构

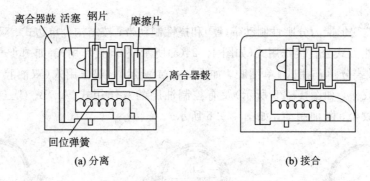

图 4-22　多片摩擦离合器原理图

主动部分：离合器鼓、钢片；

从动部分：摩擦片、离合器毂；

压紧操纵部分：液压缸、活塞、弹簧、弹簧座、单向球阀(利于排油)。

通过液压操纵系统的控制，实现主动和从动部分的接合和分离。

(2) 制动器。

① 作用。由液压操纵系统控制，用于固定行星齿轮机构中的基本元件，阻止其旋转，提供行星齿轮机构确定运动的条件。

② 分类。制动器分为片式制动器及带式制动器。

③ 片式制动器。

a. 组成。片式制动器由制动器活塞、回位弹簧、钢片、摩擦片、制动器毂等组成。

b. 结构和工作原理。片式制动器的结构如图 4-23 所示。片式离合器、制动器所能传递的动力大小与摩擦片的面积、片数及钢片与摩擦片间的压紧力有关。压紧力的大小由作用在活塞上的油压及作用面积决定，但增大油压会引起接合时的冲击。一般摩擦片为 2~6 片，钢片等于或多于摩擦片的片数。片式制动器和多片摩擦离合器结构相似，仅仅是从动部分被固定。

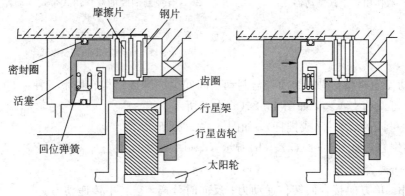

图 4-23　片式制动器结构

c. 特点。片式制动器的工作平顺性较好，还能通过增减摩擦片的片数来满足不同排量发动机的要求。

④ 带式制动器。

a. 组成。带式制动器由制动带、伺服装置(液压油缸、液压活塞、弹簧及操纵杆等)

组成。

b. 分类。按变形能力分刚性制动带(厚)和挠性制动带;按结构分单边式、双边式;按制动器伺服装置作用方式分直接作用式(如图4-24(a)所示)和间接作用式(如图4-24(b)、(c)所示);按油缸形式分单作用式(单油腔,如图4-24所示)、双作用式(双油腔,A腔供油制动,B腔供油放松,如图4-25所示)及有控制油腔的双作用式(A、B、C三腔,C为控制腔,C腔供油放松,断油制动,如图4-26所示)。

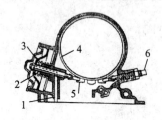

(a) 直接作用式制动器

1—工作油路;2—活塞杆;3—伺服缸活塞;4—制动鼓;5—制动带;6—调整螺钉

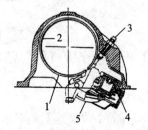

(b) 杠杆式制动器

1—制动带;2—制动鼓;3—调整螺钉;4—伺服缸活塞;5—控制杆

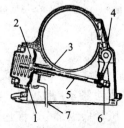

(c) 连杆式制动器

1—伺服缸活塞;2—回位弹簧;3—制动鼓;4—连杆;5—活塞杆;6—调整螺母;7—工作油路

图4-24　单作用式带式制动器

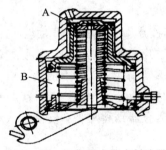

图4-25　双作用式带式制动器

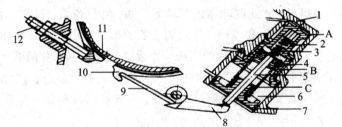

图4-26　有控制油腔的双作用式带式制动器

1—油缸;2—活塞;3,4—弹簧;5—顶杆;6—弹簧支撑盘;7—卡环;8—杠杆;9—推杆;10—制动带;11—制动毂;12—调整螺钉

⑤ 制动器的调整。调整制动带与制动毂间间隙的常见结构有以下三种:

a. 长度可调的支承销,如图4-24(a)中6所示。

b. 长度可调的活塞杆(或推杆),如图4-24(c)所示。

c. 调整螺钉,如图4-24(a)、(b)所示。

(3) 单向离合器。

① 作用。单方向接合回转传递动力;反向时分离,空转不传递动力。

② 类型。单向离合器分滚柱式、楔块式及棘爪式(很少采用)。

③ 滚柱式单向离合器。图4-27所示为滚柱式单向离合器,滚柱截面直径小于楔形槽大端深度,而大于小端深度。这就使得外圈沿顺时针旋转时,内、外圈接合,传递动力;反之,外圈与内圈分离空转。

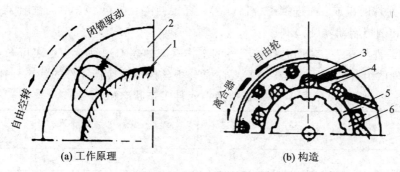

图 4 - 27 滚柱式单向离合器

1—内圈；2—外圈；3—凸轮；4—滚柱；5—弹簧；6—轮毂

④ 楔块式单向离合器。图 4 - 28 所示为楔块式单向离合器。楔块保持架借助于片状弹簧均布于圆形的内、外圈之间，楔块可以在一定角度内摆动，由于楔块的纵向尺寸大于内、外圈的内间距，而横向尺寸又小于内、外圈的内间距，这就使得外圈沿顺时针旋转时，内、外圈接合，传递动力；反之，外圈与内圈分离空转。

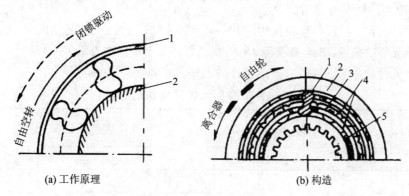

图 4 - 28 楔块式单向离合器

1—楔块；2—外圈；3—弹簧；4—保持架；5—内圈

2. 辛普森式行星齿轮变速传动系统

1）双排三挡辛普森行星齿轮系统

最初的辛普森行星齿轮系统是三速行星齿轮系统，能提供三个前进挡和一个倒挡。日产 3N71B 自动变速器所用的就是辛普森行星齿轮系统，如图 4 - 29 所示。

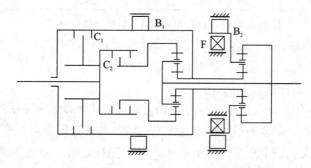

图 4 - 29 辛普森行星齿轮系统

① 结构特点：前后两排行星齿轮机构共用一个太阳轮。

② 换挡元件的组成：前进挡离合器(C_2)、直接挡离合器(C_1)、单向离合器(F)、二挡制动器(B_1)和倒挡制动器(B_2)。

③ 换挡元件状态表：各挡时换挡元件的工作状态如表 4-1 所示。由表可知：每个挡位都由换挡元件的组合状态所决定，并且要注意分析各挡位下换挡元件的状态规律。

表 4-1　各挡换挡元件工作状态(1)

挡位	执行机构	C_1	C_2	B_1	B_2	F
D_1	1		○			○
	2		○	○		
	3	○	○			
R		○			○	

2) 三排四挡辛普森行星齿轮系统

A341 自动变速器是典型的三排四挡辛普森行星齿轮系统，在 LS400、皇冠 3.0、克莱斯勒等后轴驱动的轿车中使用。

① 结构特点：三排行星齿轮机构，第一排为超速排，第二、三排公用一个太阳轮。

② 换挡元件的组成：3 个离合器、4 个制动器和 3 个单向离合器。

③ 换挡元件状态表：各挡时换挡元件的工作状态如表 4-2 所示。

表 4-2　各挡换挡元件工作状态表(2)

挡位	执行机构	C_0	F_0	B_0	C_1	C_2	B_1	B_2	B_3	F_1	F_2
R		○	○		○				○		
D_1		○	○		○						○
D_2		○	○		○			○		○	
D_3		○	○		○	○		⊗		⊗	
D_4				○	○	○		⊗		⊗	
2(1)		○	○		○						○
2(2)		○	○		○		○	⊗		⊗	
L(1)		○	○		○				○		

注：○表示执行机构作用；⊗表示执行机构作用，但不影响该挡位。

④ 各挡动力传递路线。确定各挡动力传动路线要做到如下三步：一是根据特性方程组成的方程组确定各排行星齿轮机构是否具有确定运动的条件；二是分析动力传动路线；三是通过元件旋向判断前进挡或倒挡。

a. D 位 1 挡。当自动变速器处于 D 位 1 挡行驶时，其动力传递路线如图 4-30 所示。

液力变矩器(顺时针转动)→O/D 超速输入轴(顺)→超速行星架(顺)→此时由于 C_0 接合，F_0 锁定，使得超速太阳轮与行星架成为一体，刚性旋转，超速齿圈以相同转速转动(顺)→中间输入轴(顺)→C_1 接合→前行星齿圈(顺)→分两路→一路由于行驶阻力，前齿圈转速低，前行星轮→前、后太阳轮(逆)→输出轴；另一路：动力传递到前行星轮公转

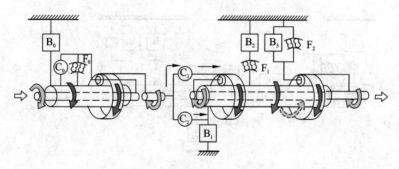

图 4-30 D 位 1 挡动力传递路线

(顺)→前行星架(顺)→后行星轮自转(顺)→后齿圈(顺)→输出轴。

由于前行星轮顺时针方向的自转,欲带动前、后太阳轮逆时针方向转动,使后行星齿轮有向顺时针自转的趋势,同时也有向逆时针公转的趋势;但由于 F_2 单向离合器的作用,行星架无法向逆时针方向转动。最后的结果是后行星架被固定,后行星轮顺时针自转将动力传递给后齿圈输出。

在汽车滑行时,车速较快而发动机的转速较慢,后齿圈成为输入轴,将动力逆向传回,即输入轴(顺)→后行星齿轮(顺自转)→由于前、后太阳轮转速较低,后行星齿轮产生顺时针的公转趋势→ F_2 解除锁止→不具备确定运动条件→动力不能逆向传给发动机→逆向空挡,即无发动机的辅助制动作用。

b.D 位 2 挡。当自动变速器处于 D 位 2 挡行驶时,其动力传递路线如图 4-31 所示。

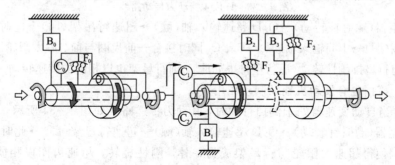

图 4-31 D 位 2 挡动力传递路线

液力变矩器(顺时针转动)→O/D 超速输入轴(顺)→超速行星架(顺)此时由于 C_0 接合, F_0 锁定,使得超速太阳轮与行星架成为一体,刚性旋转,超速齿圈以相同转速转动(顺)→中间输入轴(顺)→ C_1 接合→前行星齿圈(顺)→前、后太阳轮(逆转趋势)→ B_2 及 F_1 的共同作用→太阳轮固定→前行星架公转(顺)→输出轴。

当汽车滑行时,由于车速较快而发动机的转速较慢→前行星轮顺时针公转和逆时针自转→导致前、后太阳轮顺时针转动→ F_1 解除锁止→不具备确定运动条件→动力不能逆向传给发动机→逆向空挡,即无发动机的辅助制动作用。

c.D 位 3 挡。当自动变速器处于 D 位 3 挡行驶时,其动力传递路线如图 4-32 所示。

液力变矩器(顺时针转动)→O/D 超速输入轴(顺)→超速行星架(顺)→此时由于 C_0 接合, F_0 锁定,使得超速太阳轮与行星架成为一体,刚性旋转,超速齿圈以相同转速转动(顺)→中间输入轴(顺)→ C_1、 C_2 同时接合→前齿圈与太阳轮的转速相同→前行星架以相同的转速旋转→输出轴。

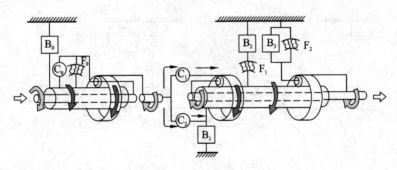

图 4-32　D 位 3 挡动力传递路线

很容易推断,此挡有发动机辅助制动作用。

d. D 位 4 挡。当自动变速器处于 D 位 4 挡行驶时,其动力传递路线如图 4-33 所示。

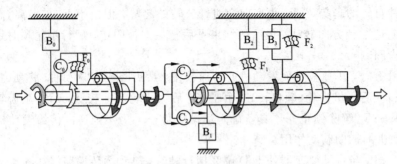

图 4-33　D 位 4 挡动力传动路线

液力变矩器(顺时针转动)→O/D 超速输入轴(顺)→超速行星架(顺)→此时由于 B_0 接合→超速齿圈(顺)→中间输入轴(顺)→C_1、C_2 同时接合→前齿圈与前、后太阳轮以相同转速旋转(顺)→前行星排刚性转动(后行星排也如此),前行星架也以相同的转速转动→输出轴。

很显然,该挡也有发动机辅助制动作用。

e. R 位。当自动变速器处于倒挡行驶时,其动力传递路线如图 4-34 所示。

液力变矩器(顺时针转动)→O/D 超速输入轴(顺)→超速行星架(顺)→此时由于 C_0 接合, F_0 锁定,使得超速太阳轮与行星架成为一体,刚性旋转,超速齿圈以相同转速转动(顺)→中间输入轴(顺)→C_2 接合→太阳轮(顺)→B_3 起制动作用,后行星架固定→后行星齿轮自转(逆)→后齿圈(逆)→输出轴(逆)。

可见,倒挡也有发动机辅助制动作用。

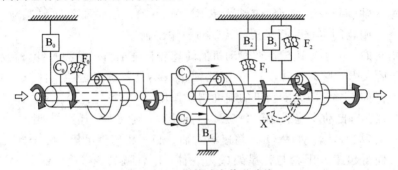

图 4-34　倒挡动力传递路线

f. 2 位各挡。自动变速器处于 2 位各挡行驶时的情况是:2 位 1 挡与 D 位 1 挡完全相同；2位2挡与D位2挡基本相同，其区别为2位2挡是B_1起作用制动前、后太阳轮，而D位2挡是通过B_2和F_1共同起作用制动前、后太阳轮，前者是双向固定有发动机辅助制动作用，后者是单向固定无发动机辅助制动作用。

g.L位1挡。L位1挡动力传动路线与D位1挡基本相同，其区别是L位在1挡时，用B_3制动后行星架，而D位1挡是通过F_2来制动后行星架的，前者是双向固定有发动机辅助制动作用，后者是单向固定无发动机辅助制动作用。

3. CR - CR(改进的辛普森)式齿轮变速传动系统

CR - CR结构是指将2组单行星排的行星架C(Planet Carrier)和齿圈R(Gear Ring)分别组配的变速器，该行星机构只具有4个独立元件，即前太阳轮、后太阳轮、前行星架和后齿圈组件、前齿圈和后行星架组件。其特点是变速比大、效率高、元件轴转速低。

丰田U341E型自动变速器采用了CR - CR式行星齿轮机构，其规格如表4 - 3所示。

表4 - 3　丰田U341E型自动变速器的规格

变速器的形成		U341E
变速器各挡位	1	2.847
	2	1.552
	3	1.000
	4	0.700
	R	2.343
差动比		4.237
ATF容量		6.8L
ATF牌号		ATF Type T - IV

1) 结构

丰田U341E型自动变速器行星齿轮变速机构的结构如图4 - 35所示。

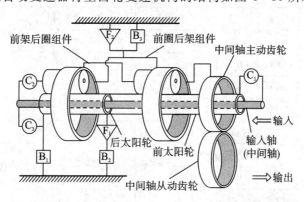

图4 - 35　丰田U341E型自动变速器行星齿轮变速机构的结构简图

丰田U341E型自动变速器行星齿轮变速机构主要部件的功能和规格如表4 - 4所示，各换挡执行元件的工作情况如表4 - 5所示。

表 4 - 4　主要部件的功能和规格

部件		功能	规格
C_1	前进挡离合器	连接输入轴和前排太阳轮	盘数为 4
C_2	直接离合器	连接中间轴和后排行星架	盘数为 3
C_3	倒挡离合器	连接中间轴和后太阳轮	盘数为 2
B_1	OD 和 2 挡制动器	固定后排太阳轮	盘数为 2
B_2	2 挡制动器	固定 F_1 的外圈	盘数为 3
B_3	1 挡和倒挡制动器	固定前圈后架组件	盘数为 4
F_1	1 号单向离合器	与 B_2 配合，阻止后太阳轮逆时针转动	斜撑数为 16
F_2	2 号单向离合器	阻止前圈后架组件逆时针转动	滚柱数为 15
前行星齿轮组		根据各换挡执行元件的工作情况，改变齿轮动力传递路线，以升高或降低输出转速	太阳轮齿数为 46　行星轮齿数为 21　齿圈齿数为 85
后行星齿轮组			太阳轮齿数为 32　行星轮齿数为 21　齿圈齿数为 75
中间轴齿轮副		将动力传递给差速器，并改变传动方向，降低输出转速	主动齿轮齿数为 52　从动齿轮齿数为 53

表 4 - 5　各换挡元件工作状态表

换挡杆位置	挡位	电磁阀		离合器			制动器			单向离合器	
		S_1	S_2	C_1	C_2	C_3	B_1	B_2	B_3	F_1	F_2
P	驻车挡	OFF	OFF								
R	倒挡	OFF	OFF			○			○		
N	空挡	OFF	OFF								
D	1 挡	ON	ON	○							○
	2 挡	ON	OFF	○				○		○	
	3 挡	OFF	OFF	○	○			○			
	4 挡	OFF	ON		○		○	○			
3	1 挡	ON	ON	○							○
	2 挡	ON	OFF	○				○		○	
	3 挡	OFF	OFF	○	○			○			
2	1 挡	ON	ON	○							○
	2 挡	ON	OFF	○			○	○		○	
L	1 挡	ON	ON	○					○		○

○：表示工作。

2）原理

（1）1挡动力传递原理：这里以换挡手柄处于"D"、"3"和"2"位置的变速器工作在1挡时来分析，此时工作的换挡执行元件有 C_1、F_2，如图 4-36 所示。

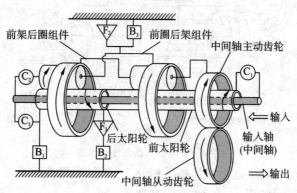

图 4-36　1挡动力传递原理

动力传递发生在前行星排，动力由输入轴→C_1→前太阳轮→前行星轮→前行星架→中间主、从动齿轮→输出。此时，后排行星齿轮组处于空转状态。

（2）2挡动力传动原理：这里以换挡手柄处于"D"和"3"位置的变速器工作在2挡时来分析，此时工作的换挡执行元件有 C_1、B_2 和 F_1，如图 4-37 所示。

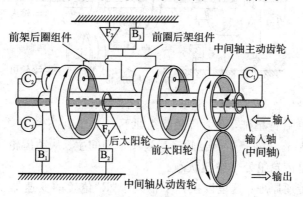

图 4-37　2挡动力传递原理

动力传递发生在前、后两个行星排，动力传递路线如下：

（3）3挡动力传递原理：这里以换挡手柄处于"D"和"3"位置的变速器工作在3挡时来分析，此时工作的换挡执行元件有 C_1、C_2 和 B_2，如图 4-38 所示。

动力传递发生在前行星排，动力传递路线如下：

```
            ┌─→ C₁ → 前太阳轮 ──────┐
输入轴 ─→   │                          ├─→ 前行星架 → 中间轴主、从动齿轮 → 输出
            └─→ C₂ → 后行星架 → 前齿圈 ┘
```

此时，后排行星齿轮组处于空转状态。

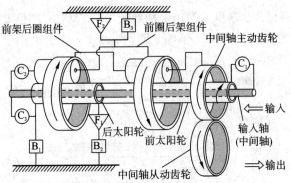

图 4-38　3 挡动力传递原理

（4）4 挡动力传递原理：这里以换挡手柄处于"D"位置的变速器工作在 4 挡时来分析，此时工作的换挡执行元件有 C_2、B_1 和 B_2，如图 4-39 所示。

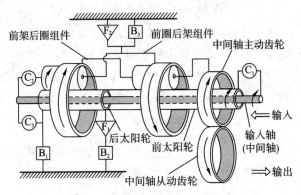

图 4-39　4 挡动力传递原理

动力传递发生在后行星排，动力传递路线如下：

输入轴→C2→后行星架→后行足轮→后齿圈→中间主、从动齿轮→输出

此时，前排行星齿轮组处于空转状态。

（5）倒挡动力传递原理：这里以换挡手柄处于"R"位置的变速器工作时来分析，此时工作的换挡执行元件有 C_3、B_3，如图 4-40 所示。

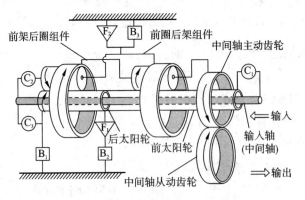

图 4-40　倒挡动力传递原理

动力传递发在后行星排，动力传递路线如下：

输入轴→C_3→后太阳轮→后行星轮→后齿圈→中间主、从动齿轮、输出。

此时，前排行星齿轮组处于空转状态。

【任务实施】

1. 拆卸丰田 U341 E 型自动变速器

（1）拆卸速度表从动齿轮孔盖分总成。将螺栓和速度表从动齿轮孔盖分总成从传动桥外壳上拆下，并从速度表从动齿轮孔盖分总成上拆下 O 形圈。

（2）拆卸驻车挡/空挡位置开关总成。拆下螺母、垫圈和控制杆。用螺丝刀撬出锁止板并拆下手动阀轴螺母。拆下两个螺栓，并拉出驻车挡/空挡位置开关总成。

（3）拆卸转速传感器。

（4）拆卸机油冷却器管接头。从传动桥壳上拆下两个机油冷却器管接头，从两个机油冷却器管接头上拆下两个 O 形圈。

（5）拆卸传动桥壳 1 号塞。从传动桥外壳和传动桥壳上拆下 5 个传动桥 1 号塞，并从其拆下 5 个 O 形圈。

（6）拆卸通气塞软管。

（7）拆卸通气塞。

（8）固定自动传动桥总成。

（9）拆卸自动传动桥油底壳分总成。拆下油底壳 19 个螺栓、油底壳和壳体衬垫。从油底壳拆下两个机油滤清器磁铁，并检查油底壳中的微粒。仔细查看油底壳内及磁铁的异物和微粒，判断传动桥可能存在的磨损类型。钢（磁性）：轴承、齿轮和离合器片磨损；铜（非磁性）：轴承磨损。

（10）拆卸阀体滤油网总成。

（11）拆卸变速器阀体总成。断开 5 个电磁阀连接器，拆 F 螺栓、锁止板和 ATF 温度传感器。拆下两个螺栓、锁止弹簧罩和锁止弹簧。从传动桥壳上拆下 13 个螺栓和阀体总成。

（12）拆卸变速器线束。从传动桥壳上拆下螺栓和变速器线束，再从变速器线束上拆下 O 形圈。

（13）拆卸传动桥壳 2 挡制动器衬垫。

（14）拆卸传动桥壳衬垫。

（15）拆卸制动鼓衬垫。

（16）拆卸球式单向阀体。

（17）拆卸 B_2 蓄压器活塞。向机油孔施加压缩窄气（392 kPa、4.0 kgf/cm^2），拆下 B_2 蓄压器活塞和弹簧。注意：吹入空气可能导致活塞跳出。拆下活塞时，用抹布或布条将其握住，并且在使用压缩空气时切勿将 ATF 溅出。最后从 B_2 蓄压器活塞中拆下两个 O 形圈。

（18）拆卸 C_3 和 C_2 蓄压器活塞。拆卸 C_3 和 C_2 蓄压器活塞方法与拆卸 B_2 蓄压器活塞相同。

（19）拆卸传动桥外壳。拆下 14 个螺栓。再用塑料锤敲打传动桥外壳的周边，从传动桥壳上拆下传动桥外壳。注意：在拆下传动桥外壳时，差速器齿轮总成可能会被意外拆下。

（20）拆卸机油泵总成。

（21）拆卸差速器齿轮总成。

（22）拆卸超速挡制动器衬垫。

（23）拆卸输入轴总成。

（24）拆卸定子轴止推滚针轴承。

（25）拆卸前进挡离合器毂止推滚针轴承。

（26）拆卸前进挡离合器毂分总成。

（27）拆卸传动桥后盖总成。

（28）拆卸传动桥壳衬垫。

（29）拆卸后离合器鼓止推滚针轴承。

（30）拆卸中间轴总成。

（31）拆卸 2 挡滑行和超速挡制动盘。从传动桥上拆下法兰、两个盘和两个 2 号法兰。

（32）拆卸止推滚针轴承。用磁棒从直接挡离合器毂上拆下 C_2 毂止推轴承座圈、止推滚针轴承和 3 号止推轴承座圈，如图 4-76 所示。

（33）拆卸直接挡离合器毂。

（34）拆卸后行星太阳齿轮 2 号止推滚针轴承。用磁棒从后行星太阳齿轮总成上拆下后行星太阳齿轮 2 号止推滚针轴承。

（35）拆卸后行星太阳齿轮总成。

（36）拆卸后行星太阳齿轮止推滚针轴承。从单向离合器总成上拆下后行星太阳齿轮止推滚针轴承和行星齿轮架 1 号止推垫圈。

（37）拆卸单向离合器总成。

（38）拆卸 2 挡制动盘。

（39）拆卸 2 挡制动器活塞套筒。

（40）拆卸后行星齿轮总成。

（41）拆卸后行星齿轮止推滚针轴承。

（42）拆卸 2 号单向离合器。分离 2 挡制动缸、2 号单向离合器和后行星齿轮。

（43）拆卸外座圈固定架。

（44）拆卸前行星太阳齿轮。

（45）拆卸 1 挡和倒挡制动盘。用螺丝刀拆下卡环，从传动桥壳上拆下法兰、4 个盘和 4 个片。

（46）拆卸 1 挡和倒挡制动器回位弹簧分总成。

（47）拆卸 1 挡和倒挡制动器 2 号活塞。向传动桥壳施加压缩空气（392 kPa、4.0 kgf/cm²），拆下 1 挡和倒挡制动器 2 号活塞。注意：吹入空气可能导致活塞跳出。拆下活塞时，用抹布或布条将其握住，使用压缩空气时切勿将 ATF 溅出。

（48）拆卸 1 挡和倒挡制动器 2 号活塞 O 形圈。从 1 挡和倒挡制动器 2 号活塞上拆下两个 O 形圈。

(49) 拆卸中间轴主动齿轮螺母。用驻车锁爪固定中间轴从动齿轮；用 SST 和锤子松开锁紧螺母垫圈；用 SST 拆下螺母和锁紧螺母垫圈。

(50) 拆卸行星齿轮总成。使用 SST 和压力机，将行星齿轮总成从传动桥壳上拆下。

(51) 拆卸中间轴主动齿轮。将两个螺栓安装至中间轴主动齿轮。其中，螺栓（M6）的长度为 40~80 mm；螺距为 1.0 mm。旋转两个螺栓，拆下中间轴主动齿轮和前行星太阳齿轮。从中间轴主动齿轮和前行星太阳齿轮上拆下两个径向滚珠轴承。

(52) 拆卸驻车锁爪支架。

(53) 拆卸手动阀杆轴止动弹簧。

(54) 拆卸手动阀杆分总成。用螺丝刀松开并拆下隔套，再用尖冲头和锤子敲出手动阀杆轴弹簧销。拆下手动阀杆轴和手动阀杆。

(55) 拆卸驻车锁杆分总成。

(56) 拆卸手动阀杆轴。

(57) 拆卸驻车锁爪。用螺丝刀从传动桥壳上拆下驻车锁爪轴，从传动桥壳上拆下驻车锁爪扭力弹簧和驻车锁爪，如图 4-101 所示。

(58) 拆卸中间轴从动齿轮。

(59) 拆卸差速器主动小齿轮螺塞。用铜棒和锤子拆下差速器主动小齿轮螺塞。

(60) 拆卸差速器主动小齿轮。用 SST 和压力机从中间轴从动齿轮上拆下差速器主动小齿轮。

(61) 拆卸轴承锁止板。

(62) 拆卸差速器齿轮润滑油供油管。从传动桥外壳上拆下差速器齿轮润滑油供油管。

(63) 拆卸前主动小齿轮前滚锥轴承。用 SST 从传动桥外壳上拆下前主动小齿轮前滚锥轴承。

(64) 拆卸前主动小齿轮后滚锥轴承。用 SST 从传动桥壳上拆下前主动小齿轮后滚锥轴承。从传动桥壳上拆下传动桥壳 1 号挡片。

(65) 拆卸中间轴主动齿轮左侧轴承。从传动桥壳上拆下中间轴主动齿轮左侧轴承，用 SST 拆下中间轴主动齿轮左侧轴承外座圈。

(66) 拆卸中间轴主动齿轮右侧轴承。从传动桥壳上拆下中间轴主动齿轮右侧轴承，用 SST 拆下中间轴主动齿轮右侧轴承外座圈。

(67) 拆卸中间轴主动齿轮孔卡环。

(68) 拆卸手动阀杆轴油封。

(69) 拆卸前传动桥壳油封。用 SST 和锤子从传动桥壳上拆下传动桥壳油封。

(70) 拆卸传动桥壳油封。用 SST 和锤子从传动桥外壳上拆下传动桥壳油封。

2. 装配 U341E 型自动变速器

按拆卸相反的顺序进行装配，注意使用专用工具和相关的技术要求。

【考核评价】

考核评价表

目标	评价要素	评价标准	评价依据	考核方式		权重	评分
知识	基本知识	（1）掌握行星齿轮机构的组成和基本工作原理； （2）掌握辛普森式齿轮机构的结构特点和原理； （3）掌握 CR－CR 齿轮机构的结构特点和原理； （4）掌握换挡元件的结构和原理	个人作业 课堂笔记 课堂练习 小组作业 期末考试	学生自评		10％	
				教师评定		10％	
				学生互评		10％	
能力	基本技能	（1）能分析 4 挡、5 挡辛普森式及 CR－CR 齿轮机构的传动关系； （2）能初步拆装、检修辛普森式齿轮机构	实践练习 小组作业 学生作业单	教师评定	动手能力	15％	
					作业单的填写	15％	
素质	学习态度	遵守纪律，积极参与课堂教学活动，按时完成作业，按要求完成准备	课堂表现记录，考勤表，同学及教师观察，课堂笔记	学生自评		10％	
				小组互评			
				教师评定			
	沟通协作管理	乐于请教和帮助同学，协调小组活动，配合教师教学管理，做好教室值日工作，做好课前准备和课后整理	小组作业，小组活动记录，自评及互评记录，值日记录，同学及教师观察	学生自评		15％	
				小组互评			
				教师评定			
	创新精神	有自主学习计划，在作业练习中能提出问题和见解，对教学或管理提出意见和建议，积极参与小组活动	个人作业，自主学习计划，学习活动，个人口头或书面提议	学生自评		15％	
				小组互评			
				教师评定			

【教学小结】

（1）齿轮变速器传动系统由齿轮机构和一组换挡元件组成。

（2）辛普森式行星齿轮机构的结构特点是前后两排行星齿轮机构共用一个太阳轮，并且前架与后圈或前圈与后架相连。

（3）CR－CR 式行星齿轮机构的结构特点是前架与后圈相连，并且前圈与后架相连。

（4）行星齿轮机构有确定运动的条件是：固定一个基本件或连接两个基本件。

（5）换挡元件有三种：多片离合器、制动器和单向离合器。换挡元件为行星齿轮机构提供确定运动的条件，也就是提供换挡条件，改变换挡元件的结合状态，就可实现换挡。

（6）利用机械原理和经验方法分析自动变速器齿轮机构的动力传递路线；利用解方程

组的方法计算各挡传动比。

（7）自动变速器的拆装必须严格执行工艺要求（U341E 变速器拆卸 70 步、装合 71 步），使用专用工具和设备。

（8）拆卸后，所有的密封圈、密封垫需要更换，安装前，所有的轴承和摩擦片需要润滑。

任务二　拉威娜式齿轮机构的检修

【学习目标】

教学能力目标	专业能力目标	专业知识目标	专业素质目标
（1）能够清楚讲解拉威娜式齿轮机构的结构特点和原理； （2）能够描述拆装、检修拉威娜式齿轮机构的方法和步骤	能初步拆装、检修拉威娜式齿轮机构	（1）掌握拉威娜式齿轮机构的结构特点和原理； （2）能分析典型 4 挡、5 挡、6 挡拉威娜式行星齿轮机构的传动关系	（1）具有良好的工作责任心和职业道德； （2）具有安全操作意识和环境保护意识； （3）培养学员的团队协作精神

【任务导入】

拉威娜式齿轮机构是一种复合式的行星齿轮机构，具有结构简单、尺寸小、传动比变化范围大、灵活多变等特点，从 20 世纪 70 年代开始一直用于自动变速器中，如大众、福特、马自达、奔驰、现代、三菱、部分通用及丰田等车型。一个拉威娜式齿轮机构和一个单排行星齿轮组合可以实现 5、6、7、8 等多个前进挡。诸上车型常见的变速器无挡、空油、换挡冲击等故障，除了液压及控制系统故障外，就是拉威娜式行星齿轮机构和换挡元件故障。这些故障采用变速器试验等方法确定后，就需要对变速器进行解体、清洗、检查、测量、维修、更换、装合、检验等操作。因此，要完成检修任务，就必须学习和训练拉威娜式齿轮机构的结构、原理、拆装和检修方法。

【任务分析】

大众的 01N、01M、01V，丰田的 U540E、A760E、U660，现代的 KM175、F4A51，三菱的 F4A20、F4A41，奔驰的 722.2、722.3、722.5 以及部分通用、福特等变速器都采用拉威娜式齿轮机构。变速器无挡、空油、换挡冲击等故障，都采用不解体诊断技术，这就要对拉威娜式齿轮变速传动系统的结构、原理、传动路线非常熟悉，才能较准确地查找故障点和原因，然后解体变速器并排除故障。齿轮变速传动系统的结构较复杂，技术要求高，必须严格按规范进行学习和训练。

【教学时数】

8 学时。

【教学设计】

步骤	学习内容	教学方法	教学手段	学生活动	时间分配
导入	任务导入	视频、PPT演示，讲解，引入任务	视频 PPT	听讲	3 min
讲解	任务分析	视频、PPT演示，结合自动变速器总成分析任务	引导 分析	讨论 查阅资料 发言	4 min
小组作业	教学准备	先集中讲解任务，提出要求，然后分组，领用工具	拉威娜式自动变速器5台，厚薄规、拆装专用工具5套	分组准备	8 min
讲解	相关知识： （1）拉威娜式行星齿轮结构的结构； （2）3挡拉威娜式行星齿轮系统； （3）4挡拉威娜式行星齿轮系统。 知识拓展： （1）莱派特式行星齿轮机构； （2）平行轴式齿轮变速传动系统	对照实物，教师集中讲解并演示	PPT 实物讲解	听讲 思考 发言	30 min 30 min 30 min 80 min
小组作业操练	任务实施：01M自动变速器的拆装检修	学生熟悉结构并拆装检修	拉威娜式自动变速器5台，厚薄规、拆装专用工具5套	分组操练 完成任务	160 min
评价演示	教学测评	内容见后	任务实施成果	小组互评 教师评定	10 min
讲解演示	教学小结	内容见后	提问 总结	讨论 总结	5 min
课后作业	布置作业	练习	课后思考	完成课后思考	课后完成

【教学资讯】

1. 拉威娜式行星齿轮机构的基本结构

（1）结构特点。两行星排共用行星架和齿圈，由大太阳轮、小太阳轮、短行星轮、长行星轮、行星架及齿圈组成一个双行星轮式行星排。

（2）四个基本元件。四个基本元件分别是大太阳轮、小太阳轮、行星架和齿圈。

（3）传动关系。短行星轮内与小太阳轮啮合，外与长行星轮啮合，但与齿圈没有啮合关系；长行星轮除了与短行星轮啮合外，在另一端的内侧还与大太阳轮啮合，外侧与输出元件齿圈啮合。行星齿轮机构的大、小太阳轮都可以作为动力的输入元件。

2. 3 挡拉威娜式行星齿轮系统

（1）换挡元件：2 个离合器、2 个制动器和 1 个单向离合器，如图 4-41 所示。

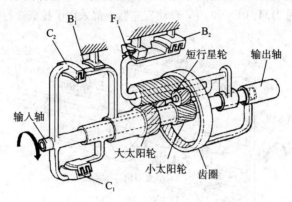

图 4-41　3 挡拉威娜式行星齿轮系统

（2）换挡元件的工作状态如表 4-6 所示。

表 4-6　拉威娜式行星齿轮变速器换挡元件的工作状态表

操纵杆位置	挡 位	换挡执行元件				
		前进挡强制离合器 C_1	高挡、倒挡离合器 C_2	2 挡制动器 B_1	低倒挡制动器 B_2	1 挡单向离合器 F_1
D	1	○				○
	2	○		○		
	3	○	○			
低速挡	1	○			○	
	2	○		○		
R	倒挡		○		○	

（3）各挡动力传动路线。

① D 位 1 挡：输入轴→小太阳轮→短行星齿轮→长行星齿轮（自转）→齿圈→输出轴。该挡无发动机的辅助制动作用。

② D 位 2 挡：输入轴→小太阳轮→短行星齿轮→长行星齿轮（自转、公转）→齿圈→输出轴。该挡有发动机的辅助制动作用。

③ D 位 3 挡：大、小太阳轮被锁成一体，长、短行星轮同方向旋转，整个行星齿轮系统被联锁成一体刚性旋转，这时以直接挡传递动力，并且有发动机的辅助制动作用，用特性方程组很容易分析。

④ 低速位 1、2 挡：和 D 位 1、2 挡传动路线完全一样，不同的是，低位 1 挡有发动机的辅助制动作用。

⑤ R 位：输入轴（顺）→大太阳轮（顺）→长行星轮（自转，逆）→齿圈（逆）→输出轴（逆）。

3. 4挡拉威娜行星齿轮系统

在3挡拉威娜行星齿轮系统的基础上增加动力的输入方式，就成为具有4挡的自动变速器。在图4-42中，新增加了高挡离合器 C_4，它可以将行星架与输入轴相连，在3挡和4挡时传递动力。新增添了 C_3 和 F_2，是为了增加无发动机辅助制动的挡位数。与3挡变速器比较起来，1、2挡和R挡完全相同，仅3挡和超速挡稍有不同。4挡自动变速器换挡元件的工作状态表如表4-7所示。在国产的01M、01N和01V自动变速器中都采用了拉威娜行星齿轮系统。

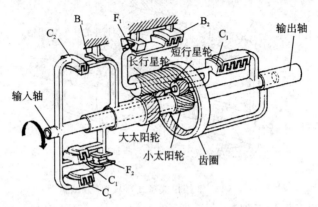

图4-42　4挡拉威娜行星齿轮系统

表4-7　4挡自动变速器换挡元件的工作状态表

操纵杆位置	挡位	换挡元件							
		前进挡强制离合器 C_1	倒挡离合器 C_2	前进挡离合器 C_3	高挡离合器 C_4	2、4挡制动器 B_1	低倒挡制动器 B_2	1挡单向离合器 F_1	前进挡单向离合器 F_2
D	1			○				○	○
	2			○		○			○
	3			○	○				○
	O/D			●	○	○			
低速挡	1	○					○		
	2	○				○			
	3	○			○				
R挡	倒挡		○			○			

注：●表示有动作，但不参加动力的传递。

（1）P位置和N位置的情况。

变速杆处于P位置和N位置时，由于不传递动力，因此无任何元件工作。

（2）R位置的传动原理。

变速杆处R位置时，倒挡离合器 C_3 和1挡、倒挡制动器 B_1 工作，如图4-43所示。

动力经倒挡离合器传给大太阳轮，使大太阳轮顺时针转动。由于1挡、倒挡制动器 B_1 将行星架锁止，行星架处于静止状态。此时长行星轮以与大太阳轮相反的方向旋转，即逆时针方向旋转，因此齿圈也就逆时针方向旋转，形成倒挡。

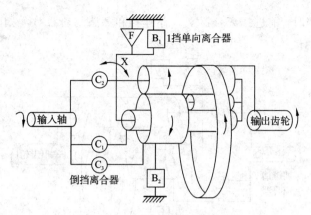

图 4-43 R 位置的传动原理

动力传递路线：

发动机工作→动力→输入轴→C_3→大太阳轮→长行星轮→齿圈→输出齿轮

由于在行星机构中行星架固定，因此放松加速踏板时，驱动轮动力可以传给发动机，有发动机制动效果。

（3）D 位置的传动原理。

变速杆位于 D 位置时，变速器可自动在 D_1～D_4 间变换。

① D_1 挡。D_1 挡时，前进挡离合器 C_1、1 挡单向离合器 F 工作，如图 4-44 所示。

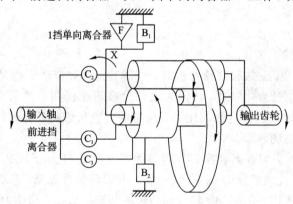

图 4-44 D_1 位置的传动原理

动力经前进挡离合器传给小太阳轮，使小太阳轮顺时针方向转动。小太阳轮顺时针方向转动，带动短行星轮逆时针方向转动，并使长行星轮顺时针方向转动。由于汽车尚未起步，齿圈不动，长行星轮有使行星架逆时针转动的趋势，但 1 挡单向离合器阻止行星架逆时针方向转动，因此长行星轮使齿圈顺时针方向转动，汽车起步。传动过程中大太阳轮被长行星轮带动沿逆时针方向自由转动。

动力传递路线如下：

发动机工作→动力→输入轴→C_1→小太阳轮→短行星轮→长行星轮→齿圈→输出齿轮

发动机制动效果分析：放松加速踏板时，齿圈转速高（驱动轮），小太阳轮转速低（发动机）。长行星轮被齿圈带动沿顺时针方向转动，短行星轮被发动机带动沿逆时针方向转动，二者的合成速度使行星架沿顺时针方向转动。由于 1 挡单向离合器不阻止行星架沿顺时针方向转动，因而无发动机制动效果。

② D_2 挡。D_2 挡时，前进挡离合器 C_1、超速挡和 2 挡制动器 B_2，如图 4 - 45 所示。

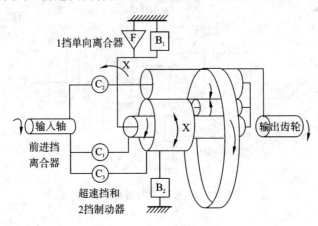

图 4 - 45　D_2 位置的传动原理

动力经前进挡离合器传给小太阳轮，使小太阳轮顺时针方向转动。小太阳轮顺时针方向转动，带动短行星轮逆时针方向转动，并使长行星轮顺时针方向转动。长行星轮又使大太阳轮逆时针方向转动，但超速挡和 2 挡制动器阻止大太阳轮转动，长行星轮(行星架)之间与齿圈有固定传动比，因此长行星轮使齿圈顺时针方向转动，动力经输出齿轮传给驱动轮。此时，两个行星排都参与了动力传递。

动力传递路线如下：

发动机工作→动力→输入轴→C_1→小太阳轮→短行星轮→长行星轮→齿圈→行星架→长行星轮→齿圈→输出齿轮

发动机制动效果分析：放松加速踏板时，齿圈转速高，带动长行星轮沿顺时针方向转动，并使行星架沿顺时针方向转动，由于大太阳轮被超速挡和 2 挡制动器锁止，因此齿圈与长行星轮(行星架)之间有固定传动比，驱动轮动力经长行星轮、短行星轮、小太阳轮传给发动机，有发动机制动效果。

③ D_3 挡。D_3 挡时，前进离合器 C_1、直接挡离合器 C_2 工作，如图 4 - 46 所示。动力经前进挡离合器 C_1、直接挡离合器 C_2 同时传给小太阳轮和行星架。长、短行星轮的自转被限制，整个行星齿轮机构一起转动，输入轴与齿圈转速一致，传动比为 1，此时为直接挡。

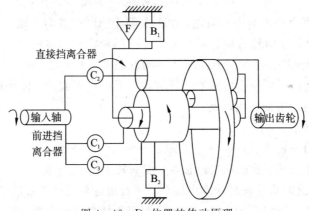

图 4 - 46　D_3 位置的传动原理

动力传递路线：输入轴→C_1→小太阳轮→齿圈→输出齿轮→ C_2→行星架→齿圈→输

出齿轮。

发动机制动效果分析：由于是直接挡，故有发动机制动效果。

④ D_4 挡。D_2 挡时，直接挡离合器 C_2、超速挡和 2 挡制动器 B_2 工作，如图 4-47 所示。

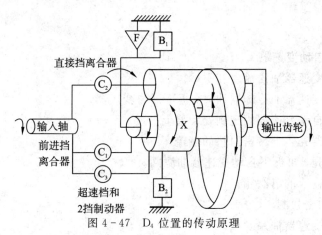

图 4-47　D_4 位置的传动原理

动力经直接挡离合器传给行星架。行星架顺时针方向转动，力图使大太阳轮逆时针方向转动，超速挡和 2 挡制动器 B_2 限制大太阳轮逆时针方向转动。因此，长行星轮在被行星架带动绕大太阳轮转动的同时绕自身轴线转动，将动力传给齿圈输出。传动过程中短行星轮和小太阳轮被长行星轮带动绕轴自由转动。

动力传递路线如下：

动机工作→动力→输入轴→C_2→行星架→长行星轮→齿圈→输出齿轮

发动机制动效果分析：由于行星机构三元件（大太阳轮、行星轮或行星架、齿圈）中有一个元件固定，因此，放松加速踏板时，驱动轮动力可以经齿圈传给行星架，有发动机制动效果。

（4）L 位置的情况。变速杆处于 L 位置时，自动变速器只有 1 挡。此时，前进挡离合器 C_1 和 1 挡、倒挡制动器 B_1 工作，如图 4-48 所示。

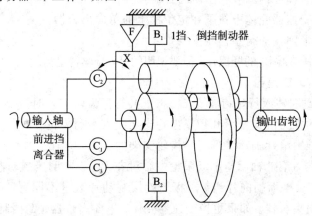

图 4-48　L 位置的传动原理

此挡位的正向动力传动原理与 D_1 挡完全一致，在此不再赘述。

发动机制动效果分析：放松加速踏板时，齿圈转速高（驱动轮），小太阳轮转速低（发动机）。长行星轮被齿圈带动顺时针方向转动，短行星轮被发动机带动逆时针方向转动，二者的合成速度使行星架顺时针方向转动。由于1挡、倒挡制动器 B_1 阻止行星架逆时针方向转动（D_1 挡时由于是1挡单向离合器 F 工作，不阻止行星架逆时针方向转动，故无发动机制动效果），有发动机制动效果。

【任务实施】

1. 拆卸 01M 自动变速器

（1）装上自动变速器油溢流管和螺塞。

（2）关闭自动变速器油冷却器油口，拆下液力变矩器。

（3）用螺栓将自动变速器固定到安装架上。

（4）拆下变速器壳体上带密封垫的端盖。

（5）拆下油底壳，再拆下自动变速器油滤网。

（6）拆下带传输线的滑阀箱。

（7）拆下 B_1 的密封圈。

（8）拆下自动变速器油泵螺栓。

（9）将螺栓 A（M_8）拧入自动变速器油泵螺栓孔内。

（10）均匀拧入螺栓 A，可将自动变速器油泵从变速器壳体中压出。

（11）将带有隔离管、B_2 制动片、弹簧和弹簧盖的所有离合器拔出。

（12）将旋具插入大太阳轮的孔内以松开小输入轴螺栓。

（13）拧下小输入轴螺栓。

（14）拆下小输入轴上的螺栓和调整垫圈，行星齿轮支架的推力滚针轴承留在变速器/主动齿轮内。

（15）拔出小输入轴，再拔出大输入轴。

（16）拔出大太阳轮。

（17）拆卸单向离合器前，应先拆下变速器转速传感器 G_{38}。

（18）拆下隔离管弹性挡圈 a 和单向离合器弹性挡圈 b。

（19）用钳子从变速器壳体上拔下在定位楔上的单向离合器。

（20）拔下带碟形弹簧的行星齿轮支架。

（21）拆下倒挡制动器 B_1 的摩擦片。需要说明的是，分解行星齿轮系不需拆下主制动轮。

2. 装配 01M 自动变速器

（1）将 O 形密封圈装入行星齿轮支架，再更换行星齿轮支架时需要调整该支架。

（2）将带垫圈的推力滚针轴承和行星齿轮支架装入主动齿轮。

（3）将垫圈和推力滚针轴承装到行星齿轮支架的小太阳轮上。

（4）使垫圈和推力滚针轴承与小太阳轮中心对齐，再装入倒挡制动器 B_1 的内、外片。

（5）装入压板，扁平面朝向片组。压板厚度按制动片数量不同有所不同。装入碟形弹簧，凸起面朝向单向离合器。如果更换变速器壳体、单向离合器、倒挡制动器 B_1 活塞和摩擦片，则需要调整倒挡制动器 B_1。

（6）用专用工具 3267 张开单向离合器滚子，并装上单向离合器。

（7）安装单向离合器弹性挡圈 b 和隔离管弹性挡圈 a，安装弹性挡圈时开口装到定位楔上。

(8) 安装变速器转速传感器 G_{38}。

(9) 测量制动器 B_1。

(10) 将大太阳轮到小输入轴部件装入变速器壳体。

(11) 安装带有垫圈和调整垫圈的小输入轴螺栓。螺栓的拧紧力矩为 30 N·m。将调整垫圈装到小输入轴台肩上(箭头所示),确定调整垫圈厚度,调整行星齿轮支架。

(12) 测量行星齿轮支架。

(13) 将带垫圈的推力滚针轴承装到 4 挡离合器 K_3 上。用自动变速器油涂于推力滚针轴承垫圈,以便安装时将轴承粘到 K_3 上。

(14) 安装 4 挡离合器 K_3。

(15) 将 O 形密封圈装入槽内,注意活塞环的正确位置。

(16) 装入 1 挡/3 挡离合器 K_1。

(17) 将调整垫圈装入 K_1。更换 K_1、K_2 或自动变速器油泵后,需重新测量调整垫片厚度,可用一个或两个调整垫圈。

(18) 装入倒挡离合器 K_2。

(19) 装入制动器 B_2 片组的隔离管,安装时应使隔离管上的槽进入单向离合器的楔。

(20) 安装 B_2 的制动片。先装上一个 3 mm 厚外片,将 3 个弹簧盖装入外片,插入压力弹簧(箭头所示),直到把最后一个外片装上。安装最后一片已测量的外片前,应先把 3 个弹簧盖装到压力弹簧上,装上波形弹簧垫片。如果更换了隔离管、自动变速器油泵、制动片,则应调整 2 挡和 4 挡制动器 B_2。

(21) 安装自动变速器油泵密封垫。

(22) 将 O 形密封圈装到自动变速器油泵上。

(23) 安装自动变速器油泵。

(24) 均匀交叉拧紧螺栓。注意不要损坏 O 形密封圈,螺栓拧紧力矩为 8 N·m,螺栓拧紧再拧 90°,此时可分几步进行。

(25) 测量离合器间隙。

(26) 将油塞连同滑阀箱和油底壳一同装上。

(27) 装上带密封垫和隔套的端盖。

(28) 装上自动变速器溢流管和螺塞。

【知识扩展】

1. 莱派特式行星齿轮机构

随着汽车技术的不断发展,更多挡位的自动变速器将逐步取代 4 挡自动变速器。1990 年,法国人开发了莱派特式行星齿轮机构并应用于宝马 7 系和奥迪 A8 的 ZF6HP-26 自动变速器。

这种轮系是由一个单排行星齿轮机构和一个拉威娜轮系组成,前端的行星齿轮不换挡,太阳轮一直固定。在福特 AWF21、日本 AISINAW、大众 09G 等 6 挡变速器中,有 6 个换挡元件:3 个离合器 K_1、K_2、K_3,2 个制动器 B_1、B_2,1 个单向离合器,如图 4-49 所示。换挡元件工作状态见表 4-8。

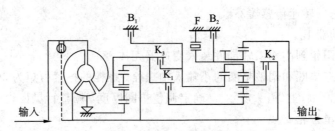

图 4-49　莱派特式行星齿轮机构

表 4-8　各挡换挡元件工作状态表

挡位	D_1	D_2	D_3	D_4	D_5	D_6	R
K_1	○	○	○	○			
K_2				○	○	○	
K_3			○	○			
B_1		○					○
B_2	⊗						○
F	○						

注：○表示执行机构作用；⊗表示执行机构作用，但不影响该挡位。

2. 平行轴式齿轮变速传动系统

平行轴式齿轮变速系统的自动变速器虽体积较大，但在一些品牌的轿车上应用较多，如本田车系就是如此。此类变速器一般有两种常见的形式：一是二轴式，二是三轴式，如图 4-50 和图 4-51 所示。表 4-9 为广州本田轿车平行轴式自动变速器各挡位换挡元件状态表。

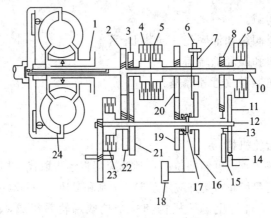

图 4-50　二轴式变速器

1—液压泵；2—主轴 3 挡齿轮；3—主轴 2 挡齿轮；4—2 挡离合器；5—4 挡离合器；6—倒挡中介齿轮；7—主轴倒挡齿轮；8—主轴 1 挡齿轮；9—1 挡离合器；10—主轴；11—驻车齿盘；12—副轴；13—单向离合器；14—驻车棘爪；15—副轴 1 挡齿轮；16—副轴倒挡齿轮；17—倒挡离合器；18—作用阀门；19—副轴 4 挡齿轮；20—主轴 4 挡齿轮；21—副轴 2 挡齿轮；22—3 挡离合器；23—4 挡离合器；24—液力变矩器

表 4－9　广州本田轿车平行轴式自动变速器各挡换挡元件工作状态表

操纵杆位置		1挡齿轮及1挡离合器	2挡齿轮及2挡离合器	3挡齿轮及3挡离合器	4挡 齿轮	4挡 离合器	倒挡齿轮	驻车挡齿轮
P								○
R						○	○	
N								
D₄	1	○						
	2		○					
	3			○				
	4				○	○		
D₃	1	○						
	2		○					
	3			○				
2			○					
1		○						

注：○为接合状态。

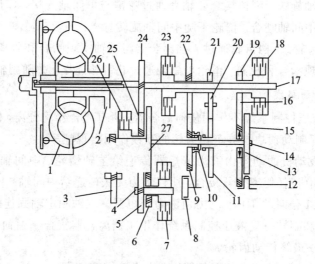

图 4－51　三轴式变速器

1—液力变矩器；2—液压泵；3—终传动齿轮；4—2挡齿轮轴；5—第二轴2挡齿轮；6—2挡驱动齿轮；7—2挡离合器；8—作用阀门；9—副轴4挡齿轮；10—倒挡接合器；11—副轴倒挡齿轮；12—驻车棘爪；13—单向离合器；14—副轴；15—驻车齿盘；16—副轴1挡齿轮；17—主轴；18—1挡离合器；19—主轴1挡齿轮；20—倒挡中介齿轮；21—主轴倒挡齿轮；22—主轴4挡齿轮；23—4挡离合器；24—主轴3挡齿轮；25—副轴3挡齿轮；26—3挡离合器；27—2挡从动齿轮

1）齿轮的连接及工作情况

广州本田自动变速器如图4－52所示。

（1）主轴上的齿轮。3挡齿轮通过3挡离合器与主轴实现啮合和脱离。4挡齿轮通过4挡离合器与主轴实现啮合和脱离。倒挡齿轮通过4挡离合器与主轴实现啮合和脱离。惰轮通过花键与主轴连接并随主轴旋转。

（2）中间轴上的齿轮。最终传动齿轮与中间轴是制成一体的，因而随中间轴旋转。

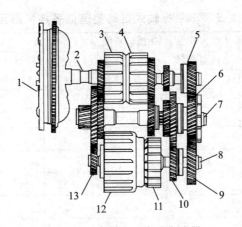

图 4-52 广州本田自动变速器

1—液力变矩器；2—主轴；3—3 挡离合器；4—4 挡离合器；5—主轴传动齿轮；
6—惰轮；7—中间轴；8—副轴；9—副轴齿轮；10—2 挡齿轮；
11—2 挡离合器；12—1 挡离合器；13—1 挡齿轮

1 挡、3 挡、2 挡和驻车挡齿轮通过花键与中间轴连接，并随中间轴旋转。4 挡齿轮和倒挡齿轮不随中间轴旋转。倒挡接合套轴套通过花键与中间轴连接，以便通过轴套使 4 挡齿轮和倒挡齿轮与中间轴啮合。惰轮不随中间轴旋转。

（3）副轴上的齿轮。1 挡齿轮通过 1 挡离合器与副轴实现啮合和脱离。2 挡齿轮通过 2 挡离合器与副轴实现啮合和脱离。惰轮与副轴通过花键相连接，并随副轴而旋转。

2）各挡动力传动路线

（1）P 位置。液压控制系统不作用任何离合器，所有离合器均分离，因而动力不传递给中间轴。此时，依靠制动锁块与驻车挡齿轮的互锁作用实现驻车。

（2）N 位置。发动机的动力由液力变矩器传递给主轴惰轮、中间轴惰轮和副轴惰轮，但液压控制系统没有使任何离合器接合，所以动力无法传递给中间轴。

（3）D_4、D_3 和 1 位时的 1 挡。动力由液力变矩器→主轴和主轴固连的主轴惰轮→中间轴惰轮→副轴惰轮和副轴→受液压控制系统作用 1 挡离合器接合→副轴 1 挡齿轮→中间轴 1 挡齿轮→中间轴→最终传动齿轮。

（4）D_4 和 D_3 位置时的 2 挡和 2 位置。动力由液力变矩器→主轴和主轴固连的主轴惰轮→中间轴惰轮→副轴惰轮和副轴→受液压控制系统作用 2 挡离合器接合→副轴 2 挡齿轮→中间轴 2 挡齿轮→中间轴→最终传动齿轮。

（5）D_4 和 D_3 位置时的 3 挡。动力由液力变矩器→主轴→受液压控制系统作用 3 挡离合器接合→主轴 3 挡齿轮→中间轴 3 挡齿轮→中间轴→最终传动齿轮。

（6）D_4 位置时的 4 挡。动力由液力变矩器→主轴→受液压控制系统作用 4 挡离合器接合→主轴 4 挡齿轮→中间轴 4 挡齿轮→倒挡接合轴套→中间轴→最终传动齿轮。

（7）R 位置。动力由液力变矩器→主轴→受液压控制系统作用 4 挡离合器接合→主轴倒挡齿轮→倒挡惰轮→中间轴倒挡齿轮→倒挡接合轴套→中间轴→最终传动齿轮。

【考核评价】

考核评价表

目标	评价要素	评价标准	评价依据	考核方式		权重	评分
知识	基本知识	（1）掌握行星齿轮机构的组成和基本工作原理；（2）掌握辛普森式齿轮机构的结构特点和原理；（3）掌握 CR－CR 齿轮机构的结构特点和原理；（4）掌握换挡元件的结构和原理	个人作业 课堂笔记 课堂练习 小组作业 期末考试	学生自评		10%	
				教师评定		10%	
				学生互评		10%	
能力	基本技能	（1）能分析4挡、5挡辛普森式及 CR－CR 齿轮机构的传动关系；（2）能初步拆装、检修辛普森式齿轮机构	实践练习 小组作业 学生作业单	教师评定	动手能力	15%	
					作业单的填写	15%	
素质	学习态度	遵守纪律，积极参与课堂教学活动，按时完成作业，按要求完成准备	课堂表现记录，考勤表，同学及教师观察，课堂笔记	学生自评		10%	
				小组互评			
				教师评定			
	沟通协作管理	乐于请教和帮助同学，协调小组活动，配合教师教学管理，做好教室值日工作，做好课前准备和课后整理	小组作业，小组活动记录，自评及互评记录，值日记录，同学及教师观察	学生自评		15%	
				小组互评			
				教师评定			
	创新精神	有自主学习计划，在作业练习中能提出问题和见解，对教学或管理提出意见和建议，积极参与小组活动设计	个人作业，自主学习计划，学习活动，个人口头或书面提议	学生自评		15%	
				小组互评			
				教师评定			

【教学小结】

（1）拉威娜式行星齿轮机构的结构特点是：两行星排共用行星架和齿圈，由大太阳轮、小太阳轮、短行星轮、长行星轮、行星架及齿圈组成一个双行星轮式行星排。

（2）拉威娜式行星齿轮机构的四个基本元件分别是：大太阳轮、小太阳轮、行星架和齿圈。

（3）拉威娜式行星齿轮机构的传动关系为：短行星轮内与小太阳轮啮合，外与长行星轮啮合，但与齿圈没有啮合关系；长行星轮除了与短行星轮啮合外，在另一端的内侧还与大太阳轮啮合，外侧与输出元件齿圈啮合。行星齿轮机构的大、小太阳轮都可以作为动力的输入元件。

（4）莱派特齿轮机构是由一个单排行星齿轮机构和一个拉威娜轮系组成，前端的行星齿轮不换挡，太阳轮一直固定。

（5）平行轴式齿轮变速系统的自动变速器虽体积较大，但在一些品牌的轿车上应用。此类变速器一般有两种常见的形式：一种是二轴式，另一种是三轴式。

情境四

液压控制系统检修

任务　液压控制系统的检修

【学习目标】

教学能力目标	专业能力目标	专业知识目标	专业素质目标
(1) 能准确描述液压控制系统的组成和工作原理； (2) 能够指导学生分析液压控制回路； (3) 能指导学生维护、检修液压控制系统	(1) 能分析主要的液压控制回路； (2) 能初步维护、检修液压控制系统	(1) 掌握液压控制系统的组成和工作原理； (2) 掌握液压控制系统主要元件的功用和原理	(1) 具有良好的工作责任心和职业道德； (2) 具有安全操作意识和良好的环境保护意识； (3) 培养学生的团队协作精神

【任务导入】

一辆皇冠3.0汽车装用 A340E 型自动变速器，热车时动力不足，热车起步时要重踩加速踏板，汽车才可慢慢起步，行车无力，加速不良，但冷车时正常。

【任务分析】

从故障现象分析，故障应由液压油泄漏引起。进一步检测判断，通过自动变速器的失速、时滞、液压等试验，初步判定油泵故障。拆解油泵，测量其有关数据，发现油泵从动齿轮与泵体间隙已大于 0.4 mm，标准值为 0.07～0.15 mm，极限值为 0.3 mm，已严重超出极限值。更换油泵后，故障排除。在冷车时，变速器油黏度较大，泄漏不明显，故冷车正常；热车后，油的黏度下降，流动性好，泄漏大，油压不足，换挡元件打滑导致行驶无力。

【教学时数】

6 学时。

【教学设计】

步骤	学习内容	教学方法	教学手段	学生活动	时间分配
导入	任务导入	视频、PPT 演示，讲解，引入任务	视频 PPT	听讲	3 min
讲解	任务分析	视频、PPT 演示，结合自动变速器总成分析任务	引导 分析	讨论 查阅资料 发言	4 min

续表

步骤	学习内容	教学方法	教学手段	学生活动	时间分配
小组作业	教学准备	先集中讲解任务，提出要求，然后分组，领用工具	自动变速器5台，拆装工具5套、活塞拆装专用工具5套、维修包5套	分组准备	8 min
讲解	相关知识：液压控制系统	对照实物，教师集中讲解并演示	PPT 实物 讲解	听讲 思考 发言	90 min
小组作业操练	任务实施： （1）液压控制系统故障诊断； （2）液压控制系统故障排除	学生熟悉结构并拆装检修	自动变速器5台，拆装工具5套、活塞拆装专用工具5套，维修包5套	分组操练 完成任务	120 min
评价演示	教学测评	内容见后	任务实施成果	小组互评 教师评定	10 min
讲解演示	教学小结	内容见后	提问 总结	讨论 总结	5 min
课后作业	布置作业	练习	课后思考	完成课后思考	课后完成

【教学资讯】

1. 液压控制系统

自动变速器的液压控制系统主要由供油机构、调压机构、操纵机构、冷却和润滑装置及辅助装置等部分组成。

供油机构：主要由油箱、液压油泵、单向阀、滤清器、油管、油道等组成，其功用是提供一定压力和流量的工作油液。

调压机构：主要由主油路的调压阀、流量调节阀等组成，对于液压控制自动变速器还包括速控阀、节气门阀等，其功用是将液压油泵输出的油压调节成与行驶状态相适应的压力。

操纵机构：主要由手控阀、换挡阀、次序阀、强制降挡阀、锁止离合器控制阀等组成，其功用是控制换挡元件和锁止离合器，实现变速机构的自动换挡和锁止离合器的状态。

冷却和润滑装置：主要由冷却器和润滑油道等组成，其功用是形成液压油的冷却循环回路及润滑油路，保证变速器传动零件的冷却和润滑。

辅助装置：为了改善换挡品质而增设的辅助阀类，它包括压力阀、时间阀、流向阀和安全阀等。

1）供油机构

（1）自动变速器油。自动变速器油（Automatic Transmission Fluid，ATF）是液力传动油，它是一种高级润滑油，含有多种化学添加剂，在自动变速器中发挥着十分重要的作用。其具体作用如下：

① 传递发动机输出功率。

② 操纵换挡元件实现自动换挡。

③ 对零部件的冷却作用。

④ 对自动变速器内部零部件的润滑和清洁作用。

ATF 是粉红色(或蓝色)油品,其中添加剂的作用是保证 ATF 的减摩性、流动性、腐蚀性、抗氧化性、清洁分散性等性能。另外,还有 ATF 的相容性,相容性好的 ATF 可以混合使用。

常用的 ATF 主要有通用公司的 DEXRON 系列、福特公司的 MERCON 系列和 F 系列等几种类型。前两者含有摩擦改进剂,而后者不含摩擦改进剂。

(2)油箱。油箱的功用是储存油液,此外还起着散发油液中的热量,逸出油液中的气体,沉淀油液中的杂质等作用。

油箱有整体式和分离式两类。整体式是油箱与自动变速器连为一体,直接把变速器的油底壳作为油箱使用;分离式则与自动变速器分开独立布置,用管路与变速器相通,因此在布置上比较自由,允许有足够的容量,散热性能较好。油箱通常都有可靠的密封和透气孔,以防油液泄漏和杂质进入;有的还采用充压密封式油箱以改善油泵的吸油效果。对于某些工程车辆和重型车辆的综合传动箱,还可根据箱体结构分割成若干个互通的油池,以保证油液的循环、过滤和冷却。

(3)滤清器。自动变速器的多片摩擦离合器、制动器工作时,由于摩擦的原因,其表面的金属及摩擦材料会有部分脱落进入到 ATF 中。这些机械杂质如果随油液在制动变速器中流动会造成油路堵塞,加剧零件表面磨损,阻碍液压控制阀的运动。滤清器的任务就是过滤进入 ATF 的机械杂质,保证自动变速器的正常工作。

滤网式的自动变速器 ATF 滤清器安装在油底壳中,其结构与发动机润滑系统机油泵入口处安装的滤网相似,但滤网的口径要小一些。

(4)油泵。自动变速器的油泵有齿轮泵、转子泵和叶片泵三种形式,比较常用的是齿轮泵。

① 内啮合式齿轮泵。内啮合式齿轮泵的结构如图 4-53 所示,主要由主动齿轮、从动齿轮(内齿圈)、泵体、油封环等部分组成。泵体的内齿轮槽内有一个月牙形凸台,把主、从动齿轮不啮合的部分隔开,形成两个工作腔,即低压腔和高压腔。低压腔与泵体上的进油口相连,高压腔与泵体上的出油口相连。

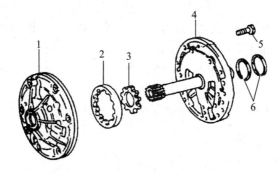

图 4-53 内啮合式齿轮泵的结构

1—泵体;2—从动齿轮;3—主动齿轮;4—泵盖;5—固定螺钉;6—油封环

油泵的工作原理如图 4 - 54 所示。油泵工作时，主动齿轮带动从动齿轮转动，在齿轮脱离啮合（吸油腔）的一端容积不断变大，产生真空，把油液从油盘经滤网吸进油泵；在齿轮进入啮合（出油腔）的一端容积不断减小，油液被挤压出油泵，输往液压系统。

② 转子泵。转子泵又称摆线齿轮泵，其结构如图 4 - 55 所示，油泵由内、外两个转子组成。其结构特点是：内、外转子偏心安装，内转子为主动件，内转子齿数比外转子齿数多一个。当内转子旋转时，由内、外转子齿与齿槽所形成的密封容积发生变化，从而完成吸油和压油过程。

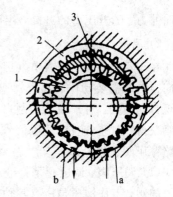

图 4 - 54 油泵的工作原理
1—主动齿轮；2—从动齿轮；3—月牙板

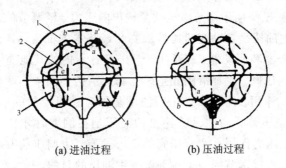

(a) 进油过程　　(b) 压油过程

图 4 - 55 转子泵
1—油箱；2—过滤器；3—泵体；4—叶片

③ 叶片泵。叶片泵有单作用式和双作用式两种。单作用式叶片泵多为变量泵，双作用式叶片泵多为定量泵。图 4 - 56 所示为变量叶片泵的结构，用于通用公司 THM125 型液压控制自动变速器上。

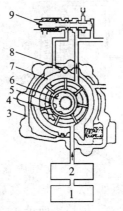

图 4 - 56 变量叶片泵的结构
1—外转子；2—内转子；3—出油口；4—进油口；5—叶片环；6—转子；
7—可移动的定子；8—支点；9—调压阀

在带有滑动叶片的转子外侧设定子，定子用销轴支撑在泵的壳体上，以便改变定子相对转子的偏心量，弹簧的作用是将定子压向增大偏心量的方向。泵内油压给定子压向弹簧方向的力，随着压力的升高，定子压缩弹簧，改变偏心量，从而自动调节泵的排量。

　　2) 调压机构

　　在车辆行驶中，随着节气门、车速等参数变化到一定程度，液压操纵系统将使液压油泵向换挡时需要动作的离合器或制动器随动液压缸供油，改变换挡元件的组合状态，从而实现自动换挡。对于液压控制自动变速器，由于无电控系统，节气门开度油压信号由节气门阀获得，车速（速控）油压信号由速控阀获得，而液压操纵系统主油路工作油压则通过主油路调压阀获得。

　　(1) 调压阀。调压阀是将液压油泵输出的液压油压力调节成与行驶状态相适应的工作压力的阀，工作液压是所有其他液压的压力源。调节后的工作压力一般为 0.5～1.5 MPa，失速时可达 2 MPa 左右。调压阀一般有主调压阀和第二（二次）调压阀两种，调压阀按控制方式又分为阶梯滑阀式、导轮反作用式和电磁阀式。

　　① 主调压阀。主调压阀用于调节液压油泵输出的压力，经调节的压力称为主油压、管路油压或工作油压。主油压是自动变速器最重要和最基本的油压，其作用有两个：一是用于操纵变速器内的离合器和制动器；二是用于调节变速器内的其他油压。

　　• 阶梯滑阀式主调压阀。阶梯滑阀式主调压阀的结构如图 4-57 所示。在主调压阀的下方有压缩弹簧和油压作用。油腔①作用的油压是加速踏板控制的油压，即节气门油压，它随节气门开度加大而升高；与油道②连接的油压是在倒挡时才会出现的管路油压。另外，主油压还作为反馈压力作用在主调压阀的上方油腔。主调压阀并联在主油路中，在上述压力的综合作用下，通过调节回油量达到调节主油压的目的。

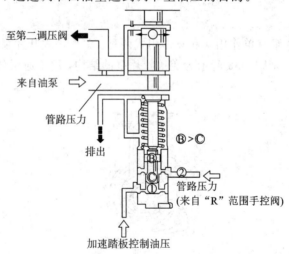

图 4-57　阶梯滑阀式主调压阀的结构

　　阶梯滑阀式主调压阀的调压特点如下：节气门开度加大，主油压升高；车速升高，主油压降低；发动机转速升高，主油压升高；倒挡比前进挡主油压高；调压弹簧弹力越高，主油压越高。

　　• 导轮反作用式主调压阀。其结构如图 4-58 所示，当液力变矩器内泵轮与蜗轮转速差（负荷）较大时，液流冲击导轮的冲击力较大，导轮轴通过调节臂压缩油压调节阀弹簧，使调压阀移动而增加调节油压；反之，当泵轮与蜗轮转速差（负荷）较小时，油液对导轮的冲击力减小，导轮轴通过调节臂对油压调节阀弹簧的压力减小，调节油压降低。导轮反作用式主调压阀的工作原理如图4-59所示。来自液压泵的压力到达B和B′孔，油液经过B孔进入压力调节阀的A室。由于油压的作用，压缩调压阀右端的弹簧，使调压阀右移，开通至液力变矩器和卸压阀的油路。来自液压泵的油压越大，调压阀的右移量也越大，使其输出压力增大。调压阀右端的弹簧力受导轮反作用力矩的控制。反作用力矩较大时，右端弹簧预紧力较大，要使调压阀右移就需要较大的液压泵输入压力，从而使输出油压增大。

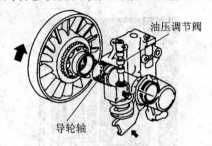

图4-58　导轮反作用式主调压阀

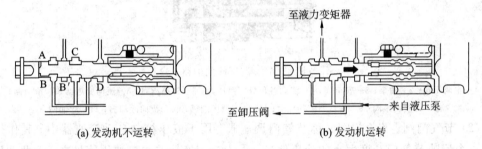

(a) 发动机不运转　　　　　　　　　(b) 发动机运转

图4-59　导轮反作用式主调压阀工作原理

②第二调压阀。第二调压阀又称二次调压阀、次调压阀或液力变矩器补偿压力调节阀，其作用是根据汽车行驶速度和节气门开度的变化，自动调节液力变矩器油压，并能保证润滑油压和流向冷却装置的油压。第二调压阀的结构和工作原理如图4-60所示。

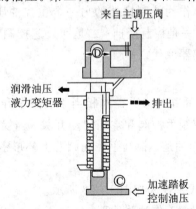

图4-60　第二调压阀的结构和工作原理

调压阀的油路如图4-61所示。当发动机停止运转时，第二调压阀把液力变矩器的油路关闭，防止油液从液力变矩器外流；当发动机低速运转或节气门关闭时，第二调压阀在弹簧力作用下将通向冷却装置的油路切断，保证液力变矩器的油压在0.2 MPa左右；当发动机转速升高时，随着液力变矩器油压升高，摩擦损失功率增大，油温也随之升高，此时第二调压阀将通向冷却装置的油路打开进行冷却，以保证油温在正常范围。冷却器旁通阀的作用是限制高温油的压力，是冷却装置的旁通保护阀，它由钢球和弹簧组成。当液力变矩器的高温油液压力较大时，钢球阀打开旁通油路泄油，减少了流向冷却装置的油量，使高温的压力油控制在较低的压力值上，以免损坏冷却装置。在流向变矩器的油路中有一单向阀，其作用是当发动机停转时，防止油液从变矩器逆流。

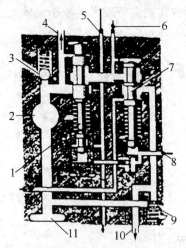

图 4 - 61　调压阀的油路

1—主调压阀；2—油泵；3—安全阀；4—流向各部分管路压力；5—管路压力；6—流向变矩器和润滑油路；
7—二次调压阀；8—来自节流阀压力；9—冷却器旁通阀；10—流向冷却器；11—滤油网

（2）节气门阀。节气门阀又称节气门调压阀，用于液压控制自动变速器中。其作用是产生一个反映节气门开度大小的油压信号，作为控制换挡的主控油压信号之一，此油压即为节气门油压，又称加速踏板控制油压。该油压作用有二：一是控制换挡；二是调节主油路油压、液力变矩器油压和润滑油压。现代汽车逐渐由节气门位置传感器取代。

（3）速控阀。速控阀又称车速调压阀，用于液压控制自动变速器中。其作用是产生一个反映车速高低的油压信号，作为控制换挡的另一个主控油压信号。此油压即速控油压，又称车速油压，其作用有二：一是控制换挡；二是通过速控调节阀和断流阀调节节气门油压。现代汽车逐渐由车速传感器取代。

3）操纵机构

（1）手控阀。在液压控制系统中，手控阀相当于油路总开关，由驾驶室内的操纵杆或操纵开关控制，操纵杆同时控制手控阀和空挡启动开关。当操纵杆位于不同的位置时，手控阀将主油路接通不同的工作油道。根据手控阀阀芯上环形密封台阶的数目不同，手控阀分两柱式和三柱式两种。

① 两柱式手控阀。两柱式手控阀如图 4 - 62 所示。

当操纵杆位于不同位置时，工作油路如下：

P 位：主油路 1 关闭，2、5、6 油路全部与泄油孔连通，各挡位全部解除。

R 位：主油路 1 打开，泄油孔 3 关闭。此时，1→2，可实现倒挡，5、6 油路与泄油孔 7连通，前进挡解除。

N 位：主油路 1 打开，但主油路只进入两环形密封带中腔，2、5、6 油路得不到油压，且分别与泄油孔 3、7 相连通，自动变速器处于空挡。

D位：主油路1打开，1→5，前进挡油路接通。此时，油路5提供前进挡离合器油压及各换挡阀油压。油路2、6分别与3、7连通泄油。

S位：主油路1打开，1→5、6，泄油孔7关闭，油路2→3泄油。此时，油路5提供前进挡离合器油压，油路6提供的油压除了限制高挡换挡阀高挡油路外，还提供闭锁挡制动器油压。

L位：油路与S位相似。L位工作油路中2挡以上换挡阀均关闭油路，此时自动变速器只有前进1挡工作，且该挡位可以产生发动机制动作用。

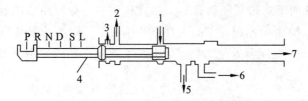

图4-62　两柱式手控阀

1—主油路；2—倒挡油路；3，7—泄油孔；4—阀芯；5—前进挡油路；6—前进低挡油路

② 三柱式手控阀。三柱式手控阀如图4-63所示。

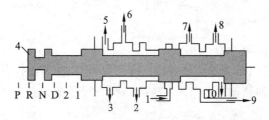

图4-63　三柱式手控阀

1—注油路；2—前进挡油路；3—高挡油路；4—阀芯；5、10—泄油孔；6—2挡油路；
7—2挡锁止油路；8—倒挡油路；9—前进低挡油路

P位：主油路1打开，1→7、9，其他油路均与泄油孔相通。

R位：主油路1打开，泄油孔10关闭，1→7、8、9，其余油路均与泄油孔5连通。其中油路7使换挡阀关闭其控制的相应油路。

N位：主油路1关闭，其余油路均与泄油孔连通。

D位：主油路1打开，泄油孔5关闭，1→2、3、6，油路2提供前进离合器油压及速控阀油压，油路6提供中间换挡阀(3挡变速器为1→2换挡阀)2挡油压，油路3提供高挡油压给高挡换挡阀。

2位：主油路1打开，泄油孔5和高挡油路3相通，1→2、6、7，2、6油路的作用与D位时相同，油路7控制所有的换挡阀使其关闭所控制的工作油路，此时自动变速器只处于2挡工作。

1位：主油路1打开，1→2、7、9，其他油路均与泄油孔相通。油路2通往速控阀和前进离合器，油路7通往换挡阀一端使其关闭所控制的工作油路，油路9通往1→2挡换挡阀。

（2）换挡阀。换挡阀是控制油流方向和通/断的控制阀。液压控制自动变速器通过一组换挡阀控制多个换挡元件进、出油道，以控制换挡元件的组合工作状态，从而实现自动变速器的自动换挡。对于换挡阀，则由分别施加在其两端的节气门油压和速控油压来控制。

由于换挡阀通常是两位，所以换挡阀的数量一般比挡位的数量少一个。下面以丰田 A43D 自动变速器为例来讲述换挡阀控制原理。

① 1-2 挡换挡阀。1-2 挡换挡阀的作用是在其他换挡阀位置不变的情况下，通过控制制动器 B_2 的工作状态，来实现变速器在 1、2 挡之间的变换。图 4-64 所示为丰田 A43D 自动变速器 1-2 换挡阀，阀的上端作用着向下的节气门油压和弹簧力，下端作用着向上的速控油压。

当速控油压小于向下的合力时，柱塞移向下位，如图 4-64(a)所示，来自手控阀的主油路油压通道被堵塞而不能送至制动器 B_2。与此同时，另有管路油压通过 3-4 挡换挡阀被送至超速离合器 C_0，由手控阀控制的主油路油压在 D、S、L 位都流向离合器 C_1，这时，离合器 C_0、C_1 起作用，变速器处于 1 挡。变速器在 D 位 1 挡的油路图如图 4-65 所示。油流路径如下：

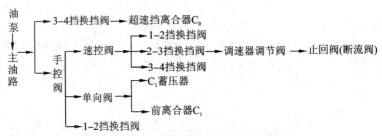

随着车速增加，速控油压升高，柱塞被推向上位(其他换挡阀位置不变)，如图 4-64(b)所示。来自手控阀的主油路油压经 1-2 挡换挡阀下端通道送至制动器 B_2，变速器自动升入 2 挡。

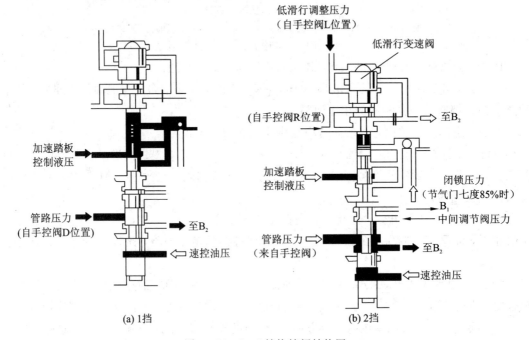

(a) 1挡　　　　　　　　　　(b) 2挡

图 4-64　1-2 挡换挡阀结构图

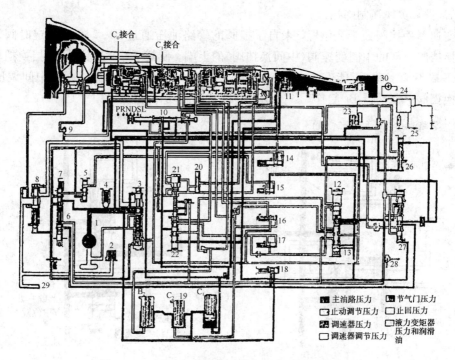

图 4 - 65　A43D 自动变速器在 D 位 1 挡的油路图

1—油泵；2—散热器旁通阀；3—主油路主调压阀；4—卸压阀；5—止回阀；6—强制低挡阀；7—节气门阀；8—主油路次调压阀；9—单向阀；10—手控阀；11—调速器阀；12—中间换挡阀；13—2-3 挡换挡阀；14—低挡滑行调节阀；15—调速器调节阀；16—倒挡离合器顺序阀；17—中间调节阀；18—止动调节阀；19—储能器（C_1、C_2、B_2）；20—倒挡制动器顺序阀；21—低挡滑行换挡阀；22—1-2 挡换挡阀；23—线圈阀；24—超速驱动计算器；25—速度传感器（来自强制低挡开关）；26—D_2降挡定阀；27—3-4 挡换挡阀；28—强制低挡开关（接超速驱动计算器）；29—接散热器；30—超速驱动控制开关

柱塞上移后，节气门油压通道关闭，此时柱塞向下的作用力只剩下弹簧力，变速器从 2 挡降至 1 挡的速度低于从 1 挡升至 2 挡的速度，减少了变速器频繁换挡的可能性。

如果手控阀处于 L 位置，即闭锁挡，低速行驶时，来自手控阀的油压经低挡滑行调节阀→低挡滑行换挡阀下移→倒挡制动顺序阀→B_3 的内、外活塞→1-2 挡换挡阀上端的压力增加也下移→变速器实现 L 位的 1 挡传动。只有在较高车速时，柱塞才能上移升入 2 挡传动。

② 2-3 挡换挡阀。2-3 挡换挡阀的作用是在其他换挡阀位置不变的情况下，控制自动变速器在 2、3 挡之间的变换，也就是说在 2 挡其他换挡元件状态不变的基础上，控制离合器 C_2 的分离或接合状态，来实现 2-3 挡间的变换。

如图 4-66 所示，车速较低时，2-3 挡换挡阀处于下位，C_2 不起作用，变速器换入 2 挡，如图 4-66(a) 所示；车速较高时，2-3 挡换挡阀处于上位，C_2 起作用，变速器换入 3 挡，如图 4-66(b) 所示。由于 3 挡时速控油压作用面积大于 2 挡，因而降 2 挡的车速低于升 3 挡的车速。

变速器在 3 挡工作时，如果节气门开度大于 85%，节气门凸轮会使强制降挡阀上移，产生的锁止压力进入 2-3 挡换挡阀柱塞中部环形通道，强制推动换挡阀柱塞下移，切断通

往 C_2 的油路,实现强制降挡。

　　若变速器手控阀处于2位置,来自手控阀的管路油压通过 D-2 换低速定时阀,进入 2-3挡换挡阀上部的中间变速阀(中间换挡阀)的上端,使其下移,压住 2-3 挡换挡阀,使其处于下端不能上移(不能升入3挡)。同时,这股油压通过中间变速阀→中间调压阀→ 1-2挡换挡阀→制动器 B_1 起作用,实现发动机辅助制动作用。

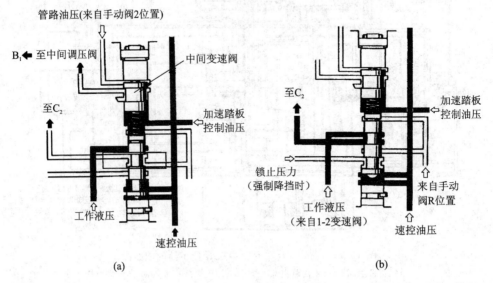

图 4-66　2-3挡换挡阀结构图

　　③ 3-4挡换挡阀。3-4挡换挡阀的作用是在其他换挡阀位置不变的情况下,控制自动变速器在3、4挡之间的变换,也就是说在3挡其他换挡元件状态不变的基础上,控制离合器 C_0、B_0 的分离或接合状态,来实现3-4挡间的变换。

　　如图 4-67 所示,变速器在4挡以下工作时,通过油泵来的管路油压→3-4挡换挡阀→超速挡离合器 C_0 接合实现传动,如图 4-67(a)所示。

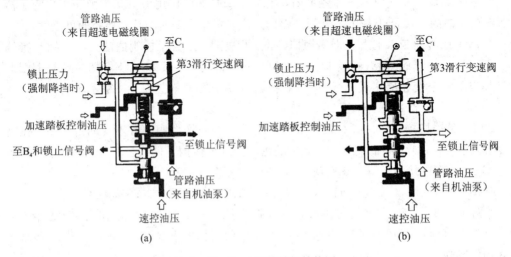

图 4-67　3-4挡换挡阀结构图

即将换入4挡时，柱塞上移，C_0油路关闭而B_0油路打开，实现超速挡传动。同时，另一股受控于3-4挡换挡阀送至锁止信号阀的油流被切断，在高速范围使液力变矩器内的锁止离合器锁止，如图4-67(b)所示。

当手控阀处于2位或L位时，来自手控阀2位和L位的管路油压作用在3-4挡换挡阀上部的第3滑行变速阀的上端，3-4挡换挡阀柱塞不能上移，因此在2位或3位时不可能升入超速挡。

当强制降挡时，从强制降挡阀来的锁止油压将第3滑行变速阀压下使柱塞下移，完成B_0与C_0油路的切换。

④ 超速挡电磁阀。A43D自动变速器的4挡即为超速挡，超速挡电磁阀的作用是控制3-4挡换挡阀的油路，实现升挡的目的。

超速挡电磁阀的结构和工作原理如图4-68所示，超速挡电磁阀由位于操纵杆上的控制开关(O/D OFF)控制，电磁阀的针阀控制泄油口的开启和关闭。

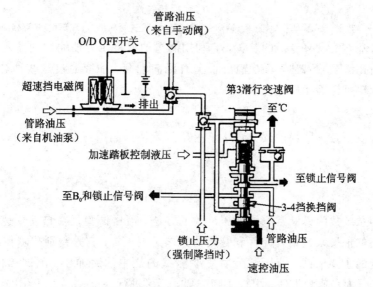

图4-68　超速挡电磁阀的结构和工作原理

开关关闭时，电磁线圈产生磁场吸力将针阀吸起，泄油口开启，泄油口右侧通向3-4挡换挡阀的油路泄压。此时3-4挡换挡阀上方无油压作用，达到相应车速时自动变速器可以升入4挡。

在4挡行驶时，若驾驶员断开O/D OFF开关，电磁吸力消失，针阀被弹簧复位，泄油口关闭，经节流后的管路油压进入3-4挡换挡阀的上方和下方环槽内，换挡阀被强行压下，变速器降至3挡。可见，换入超速挡的条件是：

· 手控阀位于D位；

· 超速挡开关O/D OFF闭合；

· 车速足够高；

· 节气门开度低于85％。

(3) 强制降挡阀。强制降挡阀的作用是在发动机节气门接近全开(85％以上)或强制降挡时，接通通向换挡阀的油路，改变换挡阀的位置，实现强制降挡。

4）冷却和润滑装置

冷却装置形成一封闭的压力回路，用于对 ATF 的散热冷却。其回路为油泵→主调压阀→第二调压阀→锁止离合器控制阀（锁止中继阀）→变矩器→锁止离合器控制阀→变速器输出油管→散热器中的冷却器→变速器输出油管→油箱，如图 4 - 69 所示。

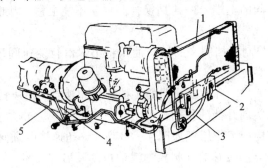

图 4 - 69　冷却装置

1—散热器；2—辅助冷却器；3—冷却器回油管；4—变速器输出油管；5—变速器回油管

润滑回路基本上没有专门的装置，它利用润滑油道将压力油输送到输入轴衬套，并经过衬套上的油孔流至输入轴表面。输出轴上有径向油孔，油液通过这些油孔对支承衬套、垫圈和行星齿轮机构等元件进行润滑。

5）辅助装置

辅助装置主要是一些辅助阀类，其作用是改善换挡品质，包括压力阀、时间阀、流向阀、安全阀等。

【任务实施】

液压控制系统故障诊断常采用液压试验的方法，液压试验是在自动变速器工作时，通过测量各回路的油压来判断各元件和管路的工作是否正常，它是判别故障在液压控制系统还是机械系统的主要依据。液压试验时主要测试的是主油路油压，测试挡位为 D 位和 R 位，测试的工况为急速和失速，根据实际需要，还可进行 3 位、2 位、1 位的油压测试。

（1）液压试验前的准备。

① 汽车行驶至发动机及自动变速器达到正常工作温度。

② 将车辆停放在水平面上，检查自动变速器的油面高度。如不正常，应予以调整。

③ 准备一个量程为 2 MPa 的压力表。

④ 找出自动变速器各个油路的测压孔位置。通常测压孔用方头螺塞堵住。判断具体油路的测压孔时，可用举升机将汽车举起，在发动机运转时，松开测压孔螺塞少许，通过观察各测压孔在换挡操纵杆位于不同位置时是否有压力油溢出，来确定各油路测压孔。

（2）主油路油压测试方法。

① 前进挡主油路油压测试方法如下：

a.拆下自动变速器主油路油压测试孔或前进挡油压测试孔螺塞，接上油压表。

b.起动发动机，将操纵杆拨至前进挡 D 位。

c.读出发动机急速运转时的油压，即为急速工况下的前进挡主油路油压。

d.用左脚紧踩制动踏板，同时用右脚将加速踏板完全踩下，在失速工况下读取油压，该油压即为失速工况下的前进挡主油路油压。

e. 将操纵杆拨至 N 位或 P 位，让发动机怠速运转 1 min 以上。

f. 根据需要，可将操纵杆分别拨至各前进低挡位，重复上述步骤，便可读出各前进低挡在怠速和失速工况下的主油路油压。

② 倒挡主油路油压测试方法如下：

a. 拆下自动变速器主油路油压测试孔或倒挡油压测试孔螺塞，接上油压表；

b. 起动发动机，将操纵杆拨至前进挡 R 位；

c～e. 步骤同上，便可测试出倒挡在怠速和失速工况下的主油路油压。

（2）试验结果分析。

根据实测的油压值，可检测液压系统的性能，并能判断液压系统的故障。主油路油压不正常的故障原因分析如表 4-10 所示。

表 4-10　主油路油压不正常原因

工况	测试结果	故障原因
怠速	所有挡位的主油路油压均太低	油泵故障 主油路调压阀卡死 主油路调压阀弹簧太软 节气门拉索或节气门位置传感器调整不当 节气门阀卡滞 主油路泄漏 调压电磁阀故障
	前进挡和前进低挡的主油路油压均太低	前进离合器活塞漏油 前进挡油路漏油
	前进挡的主油路油压正常 前进低挡的主油路油压太低	1 挡强制离合器或 2 挡强制离合器活塞漏油 前进低挡油路漏油
	前进挡的主油路油压正常 倒挡主油路油压太低	倒挡及高挡离合器活塞漏油 倒挡油路漏油
	所有挡位的主油路油压均太高	节气门拉索或节气门位置传感器调整不当 主油路调压阀卡死 节气门阀卡滞 主油路调压阀弹簧太软 调压电磁阀损坏或线路故障
失速	稍低于标准油压	节气门拉索或节气门位置传感器调整不当 油压电磁阀损坏或线路故障 主油路调压阀卡死或弹簧太软
	明显低于标准油压	油泵故障 主油路泄漏

【考核评价】

考核评价表

目标	评价要素	评价标准	评价依据	考核方式		权重	评分
知识	基本知识	（1）掌握液压控制系统的组成和工作原理； （2）掌握液压控制系统主要元件的功用和原理	个人作业 课堂笔记 课堂练习 小组作业 期末考试	学生自评		10%	
				教师评定		10%	
				学生互评		10%	
能力	基本技能	（1）能分析主要的液压控制回路； （2）能初步维护、检修液压控制系统	实践练习 小组作业 学生作业单	教师评定	动手能力	15%	
					作业单的填写	15%	
素质	学习态度	遵守纪律，积极参与课堂教学活动，按时完成作业，按要求完成准备	课堂表现记录，考勤表，同学及教师观察，课堂笔记	学生自评		10%	
				小组互评			
				教师评定			
	沟通协作管理	乐于请教和帮助同学，协调小组活动，配合教师教学管理，做好教室值日工作，做好课前准备和课后整理	小组作业，小组活动记录，自评及互评记录，值日记录，同学及教师观察	学生自评		15%	
				小组互评			
				教师评定			
	创新精神	有自主学习计划，在作业练习中能提出问题和见解，对教学或管理提出意见和建议，积极参与小组活动设计	个人作业，自主学习计划，学习活动，个人口头或书面提议	学生自评		15%	
				小组互评			
				教师评定			

【教学小结】

（1）自动变速器的液压控制系统主要由供油机构、调压机构、操纵机构、冷却和润滑装置及辅助装置等部分组成。

供油机构：主要由油箱、液压油泵、单向阀、滤清器、油管、油道等组成，其功用是提供一定压力和流量的工作油液。

调压机构：主要由主油路的调压阀、流量调节阀等组成，对于液压控制自动变速器还包括速控阀、节气门阀等，其功用是将液压油泵输出的油压调节成与行驶状态相适应的压力。

操纵机构：主要由手控阀、换挡阀、次序阀、强制降挡阀、锁止离合器控制阀等组成，其功用是控制换挡元件和锁止离合器，实现变速机构的自动换挡和锁止离合器的状态。

冷却和润滑装置：主要由冷却器和润滑油道等组成，其功用是形成液压油的冷却循环回路及润滑油路，保证变速器传动零件的冷却和润滑。

辅助装置：为了改善换挡品质而增设的辅助阀类，它包括压力阀、时间阀、流向阀和安全阀等。

（2）液压试验是在自动变速器工作时，通过测量各回路的油压来判断各元件和管路的工作是否正常，它是判别故障在液压控制系统还是机械系统的主要依据。液压试验时主要测试的是主油路油压，测试挡位为 D 位和 R 位，测试的工况为怠速和失速，根据实际需要，还可进行 3 位、2 位、1 位的油压测试。

情境五

电控系统检修

任务　电控系统的检修

【学习目标】

教学能力目标	专业能力目标	专业知识目标	专业素质目标
（1）能正确借助教学课件清楚、准确描述电控系统的组成和原理； （2）能够指导学生进行电控系统故障分析及检修	（1）能进行电控系统及部件的检测； （2）能初步进行电控系统故障的分析及检修	（1）掌握电控系统的组成和原理； （2）能初步进行电控系统的电路分析	（1）具有良好的工作责任心和职业道德； （2）具有安全操作意识和良好的环境保护意识； （3）培养学生的团队协作精神

【任务导入】

一辆长城哈弗自动挡轿车，装配现代 5R35 自动变速器，累计行驶里程约 2 万公里，出现挂手动模式时仪表盘挡位显示为 D 的现象，同时，自动变速器仍然工作在 D 位状态。

【任务分析】

通过故障确认，在自动挡模式下工作完全正常，可见，导致上述故障的原因有两个：一是操纵机构机械故障；二是手动模式开关到自动变速器控制单元间信号电路故障，它包括手动模式开关和手动模式开关到自动变速器控制单元间的电路。

【教学时数】

6 学时。

【教学设计】

步骤	学习内容	教学方法	教学手段	学生活动	时间分配
导入	任务导入	视频、PPT 演示，讲解，引入任务	视频 PPT	听讲	3 min
讲解	任务分析	视频、PPT 演示，结合自动变速器总成分析任务	引导 分析	讨论 查阅资料 发言	4 min

续表

步骤	学习内容	教学方法	教学手段	学生活动	时间分配
小组作业	教学准备	先集中讲解任务,提出要求,然后分组,领用工具	自动变速器5台,拆装工具5套	分组准备	8 min
讲解	相关知识: (1)电控系统组成原理; (2)控制电路分析	对照实物,教师集中讲解并演示	PPT 实物讲解	听讲 思考 发言	90 min
小组作业、操练	任务实施: (1)电控系统的故障诊断; (2)电控系统的过程测试	学生熟悉结构并拆装检修	自动变速器5台,拆装工具5套	分组操练 完成任务	120 min
评价演示	教学测评	内容见后	任务实施成果	小组互评 教师评定	10 min
讲解演示	教学小结	内容见后	提问 总结	讨论 总结	5 min
课后作业	布置作业	练习	课后思考	完成课后思考	课后完成

【教学资讯】

1. 电控系统的组成及原理

电控自动变速器在传统的液压控制自动变速器的基础上增加了一套电控系统,它改变了传统的由节气门油压和速控油压对换挡阀的控制,取而代之的是由电磁阀来控制换挡阀或者直接控制换挡元件。

电控系统的传感器将信号输送给电控单元 ECU,ECU 对信号进行分析、处理、判断,并发出指令控制一组电磁阀,从而实现对换挡时刻、锁止时刻、发动机制动和油压的控制。电控系统控制程序如图 4-80 所示。

1)传感器

(1)节气门位置传感器。其作用是向 ECU 提供节气门的开度信号,以控制换挡时刻及主油路油压,它是自动变速器的两个主控信号之一。自动变速器所用节气门位置传感器只能是线性或综合式的。其结构、原理和检修方法见第 2 章相关内容。

(2)车速传感器。车速传感器安装在变速器输出轴、差速器和里程表后,其作用是向 ECU 提供车速信号,以控制换挡时刻和锁止时刻,并进行主油路油压调节,它是自动变速器的另一主控信号。车速传感器常见的形式有磁感应式、舌簧开关式、光电式和霍尔效应

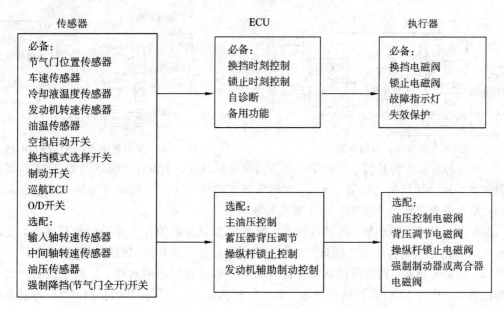

图 4-80　电控系统控制程序

式四种。

① 磁感应式车速传感器。它在自动变速器上应用相当广泛,其结构、原理、检修方法和曲轴位置传感器完全相同。为了增强信号,其线圈电阻值通常设计在 $800\sim1200$ Ω 之间。

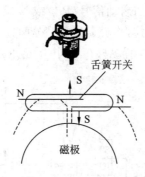

图 4-81　舌簧开关式车速传感器(相斥状态)

② 舌簧开关式车速传感器。如图 4-81 所示,舌簧开关由小玻璃管内安装的两个细长触头构成,触头由铁、镍等磁性材料制成。受玻璃管外磁极控制,触头可相互吸引而闭合,也可相互排斥而断开,从而形成触头的开关作用。当输出轴带动磁铁旋转,N 或 S 磁极接近舌簧开关时,触点相互排斥而断开;N 或 S 磁极离开舌簧开关时,触点相互吸引而闭合。由于磁铁一般是 4 极的,所以每转一周,产生 4 个脉冲信号。

③ 光电式车速传感器。此传感器的结构、原理和检测方法同光电式曲轴位置传感器。其信号为脉冲电压信号。当车速为 60 km/h 左右时,信号电压为 $2\sim3$ V。

④ 霍尔效应式车速传感器。此传感器的结构、原理、检测方法同霍尔式曲轴位置传感器。霍尔元件产生的信号经霍尔集成电路放大、整形后输出一脉冲方波信号,如图 4-82 和图 4-83 所示。

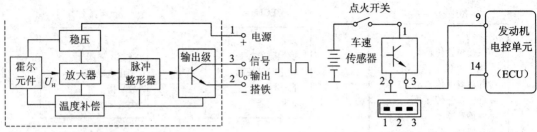

图 4-82　霍尔集成块的电路框图　　　　图 4-83　霍尔效应式车速传感器电路

（3）冷却液温度传感器。它的作用是检测发动机温度，作为自动变速器 ECU 进行换挡控制和锁止离合器控制的依据。例如，发动机温度超过 60℃时，自动变速器才可能换入超速挡；发动机温度低于 60℃时，锁止离合器解除锁止。

（4）发动机转速传感器。发动机转速传感器即发动机曲轴和凸轮轴位置传感器，发动机转速信号用于变矩器传动比的计算，为锁止离合器的控制和换挡的控制提供参考。

（5）油温传感器。油温传感器安装在自动变速器油底壳内的阀板上，用于检测自动变速器的油温，作为 ECU 进行换挡控制、油压控制和锁止离合器控制的依据。当汽车起步或以低速大负荷行驶时，液力变矩器传动效率低，自动变速器油温升高，当油温超过预定的界限时，变速器只有在较高的发动机转速下才开始升挡。

该传感器是一个负温度系数型热敏电阻传感器，其信号为 0～5 V 直流电压信号。检测时，将传感器置于盛有热水的烧杯中，通过逐渐加入凉水来检测在不同温度下的电阻值。

（6）空挡启动开关。空挡启动开关位于手控阀摇臂轴上或挡位操纵杆下方，用于检测操纵杆的位置。它向 ECU 提供空挡启动信号（P 位或 N 位）、操纵杆位置信号，并控制指示灯显示操纵杆位置和接通倒挡信号灯电路。其类型分两种，即触点式和逻辑判断式。

① 触点式。它由几个触点组成，操纵杆在不同的位置时，相应的触点闭合如图 4-84 所示。

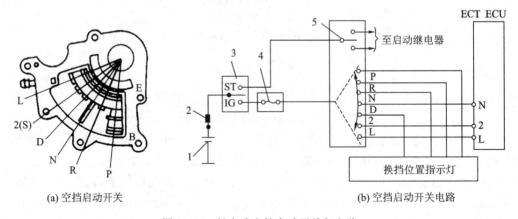

(a) 空挡启动开关　　　　　　　　　　(b) 空挡启动开关电路

图 4-84　触点式空挡启动开关与电路

1—蓄电池；2—熔断器；3—点火开关；4—熔丝；5—空挡启动开关

② 逻辑判断式。逻辑判断式挡位开关的位置信号是利用开关的几条编码线路传给变速器 ECU 的。如图 4-85 和图 4-86 所示的空挡启动开关和启动开关位置信号电路，其上的开关触点 2、3、4 分别与变速器 ECU 的 50、14 和 33 相连。三个触点的闭合与断开可以构成多种组合，分别表示"P"位、"R"位、"N"位、"D"位、"3"位、"2"位和"1"位，从而将操纵杆位置信号传送至变速器 ECU。

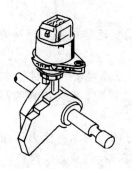

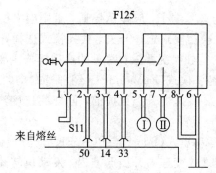

图 4-85　逻辑判断式空挡启动开关　　　　图 4-86　逻辑判断式空挡启动开关位置信号电路

③ 空挡启动开关的检修。空挡启动开关插座如图 4-87 所示。可以按以下步骤检测空挡启动开关。

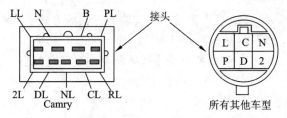

图 4-87　丰田车系空挡启动开关插座

对丰田佳美轿车，将操纵杆置入"N"位，测量 NL 端与 C 端，电阻值应为 0；将操纵杆置入"2"位，测量 2L 端与 C 端，电阻值应为 0；将操纵杆置入"L"位，测量 LL 端与 C 端，电阻值应为 0。

对于丰田等其他车型，当操纵杆置于"N"位时，N 端与 C 端应导通；当操纵杆置于"2"位时，2 端与 C 端应导通；当操纵杆置于"L"位时，L 端与 C 端应导通。否则，应检修或更换空挡启动开关。

(7) 超速挡主开关。超速挡主开关通常安装在自动变速器的操纵杆上，如图 4-88 所示，用于控制自动变速器的超速挡。当操纵杆处于"D"位时，只有超速挡开关打开，随着车速的提高，自动变速器才可升入超速挡，否则无法升入超速挡。

仪表板上 O/D OFF 指示灯显示超速挡主开关状态，并进行故障报警指示。超速挡主开关电路如图 4-89 超速挡主开关打开时，O/D OFF 指示灯熄灭；当超速挡主开关关闭时，O/D OFF 指示灯点亮。

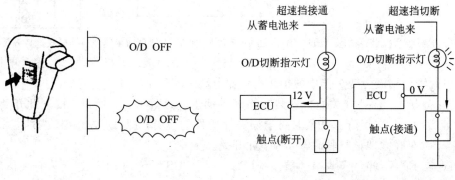

图 4-88　超速挡主开关　　　　　　　图 4-89　超速挡主开关电路

检测时，拔下开关上的电线插头，当超速挡主开关置于 OFF 位置时，用欧姆表测量插座 1 号与 3 号端子，应显示导通，否则应更换。

（8）换挡模式选择开关。换挡模式选择开关用来选择自动变速器的换挡控制规律，满足不同的行驶状况要求。常见的换挡模式主要有以下四种：

① 经济模式（Economic）。经济模式是以汽车获得最佳的燃油经济性为目标来设计换挡规律的。变速器升挡点提前，同样的速度汽车以较高的挡位行驶，发动机转速降低，提高了燃油经济性。

② 运动模式（Sport 或 POWER）。运动模式是以汽车获得较大的动力性为目标来设计换挡规律的。变速器升挡点推迟，发动机转速提高，更接近最佳换挡点，以保持汽车足够的动力性。

③ 标准模式（Standard 或 NORMAL）。它是介于经济模式和运动模式之间的一种模式，可兼顾动力性和经济性。

④ 雪地模式（Snow）。雪地模式适用于在雪地上行驶的方式。如果初始位置在 2 挡，那么当挡位降至 1 挡后，即不再升挡。

上述控制模式并不是每一种电控自动变速器都必备的，通常自动变速器只具备模式中的若干项。

丰田车系换挡模式选择开关如图 4 - 90 所示。

富康 AL4 型自动变速器换挡模式选择开关电路如图 4 - 91 所示。"S"（Sport）键、"＊"（Snow）键和"1"键对应三个开关，分别与 ECU 的 41、40 和 36 端子相连。当某一键被按下时，例如"S"键，则 ECU 的 41 脚电压由 12 V 降为 0，ECU 接收到此触发信号，选择运动换挡程序，仪表板上显示"SPT"。另两个键类同。

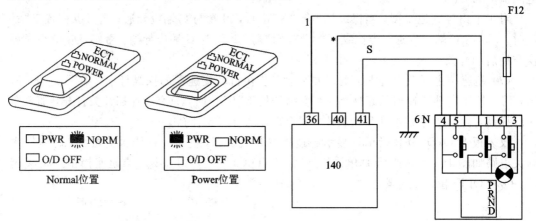

图 4 - 90　丰田车系换挡模式选择开关　　图 4 - 91　富康 AL4 型自动变速器换挡模式选择开关电路

（9）制动开关。制动开关的作用是当驾驶员踩下制动踏板时，将制动信号输入电控单元，电控单元将控制液力变矩器中的锁止离合器分离，以避免出现失速现象。

（10）保持开关。保持开关通常安装在操纵手柄上，如图 4 - 92 所示。按下此开关后，变速器不能自动换挡，其挡位完全取决于操纵杆所处的位置，即"D"位 3 挡、"S"位 2 挡、"L"位 1 挡。汽车在雪地上行驶时，可按下此开关。

（11）巡航 ECU。当汽车具有巡航系统（CCS）时，CCS 系统的 ECU 还会将有关信号输入给自动变速器 ECU。当汽车实际车速低于巡航设定车速 10 km/h 以上时，自动变速器的 ECU 将锁止变速器，防止其换入超速挡。

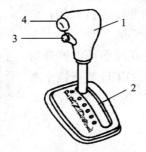

图 4-92　保持开关

1—换挡操纵手柄；2—挡位；3—O/D 开关；4—保持开关

（12）强制降挡开关。此开关又称自动跳合开关，用于检测加速踏板达到节气门全开时的位置信号。当节气门全开时，强制降挡开关将加速踏板位置信号输入给 ECU，ECU 控制变速器自动降低一个挡位，以提高汽车的动力性。

（13）输入轴转速传感器。和发动机转速信号一起用于变矩器传动比的计算，为锁止离合器的控制和换挡的控制提供参考。

（14）中间轴转速传感器。用于更准确地计算换挡车速，减少换挡时的冲击。

（15）Tiptronic 开关：手动模式开关，如图 4-93 中的 F189。该开关识别 Tiptronic 槽以及 Tip+ 和 Tip-，信号通过一根模拟导线发送至变速器控制单元，实现自动模式向手动模式的转变。

2）电子控制单元 ECU

自动变速器的 ECU 既可以是独立的，也可以与发动机共用，它是电控系统的核心，主要由电源、输入电路、信号转换器、计算机和输出电路等组成。其主要功能如下。

（1）换挡时刻控制。换挡时刻控制即换挡时的车速控制。ECU 使变速器在汽车的任意行驶条件下都按最佳换挡时刻进行换挡，从而使汽车的动力性和经济性指标达到最优。汽车的最佳换挡车速主要取决于换挡时的节气门开度。不同节气门开度下的最佳换挡车速可以用自动换挡曲线来表示，如图 4-94 所示。节气门开度越小，汽车的升、降挡车速越低；反之，节气门开度越大，汽车的升、降挡车速越高。这种换挡规律符合汽车实际使用需要。电控自动变速器通常有两个以上换挡电磁阀，ECU 通过对一组电磁阀的通断控制来控制电磁阀的组合工作状态，从而实现对换挡的控制。

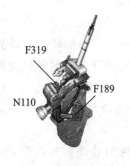

图 4-93　Tiptronic 开关

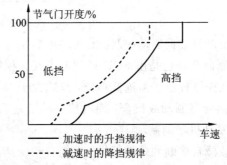

图 4-94　自动换挡曲线

（2）锁止时刻控制。ECU 按照设定的控制程序，通过控制锁止电磁阀来控制锁止离合器的接合和分离。工作中，ECU 根据挡位、换挡模式等工作条件，从储存器中选择最佳的

控制程序，并与当前的车速和节气门开度进行比较，来
控制离合器的锁止时刻，如图 4-95 所示。

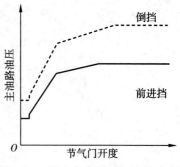

ECU 在进行锁止离合器控制时，还要参考电控自动
变速器的工作条件。在一些特殊条件下 ECU 禁止锁止离
合器接合，以保证汽车的行驶性能。这些条件包括：

① 变速器油温低于 60℃；

② 车速低于 60 km/h；

③ 怠速开关接通；

④ 制动开关接通。

图 4-95　锁止离合器工作过程示意图

早期的自动变速器，采用开关式电磁阀控制锁止离合器的接合和分离两种状态；而新
型的电控自动变速器采用脉冲线性电磁阀来控制锁止离合器的接合过程，以减小锁止离合
器接合时产生的冲击。

（3）主油压控制。液压控制液力自动变速器和早期的电控自动变速器，其主油路油压
由主调压阀调节，但主油压受控于带有节气门拉线的节气门调压阀。现代轿车电控自动变
速器没有节气门调压阀，而是由一个调压电磁阀来产生节气门油压。此电磁阀是一种脉冲
线性电磁阀，它接收 ECU 发出的占空比信号，通过改变泄油孔的开度，产生随节气门开度
变化的油压，即节气门油压。这一油压反馈至主调压阀，主调压阀据此来调节主油路油压。
主油路油压调节曲线如图 4-96 所示。主油压直接由电磁阀来控制的方式在自动变速器中
也逐渐被采用。

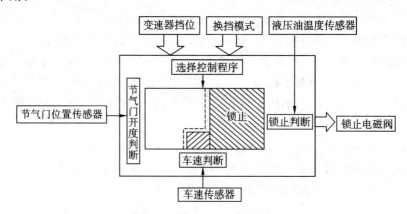

图 4-96　主油路油压调节曲线

（4）发动机辅助制动控制。对于一些新型自动变速器，用于发动机辅助制动的强制制
动器或强制离合器也是由 ECU 通过电磁阀来控制的。ECU 按照设定的发动机辅助制动控
制程序，在操纵杆位于前进低挡位，车速大于 10 km/h，节气门开度小于 1/8 时，控制强制
制动器或离合器制动或接合，使电控自动变速器具有反向传递动力的能力，在汽车滑行时
可以实现发动机辅助制动。

（5）故障自诊断和失效保护。电控自动变速器都具有故障自诊断和失效保护功能。它
在汽车行驶过程中不停地检测传感器和执行器的工作，一旦发现工作不正常，就立即采取
以下保护措施。

在汽车行驶时，仪表板上的故障报警灯亮起，ECU 将检测到的故障以故障代码的形式

储存在存储器，并提醒驾驶员立即将汽车送修。自动变速器故障报警灯多数为"O/D OFF"，也有"AT"、"TRANS"、图案等形式。

ECU 将根据设定的失效保护程序控制变速器的工作，保持汽车最基本的工作能力。

① 节气门位置传感器故障时，ECU 根据怠速开关的信号控制。当怠速开关断开时，按 1/2 节气门开度控制，控制油压为最大值；当怠速开关闭合时，按全闭合状态控制，控制油压为最小值。

② 车速传感器故障时，变速器不能进行自动换挡，改变操纵杆的位置来进行手动换挡。还有一种自动变速器，出现车速传感器故障时，变速器锁定一挡。

③ 输入轴转速传感器故障时，ECU 停止减扭矩控制，这时换挡冲击有所增加。

④ 油温传感器故障时，ECU 按 80℃ 油温进行控制。

⑤ 换挡电磁阀出现故障时，有两种失效保护方式：一种是停止电控系统工作完全转换为手动换挡；另一种是利用无故障的换挡电磁阀继续进行换挡控制，但换挡的规律有所变化。

⑥ 当强制离合器或强制制动器出现故障时，ECU 会停止该电磁阀的工作，强制离合器或强制制动器始终处于接合状态，这样汽车减速时总有发动机辅助制动作用。

⑦ 当锁止电磁阀出现故障时，ECU 停止锁止离合器控制作用，使锁止离合器始终处于分离状态。

⑧ 当调压电磁阀出现故障时，ECU 停止调压电磁阀控制作用，使主油压保持最大值。

3) 执行器

电控自动变速器电控系统的执行器主要是各种电磁阀。常用的电磁阀有两种，即开关式电磁阀和脉冲线性式电磁阀。

(1) 开关式电磁阀。开关式电磁阀主要用做换挡电磁阀、锁止电磁阀、操纵杆锁止电磁阀、强制制动器或离合器电磁阀。

开关式电磁阀的作用是通过开启或关闭来控制油路油压。它的工作方式有两种：一种是让某条油路保持油压或泄空，如图 4-97(a)所示；另一种方式是开启或关闭某条油路，如图 4-97(b)所示。

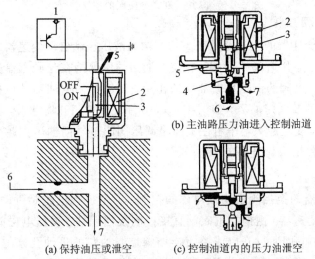

(a) 保持油压或泄空　　(c) 控制油道内的压力油泄空

图 4-97　开关式电磁阀

1—电子控制单元；2—电磁线圈；3—衔铁或阀芯；4—阀球；5—泄油孔；6—主油道；7—控制油道

（2）脉冲线性式电磁阀。脉冲线性式电磁阀的结构与开关式电磁阀相似，如图 4 - 98 所示。脉冲线性式电磁阀通过改变泄油孔的开度来调节油路中的油压，所以它接收 ECU 的占空比信号。占空比越大，经电磁阀泄出的液压油越多，油路油压就越低；反之，占空比越小，油路油压就越高，如图 4 - 99 所示。

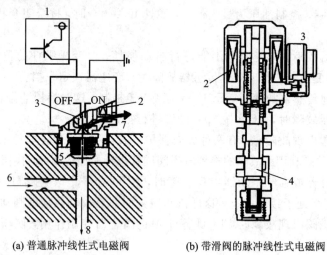

(a) 普通脉冲线性式电磁阀　　　　(b) 带滑阀的脉冲线性式电磁阀

图 4 - 98　脉冲线性式电磁阀

1—电子控制单元；2—电磁线圈；3—衔铁或阀芯；4—滑阀；5—滤网；6—主油道；7—泄油孔；8—控制油道

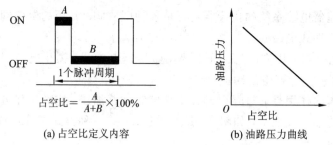

(a) 占空比定义内容　　　　　(b) 油路压力曲线

图 4 - 99　脉冲线性式电磁阀的控制信号

4）主油路调压阀控制

电子控制自动变速器的主油路调压阀的结构和液压控制自动变速器的主油路调压阀的结构基本相同，也是采用阶梯式滑阀。它使主油路油压保持在与调压弹簧弹力相平衡的数值上，并接收来自手控阀的倒挡反馈油压的作用，使倒挡的主油路油压提高，且受控于来自调压电磁阀产生的节气门油压，如图 4 - 100 所示。节气门开度越大，脉冲信号的占空比越大，调压电磁阀开度也越大，作用在主油路调压阀的节气门油压也越大，从而使主油路油压随节气门开度的增大而升高。

5）换挡阀控制

电控自动变速器的换挡阀由换挡电磁阀控制，一个换挡电磁阀可以控制 1～2 个换挡阀。现代有些自动变速器，由换挡电磁阀直接控制换挡元件。换挡电磁阀的工作有两种方法：一种是加压控制，即通过开启或关闭换挡阀控制油路的进油孔来控制换挡阀的工作；另一种是泄荷控制，即通过开启或关闭换挡阀控制油路的泄油孔来控制换挡阀的工作。下面介绍换挡电磁阀加压控制原理。

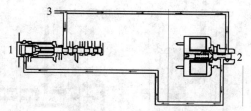

图 4-100　电控自动变速器主油路调压阀工作原理图

1—主油路调压阀；2—调压电磁阀；3—主油路压力油

（1）1-2换挡阀。作用：因变速器的挡位由换挡元件的组合状态决定，当其他换挡阀在确定位置时，控制变速器在1挡和2挡之间变换，如图4-101所示。

当ECU不对2号电磁阀通电时，管路压力作用在阀芯上端，迫使阀芯下移，变速器排入1挡。当ECU对2号电磁阀通电时，作用在阀芯上端管路压力由2号电磁阀排放掉，阀芯在弹簧作用下上移，变速器排入2挡。

（2）2-3换挡阀。作用：当其他换挡阀在确定位置时，控制变速器在2挡和3挡之间变换，如图4-102所示。

当ECU对1号电磁阀通电时，作用在阀芯上端管路压力由1号电磁阀排放掉，阀芯在弹簧作用下上移，变速器排入2挡。当ECU使1号电磁阀断电时，管路压力作用在阀芯上端，使阀芯下移，变速器排入3挡。

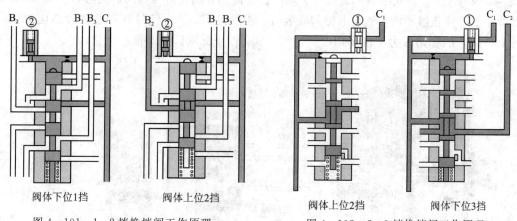

图 4-101　1-2挡换挡阀工作原理　　　　　　图 4-102　2-3挡换挡阀工作原理

（3）3-4换挡阀。作用：当其他换挡阀在确定位置时，控制变速器在3挡和4(O/D)挡之间变换，如图4-103所示。

当ECU对2号电磁阀通电时，作用在阀芯上端管路压力由2号电磁阀排放掉，阀芯在弹簧作用下上移，变速器排入3挡。当ECU使1号电磁阀断电时，管路压力作用在阀芯上端，使阀芯下移，变速器排入4挡。

三个换挡阀在不同挡位时的阀芯位置如下：

	1号	2号			
1挡	ON	OFF	1-2阀下位	2-3阀上位	3-4阀上位
2挡	ON	ON	1-2阀上位	2-3阀上位	3-4阀上位
3挡	OFF	ON	1-2阀上位	2-3阀下位	3-4阀上位
4挡	OFF	OFF	1-2阀上位	2-3阀下位	3-4阀下位

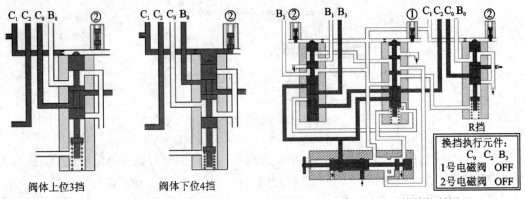

阀体上位3挡　　　　　　阀体下位4挡

图4-103　3-4挡换挡阀工作原理　　　　　图4-104　倒挡控制原理

（4）倒挡控制。倒挡控制原理如图4-104所示。倒挡时，1号电磁阀和2号电磁阀都断电关闭，三个换挡电磁阀都处于下位，这时由手控阀来控制倒挡。

6）锁止离合器控制

传统锁止离合器由锁止电磁阀通过锁止信号阀和锁止继动阀控制，如图4-105所示。

（1）锁止信号阀。

功用：受控于锁止电磁阀，控制来自 B_2 的管路压力是否作用于锁止继动阀上端。

结构与原理：锁止电磁阀通电时，阀门打开泄压，锁止信号阀阀芯上移，使 B_2 的管路压力作用于锁止继动阀。锁止电磁阀断电时，阀门关闭，锁止信号阀阀芯在管路压力作用下上移，B_2 的管路压力不再作用于锁止继动阀，锁止继动阀上端泄压上移。

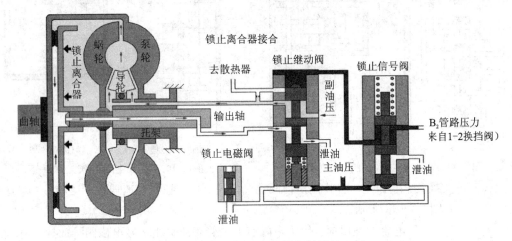

图4-105　锁止离合器控制原理

（2）锁止继动阀（又称锁止阀）。

功用：根据锁止信号阀的锁止信号，通过改变通往变矩器的ATF的流向，使液力变矩器内的锁止离合器适时地接合与分离。

结构与原理：锁止电磁阀通电时，阀门打开泄压，锁止信号阀阀芯下移，使 B_2 的管路压力作用于锁止继动阀上端，使阀芯下移，锁止离合器接合。锁止电磁阀断电时，阀门关闭，锁止信号阀阀芯在管路压力作用下上移，B_2 的管路压力不再作用于锁止继动阀上端，而油泵来的管路压力作用于锁止继动阀下端，使阀芯上移，通向液力变矩器的ATF改变流向，锁止离合器分离。

2. 自动变速器控制电路分析

（1）宝来轿车01M自动变速器控制电路。01M变速器是电控液力四挡自动变速器，主要装配在捷达都市先锋和宝来轿车上，其齿轮机构为拉维娜式行星齿轮机构，换挡元件有2个制动器、3个离合器、1个单向离合器。

01M自动变速器电控系统的组成如图4-106所示。其中变速器转速传感器G38为磁感应式传感器，位于变速器壳内，用于指示行星齿轮系中大太阳轮的转速。多功能开关F125位于变速器壳内，由变速器拉索控制，功能与空挡启动开关相同。带电磁阀的滑阀箱内包括N88～N94共7个电磁阀。

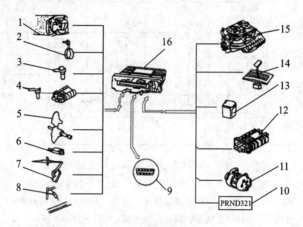

图4-106　01M自动变速器电控系统的组成

1—节气门电位计G69；2—变速器转速传感器G38；3—车速传感器G68；4—发动机转速传感器G28；5—多功能开关F125；6—制动灯开关；7—强制低挡开关F8；8—变速器机油温度传感器G93；9—自诊断接口；10—变速杆位置指示板；11—空调装置；12—发动机控制单元J220；13—启动锁和倒车灯继电器J226；14—变速杆锁止电磁阀N110；15—带电磁阀的滑阀箱；16—变速器控制单元J217

图4-107所示为01M自动变速器电控系统电路图，变速杆锁止电磁阀N110位于变速器操纵杆上，该电磁阀与点火系统接通，踩下制动踏板时，锁止解除，操纵杆可改变位置。

带电磁阀的滑阀箱内的7个电磁阀，N88、N89、N90、N92和N94是开关式电磁阀，其作用是控制2个制动器和3个离合器实现自动换挡；N91和N93是脉冲线性式电磁阀，其中N91用于调节液力变矩器锁止离合器的压力，N93用于调节油压。

（2）4T65-E自动变速器控制电路。4T65-E自动变速器主要用于通用别克轿车，它是4挡电控液力自动变速器。其齿轮机构采用辛普森改进型行星齿轮机构，与富康AL4型自动变速器相似，换挡元件包括3个离合器、4个制动器和3个单向离合器。

4T65-E自动变速器电控系统中，PCM为动力控制模块，它用于对发动机和自动变速器的控制。手控阀位置开关TFP共有6个，安装在变速器阀体上，其结构为油压电路开关，3个为常开开关（D_4、LO、REV），3个为常闭开关（D_3、D_2、TCCREL），其组合信号决定手控阀的位置信号。手控阀位置油压开关结构如图4-108所示。油压开关的线路连接如图4-109所示。油压开关的位置与信号间的关系如表4-11所示。电控系统的执行器有4个电磁阀，其中2个为开关式换挡电磁阀，1个为主油压脉冲线性式调压电磁阀，1个为脉冲线性式锁止控制电磁阀。

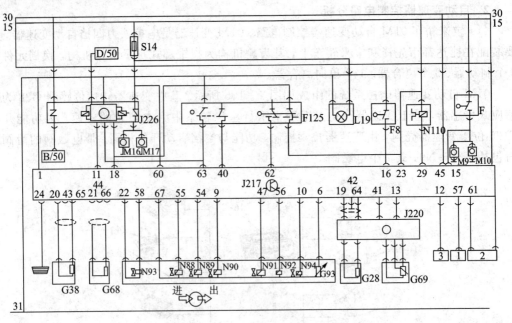

图 4 - 107　01M 自动变速器电控系统电路图

B/50—启动机(接线柱 50)；D/50—点火开关(接线柱 50)；F—制动灯开关；F8—强制低速挡开关；F125—多功能开关；G28—发动机转速传感器；G38—变速器转速传感器；G68—车速传感器；G69—节气门电位计；G93—变速器机油温度传感器；J226—启动锁和倒车灯继电器；J220—发动机控制单元；J217—自动变速器控制单元；L19—挡位指示板照明灯；M16/M17—倒车灯；M9/M10—制动灯和尾灯；N88—电磁阀；N89—电磁阀2；N90—电磁阀3；N91—电磁阀4；N92—电磁阀5；N93—电磁阀6；N94—电磁阀7；N110—变速杆锁止电磁阀；S14—熔断器附加信号；1—变速杆位置指示板；2—速度调节装置；3—空调装置

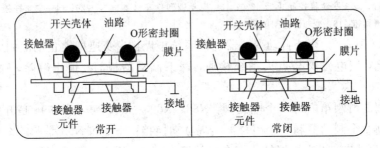

图 4 - 108　手控阀位置油压开关结构

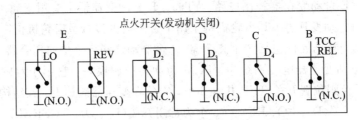

图 4 - 109　油压开关的线路连接

表 4 - 11　油压开关的位置与信号间的关系

挡　位	油　　路					电　路		
	REV	D_4	D_3	D_2	LO	E	D	C
P/N	0	0	0	0	0	0	1	0
R	1	0	0	0	0	1	1	0
Ⓓ 4	0	1	0	0	0	0	1	1
D	0	1	1	0	0	0	0	1
2	0	1	1	1	0	0	0	0
1	0	1	1	1	1	1	0	0

注：油路中 1 表示油压高，0 表示油压低。

电路中 1 表示搭铁（电路接通），0 表示断开（电路断开）。

（3）丰田 A341E 型自动变速器控制电路。丰田 A341E 型自动变速器为后驱 4 挡变速器，有 3 排辛普森式行星齿轮结构和 4 个换挡电磁阀。电控系统电路图如图 4 - 110 所示。

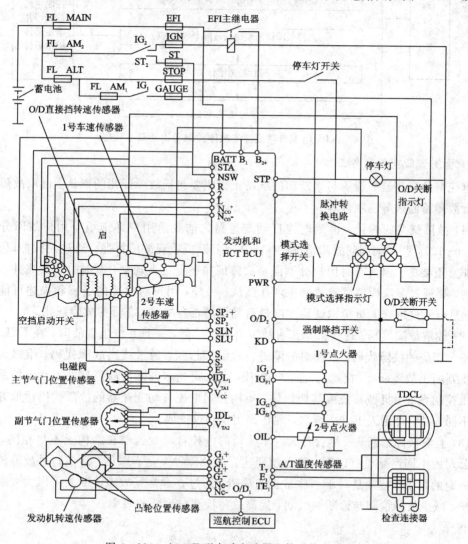

图 4 - 110　A341E 型自动变速器电控系统电路图

【任务实施】

1. 自动变速器的故障诊断

1）故障检测诊断程序

电控自动变速器故障检测与诊断的基本程序如图 4 - 111 所示。

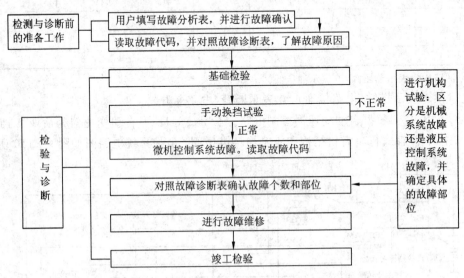

图 4 - 111　电控自动变速器故障检测与诊断基本程序

2）检测诊断前的准备工作

电控自动变速器的检测与诊断前的准备工作主要包括故障征兆的确认、读取故障代码和查看故障诊断表等三项内容。

（1）故障征兆的确认。检测电控自动变速器之前要请用户详细填写用户故障分析表（见表 4 - 12），并详细询问故障情况。在此基础上模拟重现故障征兆，通过模拟加以确认，这是非常重要的。因为有时用户分不清是故障征兆还是正常现象，有时故障征兆并不能时时出现，要通过多次模拟试验才会重现并确认。另外，用户对故障的了解和描述可能并不完整，只有通过维修人员模拟试验才能最后确认是否有故障，有哪些故障征兆。

（2）读取故障代码。现代汽车都有故障自诊断功能，一旦系统出现故障，在 ECU 中将存储一个相应的故障代码，以便对故障进行检测和诊断。通过读出故障代码，维修人员可以初步判断出故障所在的系统。若无故障代码，则可初步判断出故障部位不在电控系统而在液压控制系统、机械系统或其他部位。不同公司电控自动变速器的故障代码读取方法及含义不同，以前可用人工方法读取，现在都用检测仪读取。

（3）查看故障诊断表。尽管各大汽车公司的电控自动变速器在结构上不尽相同，即使同一公司的不同产品也有区别，但自动变速器的故障种类是有限的，造成每种故障的原因也有一定的范围，特别是对于一些常见的故障。通过查看常见故障诊断表可以大大缩小故障范围，减少故障检测与诊断的时间，提高故障检测与诊断的效率。

3）自动变速器的性能检测

自动变速器的性能检测是判断电控自动变速器故障的基础。电控自动变速器的故障往往可以通过相应的性能检测判断出故障类型和故障所在的部位。电控自动变速器的性能检测内容可分为基础检验、手动换挡试验和机械试验三个项目。机械试验又包括液压试验、失速试验、时滞试验、道路试验和液力变矩器试验。电控自动变速器性能检测的目的是发现故障的部位，以确定维修方法。

表 4 - 12　用户故障分析表

用户姓名		登　记　号	
		登记年月日	
		车　架　号	
送修日期		里程表读数	km
故障发生的情况	故障发生日期		
	多长时间发生一次故障	1.连续　　2.间断	
故障次数	车辆不行驶		
	无上行挡		
	无下行挡		
	驻车锁定故障		
	换挡点过高或过低		
	接合不柔和		
	滑移或打颤		
	无自动跳合		
	无模式选择		
	其他		
其他项目	检查故障指示灯	1.正常　　2.保持点亮	
代码检查	第 1 次	1.正常代码　　2.故障代码	
	第 2 次	1.正常代码　　2.故障代码	

（1）基础检验。自动变速器的油位不当，油质不佳，联动机构调节不当及发动机怠速不正常，是引起自动变速器故障最常见的原因。对这些部件进行检查与重新调整，叫做自动变速器的基础检验。无论具体故障是什么，这种基础检验总是要进行，而且也是首先要进行的。电控自动变速器基础检验的目的是检验自动变速器是否具备正常工作的能力。基础检验中的检查和调整项目包括：油面检查、油质检查、液压控制系统漏油检查、节气门拉索检查和调整、换挡操纵杆位置检查和调整、空挡启动开关检查、超速挡（O/D）开关的检查和发动机怠速检查等。基础检验的前提条件是：发动机工作正常，底盘性能良好，特别是汽车制动系统正常。

①自动变速器油面高度检查。在做任何变速器检测或故障检查前，要首先进行油面高度检查。其方法如下：

a.将汽车停放在水平地面上，并拉紧手刹制动，让发动机怠速运转（至少 1 min）。

　　b. 踩住制动踏板，将换挡操纵杆拨至倒挡(R)、前进挡(D)、前进低挡(S、L 或 2、1)等位置。

　　c. 从加油管内拔出油尺，擦净后插入加油管内再拔出，检查油尺上的油面高度。

　　如果自动变速器处于冷态(冷车刚刚启动，自动变速器油的温度较低，为室温或低于 25℃)，油面高度应在油尺刻线的下限附近；如果自动变速器处于热态(如低速行驶 5 min 以上，自动变速器油温度已达 60~80℃)，油面高度应在油尺刻度线的上限附近。

　　d. 若油面过低，应向加油管中补充自动变速器油，直至油面高度符合标准为止。继续运转发动机，检查自动变速器油底壳、油管接头等处有无漏油。如有漏油，应立即予以修复。

　　② 自动变速器油品质检查。自动变速器油的状态是自动变速器工作状态的集中反映，故应经常观察自动变速器油的颜色和气味，用手指蘸少许油液并在手指间互相摩擦看是否有渣粒。自动变速器油的状态与常见故障原因见表 4 - 13。

表 4 - 13　　自动变速器油的状态与常见故障原因

油 液 状 态	原 因 及 处 理 方 法
透明，呈粉红色	正常
颜色发白、浑浊	水分已进入油中，应检查密封件，特别是处于散热器下水室内的油冷却器是否锈蚀腐烂
黑色、发稠，油尺上粘有胶质油膏	变速器油温过高
变成深褐色、棕色	油液使用时间过长，应及时更换；长期高负荷运转，或某些部件打滑、损坏，引起变速器过热
有金属屑或黑色颗粒	离合器片、制动带、单向离合器磨损严重
油液有烧焦味	油温过高，油面过低；油冷却器、滤清器或管路堵塞
油液从加油管溢出	油面过高；通气管脏污、堵塞，需清洁、通气

　　油温是影响自动变速器油和自动变速器使用寿命的又一重要因素，而影响油温的主要原因有液力变矩器故障，离合器、制动器打滑或分离不彻底，单向离合器打滑及油冷却器堵塞等。油温过高将使油液黏度下降，性能变坏，产生油膏沉淀物和积炭，堵塞细小量孔，阻滞控制滑阀，降低润滑冷却效果，破坏密封件等，最终导致故障。而且，自动变速器壳体上的通气管一定要保持畅通，防止泥污堵塞，以利于自动变速器内气压平衡。

　　③ 液压控制系统漏油检查。液压控制系统的各连接处都有油封和密封垫，这些部位是经常发生漏油的地方。液压控制系统漏油会引起油路压力下降及油位下降，它是换挡打滑和延迟的常见原因。

　　④ 节气门拉索的检查与调整。节气门开度影响着自动变速器的换挡时间，发动机熄火后，节气门应全闭，当加速踏板踩到底时节气门应全开。对于老型车，节气门拉索的索芯不应松弛，索套端和索芯上限位杆之间的距离应在 0~1 mm 之间。检查与调整方法如下：

　　a. 推动加速踏板连杆，检查节气门是否全开。如果节气门不能全开，则应该调整加速踏板连杆。

　　b. 将加速踏板踩到底，拧松调整螺母。

　　c. 调整节气门拉索，拧动调整螺母，使索套端和索芯上限位杆之间的距离为 0~

1 mm。

d.拧紧调整螺母，重新检查调整情况。

⑤ 空挡启动开关的检查。发动机应只能在空挡(N)和停车挡(P)时启动，在其他挡时不能启动。若有异常，应调节空挡启动开关螺栓和开关电路。其方法如下：

a.松开空挡，启动开关螺栓，将换挡操纵杆放到"N"位。

b.将槽口对准空挡基准线，定住位置并拧紧空挡，启动开关螺栓。

⑥ 发动机怠速检查。发动机怠速不正常，特别是怠速过高，会使自动变速器工作不正常，出现换挡冲击等现象。检查发动机怠速时，应将自动变速器操纵杆置于"P"或"N"位。通常装有电控自动变速器的汽车发动机怠速转速为 750～800 r/min，怠速过高、过低均应调整。

⑦ 超速挡控制开关的检查。电控自动变速器具有故障自诊断功能，不同的车型，分别通过超速挡指示灯"O/D OFF"、"AT"灯、"TRANS"灯、图案等予以警告。注意：此项检查必须在蓄电池电压正常时进行，否则会引起自诊断系统误诊。

以丰田车为例，检查时，首先将点火开关置于"ON"位置，同时接通超速挡主开关O/D，仪表板上的"O/D OFF"灯熄灭。若"O/D OFF"灯闪烁，则说明控制系统有故障，应进行自诊断读码或解码。

(2) 手动换挡试验。为确定故障存在的部位，区分故障是由液压系统、机械系统还是由电控系统引起的，应进行手动换挡试验。这是在读取故障代码和完成基本检查后首先要进行的项目。

手动换挡试验将自动变速器的换挡电磁阀的线束插头或 ECU 的线束插头全部脱开，利用手动进行换挡试验。各车型操纵杆的位置与挡位的对应关系不尽相同。丰田车系自动变速器操纵杆的位置与挡位的对应关系如表 4-14 所示，不同挡位时发动机转速和车速的关系参照表 4-15。

表 4-14　手动换挡时挡位和操纵杆位置关系

操纵杆位置	挡　位
P	停车挡
R	倒挡
N	空挡
D	超速挡
2	3 挡
L	1 挡

表 4-15　不同挡位时发动机转速和车速的关系

挡　位	发动机转速/(r/min)	车速/(km/h)
1 挡	2000	18～22
2 挡	2000	34～38
3 挡	2000	50～55
超速挡	2000	70～75

手动换挡试验的步骤如下：

① 脱开所有换挡电磁插头或 ECU 插头。

② 起动发动机，将操纵杆拨至不同位置，然后做道路试验（也可将车轮悬空，进行台架试验）。

③ 观察发动机转速和车速的对应关系（也可观察指示灯或换挡时转速的变化），判断变速器所处的挡位。

④ 若操纵结果与表 4 – 15 所示相同，则说明液压控制系统和机械系统基本正常，故障在电控系统；否则说明液压控制系统和机械系统不正常。

⑤ 试验结束后，接上换挡电磁阀的线束插头。

⑥ 清除 ECU 中的故障代码，防止因脱开换挡电磁阀线束插头而产生故障代码影响系统工作。

（3）机械试验。电控自动变速器的机械试验内容包括液压试验、失速试验、时滞（时间滞后）试验、液力变矩器试验和道路试验五种。机械试验的目的是判别故障是出自机械系统还是液压控制系统。

① 液压试验。液压试验是在自动变速器工作时，通过测量各回路的油压来判断各元件和管路的工作是否正常，它是判别故障在液压控制系统还是机械系统的主要依据。液压试验时主要测试的是主油路油压，测试挡位为"D"位和"R"位，测试的工况为怠速和失速，根据实际需要，还可进行"3"位、"2"位、"1"位的油压测试。试验前需做如下准备：

a. 汽车行驶至发动机及自动变速器达到正常工作温度。

b. 将车辆停放在水平面上，检查自动变速器的油面高度。如不正常，应予以调整。

c. 准备一个量程为 2 MPa 的压力表。

d. 找出自动变速器各个油路的测压孔位置。通常测压孔用方头螺塞堵住。判断具体油路的测压孔时，可用举升机将汽车举起，在发动机运转时，松开测压孔螺塞少许，通过观察各测压孔在换挡操纵杆位于不同位置时是否有压力油溢出，来确定各油路测压孔。

前进挡主油路油压的测试方法如下：

a. 拆下自动变速器主油路油压测试孔或前进挡油压测试孔螺塞，接上油压表。

b. 启动发动机，将操纵杆拨至前进"D"位。

c. 读出发动机怠速运转时的油压，即为怠速工况下的前进挡主油路油压。

d. 用左脚紧踩制动踏板，同时用右脚将加速踏板完全踩下，在失速工况下读取油压，该油压即为失速工况下的前进挡主油路油压。

e. 将操纵杆拨至"N"位或"P"位，让发动机怠速运转 1 min 以上。

f. 根据需要，可将操纵杆分别拨至各前进低挡位，重复上述步骤，便可读出各前进低挡在怠速和失速工况下的主油路油压。

倒挡主油路油压的测试方法如下：

a. 拆下自动变速器主油路油压测试孔或倒挡油压测试孔螺塞，接上油压表。

b. 启动发动机，将操纵杆拨至前进"R"位。

c～e. 步骤同上，便可测试出倒挡在怠速和失速工况下的主油路油压。

根据实测的油压值，可检测液压系统的性能，并能判断液压系统的故障。主油路油压不正常的故障原因分析如表 4 – 16 所示。

表 4-16　主油路油压不正常原因

工况	测试结果	故障原因
怠速	所有挡位的主油路油压均太低	油泵故障； 主油路调压阀卡死； 主油路调压阀弹簧太软； 节气门拉索或节气门位置传感器调整不当； 节气门阀卡滞； 主油路泄漏
	前进挡和前进低挡的主油路油压均太低	前进离合器活塞漏油； 前进挡油路漏油
	前进挡的主油路油压正常 前进低挡的主油路油压太低	1挡强制离合器或2挡强制离合器活塞漏油； 前进低挡油路漏油
	前进挡的主油路油压正常 倒挡主油路油压太低	倒挡及高挡离合器活塞漏油； 倒挡油路漏油
	所有挡位的主油路油压均太高	节气门拉索或节气门位置传感器调整不当； 主油路调压阀卡死； 节气门阀卡滞； 主油路调压阀弹簧太软； 油压电磁阀损坏或线路故障
失速	稍低于标准油压	节气门拉索或节气门位置传感器调整不当； 油压电磁阀损坏或线路故障； 主油路调压阀卡死或弹簧太软
	明显低于标准油压	油泵故障； 主油路泄漏

②　失速试验。在前进挡或倒挡中踩下制动踏板并完全踩下加速踏板时，发动机处于最大转速工况，而此时自动变速器的输入轴及输出轴都静止不动，液力变矩器的蜗轮也静止不动，只有变矩器壳和泵轮随发动机一起转动，这种工况称为失速，此时发动机的转速称为失速转速。失速试验是检查发动机功率大小、液力变矩器好坏及有关换挡元件工作是否正常的常用方法。试验前的准备工作如下：

a. 让汽车行驶至发动机和自动变速器均达到正常工作温度。

b. 检查汽车的手制动和脚制动，确认其性能良好。

c. 检查自动变速器油面高度，应正常。

失速试验的方法和步骤如下：

a. 将汽车停放在宽阔的水平面上，前后车轮用三角木块塞住。

b.用手制动或脚制动把车辆刹死。

c.检查自动变速器的油温,应该为 60～80℃(个别车偏高),油面高度应正常。

d.启动发动机,将操纵杆置于前进挡"D"位。

e.左脚踩制动踏板的同时,用右脚将加速踏板踩到底,在发动机转速不再升高时,迅速读取此时的发动机转速,随后立即松开加速踏板。

f.将操纵杆置于"P"位或"N"位,让发动机怠速运转 1 min,以防止油温过高而变质。

g.根据需要,将操纵杆置于其他位置,做同样的试验。

失速试验时,发动机的功率全部消耗在变矩器内油的摩擦损耗上,油温会急剧上升,因此失速试验的时间不得超过 5 s,试验次数一次不得多于 3 次,否则会使油温过高而变质,甚至损坏密封件和烧损零件。在一个挡位的试验完成之后,要等油温下降后再进入另外的挡位试验。试验结束后,应将操纵杆置于"N"或"P"位,让发动机怠速运转数分钟,以便让自动变速器油温降至正常。

大部分自动变速器的失速转速标准值为 2300 r/min 左右。若失速转速高于标准值,说明主油路油压过低或换挡元件打滑;若失速转速低于标准值,说明发动机动力不足或液力变矩器有故障。不同挡位失速转速不正常的原因如表 4-17 所示。

表 4-17　失速转速不正常的原因

操纵杆位置	失速转速	故障原因
所有位置	过高	主油路油压过低; 前进挡和倒挡的换挡元件打滑; 低挡及倒挡的制动器打滑
	过低	发动机动力不足; 液力变矩器导轮的单向离合器打滑
仅在"D"位	过高	前进挡油路油压过低; 前进离合器打滑
仅在"R"位	过高	倒油路油压过低; 倒挡及高挡离合器打滑

③ 时滞试验。在发动机怠速运转时,将操纵杆从空挡位拨至前进挡或倒挡位置后,需要有一段时间的迟滞或延迟才能使自动变速器完成挡位的接合,此时汽车会产生一个轻微的振动,这个过程所经历的时间称为自动变速器换挡的迟滞时间。时滞试验就是要测出自动变速器的迟滞时间,根据时间的长短来判断主油路油压及换挡元件的工作是否正常。迟滞时间的长短取决于油路油压、油路密封、离合器和制动器的磨损、调整等情况。时滞试验的步骤和方法如下:

a.让汽车行驶,使发动机和自动变速器达到正常工作温度。

b.将汽车停放在水平面上,拉紧手制动。

c.检查发动机怠速,如不正常,应按标准予以调整。

d.将自动变速器操纵杆从"N"位拨至"D"位,用秒表测量从拨动操纵杆到感觉汽车振动所需的时间,称为 N→D 迟滞时间。

e.重复上述步骤 3 次,取平均值。

f. 按照上述方法，将操纵杆由"N"位拨至"R"位，以测量 N→R 迟滞时间。

大部分自动变速器 N→D 迟滞时间小于 $1.0 \sim 1.2$ s，N→R 迟滞时间小于 $1.2 \sim 1.5$ s。若 N→D 迟滞时间过长，则说明主油路油压过低，前进挡离合器摩擦片磨损过甚，前进挡单向离合器工作不良；若 N→R 迟滞时间过长，则说明倒挡主油路油压过低，倒挡离合器或倒挡制动器磨损过甚，调整不当等。

④ 液力变矩器试验。该试验的主要目的是检查液力变矩器及其单向离合器的工作状况，试验方法和失速试验相似。试验时要注意：如果发动机转速已超过最大值，应立即将加速踏板松开，因为自动变速器内的离合器已经打滑失效。

若发动机调整正常，而试验测得的转速比规定的最小值低 $250 \sim 350$ r/min，汽车在高速公路上工作正常，但是各挡加速性均不良，则说明液力变矩器中的单向离合器打滑；若所测转速和加速性都是正常的，但必须反常地加大节气门开度才能维持在高速公路上的行驶速度，则说明液力变矩器中的单向离合器已卡死不能自由脱开。这些故障都必须更换液力变矩器。

⑤ 道路试验。道路试验用以检验各制动器、离合器是否打滑，并观察变速器工作情况。它是诊断、分析自动变速器故障和检验自动变速器修复质量的有效手段之一。道路试验的内容主要有：检查换挡车速、换挡质量、换挡元件有无打滑、锁止离合器工作情况、发动机辅助制动、强制降挡功能。道路试验前，发动机和自动变速器要达到正常的工作温度。在试验中，如无特殊要求，应将超速挡开关置于"ON"位置（超速挡指示灯熄灭），并将换挡模式选择开关置于普通模式或经济模式位置。

a. 升挡试验。将操纵杆拨至"D"位，踩下加速踏板，使节气门开度保持在 1/2 左右，让汽车起步加速，这时汽车能逐渐升至各个挡位，检查升挡情况。升挡时，发动机转速会有瞬时下降，同时车身有轻微的抖动。若不正常，说明电控系统、液压控制系统或换挡元件有故障。

b. 升挡车速检查。将操纵杆拨至"D"位，踩下加速踏板，使节气门保持某一固定开度，让汽车起步加速。当感觉到变速器升挡时，记下升挡车速。一般 4 挡变速器在节气门开度保持在 1/2 左右时，由 1 挡升至 2 挡车速为 $25 \sim 35$ km/h，2 挡升至 3 挡车速为 $55 \sim 70$ km/h，3 挡升至 4 挡车速为 $90 \sim 120$ km/h。注意：随着节气门开度的变化，升挡车速是变化的。升挡车速太低，一般是电控系统的故障所致；若升挡车速太高，除了电控系统的故障外，还可能是液压控制系统和换挡元件故障所致。

c. 升挡时发动机转速的检查。变速器换挡时，应注意观察发动机转速的变化，它也是判断自动变速器工作是否正常的重要依据之一。在正常情况下，变速器处于经济模式或普通模式，节气门保持在低于 1/2 开度范围内，则汽车由起步加速到升入高速挡的整个过程中，发动机转速都将低于 3000 r/min。通常在加速至升挡时，发动机转速可达 $2500 \sim 3000$ r/min；在刚刚升挡后的短时间内，发动机的转速将下降至 2000 r/min 左右。如果在整个行驶过程中，发动机转速始终过低，加速升挡时仍低于 2000 r/min，则说明升挡时间过早或发动机动力不足；如果在行驶过程中发动机转速始终偏高，升挡前后的转速在 $2500 \sim 3000$ r/min 之间，而且换挡冲击明显，则说明升挡时间过迟；如果在行驶过程中，发动机转速过高，经常高于 3000 r/min，在加速时达到 $4000 \sim 5000$ r/min，甚至更高，则说明自动变速器换挡元件打滑，应拆修变速器。

d. 换挡质量的检查。换挡质量检查的主要内容是检查换挡有无冲击。正常的自动变速器在升挡时有不太明显的换挡冲击，电控自动变速器换挡冲击更微弱。若换挡冲击过大，则说明电控系统、液压控制系统或换挡元件有故障，其原因可能是电控系统工作不良、油压过高、脏污、调整不当或换挡元件打滑等。

e. 锁止离合器工作状态的检查。液力变矩器中的锁止离合器工作是否正常也可通过道路试验的方法来检查。试验中让汽车加速至超速挡，以高于 80 km/h 的车速行驶，并让节气门保持 1/2 以下开度，使液力变矩器进入锁止状态。此时，快速将加速踏板踩下至 2/3 左右开度，同时检查发动机转速的变化。若发动机转速没有太大的变化，说明锁止离合器进入接合状态；反之，若发动机转速升高很多，则表明锁止离合器没有接合，其原因一般是电控系统和锁止液压控制系统有故障存在。

f. 发动机辅助制动作用的检查。检查自动变速器有无发动机辅助制动作用时，应将操纵杆拨至前进低挡位置(S、L 或 3、2、1)，在汽车以 2 挡或 1 挡行驶时，突然松开加速踏板，检查是否有发动机辅助制动作用。若车速随之降低，则说明有发动机辅助制动作用；否则，说明电控系统、液压控制系统和相关的换挡元件有故障存在。

g. 强制降挡功能的检查。检查自动变速器的强制降挡功能时，应将操纵杆拨至"D"位，保持节气门 1/3 左右开度，在以 2 挡、3 挡、4 挡或更高挡行驶时，突然将加速踏板完全踩到底，检查自动变速器是否强制降低一个挡位。在强制降挡时发动机转速会突然上升至 4000 r/min 左右，并随着加速升挡，转速逐渐下降。若没有出现强制降挡，则说明强制降挡功能失效，应检查相关的电控系统。若在强制降挡时发动机转速升高反常，达 5000～6000 r/min，并在升挡时出现换挡冲击，则说明换挡元件打滑，应拆修自动变速器。

2. 电控系统工作过程的检测

对电控自动变速器进行性能检查，特别是在道路试验的过程中能同时对电控系统进行工作过程检测，就可以对变速器的工作性能以及故障发生部位做出更准确的判断。在汽车行驶过程中检查 ECU 发出换挡控制信号的时刻，可以准确地判断 ECU 的换挡控制是否正常。若换挡控制不正常，发出升挡控制的时刻太早、太迟或没有发出升挡信号，则说明电控系统的传感器、ECU 或控制电路有故障；若换挡控制正常，但 ECU 发出换挡信号后自动变速器没有响应，则说明换挡电磁阀或控制电路有故障；若 ECU 发出升挡信号后自动变速器有响应，但出现打滑现象，则可以准确地判断出打滑的挡位和打滑的换挡元件，从而有针对性地进行维修。对电控系统的工作过程检测通常采用三种方法：一是用汽车电脑故障诊断仪检测；二是通过故障检测插座检测；三是利用电磁阀的控制电路进行检测。

1) 用汽车电脑故障诊断仪检测

用汽车电脑故障诊断仪即解码器检测，只要将汽车电脑故障诊断仪与车上的故障检测插座(诊断座)连接，就可以通过观察检测仪显示屏上的数据，检测 ECU 发出的换挡控制、锁止控制、油压控制等各种控制信号是否正常，从而判断故障的方向和部位。

2) 通过故障检测插座检测

在传统的丰田车系中，故障检测插座中有一个 TT 端子，通过测量 TT 端子与 E1 端子间的直流电压，可以检测节气门位置传感器、制动开关以及换挡控制信号是否正常。节气门位置传感器正常时，随着节气门开度的增大，其测量电压呈阶跃性增加；制动开关正常时，将加速踏板踩到底，踩下制动踏板，测量电压为 0 V，松开制动踏板，测量电压为 8 V；换挡控制信号正常时，1 挡时测量电压为 0 V，随着挡位每升高一个挡，测量电压增加 1 V，锁止离合器进入接合状态，测量电压增加 1 V。

3）通过电磁阀的控制电路检测

ECU 是通过几个电磁阀来控制自动变速器工作的，因此，只要检测 ECU 输送给各电磁阀的控制信号，就可以检测到电控系统的工作状态。由于电磁阀的控制信号通常是 12 V 直流电压或脉冲电压，因此，检测电磁阀控制信号较简单的方法是采用自制的 12 V 电压信号指示灯。自制电压信号指示灯只要在一只发光二极管上串联一个约 1 kΩ 的电阻即可。

检测时，将自制的 12 V 信号指示灯正极一端与电磁阀控制线连接，负极一端接地，如图 4-112 所示。若在自动变速器的工作过程中，与某个电磁阀连接的 12 V 电压信号指示灯发亮，则说明该电磁阀正在工作。通过观察发光二极管的发亮情况来检测电磁阀的工作状态。

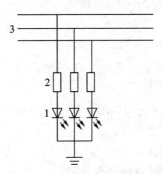

图 4-112　电磁阀控制信号的检测
1—发光二极管；2—串联电阻；3—电磁阀控制线路

【考核评价】

考核评价表

目标	评价要素	评价标准	评价依据	考核方式		权重	评分
知识	基本知识	（1）掌握电控系统的组成和原理； （2）能初步进行电控系统的电路分析	个人作业 课堂笔记 课堂练习 小组作业 期末考试	学生自评		10%	
				教师评定		10%	
				学生互评		10%	
能力	基本技能	（1）能进行电控系统及部件检测； （2）能初步进行电控系统故障分析及检修	实践练习 小组作业 学生作业单	教师评定	动手能力	15%	
					作业单的填写	15%	

目标	评价要素	评价标准	评价依据	考核方式	权重	评分
素质	学习态度	遵守纪律,积极参与课堂教学活动,按时完成作业,按要求完成准备	课堂表现记录,考勤表,同学及教师观察,课堂笔记	学生自评 小组互评 教师评定	10%	
	沟通协作管理	乐于请教和帮助同学,协调小组活动,配合教师教学管理,做好教室值日工作,做好课前准备和课后整理	小组作业,小组活动记录,自评及互评记录,值日记录,同学及教师观察	学生自评 小组互评 教师评定	15%	
	创新精神	有自主学习计划,在作业练习中能提出问题和见解,对教学或管理提出意见和建议,积极参与小组活动设计	个人作业,自主学习计划,学习活动,个人口头或书面提议	学生自评 小组互评 教师评定	15%	

【教学小结】

(1)自动变速器有节气门位置、车速、冷却液温度、发动机转速、空挡起动开关等传感器。

(2)自动变速器的执行器有换挡、调压、锁止、缓冲等电磁阀,实现对换挡、主油路油压、锁止离合器、换挡油压的控制调节。

(3)自动变速器的故障诊断程序要遵循"先易后难、先外后里"的原则,尽可能不解体诊断,基本确认故障点后,方可拆解自动变速器。

(4)自动变速器的机械试验包括:液压试验、失速试验、时滞试验、液力变矩器试验和道路试验。

情境六

双离合自动变速器检修

任务 6挡双离合自动变速器的检修

【学习目标】

教学能力目标	专业能力目标	专业知识目标	专业素质目标
（1）正确借助教学课件清楚、准确描述双离合自动变速器的基本结构和工作原理； （2）能够指导学生进行双离合自动变速器的拆装、检测及维修	（1）具备双离合自动变速器的拆装能力； （2）能熟练使用检测仪器，学会分析控制系统的检测数据； （3）初步掌握双离合自动变速器的检修方法	了解双离合自动变速器的基本结构和工作原理	（1）具有良好的工作责任心和职业道德； （2）具有安全操作意识和良好的环境保护意识； （3）培养学生的团队协作精神

【任务导入】

一辆2009款大众迈腾2.0TSI轿车，配装双离合自动变速器即DSG，又称直接换挡变速器，该车总行驶里程为1.1万公里。该车起步时偶尔会出现加油发动机空转不走车的现象，有时在加速过程也会发生，故障出现无规律，故障出现时仪表板上指示灯全部变红且闪烁报警。使用诊断仪进入网关检查，各控制单元均无故障码存储。结合该车故障现象，发动机基本正常。因为该车行驶总里程不长，变速器机械传动部分故障的可能性很小，发动机空转应是离合器切断所致，究其原因有两方面：一是离合器机械故障；二是变速器电控单元对离合器进行了保护性切断。通过读取数据流02—08—64组1区得知，离合器切断次数为63次，而正常值应为0，这显然说明离合器进行了保护性切断。

保护性切断会在三种情况下发生：一是电控系统直接性的电路故障被识别触发保护切断功能；二是离合器工作油压过高时由电子机械压力控制阀与联合安全滑阀切断相应的动力传输组件；三是油温传感器在温度超过工作极限值时触发保护切断。由于无故障码存在，线路直接性的断路、短路可以排除；同时安全控制电磁阀有N233与N371两个，每个仅控制变速器机械部分的一半，这与本例的故障现象不太吻合；经过分析故障应为油温传感器故障。油温传感器有3个，分别为变速器油温传感器G93、控制单元温度传感器G510、离合器油温传感器G509。通过动态数据测量，变速器油温传感器和控制单元温度传感器数据接近，而离合器油温传感器数据相差很大，这说明故障发生在离合器油温传感器，更换离合器油温传感器后故障排除。

【任务分析】

双离合自动变速器目前有6挡和7挡两种，6挡为湿式，7挡为干式。迈腾2.0TSI轿车配装6挡湿式双离合自动变速器。双离合自动变速器就是在传统手动变速器的基础上对离合器和换挡实施电子控制，由于是双离合器结构，所以具有传动效率高、动力不中断换挡等优点。经过任务导入分析，DSG的常见故障应从机械部分和控制部分两方面入手，机械部分相对简单，知识点和难点在于双离合器和换挡的控制。

【教学时数】

4学时。

【教学设计】

步骤	学习内容	教学方法	教学手段	学生活动	时间分配
导入	任务导入	视频、PPT演示，讲解，引入任务	视频 PPT	听讲	3 min
讲解	任务分析	视频、PPT演示，结合双离合自动变速器总成分析任务	引导分析	讨论 查阅资料 发言	5 min
小组作业	教学准备	先集中讲解任务，提出要求，然后分组，领用工具	（1）DSG变速器5套；（2）拆装工具包括专用工具5套、工作台5套；（3）万用表10块；（4）清洗设备1台；（5）电脑诊断仪5套	分组准备	8 min
讲解	相关知识：（1）DSG的分类及组成；（2）DSG的结构及原理分析	对照实物，教师集中讲解并演示	PPT 实物讲解	听讲 思考发言	15 min 45 min

续表

步骤	学习内容	教学方法	教学手段	学生活动	时间分配
小组作业操练	任务实施： (1) DSG的拆卸； (2) DSG的检修及安装验收	学生熟悉结构并拆装检修	同上	分组操练完成任务	各45 min
评价、演示	教学测评	内容见后	任务实施成果	小组互评教师评定	10 min
讲解、演示	教学小结	内容见后	提问总结	讨论总结	4 min
课后作业	布置作业	练习	课后思考	完成课后思考	课后完成

【教学资讯】

1. DSG的分类及组成

双离合自动变速器由于其生产成本低、经济性好、动力不切断换挡等特点，在20世纪二三十年代就已经出现，首先使用于保时捷，大众公司则从2002年开始大规模使用。

1) DSG的分类

按挡位数分为6挡和7挡；按工作环境分为湿式和干式。目前使用的DSG，6挡为湿式，7挡为干式。

2) DSG的组成

DSG主要由双离合器、二轴式齿轮变速器、换挡机构、控制装置等组成，如图4-113所示。

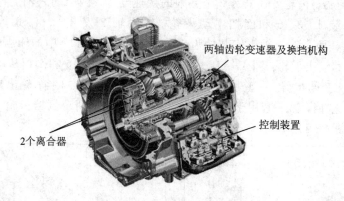

图4-113　DSG的结构

2. 6挡DSG的结构原理分析

1) 双离合器及齿轮变速器的结构原理分析

DSG的结构原理如图4-114所示。

(1) 双离合器。图4-115中的2个离合器都是多片湿式离合器，都由液压油缸分别操纵，都是常开的。其中K1是外离合器，与实心输入轴1相连，K2是内离合器，与空心输入轴2相连。

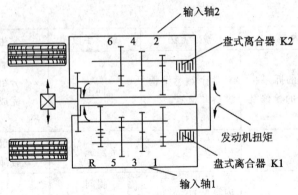

图 4 – 114　DSG 的结构原理

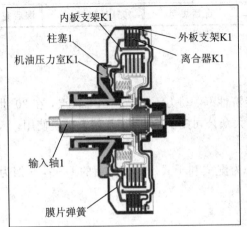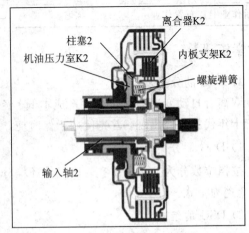

图 4 – 115　双离合器的结构

（2）齿轮变速器。齿轮变速器为 2 个并列的变速器，其两个输入轴上安装的齿轮分别为：输入轴 1 安装 1、3、5 和倒挡主动齿轮；输入轴 2 安装 2、4、6 挡主动齿轮，如图 4 – 116 所示。其两个输出轴上安装的齿轮分别为，图 4 – 117 中的输出轴 1 安装 1、2、3、4 挡从动齿轮和输出齿轮，图 4 – 118 中的输出轴 2 安装 5、6 和倒挡从动齿轮和输出齿轮。输出轴 1 有两套同步器，一套用于 1、3 挡，另一套用于 2、4 挡；输出轴 2 有两套同步器，一套用于 5、空挡，另一套用于 6、倒挡。倒挡轴上装有两个倒挡齿轮，在传递倒挡时同时起作用，如图 4 – 119 所示。

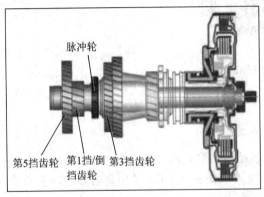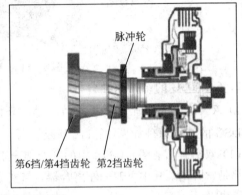

图 4 – 116　输入轴的结构

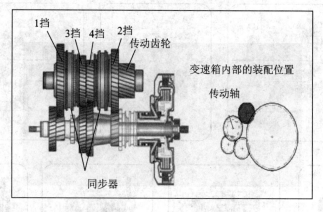

图 4 - 117　输出轴 1 的结构

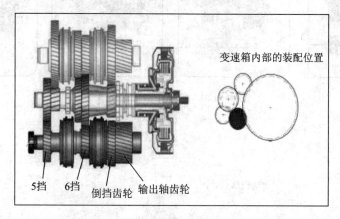

图 4 - 118　输出轴 2 的结构

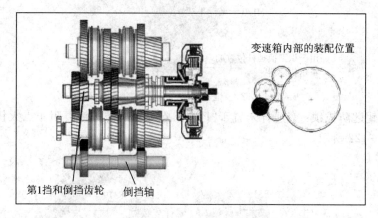

图 4 - 119　倒挡轴的结构

（3）挡位分析。各挡动力传递路线如图 4 - 120 所示，依次为 1、2、3、4、5、6、R 挡。

2）换挡机构的结构原理分析

（1）变速杆位置：P、R、N、D、S、(+)和(－)。

（2）变速杆锁止电磁阀 N110：将变速杆锁止在"P"位，只有当点火开关打开并踩下制动踏板时，此电磁阀才能解除锁止。若在锁止状态发生故障时，可用一个狭窄的物体将锁止销压入，变速杆就可以移出"P"位，如图 4 - 121 所示。

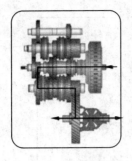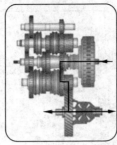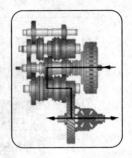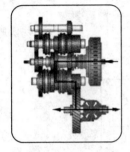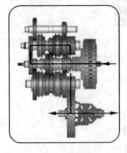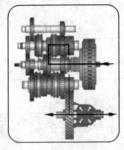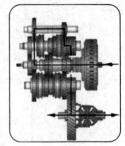

图 4 - 120　各挡动力传递路线

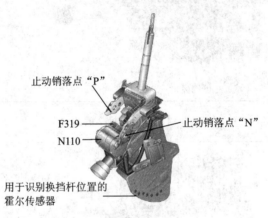

止动销落点"P"

F319

N110

止动销落点"N"

用于识别换挡杆位置的
霍尔传感器

图 4 - 121　变速杆锁止电磁阀 N110

（3）点火钥匙防拔锁：变速杆未置于"P"位，点火钥匙防拔锁可阻止点火钥匙回到拔出位置，如图 4 - 122 所示。

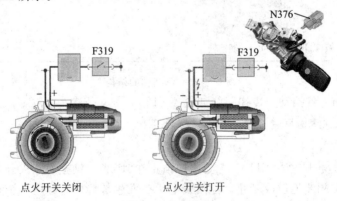

N376

F319　　　　　　　　　F319

点火开关关闭　　　　　　点火开关打开

图 4 - 122　点火钥匙防拔锁

3）控制装置的结构原理分析

控制装置包括液压控制装置和电控装置两部分，又叫机电控制装置，它安装在变速器内并浸在 DSG 齿轮油中，如图 4-123 所示。

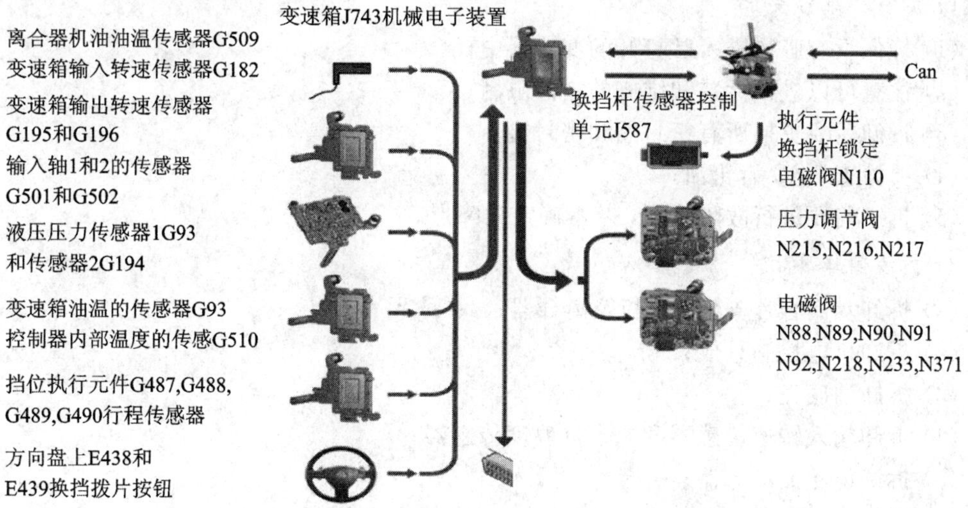

图 4-123 控制装置的组成

（1）液压控制装置：包括电磁阀、安全阀、调压阀、液压滑阀、多路转换阀、油道等。

（2）电控装置：由传感器、电控单元、执行器等组成。16 个传感器除输入转速传感器 G182 外，其他都集成在内部；12 个执行器除换挡杆锁定电磁阀 N110 外，其他都安装在控制装置上。所以对传感器和执行器的测量无法单件测量，只能通过诊断仪器进行基本测量，读取分析数据流。

压力控制阀 N215 控制多片离合器 K1，压力控制阀 N216 控制多片离合器 K2。如果压力阀发生故障，受到影响的变速箱部分被隔离，故障会被显示在仪表板中。

N217 调节液压系统主压力，主压力取决于发动机扭矩的实际离合器压力。如果发生故障，系统以最高压力工作，这样就会增加燃油消耗并产生换挡噪声。

N218 是一个调节阀，并通过一个液压滑阀控制冷却机油的流量。如果压力阀发生故障，最大流量的冷却机油会流经多片盘式离合器。

压力控制阀 N233 控制变速箱第 1 部分的安全滑阀；压力控制阀 N371 控制变速箱第 2 部分的安全滑阀。如果压力控制阀发生故障，则受到影响的变速箱部分不再能够换挡。

N88、N89、N90、N91 都是换挡执行电磁阀。N88 控制至第 1 挡和第 5 挡的机油压力，N89 控制至第 3 挡和空挡的机油压力，N90 控制至第 2 挡和第 6 挡的机油压力，N91 控制至第 4 挡和倒挡的机油压力。如果电磁阀发生故障，安装了相关换挡执行元件的变速箱部分将被隔离。

N92 为多路转换电磁阀，它和 4 个换挡执行电磁阀一起控制 1 与 3、2 与 4、5 与空、6 与 R 等 8 个挡。

【任务实施】

1. 6 挡 DSG 的拆卸

1）拆装及维修要求

（1）确保没有脏物进入已打开的变速器中；

（2）注意可以进行拆装和维修的零件限制；

（3）拆卸后要更换所有密封圈和密封垫；

（4）要检查 DSG 齿轮油；

（5）拆卸前要进行故障诊断，基本确定故障点。

2）拆装操作

（1）拆卸双离合片支架、盖板及离合器；

（2）拆卸机电控制总成；

（3）拆卸油底壳；

（4）拆卸输入转速传感器和离合器温度传感器；

（5）拆卸齿轮油冷却器；

（6）拆卸齿轮油泵。

2. 6 挡 DSG 的检修

（1）利用电脑诊断仪读取故障存储器故障码，若无，进入引导性功能执行基本测量，根据基本测量数据分析故障。

（2）按分析的故障思路，在解体后对部件和线路进行检测。

（3）确定了故障点，分析故障原因，并排除故障。

（4）装配操作：与拆装顺序相反，不过离合器安装时要进行调整，通过计算选用不同厚度的卡环来进行。

（5）检验维修结果。

【考核评价】

考核评价表

目标	评价要素	评价标准	评价依据	考核方式		权重	评分
知识	基本知识	了解双离合自动变速器的基本结构和工作原理	个人作业 课堂笔记 课堂练习 小组作业 期末考试	学生自评		10%	
				教师评定		10%	
				学生互评		10%	
能力	基本技能	（1）具备双离合自动变速器的拆装能力；（2）能熟练使用检测仪器，学会分析控制系统的检测数据；（3）初步掌握双离合自动变速器的检修方法	实践练习 小组作业 学生作业单	教师评定	动手能力	15%	
					作业单的填写	15%	

续表

目标	评价要素	评价标准	评价依据	考核方式	权重	评分
素质	学习态度	遵守纪律，积极参与课堂教学活动，按时完成作业，按要求完成准备	课堂表现记录，考勤表，同学及教师观察，课堂笔记	学生自评	10%	
				小组互评		
				教师评定		
	沟通协作管理	乐于请教和帮助同学，协调小组活动，配合教师教学管理，做好教室值日工作，做好课前准备和课后整理	小组作业，小组活动记录，自评及互评记录，值日记录，同学及教师观察	学生自评	15%	
				小组互评		
				教师评定		
	创新精神	有自主学习计划，在作业练习中能提出问题和见解，对教学或管理提出意见和建议，积极参与小组活动设计	个人作业，自主学习计划，学习活动，个人口头或书面提议	学生自评	15%	
				小组互评		
				教师评定		

【教学小结】

（1）双离合自动变速器具有生产成本低、经济性好、动力不切断换挡等特点。

（2）DSG 主要由双离合器、三轴式齿轮变速器、换挡机构、控制装置等组成。

（3）2 个离合器都是多片湿式离合器，都是常开的。K1 连接实心输入轴 1，K2 连接空心输入轴 2。

（4）齿轮变速器为两个并列的变速器，其两个输入轴上安装的齿轮分别为，输入轴 1 安装 1、3、5 和倒挡主动齿轮；输入轴 2 安装 2、4、6 挡主动齿轮。其两个输出轴上安装的齿轮分别为，输出轴 1 安装 1、2、3、4 挡从动齿轮和输出齿轮；输出轴 2 安装 5、6、倒挡从动齿轮和输出齿轮。

（5）输出轴 1 有两套同步器，一套用于 1、3 挡，另一套用于 2、4 挡；输出轴 2 也有两套同步器，一套用于 5 挡、空挡，另一套用于 6 挡、倒挡。

（6）控制装置包括液压控制装置和电控装置两部分。液压控制装置包括电磁阀、安全阀、调压阀、液压滑阀、多路转换阀、油道等；电控装置包括 16 个传感器、电控单元和 12 个电磁阀，传感器大都集成在内部，电磁阀安装在控制装置上。

情境七

无级变速器检修

任务一　无级变速器的检修

【学习目标】

教学能力目标	专业能力目标	专业知识目标	专业素质目标
（1）能正确借助教学课件清楚、准确描述无级变速器的基本结构和工作原理； （2）能够指导学生进行无级变速器的拆装、检测、维修	（1）具备无级变速器的拆装能力； （2）能熟练使用检测仪器，学会分析控制系统的检测数据； （3）基本掌握无级变速器的检修方法	理解无级变速器的基本结构和工作原理	（1）具有良好的工作责任心和职业道德； （2）具有安全操作意识和良好的环境保护意识； （3）培养学生的团队协作精神

【任务导入】

一辆广州本田三厢飞度轿车，装用无级变速器，行驶里程为 29 847 公里，变速器高速打滑故障。在 D 挡以 100 km/h 左右速度行驶时，发动机转速突然有升高现象，松开加速踏板，发动机转速下降后，再加速发动机转速又正常。

根据故障症状，试车进行确认。试车发现该现象时有时无，而且出现的频率很小，且无规律性。初步断定是自动变速器离合器打滑引起发动机转速升高。

首先用本田诊断仪 HDS 连接到转向盘下面的数据诊断插接器（DLC）上，读取自动变速器系统故障码，故障码为 P1891（起步离合器控制系统故障）。因在起步时无任何不良反应，于是清除故障码，重新试车后再调故障码，无自动变速器系统故障码。

通过分析，引起上述故障的原因有以下几点：

① CVT 油黏性不够或油位过低。

② 起步离合器故障。

③ CVT 起步离合器油压控制故障。

④ PCM 故障。

维修步骤如下：

（1）检查 CVT 油的油质和油位未发现异常。

（2）启动发动机，拉起驻车制动器，把换挡杆依次挂入 D 挡、S 挡、L 挡、R 挡进行失速测试，失速点在 2350～2650 r/min 之间，表明起步离合器无损坏。如起步离合器损坏，行驶打滑现象应该更多出现在起步时和急加速时。

（3）压力测试。

① 在进行测试之前，确认变速器油已加注到合适位置。

② 举升车辆前部，确认车辆支撑可靠。

③ 让前轮能够自由转动。

④ 发动机热机（散热器风扇转动），然后停止，接上转速表。

⑤ 将专用工具连接到润滑压力检查孔。

⑥ 起动发动机。

⑦ 将挡位切换至 D 挡时，前进挡离合器的压力是 1700 kPa；将挡位换至 R 挡时，倒挡制动器的压力是 1700 kPa；将挡位换至 N 挡时，主动带轮的压力为 480 kPa，从动带轮的压力为 490 kPa。

⑧ 测量在 2500 r/min 时的润滑压力（主油压）是 300 kPa。

将检测数据与各项标准压力比较，都正常。变速器用 HDS 检查故障码，显示的故障码为 P1891，原因是起步离合器控制系统故障。

根据各项检查初步诊断：故障为起步离合器压力控制阀在高速行驶时离合器压力控制阀有卡滞现象，使起步离合器打滑造成高速时发动机空转现象。于是拆除空气滤清器和进气管，断开起步离合器调压电磁阀插头，测电阻是 5.8 Ω（标准值 3.8～6.8 Ω）。用蓄电池测试时能听到"咔嗒"声，多次测试有时不反应，则拆除控制阀体，并用清洁剂彻底清洗相关的零件，然后重新检查，故障未排除。更换一个无故障的离合器调压电磁阀后进行试车，故障不再出现，故障排除。

【任务分析】

CVT 车辆车速越高，控制单元给出的油压控制信号就越大，起步离合器所需的控制油压也就越大。起步离合器调压电磁阀脏污、轻微卡滞、损坏等，都会造成起步离合器油压跟不上，造成行驶打滑现象。在诊断自动变速器故障时，应先掌握该类型变速器结构及控制原理，再根据故障现象，查出故障原因。

【教学时数】

4 学时。

【教学设计】

步骤	学习内容	教学方法	教学手段	学生活动	时间分配
导入	任务导入	视频、PPT 演示，讲解，引入任务	视频 PPT	听讲	3 min
讲解	任务分析	视频、PPT 演示，结合无级变速器总成分析任务	引导 分析	讨论 查阅资料 发言	5 min

步骤	学习内容	教学方法	教学手段	学生活动	时间分配
小组作业	教学准备	先集中讲解任务，提出要求，然后分组，领用工具	（1）CVT变速器5套； （2）拆装工具包括专用工具5套、工作台5套； （3）万用表10块； （4）清洗设备1台； （5）电脑诊断仪5套	分组准备	8 min
讲解	相关知识： （1）CVT的分类及组成； （2）CVT的结构及原理分析	对照实物，教师集中讲解并演示	PPT 实物讲解	听讲 思考发言	15 min 45 min
小组作业操练	任务实施： （1）CVT的拆卸； （2）CVT的检修及安装验收	学生熟悉结构并拆装检修	同上	分组操练 完成任务	各45 min
评价演示	教学测评	内容见后	任务实施成果	小组互评 教师评定	10 min
讲解演示	教学小结	内容见后	提问 总结	讨论 总结	4 min
课后作业	布置作业	练习	课后思考	完成课后思考	课后完成

【教学资讯】

液力自动变速器和电控机械自动变速器都是通过行星齿轮组的某部分逐渐锁定或改变传动路线而进行换挡的，换挡过程为有级、不连续；而无级变速器避免了齿轮传动比不连续和零件数量过多的缺点，具有传动比连续、传递动力平稳、操纵方便等特点，真正实现了变速无级。随着汽车传动系统各项新科技的应用，无级连续自动变速器（Continuously Variable Transmission，CVT）使用越来越多。

1. 无级变速器的特点

（1）CVT通过其传动比的连续性变化，可以使发动机始终工作在最高效率区，从而达到最优的燃油经济性。与目前使用的自动变速器相比，CVT可降低15％的油耗。

（2）CVT的传动比工作范围宽，能够使发动机以最佳工况工作，从而改善了燃烧过程，降低了废气的排放量。

（3）CVT可以最好地协调汽车的外界行驶条件与发动机负荷，充分发挥发动机的功率潜力，而平滑的传动比变化又进一步提高了驾驶的舒适性，毫无加速时的顿挫感。

（4）CVT变速器不受车辆动力的限制，除了目前普遍地和常规汽油、柴油发动机匹配外，CVT与混合动力相结合后所表现出的优势也愈见明显，CVT换挡的连续性可使在制动过程中产生的能量被更好地回收并储存在电池中供加速时使用，同时，变速器的结构更加紧凑。

（5）与传统自动变速器相比，CVT结构简单，成本较低。

（6）由于CVT依靠钢带的摩擦传力，所传递的扭矩受到一定的限制不宜与大功率发动机匹配，与机械传动配合使用效果会更好。起步离合器不增加起步扭矩，加速性能较差。

2. 无级变速器的结构

无级变速器由速比变速器、液压控制系统和电控系统三部分组成，如图4-124所示。

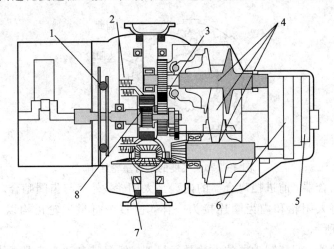

图4-124　无级变速器的组成

1—飞轮减振装置；2—倒挡制动器；3—辅助减速齿轮；4—速比变速器；5—电控系统；
6—液压控制系统；7—前进挡离合器；8—行星齿轮机构

1）速比变速器

速比变速器有四个平行轴，分别是：输入轴、主动带轮轴、从动带轮轴及主传动轴，如图4-125所示。

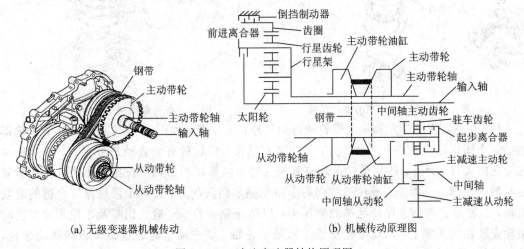

（a）无级变速器机械传动　　　　　　（b）机械传动原理图

图4-125　速比变速器结构原理图

　　输入轴：与飞轮连接，包括太阳轮、行星轮和行星架。

　　主动带轮轴：包括主动带轮、前进挡离合器、倒挡制动器和主从动带轮间的钢带。

　　从动带轮轴：包括从动带轮、起步离合器和中间主动齿轮。

　　主传动轴（中间齿轮轴）：包括中间从动齿轮和主减速主动齿轮。

　　（1）行星齿轮机构。行星齿轮机构由太阳轮、齿圈、行星轮组成，用于改变主动带轮轴旋转方向，实现倒车操作。太阳轮通过花键与输入轴连接，并且构成了前进挡离合器的内毂；行星轮安装在行星架上，单齿轮式行星齿轮架与太阳轮啮合，并形成倒挡制动器的内毂；齿圈与前进挡离合器啮合；倒挡制动器的外毂为变速器壳体。行星轮有两种结构形式：双行星轮式和单行星轮式，飞度为单行星轮式，如图 4 - 126 所示。

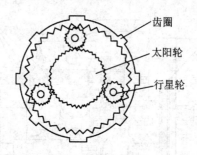

图 4 - 126　飞度的单行星轮结构

　　（2）前进挡离合器。前进挡离合器的内毂是太阳轮，外毂与齿圈啮合。前进挡时，前进挡离合器工作，将太阳轮和内齿圈连接为一体，使整个行星齿轮机构以一个整体同向旋转，如图 4 - 127 所示。

　　（3）倒挡制动器。倒挡制动器的内毂是行星架，外毂是自动变速器壳体。倒挡时，倒挡制动器工作，行星架锁止，如图 4 - 128 所示。

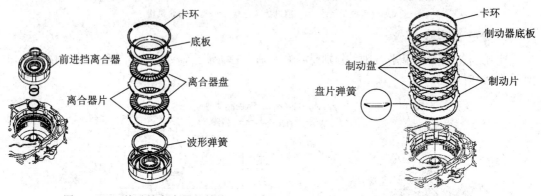

图 4 - 127　前进挡离合器的结构　　　　　图 4 - 128　倒挡制动器的结构

　　（4）带轮。主动带轮和从动带轮通过钢带连接在一起，如图 4 - 129 所示。每个带轮都包括一个固定部分和一个活动部分，其间夹有钢带。带轮的有效直径是可变的，这是传动比变化的关键。另外，每只带轮上均有弹簧，用于向带轮的活动部件施加压力，使其紧靠带轮的固定部分。再加上液压系统向每个带轮施加的液压力，使两个带轮保持合适的有效直径，且使带轮与钢带保持足够的侧压力，以防止钢带打滑，造成钢带及带轮损坏。主动带轮安装在输入轴上，从动带轮安装在从动带轮轴上，主动带轮通过钢带驱动从动带轮，从动带轮再驱动起步离合器。为获得各种不同的传动比，带轮有效直径将随受到的液压压力以及钢带作用于活动带轮面上的力而变化。高传动比时，主动带轮直径增大，从动带轮直径减小，将使带轮传动比增大；低传动比时，主动带轮直径减小，从动带轮直径增大，将使带轮传动比减小，如图 4-130 所示。

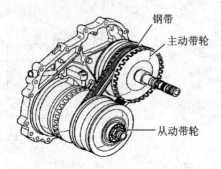

图 4-129　带轮

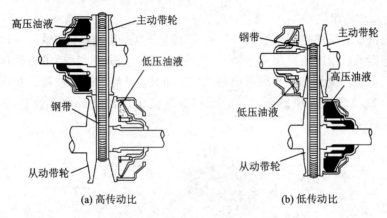

(a) 高传动比　　　　　　　　　　(b) 低传动比

图 4-130　变速器的变速原理

带轮的功能有以下两方面：

① 带轮具有可变的直径，可以使钢带按连续可变的传动比传递动力。

② 带轮能够对钢带保持足够的侧向压力，防止钢带打滑。

（5）钢带。钢带可允许两个带轮之间进行高扭矩传递，它由两组钢制环形带组成，每组环形带各有 12 层，并采用大约 400 个钢制构件或连接件将它们组装在一起，如图 4-131 所示。钢制构件或连接件的数量会随钢带的长度而变化。通过钢制构件的压缩，钢带将产生挤压作用，增大了带轮表面的摩擦力，减少了打滑。

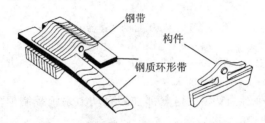

图 4-131　钢带的结构

（6）起步离合器。起步离合器安装在从动齿轮轴上，与中间主动齿轮进行接合或分离。它可以连接也可以切断中间主动齿轮至车轮的动力传递，其基本功能与变矩器相同。起步离合器是一个湿式多片离合器，采用压力润滑，离合器毂上的孔道允许大流量液体流出。起步离合器采用多弹簧结构替代了螺旋弹簧结构，如图4-132所示。

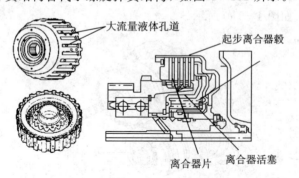

图4-132　起步离合器的结构

2）电控系统

（1）电控系统的组成。

电控系统由动力系统控制模块PCM、A/T挡位开关、手动模式开关、霍尔效应式主动带轮转速传感器及从动带轮转速传感器、主动带轮调压电磁阀、从动带轮调压电磁阀、起步离合器调压电磁阀及倒挡限止电磁阀等组成；同时，还与其他电控系统共用节气门位置传感器信号、发动机转速传感器信号、冷却液温度传感器信号和车速传感器信号，如图4-133所示。

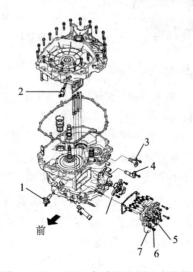

图4-133　CVT自动变速器电气部件

1—主动带轮转速传感器；2—倒挡限止电磁阀；3—中间齿轮轴转速传感器（CVT转速传感器）；4—从动带轮转速传感器；5—主动带轮调压电磁阀；6—从动带轮调压电磁阀；7—起步离合器调压电磁阀；8—A/T挡位开关

另外，未在自动变速器上安装的电气部件还有动力系统控制模块、手动模式开关、制动开关、仪表挡位显示器等。

（2）电控系统的功能。

CVT的动力控制模块PCM对变速器的控制内容有换挡速比控制、主从动轮钢带侧压力控制、7速模式控制、起步离合器压力控制、A/T挡位指示器控制、倒挡锁止装置控制、失效保护控制和自诊断等,其控制功能如图 4 - 134 所示,控制电路如图 4 - 135 所示。

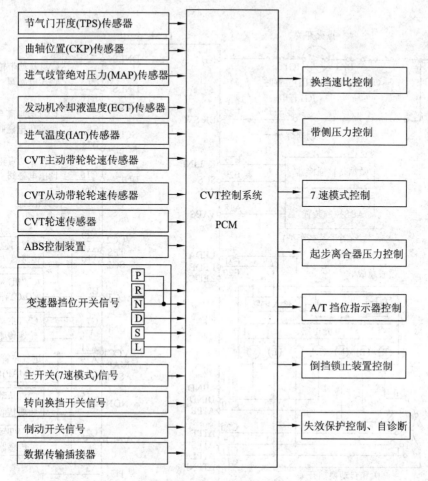

图 4 - 134　CVT 控制系统的输入与输出信号

①　换挡速比控制。换挡速比控制是通过控制带轮压力实现的。PCM 根据各开关和传感器输入的信号所反映的实际行驶条件,与存储的行驶条件进行对比,通过控制主、从动带轮调压电磁阀,改变带轮的传动直径,从而改变变速器的传动比。

②　带侧压力控制。自动变速器的带轮压力由动力系统控制模块控制,控制部件包括压力控制电磁阀和滑阀。PCM 从进气歧管绝对压力传感器、节气门开度传感器等信号获得发动机负荷,进而确定合适的带侧压力。在爬坡或加速等高负荷条件下,PCM 会检测到高的节气门开度和进气歧管绝对压力,从而向带轮提供较高的侧压力,以防止钢带打滑;在中速行驶等低负荷条件下,会检测到低的节气门开度和进气歧管绝对压力,从而向带轮提供较低的侧压力,以减小钢带摩擦并改善燃油经济性。

③　7 速模式控制。飞度轿车 CVT 自动变速器在 D 位或 S 位时具备 7 速模式,在 7 速模式下又可分为 7 速自动模式和 7 速手动模式。如图 4 - 136 所示,按下主开关,变速器切换至 7 速自动模式,在此模式下,变速器可在 7 级速比范围内上下变换。在 7 速自动模式下,转向换挡开关随时可被激活,如果此开关被激活,则 7 速自动模式被取消,进入 7 速手动模式。在 7 速手动模式下,可通过转向换挡开关以手动方式控制变速器在 7 级速比范围

内上下变换（与手动变速器相似）；再按下主开关或将操纵手柄移至其他挡位，7速手动模式取消。

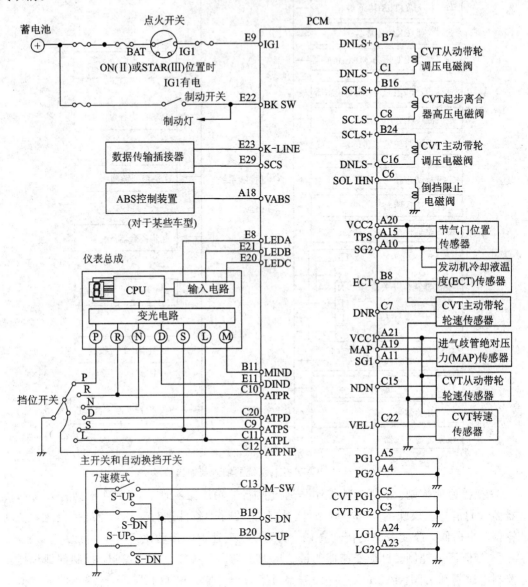

图 4-135　自动变速器的控制电路

在仪表板上有挡位和模式的显示，如图 4-137 所示。在 7 速自动模式下，换挡指示器显示当前的速度等级，且"M"指示灯不亮；在 7 速手动模式下，"M"指示灯点亮，换挡指示器显示所选的速度等级。

如果车辆在 D 位或 S 位行驶时，按下主开关，则 CVT 自动变速器根据节气门开度和车速等条件自动选择最佳的速度等级。如果在车辆停止时切换至 7 速自动模式，则变速器切换至第一速度等级，且车辆以一级速比起步。

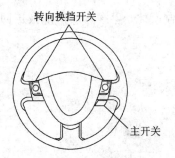

图 4-136　转向换挡开关

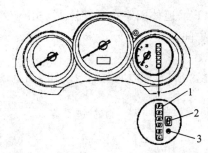

1—操纵杆位置指示灯
2—速度等级显示
3—平动模式指示灯

图 4-137　挡位显示器

④ 起步离合器压力控制。起步离合器的工作压力是受动力系统控制模块控制的，PCM 根据收到的节气门开度等信号，调节起步离合器换挡阀输出的离合器控制压力(CC)，CC 压力在换挡锁止阀处形成起步离合器压力(SC)，SC 压力作用于起步离合器，起步离合器接合，使动力传递至主减速器主动齿轮。PCM 通过精确控制离合器控制压力，可以产生带挡停车时的"蠕动"效果，可在起步加速时增加压力，并在正常行驶时提供合适的压力。起步离合器蓄压阀可以稳定施加在起步离合器上的液压压力。

⑤ 倒挡锁止装置控制。当车速大于 10 km/h 时，自动变速器倒挡不工作，这是一种安全措施，这一功能由限止电磁阀实现。正常挂倒挡时，限止电磁阀处于断电(OFF)状态，倒挡限止器(RI)油压建立，倒挡限止滑阀被 RI 油压推向左侧，手控阀的 RVS 油压通过倒挡限止滑阀到达倒挡制动器，倒挡制动器接合。当车速大于 10 km/h 以上时，若误将变速器操纵手柄挂 R 位，则接通倒挡限止电磁阀的电路，倒挡限止滑阀柱塞右侧油路中的压力油通过倒挡限止电磁阀的泄油孔泄出，倒挡限止滑阀柱塞在弹簧的作用下右移，切断从手控阀到倒挡制动器的油路。因为没有压力油进入倒挡制动器，所以倒挡制动器不能接合，电控无级自动变速器不能进入倒挡。

⑥ 故障自诊断。PCM 对电控系统的传感器和执行器进行检测，如果发现故障，仪表板上的"D"挡位指示灯会闪烁报警，并且将相应的故障码存储在 PCM 以供检修时查阅。

此外，PCM 还可通过一些传感器提供的数据判断出某些机械故障。例如，通过对比变速器转速和从动带轮转速传感器的输入信号，可确定起步离合器是否打滑。通过对比主、从动带轮转速传感器的输入信号，可分析钢带与带轮之间是否出现打滑。

⑦ 失效保护控制。当电控部件出现故障后，电控系统提供了备用的失效保护模式，以使汽车能继续行驶。例如，当变速器转速传感器出现故障时，PCM 会将 ABS 系统的车速信号引用。各电磁阀一般被设计在一个默认的工作位置(断电状态)，以便在电控系统的输入与输出故障时允许变速器继续工作，如果 PCM 检测到电控系统故障，则电子控制系统停止工作，失效保护模式启用。在失效保护模式下，变速器倒挡的传动比范围缩小为 1.0～2.37，而前进挡的传动比范围缩小，仅为 1.0～1.8。

3) 液压控制系统

(1) 液压控制系统的组成。

飞度轿车 CVT 自动变速器采用电子液压控制系统。液压元件包括油泵、手控阀、倒挡限止滑阀、润滑阀、主油路调压阀、起步离合器滑阀、离合器调压滑阀、换挡锁定滑阀、起步离合器蓄压阀、起步离合器后备阀、主油路换挡滑阀、主动带轮控制滑阀及从动带轮控制滑阀等。主阀体通过螺栓固定在飞轮壳上；ATF 油泵固定在主阀体上；控制阀体位于自动变速器箱体外部；ATF 油道体固定在主阀体上，并与控制阀体、主阀体及内部液压回路相连；手控阀体固定在中间壳体上。

（2）液压油路。

液压油路如图 4-138 所示，各油路的代码及说明见表 4-18。

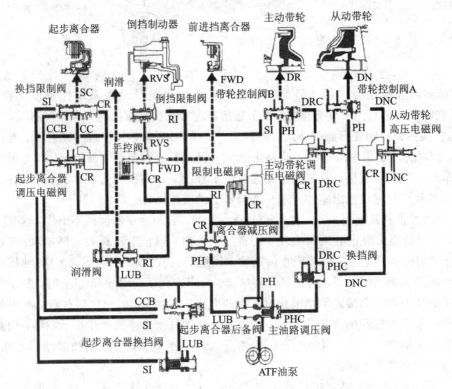

图 4-138　液压油路

（3）控制阀的功能。

① 主油路(PH)调压阀。主油路调压阀用于调节油泵输出的油压，并向液压控制回路及润滑回路提供油压。主油路油压是主油路调压阀根据主油路换挡滑阀提供的控制压力(PHC)进行调节的。

② 主油路换挡滑阀。根据主动带轮控制压力(DRC)和从动带轮控制压力(DNC)向主油路调压阀提供主油路控制压力，主油路调压阀据此来调节主油路压力。

表 4-18　各油路的代码及说明

油路代码	说　　明	油路代码	说　　明
CC	离合器控制	LUB′	润滑
CCB	离合器控制 B	PH	主油路
COL	ATF 冷却器	PHC	主油路控制压力
CR	离合器减压	RCC	循环
DN	从动带轮	RI	倒挡限止阀
DNC	从动带轮控制	RVS	倒挡制动器

续表

油路代码	说　　明	油路代码	说　　明
DR	主动带轮	RVS′	倒挡制动器
DRC	主动带轮控制	SC	起步离合器
FWD	前进挡离合器	SI	换挡限止阀
LUB	润滑	—	—

③ 离合器减压阀。接收主油路控制压力，对离合器减压压力(CR)进行控制。

④ 换挡限止阀。在电气系统发生故障时，换挡限止阀切换相应油道，将起步离合器从电子控制切换到液压控制。

⑤ 起步离合器蓄压阀。缓冲、稳定提供给起步离合器的油压。

⑥ 起步离合器换挡阀。在电子控制系统出现故障时，起步离合器换挡阀接收换挡锁定压力(SI)，并将润滑油液(LUB)旁路转换至起步离合器后备阀。

⑦ 起步离合器后备阀。在电子控制系统出现故障的情况下，起步离合器后备阀提供离合器控制压力(CCB)，对起步离合器进行控制。

⑧ 润滑阀。稳定内部润滑液压回路的压力。

⑨ 主动带轮调压电磁阀。主动带轮调压电磁阀由线性电磁阀和滑阀组成，由动力系统控制模块控制，用于向主动带轮控制阀提供主动带轮控制压力(DRC)。

⑩ 从动带轮调压电磁阀。从动带轮调压电磁阀由线性电磁阀和滑阀组成，由动力系统控制模块控制，用于向从动带轮控制阀提供从动带轮控制压力(DNC)。

⑪ 起步离合器调压电磁阀。起步离合器调压电磁阀由线性电磁阀和滑阀组成，由动力系统控制模块控制，它根据节气门开度的大小调节起步离合器压力(SC)的大小。

⑫ 主动带轮控制滑阀。对主动带轮压力(DR)进行调节，并向主动带轮提供压力。

⑬ 从动带轮控制阀。对从动带轮压力(DN)进行调节，并向从动带轮提供压力。

⑭ 手控阀。根据操纵手柄的位置开启或关闭相应的油道。飞度轿车 CVT 自动变速器的操纵手柄有 P(PARK)、R(REVERSE)、N(NEUTRAL)、D(DRIVE)、2(SECOND)、L(LOW)六个位置，操纵手柄通过拉索控制手控阀的位置。通过换挡杆，可以将手控阀置于六种不同位置，而采用液压方式时，只有四个。

a. 驻车挡：手控阀切断所有液压作用。

b. 倒挡：液压油通过倒挡限止阀作用于倒挡制动器。

c. 空挡：手控阀切断所有液压作用。

d. 前进挡(D)、2 挡(S)、低速挡(L)：液压作用于前进挡离合器。

⑮ 倒挡限止滑阀。倒挡限止滑阀由限止装置电磁阀提供的倒挡锁定压力(RI)控制，当车速大于 10 km/h 时，倒挡限止阀将切断通向倒挡制动器的液压回路。

【任务实施】

1. 无级自动变速器的检测诊断

1) 基本检查与性能测试

(1) 自动变速器油位的检查。车辆停放在水平路面上，将发动机预热到正常温度(散热器风扇开始转动)后关闭发动机；拔出油尺，用干净的抹布擦净后装回油尺；等待 60～90 s 后，再拔出油尺，液面应位于热车标记 A 处(HOT)，见图 4-139。如果液面过低，检查变速器壳体、软管、管路接头和冷却器等是否泄漏；从油尺管孔处添加本田 ATF-Z1 自动变速器油，直至液面达到正常位置，然后装回油尺。注意：不要在发动机冷机时检查油位。

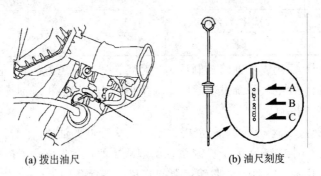

(a) 拔出油尺　　　　　　　　　　　　(b) 油尺刻度

图 4-139　自动变速器油位的检查

(2) 失速测试。飞度 CVT 自动变速器的失速转速规定值见表 4-19，不正常的测量结果及可能的故障原因见表 4-20。

表 4-19　失速转速规定值

发动机型号	规定值/(r/min)		维修极限/(r/min)	
L15A2	2500		2350～2650	
L12A3 和	D 位、R 位	2500	D 位、R 位	2350～2650
L13A3	S 位、L 位	3000	S 位、L 位	2800～3100

表 4-20　失速转速不正常的测量结果及可能的故障原因

测量结果	可能的故障原因
所有挡位的失速转速都过高	油泵输出油压过低；ATF 液面过低；ATF 滤清器堵塞；主油路调压阀卡滞；前进挡离合器打滑；起步离合器故障
R 位的失速转速过高	倒挡离合器打滑；起步离合器故障
所有挡位的失速转速都过低	发动机动力不足；起步离合器故障；带轮控制阀卡滞

(3) 油压测试。油压测试步骤如下：

① 检查并确保自动变速器油面正常。

② 举升车辆，拆除挡泥板。

③ 将发动机预热到正常温度后关机。

④ 连接转速表。

⑤ 安装油压测量专用工具。

⑥ 起动发动机，在规定转速下测量各部位的油压。

飞度 CVT 自动变速器油压测试孔位置如图 4-140 所示。不同油压的测量条件及规定值见表 4-21，测量结果异常时的可能故障部位如表 4-22 所示。

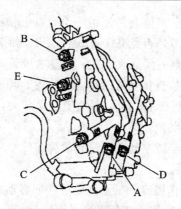

图 4 - 140　油压测试孔位置

A—前进挡离合器油压；B—倒挡制动器油压；C—主动带轮压力；D—从动带轮压力；E—润滑压力

表 4 - 21　不同油压的测量条件及规定值

测试压力	维修极限压力/MPa	测量条件
前进挡离合器	1.44～1.77	操纵手柄位于 D 位；发动机转速为 1700 r/min
倒挡制动器	1.44～1.77	操纵手柄位于 R 位；发动机转速为 1700 r/min
主动带轮压力	0.31～0.58	操纵手柄位于 N 位；发动机转速为 1700 r/min
从动带轮压力	0.43～0.91	操纵手柄位于 N 位；发动机转速为 1700 r/min
润滑压力	0.27～0.40	发动机转速为 2500 r/min

表 4 - 22　测量结果异常时的可能故障部位

测量结果	可能的故障原因
前进挡离合器压力太低或为 0	前进挡离合器
倒挡离合器压力太低或为 0	倒挡离合器打滑
主动带轮压力太低或为 0	ATF 泵；主油路调压阀；主动带轮控制阀；从动带轮控制阀
主动带轮压力太高	主油路调压阀；主动带轮控制阀；从动带轮控制阀；主动带轮压力控制阀
从动带轮压力太低或为 0	ATF 泵；主油路调压阀；主动带轮控制阀；从动带轮控制阀；从动带轮压力控制阀
从动带轮压力太高	主油路调压阀；主动带轮控制阀；从动带轮控制阀；从动带轮压力控制阀
润滑压力太低或为 0	ATF 油泵；润滑阀

(4) 起步离合器的校准。在动力系统控制模块内存储有用于起步离合器"蠕动"控制的基准进气歧管绝对压力传感器信号，如果 PCM 断电，其内存被清除，则必须进行起步离合器校准。此外，如果对起步离合器进行了维修，也必须重新进行校准，使 PCM 的存储值与 CVT 自动变速器匹配。否则，可能会出现发动机转速不稳甚至熄火，或起步加速时车辆发抖的故障现象。起步离合器的校准有车辆静止时校准和行驶时校准两种方法。

① 车辆静止时的校准步骤。

a. 拉起驻车制动器手柄，用三角木塞住 4 个车轮。将发动机预热至正常工作温度，确认故障指示灯没有闪烁，关闭点火开关。

b. 连接本田专用诊断仪 PGM，踩下并保持住制动踏板，在无负荷条件下起动发动机并打开大灯。将操纵手柄依次换至 N 位→D 位→S 位→L 位，在 20 s 内再依次换回 S 位→

D位→N位，操纵手柄应在每个挡位上稍停留一会，以上换挡步骤应重复两次。检查操纵手柄在N位时，挡位指示灯"D"是否点亮1 min后熄灭。如果指示灯"D"闪烁而没有点亮，或者点亮1 min后没有熄灭，则关闭点火开关，重复本步骤。

　　c.将操纵手柄置于D位，检查指示灯"D"是否点亮1 min后熄灭。如果指示灯"D"闪烁而没有点亮，或者点亮1 min后没有熄灭，则关闭点火开关，重复上述两个步骤。

　　d.关闭点火开关，校准结束。

　　e.进行试车，确认起步离合器控制系统没有故障。

　　② 车辆行驶时的校准步骤。

　　a.将发动机预热至正常工作温度，在无负荷条件下起动发动机并打开大灯。

　　b.将操纵手柄位于D位驾驶车辆，直到车速达到60 km/h。

　　c.不踩下制动踏板，在超过5 s的时间内使车辆减速，直到校准结束。

　　d.进行试车，确认起步离合器控制系统没有故障。

　　2) 电控元件检查

　　(1) 检查挡位开关各端子在操纵手柄位于不同位置时是否导通。

　　(2) 主要检测起步离合器压力调节阀、主动带轮压力调节阀、从动带轮压力控制阀、限止电磁阀、主动带轮转速传感器、从动带轮转速传感器、变速器转速传感器性能的好坏。

2. 无级变速器的拆装

无级变速器的拆装步骤及要求如下：

(1) 拆下ATF冷却器管路，如图4-141所示。

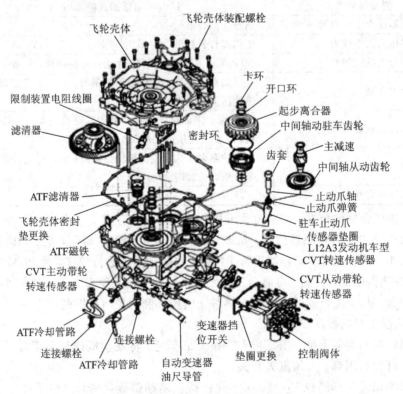

图 4-141　无级变速器的分解图

（2）拆下 ATF 油尺导管。

（3）拆下 CVT 主动带轮转速传感器。

（4）拆下限制装置电磁阀。

（5）拆下变速器挡位开关、CVT 转速传感器和 CVT 从动带轮转速传感器。

（6）拆下控制阀体，拆下 ATF 管、定位销和垫圈。

（7）拆下固定飞轮壳体的 21 个螺栓，拆下飞轮壳体、定位销和垫圈。

（8）拆下 ATF 管：11×230.5 mm（有 O 形圈，单管）、11×134.5 mm（有 O 形圈，三管）、8×133.5 mm（双管）。

（9）拆下差速器总成。

（10）拆下主减速器半轴，然后拆下中间轴从动齿轮。

（11）拆下驻车止动爪轴和齿轮，然后拆下驻车止动爪弹簧和止动爪。

（12）拆下固定起步离合器的卡环，然后拆下开口环护圈和开口环。

（13）将专用工具安装到起步离合器上，并牢固地将专用工具的卡爪卡到驻车挡齿轮上，如图 4-142 所示。不要将专用工具的卡爪卡到起步离合器导向装置上。如果卡爪卡到离合器导向装置上，则会损坏离合器导向装置。不要让灰尘或其他异物进入从动带轮轴。

（14）使用专用工具拆下起步离合器和中间轴主动/驻车挡齿轮，如图 4-143 所示。

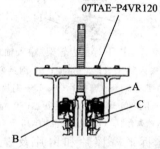
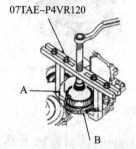

图 4-142　将专用工具安装到起步离合器上　　图 4-143　拆下起步离合器和中间轴主动/驻车挡齿轮

A—起步离合器；B—中间轴主动/驻车挡齿轮；C—驻车挡齿轮　　　　A—起步离合器；B—专用工具的齿爪

（15）拆下固定输入轴的卡环，然后从输入轴上拆下止推垫片、止推垫圈、推力滚针轴承和止推垫圈，如图 4-144 所示。

（16）从起步离合器上拆下中间轴主动/驻车挡齿轮。

（17）从中间轴主动/驻车挡齿轮上拆下密封圈，并将其清洁干净，在组装变速器时，将其重新安装到新的中间轴主动/驻车挡齿轮上，如图 4-145 所示。

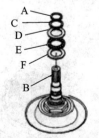
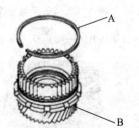

图 4-144　拆下固定输入轴的卡环　　　　　　图 4-145　拆下密封圈

A—密封圈；B—中间轴主动/驻车挡齿轮；C—止推垫片；　　　　A—卡环；B—输入轴

D、F—止推垫片；E—推力滚针轴承

（18）取下 ATF 磁铁，然后将其清洁干净，并重新安装到变速器上。

（19）拆下紧固 ATF 滤清器的卡环，拆下 ATF 滤清器。检查 ATF 滤清器是否被污染。如果 ATF 滤清器污染严重，则将其更换。重新将 ATF 滤清器安装到变速器上。

（20）将变速器放置在工作台上（端盖朝上），以防损坏输入轴。

（21）拆下固定端盖的 15 个螺栓，然后拆下端盖、定位销和垫圈，如图 4-146 所示。

（22）从手动阀体上拆下 ATF 管。

（23）拆下手动阀体、锁止弹簧、定位销和隔板，如图 4-146 所示。

（24）拆下行星齿轮架/输入轴总成，然后拆下齿圈，如图 4-147 所示。

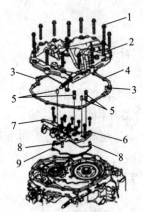

图 4-146　拆下固定端盖的螺栓

1—螺栓；2—端盖；3、8—定位销；4—垫圈；
5—ATF 管；6—手动阀体；7—锁止弹簧；9—隔板

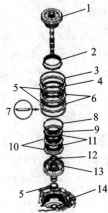

图 4-147　拆下行星齿轮架/输入轴总成

1—行星架/输入轴总成；2—齿圈；3—倒挡制动器环；
4—倒挡制动器压盘；5—摩擦片；6、11—钢片；7—蝶形
弹簧；8、12—卡簧；9—前进挡离合器压盘；10—离合器摩擦
片；13—前进挡离合器；14—主动带轮轴；15—卡环护圈

（25）拆下倒挡制动器卡环和倒挡制动器压盘，拆下摩擦片和钢片及碟形弹簧，如图 4-147 所示。

（26）拆下固定前进挡离合器压盘的卡环，然后拆下前进挡离合器压盘、离合器摩擦片和钢片，如图 4-147 所示。

（27）拆下将前进挡离合器固定到主动带轮轴上的卡环，然后拆下前进挡离合器，并拆下卡环护圈，如图 4-147 所示。

（28）安装专用工具，拆下固定倒挡制动器回位弹簧护圈的卡环，如图 4-148 所示。

（29）使用专用工具压缩回位弹簧，拆下卡环，如图 4-149 所示。

（30）拆下专用工具，拆下弹簧护圈/回位弹簧总成。

07TAE-P4V0110

图 4-148　拆下固定倒挡制动器回位弹簧护圈的卡环　　　　图 4-149　拆下卡环

（31）从倒挡制动器压力检查孔上拆下密封螺栓，由螺栓孔施加空气压力拆下倒挡制动器活塞，如图 4－150 所示。

（32）使用新的密封垫圈，重新安装密封螺栓。

（33）拆下滚柱，如图 4－151 所示。

（34）拆下中间壳体、定位销和垫圈，如图 4－151 所示。

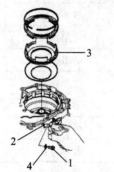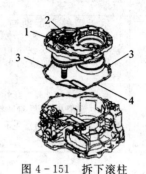

图 4－150　拆下倒挡制动器活塞　　　　　　　　图 4－151　拆下滚柱

1—密封螺栓；2—倒挡制动器压力检测孔；　　　　1—滚柱；2—中间壳体；3—定位销；4—垫圈；

3—倒挡制动器活塞；4—密封垫圈

（35）检测倒挡制动器摩擦片、钢片和压盘是否磨损、损坏或变色。如果摩擦片磨损或损坏，则整套更换摩擦片。如果钢片磨损、损坏或变色，则整套更换钢片。如果压盘磨损、损坏或变色，则在重新组装变速器时，应检测制动压钳与钢片之间的距离，并更换压盘。

无级变速器的装配顺序与拆卸顺序相反。

【考核评价】

考核评价表

目标	评价要素	评价标准	评价依据	考核方式		权重	评分
知识	基本知识	理解无级变速器的基本结构和工作原理	个人作业 课堂笔记 课堂练习 小组作业 期末考试	学生自评		10%	
				教师评定		10%	
				学生互评		10%	
能力	基本技能	（1）具备无级变速器的拆装能力； （2）能熟练使用检测仪器，学会分析控制系统的检测数据； （3）基本掌握无级变速器的检修方法	实践练习 小组作业 学生作业单	教师评定	动手能力	15%	
					作业单的填写	15%	

目标	评价要素	评价标准	评价依据	考核方式	权重	评分
素质	学习态度	遵守纪律，积极参与课堂教学活动，按时完成作业，按要求完成准备	课堂表现记录，考勤表，同学及教师观察，课堂笔记	学生自评	10%	
				小组互评		
				教师评定		
	沟通协作管理	乐于请教和帮助同学，协调小组活动，配合教师教学管理，做好教室值日工作，做好课前准备和课后整理	小组作业，小组活动记录，自评及互评记录，值日记录，同学及教师观察	学生自评	15%	
				小组互评		
				教师评定		
	创新精神	有自主学习计划，在作业练习中能提出问题和见解，对教学或管理提出意见和建议，积极参与小组活动设计	个人作业，自主学习计划，学习活动，个人口头或书面提议	学生自评	15%	
				小组互评		
				教师评定		

【教学小结】

（1）CVT 与目前使用的自动变速器相比，CVT 可降低 15% 的油耗。

（2）CVT 能够使发动机以最佳工况工作，从而改善了燃烧过程，降低了废气的排放量。

（3）CVT 可以最好地协调汽车的外界行驶条件与发动机负荷，而平滑的传动比变化又进一步提高了驾驶的舒适性，毫无加速时的顿挫感。

（4）与传统自动变速器相比，CVT 结构简单，成本较低。

（5）由于 CVT 使用的起步离合器不增加起步扭矩，加速性能较差。

（6）无级变速器由速比变速器、液压控制系统和电控系统三部分组成。速比变速器有四个平行轴，分别是：输入轴、主动带轮轴、从动带轮轴及主传动轴。

（7）CVT 可进行换挡速比控制、带侧压力控制、7 速模式控制、起步离合器压力控制、倒挡锁止装置控制等。

模块五

汽车维修服务

情境一

汽车维修安全操作基础

任务一　汽车维修人员基本素质

【学习目标】

教学能力目标	专业能力目标	专业知识目标	专业素质目标
（1）掌握汽车维修作业安全规范，指导学生培养安全意识； （2）结合维修车间危险源认识，防止发生安全事故； （3）培养优良工作作风	（1）汽车维修安全操作； （2）"5S"工作理念	（1）了解汽车维修人员的安全操作规程； （2）掌握车辆维修安全操作； （3）培养"5S"工作作风	（1）具有良好的工作责任心和职业道德； （2）具有安全操作意识和良好的环境保护意识； （3）培养学生的团队协作精神

【任务导入】

一位学生到 4S 店进行顶岗实习，拟从事机电维修工作岗位。入职后首先进行岗前培训，介绍劳动纪律、企业规章制度，安全生产操作规程等。

【任务分析】

汽车维修车间存在许多不安全因素，维修作业时稍不注意就可能引发事故，造成人身伤害、车辆损失、设备损坏，必须严格遵守操作规程，防范可能出现的各种意外，做到文明生产，安全第一。

【建议学时】

4 学时。

【教学设计】

步骤	学习内容	教学方法	教学手段	学生活动	时间分配
导入	本单元的目标和任务	讲授	PPT 演示	收集汽车维修作业安全规范	15 min
小组作业	汽车维修作业安全操作规程 5S 理念 车辆防护	小组讨论法 启发法 讲授	分组讨论 提问 事故分析	相互交流 代表发言 互相点评	30 min

续表

步骤	学习内容	教学方法	教学手段	学生活动	时间分配
讲解	安全防火 安全用电 防范人身伤害 文明生产	讲授	PPT 演示	听讲	20 min
操练	防火演练 车间整理 车辆防护	讲授 提问 演示 实训	灭火器材 实车操练	听讲 观察 回答问题 动手操作	25 min
深化	车间安全规程补充 安全隐患排查 车辆防护要点	讲授 提问	多媒体 卡片	听讲 回答问题 画图	45 min
归纳	学生以组为单位讲述自己的认知结果，分析该项目的知识点和技能点，并由教师给出评价	小组讨论 启发	分组讨论	学生相互交流 代表发言 互相点评	30 min
总结	教师解答问题并作总结	讲授	多媒体	听讲	15 min
作业	教师布置：完成工作页	练习	工作页	完成工作页	课后完成

【学习资讯】

1. 汽车维修人员基本素质要求

（1）热爱本职工作，遵守厂纪厂规，爱岗敬业，服从工作安排。

（2）掌握本工种必要的理论知识，能够独立完成常见维修工作，考取相应的技术等级证书或执业资格证书。

（3）严格遵守安全操作规程，认真执行维修工艺流程，文明安全作业。

（4）加强自我管理，提高综合素质，不断学习新知识、新工艺，钻研操作技能，提高技术水平。

（5）尊重师傅，关心同事，具备良好的工作责任心和职业道德，加强团队合作。

2. 车间安全常识

文明生产，安全第一，许多工伤事故都是由于车间凌乱所致。工作场所摆放杂物、地面湿滑、油液未及时清扫等，极易发生绊倒、跌倒或滑倒事故。干净整洁的车间环境是保证工作安全的第一步。

3. 工作着装

为防止发生事故，工作服必须结实、合身，以便于工作。为防止损伤车辆，工作服采用拉链，并用松紧带紧身。为防止受伤或烧伤不要裸露皮肤。工作时要穿安全鞋，安全鞋前端有防碾压的钢板，鞋底防滑不易摔倒。提升重物或拆卸热的排气管或类似的物体时一定要戴上手套，但在使用旋转工具(如转床、砂轮机、风动工具等)时不允许戴手套。在车底操作时要戴安全帽，打磨作业时要戴防护镜。

4. "5S"工作理念

"5S"起源于日本，是维修企业的有效管理办法，其核心是整理(Seiri)、整顿(Seiton)、清扫(Sersou)、清洁(Seiketsu)和素养(Shitsuke)。通过"5S"素质培养，可以创造一个清洁、整齐、安全、舒适的环境；培养一支具有良好素养的员工队伍，得到客户的信赖。

整理：分清要与不要的物品，现场只保留必需的物品。通过整理，增加作业面积，减少现场杂物，保持通道畅通，提高工作效率，减少库存量，节约资金。

整顿：将必需品分类定位、摆放整齐，作好标识。通过整顿减少寻找物品的时间，提高工作效率，保障生产安全。在最有效的规章、制度和最简捷的流程下完成作业。

清扫：清除场所脏污、清除作业区域的物料垃圾，保持现场干净、明亮。

清洁：将整理、整顿、清扫实施的做法制度化、规范化，并保持最佳状态，创造一个良好的工作环境，消除发生安全事故的根源。

素养：努力提高人员的修养，养成严格遵守规章制度的习惯和作风，这是"5S"活动的核心。

5. 防火安全知识

火患猛于虎，火灾不仅会造成巨大的经济损失，还可能殃及四邻，造成人身事故。要定期进行消防知识培训，增强消防安全意识，张贴防火禁烟标志，排查消除火灾隐患，进行防火演练，掌握消防设备的使用方法，采取正确逃生措施，安全撤离火场。

6. 安全用电知识

车间供电通常采用 380 V 交流电，一旦触及，就会造成人身伤害。要经常检查设备用电安全，确认线路有无老化，插头、插座有无损坏，电线有无破损，接地可靠。时刻保持配电柜、用电设备清洁。

(1)熟悉车间供电控制线路，配电柜位置。若发现设备电气控制异常，应立即关闭控制开关，若发生短路、漏电现象，应立刻关闭总电源并报告相关部门，及时修理。

(2)用电设备必须选用安全保护措施，通常装有短路保护、过电流保护、漏电保护等装置。

(3)为防止触电，要防止用电设备进水、淋雨。避免带电清洁设备，不要用湿手接触用电设备。维修工具尽量使用气动工具，车内使用的设备应采用安全电压供电。

(4)在配电柜、用电设备附近，严禁存放易燃物，防止电火花引发火灾。

(5)充电作业要在充电间进行，利用外接启动电源启动车辆前，先要检查启动电源有无漏电，注意合理选择挡位，不要接错极性。

(6)插拔插头时，要抓住插头，不要直接拉拔线缆。

【任务实施】

1. 清洁维修场地、整理维修工具、提示安全操作规程

(1)清洁地面：保持地面干净整洁，将设备放在指定的位置，如图 5-1 所示。

图 5-1　工具摆放到指定位置

（2）整理工具车：清点工具，检查有无损坏、丢失，摆放是否整齐，如图 5-2 所示。

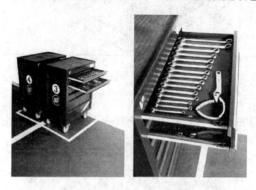

图 5-2　正确摆放工具车

（3）检查着装：要求干净、整齐，如图 5-3 所示。

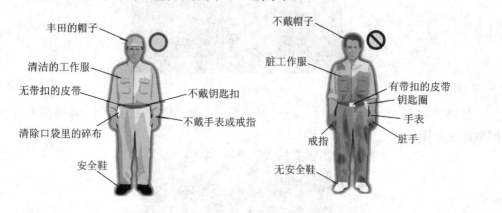

图 5-3　工作着装

（4）分组检查、交流考核。

讲述：① 安全防火注意事项；② 安全用电操作规程；③ 何种情况必须戴手套，何种情况不能戴手套。

检查：① 车间地面是否清洁到位；② 设备、工具是否摆放整齐、到位；③ 工具车内常用工具有无缺损，摆放是否到位；④ 着装是否规范。

2. 车辆维修前的准备工作

1）车辆防护

如图 5-4 所示，车辆防护包括：铺翼子板布、前隔栅布；驾驶室内安装的四件套（方向盘套、座椅套、手制动套、地板垫）；驱动轮安装车轮挡块。

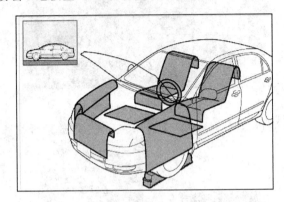

图 5-4　车辆防护

2）车辆举升

如图 5-5 所示，引导车辆时要站在车的侧前方，不要站在车的正前方，以免发生意外。

图 5-5　引导车辆

如图 5-6 所示，车轮离地 3～5 cm 时要晃动车辆，检查是否稳当，操作前要告知周围同事注意避让。

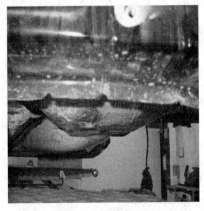

图 5-6　车辆举升

车辆举升高度要合适，作业前注意锁止保险。车辆下降操作前，要检查车下有无工具车、工件等，先向上举升少许，解除锁止，特别注意防止出现单边解锁。

【考核评价】

考核评价表

目标	评价要素	评价标准	评价依据	考核方式		权重	评分
知识	基本知识	汽车维护安全规程；车辆保养安全防护；车辆举升器的使用	个人作业 课堂笔记 课堂练习 小组作业 期末考试	学生自评		10%	
				教师评定		10%	
				学生互评		10%	
能力	基本技能	正确描述安全操作注意事项，掌握车辆安全防护操作；正确使用举升器	实践练习 小组作业 学生作业单	教师评定	动手能力	15%	
					作业单的填写	15%	
素质	学习态度	遵守纪律，积极参与课堂教学活动，按时完成作业，按要求完成准备	课堂表现记录，考勤表，同学及教师观察，课堂笔记	学生自评		10%	
				小组互评			
				教师评定			
	沟通协作管理	乐于请教和帮助同学，协调小组活动，配合教师教学管理，做好教室值日工作，做好课前准备和课后整理	小组作业，小组活动记录，自评及互评记录，值日记录，同学及教师观察	学生自评		15%	
				小组互评			
				教师评定			
	创新精神	有自主学习计划，在作业练习中能提出问题和见解，对教学或管理提出意见和建议，积极参与小组活动方案设计	个人作业，自主学习计划，学习活动，个人口头或书面提议	学生自评		15%	
				小组互评			
				教师评定			

【教学小结】

难点：维修车间常见危险源。

重点：安全生产规章制度。

教学体会及建议：（由任课老师撰写）

任务二　汽车维护常用工具、量具、设备的使用

【学习目标】

教师教学能力目标	能力目标	知识目标	素质目标
（1）指导学生正确使用技术资料，根据测量精度要求，正确选择量具，指导学生正确使用，准确测量，对测量值进行判断； （2）指导学生正确使用汽车维修专用工具	（1）正确选择使用常用工具； （2）正确选择使用常用量具； （3）正确使用汽车维修专用工具	（1）了解常用工具的使用方法及注意事项； （2）了解常用量具的使用方法并进行正确测量； （3）正确使用汽车维护专用工具	（1）合理选择最佳工具，提高工作效率； （2）正确选择量具，测量方法正确，结果精准； （3）正确使用技术资料

【任务导入】

小王初到 4S 店进行维修实习，师傅在车上进行维修作业，让他帮忙拆卸制动卡钳上的螺丝，小王换了几个套筒才选对合适的扳手，后又让他试着测量一下制动盘的厚度，他不知道该用什么量具，在什么位置测量，这是一个新手常见的问题。

【任务分析】

拥有足够数量的维修工具、量具及设备是每一个维修企业开业的必备条件，掌握维修工具、量具的正确使用方法是规范维修操作、保证维修质量的基本条件。

汽车维修常用工具包括套筒、扳手、钳子、螺丝刀、电动及气动工具等，常用量具包括游标卡尺、外径千分尺、百分表、量缸表、塞尺等，有些作业还会使用到活塞环拆装钳、滤清器扳手、汽车故障诊断仪等专用设备。

正确、规范使用工具、量具及维修设备，是车辆维护的基本操作技能。

【建议学时】

4 学时。

【教学设计】

步骤	学习内容	教学方法	教学手段	学生活动	时间分配
导入阶段 —激励 —获取信息	为学生做引导，提高学生的学习兴趣，让学生搜集汽车维修常用的工具、量具	汽车维修作业常用工具、量具、专用工具的用途，使用注意事项，可通过教材、杂志、网络资源获取信息	头脑风暴 给出关键问题 脑图	工作页 教材 杂志 网络资源 白板	15 min

续表

步骤	学习内容	教学方法	教学手段	学生活动	时间分配
实施阶段 —制定计划 —做出决定 —实施计划 —独立检查	组织各个小组汇报工作，为学生收集的资料提出意见，并为学生工作正确性作出判断	常用工具认识 常用量具认识 专用工具作用 专用设备功用	实际训练 小组讨论 头脑风暴 答疑	工作页 工具、量具 设备 PPT 白板	30 min
深化阶段	选择最佳工具，提高效率； 正确测量，确保测量精度	以发动机拆装为例，正确使用工具，正确测量螺丝长度、直径、量缸表使用、塞尺使用等	分组实施	白板	45 min
结果控制阶段 —评价 —反馈	听取小组汇报工作完成和自我评价，以及小组互评，教师对比各个小组的工作完成情况给以点评	小组汇报工作完成情况，演示工具使用，小组互评各组工作存在哪些错误和可以改进的点； 检查工作质量，作好记录	头脑风暴 小组汇报 小组讨论	工作页 PPT 白板	45 min
总结阶段 —迁移	总结本次工作任务，对整个过程进行梳理	回顾工作任务： 是否正确使用维修资料； 是否正确选择工具、量具； 遇到哪些问题必须汇报老师； 有哪些其他的收获	小组讨论 个别展示	白板	20 min

【学习资讯】

1. 汽车维修常用的工具

图 5 - 7 所示是汽车维修的常用工具，少量的可以装入工具箱，较多的则需装入工具车。

1）扳手

扳手是汽车修理中最常用的一种工具，主要用于扭转螺栓、螺母或带有螺纹的零件。在拆装螺栓时，应按照"先套筒扳手、后梅花扳手、再开口扳手、最后活动扳手"的选用原则进行选取。

现在常见的工具有公制、英制两种尺寸单位。错误使用英制或公制扳手会损坏螺栓或螺母。

2）套筒扳手

（1）套筒头的规格和类型。套筒扳手方便、灵活而且安全，是拆卸螺栓的首选工具。常用套筒头如图 5-8 所示。

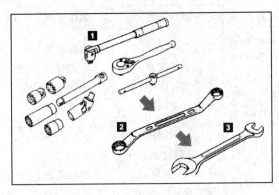

图 5-7　常用工具
1—套筒扳手；2—梅花扳手；3—开口扳手

图 5-8　常用套筒头

（2）接杆。接杆也称延长杆或加长杆，是套筒类成套工具不可缺少的一部分。日常汽车维修工作中，有 75 mm、125 mm、150 mm 和 250 mm 等不同长度的接杆供选用，即我们常说的长接杆和短接杆。

接杆的主要作用是加装在套筒和配套手柄之间，用于拆卸和更换装得很深，仅凭套筒和手柄无法接触的螺栓、螺母，如图 5-9 所示。

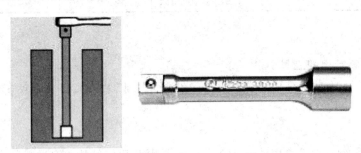

图 5-9　接杆及其使用方法

另外，在拆卸平面上的螺栓、螺母时，工具会紧贴在操作面上，妨碍正常拆卸，甚至会产生安全事故。接杆可将工具抬离平面一定高度，便于操作。

（3）手柄。

① 滑杆。滑杆也称滑动 T 形杆，是套筒专用配套手柄，横杆部可以滑动调节。通过滑动方榫部分，手柄可以有两种使用方法，如图 5-10 所示。方榫位置在一端，形成 L 形结

构，从而增加力矩，达到拆卸或紧固螺栓的目的，与 L 形扳手类似。方榫部分在中部位置，形成 T 形结构，两只手同时用力，可以增加拆卸速度，但要求的工作空间较大。

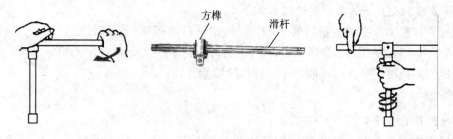

图 5-10　手柄的使用方法

② 快速摇杆。快速摇杆俗称摇把，是旋动螺母最快的配套手柄，但不能在螺母上施加太大的扭矩，如图 5-11 所示。它主要用于拧下已经松动的螺母，或者把螺母快速旋上螺栓。

图 5-11　常见的快速摇杆

③ 棘轮手柄。棘轮手柄是最常见的套筒手柄，如图 5-12 所示。套筒手柄是装在套筒上用于扳动套筒的配套手柄，如果没有配套手柄，套筒将无法独立工作。

图 5-12　棘轮手柄外部形状

棘轮手柄头部设计有棘轮装置，在不脱离套筒和螺栓的情况下，可实现快速单方向的转动。通过调整锁紧机构可改变其旋转方向：将锁紧机构手柄调到左边，可以单向顺时针拧紧螺栓或螺母；将锁紧机构手柄调到右边，可以单向逆时针松开螺栓或螺母。棘轮手柄使用方便但不够结实。不要使用棘轮扳手对螺栓或螺母进行最后的拧紧，另外，严禁对棘轮手柄施加过大的扭矩，否则会损坏内部的棘爪结构。

3）扭力扳手

扭力扳手主要用于有规定扭矩值的螺栓和螺母的装配，如气缸盖、连杆、曲轴主轴承等处的螺栓。常用的扭力扳手有指针式和预置力式两种，如图 5-13 所示。

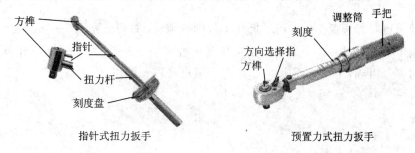

图 5-13　常用扭力扳手

　　指针式扭力扳手的结构相对比较简单,其数值可通过刻度盘读出。汽车维修中常用扭力扳手的规格为 300 N·m。使用指针式扭力扳手时,应注意左手在握住扳手与套筒连接处时,不要碰到指针杆,否则会造成读数不准。

　　预置力式扭力扳手可通过旋转手柄,预先调整设定扭矩,达到设定扭矩时,该扳手会发出警告声口以提示用户。当听到"咔哒"声响后,立即停止旋力以保证扭矩正确,当扳手设在较低扭力值时,警告声可能很小,所以应特别注意。

　　4)梅花扳手

　　常见的梅花扳手如图 5-14 所示。

　　在使用梅花扳手时,左手推住梅花扳手与螺栓连接处,保持梅花扳手与螺栓完全配合,防止滑脱,右手握住梅花扳手另一端并加力。扳手转动30°后即可更换位置。梅花板手特别适用于拆装处于空间狭小位置的螺栓、螺母。

图 5-14　常见的梅花扳手

　　梅花扳手可将螺栓、螺母的头部全部围住,因此不会损坏螺栓角,可以施加大力矩。

　　注意:严禁使用锤击扳手以增加力矩否则会造成工具损坏。严禁使用带有裂纹和内孔已经严重磨损的梅花扳手。严禁将加长的管子套在扳手上以延伸扳手长度增加力矩。

　　5)开口扳手

　　常见的开口扳手见图 5-15。

握住　　旋转

图 5-15　常见的开口扳手

　　开口扳手两头均为 U 形的钳口,可套住螺栓或螺母六角的两个对向面。开口扳手主要适用于无法使用套筒扳手和梅花扳手操作的位置。

　　6)活动扳手

　　活动扳手也叫可调扳手,适用于尺寸不规则的螺栓、螺母,见图 5-16。它能在一定范围内任意调节开口尺寸,一个活动扳手可用来代替多个开口扳手。活动扳手由固定钳口和可调钳口两部分组成,扳手的开度大小通过调节螺杆进行调整。

图 5-16　常见的活动扳手

使用活动扳手时应先将活动扳手调整合适，使活动扳手钳口与螺栓、螺母两对边完全贴紧，不应存在间隙，如图 5 - 17 所示。使用时，要使活动扳手的可调钳口部分受推力，固定钳口受拉力，只有这样施力，才能保证螺栓、螺母及扳手本身不被损坏。如果不按照这种方法转动扳手，会使压力作用在调节螺杆上，在施力时促使钳口变大，将损坏螺栓、螺母的棱角和扳手本身。

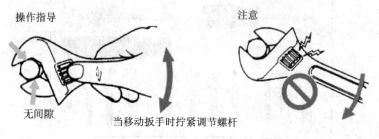

操作指导　　　　　　　　　　　　注意

无间隙　　　当移动扳手时拧紧调节螺杆

图 5 - 17　活动扳手的正确所示方法

使用活动扳手时，严禁在扳手上随意加装套管或锤击活动扳手，这样会使活动扳手损坏。

7）内六角扳手

常见的内六角扳手见图 5 - 18。

拆卸内六角和花形内六角螺栓时，除旋具套筒外，还可以使用专用内六角和花形内六角扳手，此类扳手多为 L 形。

长端的尾部设计成球形，有利于内六角扳手从不同角度操作，便于狭小角度空间使用。

图 5 - 18　常见的内六角扳手

使用内六角扳手时，应选取与螺栓内六方孔相适应的扳手，并且严谨使用任何加长装置。

8）钳子

钳子用于弯曲小的金属材料，夹持扁形或圆形零件，切断软的金属丝等。

在汽车维修中，常用的类型有鲤鱼钳、钢丝钳、扁嘴钳、尖嘴钳、斜嘴钳、水泵钳、卡簧钳、大力钳、管钳等。如图 5 - 19 所示。

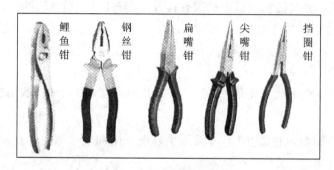

鲤鱼钳　　钢丝钳　　扁嘴钳　　尖嘴钳　　挡圈钳

图 5 - 19　常用的钳子

钳子的选用及使用应根据在汽车维修中所要达到的不同目的来选用不同种类的钳子，并且还要考虑工作空间的大小等因素。

9）螺丝刀

螺丝刀俗称改锥或起子，主要用于旋拧小扭矩、头部开有凹槽的螺栓和螺钉。

螺丝刀的类型取决于本身的结构及尖部的形状，常用的有一字螺丝刀、十字螺丝刀。一字螺丝刀用于单个槽头的螺钉，十字螺丝刀用于带十字槽头的螺钉，如图 5 - 20 所示。

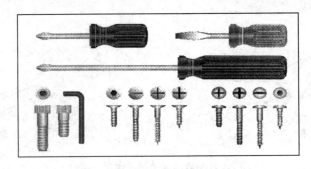

图 5 - 20　常见的螺丝刀

使用螺丝刀时，应右手握住螺丝刀，手心抵住柄端，螺丝刀与螺钉的轴心必须保持同轴，压紧后用手腕扭转，拆卸时螺钉松动后用手心轻压螺丝刀，并用拇指、食指、中指快速旋转手柄。

10）榔头

榔头也称手锤，属于捶击类工具，如图 5 - 21 所示，主要用于捶击錾子、冲子等工具或用来敲击工件，使工件变形、产生位移、振动，从而达到校正、整形等目的。

图 5 - 21　常见的榔头

榔头按锤头形状不同可分为圆头锤、方锤、钣金锤等，按锤头材料不同可分为铁锤、软面锤（木锤、橡胶锤、塑料锤）等。注意手柄的粗细和锤头的大小相适应，锤头中心线要与锤柄中心线垂直，并且锤柄的最大椭圆直径方向要与锤头中心线方向一致。

使用锤子时的注意事项如下：

（1）使用前要保证锤面及手柄上无油污，以防止在使用过程中锤子自手中滑脱，造成伤人损物的事故。

（2）使用前要检查手柄安装是否牢固，有无开裂现象，以防锤头脱出造成事故。

11）拉拔器

拉拔器也称拉卸器，主要用于汽车维修中静配合副和轴承部位的拆装，常见的拉拔器有两爪和三爪两种类型，见图 5 - 22。

拉拔器由拉臂和中心螺杆组成，螺杆前端加工为锥形，后端有供扳手拧动的内六角。

使用拉拔器拆卸不会破坏工件配合性质和工作表面，如拆卸曲轴皮带轮、齿轮等零件应选用三爪拉拔器，而拆卸轴承等零件最好使用两爪拉拔器。

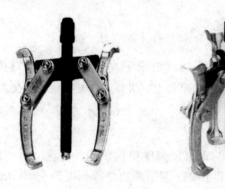

图 5-22 常见的拉拔器

12) 电动及气动工具

在汽车维修工作中仅靠手工工具是不够的,这就会用到很多电动工具和气动工具。汽车维修中常见的电动工具和气动工具有电动扳手、电动打磨机、气动扳手、气动棘轮扳手等,如图 5-23 所示。

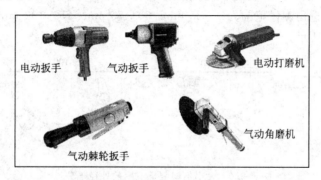

图 5-23 常用的电动及气动工具

(1) 电动工具使用安全注意事项:在使用电动工具过程中,安全应放在第一位,如果稍疏忽,不但会造成伤害,还可能会因漏电造成触电乃至人身伤亡事故。确保电动工具使用的电线或插头完好无损,绝缘层无脱落,无金属丝外露。电动工具的外接线长度和直径应符合标准,否则会因为电压下降过大造成导线过热。在使用电动工具时,应确保工作环境干燥无积水,从而避免电动工具及其连接线与水接触。

(2) 气动扳手的使用方法及注意事项:气动扳手是一种用于快速拆装螺栓或螺母的操作工具。根据所拆卸的螺栓力矩大小不同,所采用的气动工具也不相同。常见的气动扳手有冲击扳手和气动棘轮扳手两种。使用气动扳手时,一定要握紧,并站在一个安全舒适且容易施力的位置,用手按动气源开关,在气压的作用下,使套筒带动螺栓、螺母自动旋拧。使用过程中,要定期对气动工具进行维护,加注专用气动工具油为气动扳手进行润滑,并经常检查排气管是否清洁,同时检查外形是否损坏。

2. 汽车维修常用的量具

在汽车维修作业当中,合理选择测量仪器,方能保持测量的精度。

(1) 测量前,要清洁量具并校准。

(2) 进行测量时,应使测量仪器温度和握持的方法保持在一定的测定状态。

(3) 量具使用后要注意仪器的清理和维护,并存放在不受灰尘和气体污染的场所。

（4）要定期地检查仪器精度。

1）钢直尺

钢直尺是最基本的测量工具，用于精度要求不高的测量，可以直接测量出工件的尺寸。测量时，钢直尺要放平、放正，刻度面朝上、朝外，不得前后、左右歪斜，否则，从尺上读得的数比被测得实际尺寸大。

2）钢卷尺

一般来讲，钢卷尺的刻度单位与钢直尺刻度单位相同。钢卷尺由一条薄的、富有弹性的钢带制成，其整条钢带上刻有长度标志。钢带两边最小刻度为毫米（mm），钢卷尺通常用来测量长度超过 1 m 的零部件。

3）外径千分尺

千分尺也称为螺旋测微器，是一种用于测量加工精度要求较高的零部件，汽车维修工作中一般使用可以测至 1/100 mm 的千分尺，其测量精度可达到 0.01 mm。

外径千分尺是用于外径宽度测量的千分尺，测量范围一般为 0～25 mm。根据所测零部件外径粗细，可选用测量范围为 0～25 mm、50～75 mm、75～100 mm 等多种规格的千分尺，如图 5-24 所示。

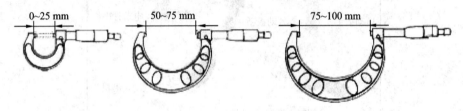

图 5-24　大小不同测量范围的外径千分尺

固定套筒上刻有刻度，测轴每转动一周即可沿轴方向前进或后退 0.5 mm。活动套管的外圆上刻有 50 等分的刻度，在读数时每等分为 0.01 mm。

套筒刻度可以精确到 0.5 mm（可以读至 0.5 mm），由此以下的刻度则要根据套筒基准线和套管刻度的对齐线来读取读数。

如图 5-25 所示，套筒上"A"的读数为 55.50 mm，套管"B"上的 0.45 mm 的刻度线对齐基准线，因此读数是 55.50 mm＋0.45 mm＝55.95 mm。

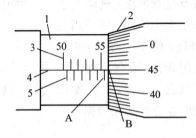

图 5-25　外径千分尺的读数

千分尺属于精密的测量仪器，使用前确保零点校正，若有误差请用调整扳手调整或用测定值减去误差。被测部位及千分尺必须保持清洁，若有油污或灰尘须立即擦拭干净。测量时先将被测面轻轻顶住砧子，转动限荷棘轮及套筒使测轴前进。不可直接转动活动套管。测定时尽可能握住千分尺的弓架部分，使两个砧端夹住被测部件，然后再旋转限荷棘轮，当听到发出两三响"咔咔"声后，就会产生适当的测定压力。当测量活塞、曲轴轴径之类的圆周直径时，必须保证测轴轴线与最大轴径保持一致。

外径千分尺的使用及维护注意事项：使用时应避免掉落地面或遭受撞击，在使用后将测砧和测轴的测定面分离后再放置。为防止生锈，使用后须立即擦拭并涂上一层防锈油。保存时应先放置于储存盒内，再置于湿度低、无震动的地方保存。

4）游标卡尺

游标卡尺主要由刻度尺和卡尺组成，能够测量长度、外径、内径及深度，如图5-26所示。游标卡尺根据最小刻度不同分为0.05 mm和0.02 mm两种。若游标卡尺上有50个刻度，每刻度表示0.02 mm；若游标卡尺上有20个刻度，每刻度表示0.05 mm。有些游标卡尺使用电子读数显示小数部分，这种标尺的测量精度可达到0.005 mm或0.001 mm。在汽车维修工作中，0.02 mm精度的游标卡尺使用最多。

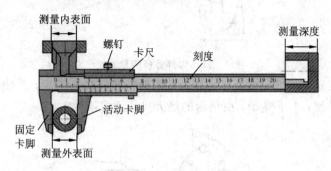

图5-26　常见的游标卡尺

（1）游标卡尺的读数。

如图5-27所示，读数时，首先读出游标零线左边与主刻度尺身相邻的第一条刻线的整毫米数，即测得尺寸的整数值，主尺上的读数为45.00 mm；再读出游标尺上与主刻度尺刻度线对齐的那一条刻度线所表示的数值，即为测量值的小数，副尺上的读数为0.25 mm。

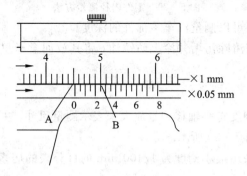

图5-27　游标卡尺的读数

把从尺身上读得的整毫米数和从游标尺上读得的毫米小数加起来即为测得的实际尺寸，即：45+0.25=45.25 mm。

（2）游标卡尺的使用。

使用游标卡尺时先应依照下列事项逐一检查：

① 测定量爪的密合状态：主、副尺的量爪必须完全密合。内径测定用量爪在密合状态

下，能够看到少许光线表示密合良好；如果穿透光线很多，则表示量爪密合不佳。

②　零点校正：当量爪密切结合后，主副尺零点必须相互一致才是正确的。

③　游标的移动状况：游标必须能够在主尺上轻轻地移动而不会发出声音才行。

（3）测量操作。

在从事测量作业之前，必须事先清理测量零件及游标尺。在测量外径时，需要将零件深夹在量爪中，如图 5-28 所示，然后用右手拇指轻压游标卡尺，同时使测定工件和游标卡尺保持垂直状态。

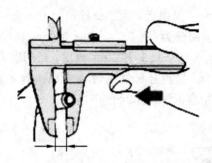

图 5-28　零件外径测量方法

内径尺寸的测量如图 5-29 所示，首先是用拇指轻轻拉开副尺，并使主尺量爪与测定物件保持正确的接触，上下晃动，由指示的最大尺寸读取读数。

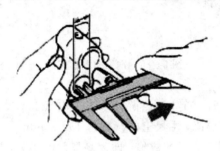

图 5-29　零件内径测量方法

此外，用游标卡尺还可以测量汽车零部件的深度。

游标卡尺用完后，应清除污垢并涂上防锈油，将其放回盒子里并放在不受冲击及不易掉下的地方保存。

5）百分表

百分表利用指针和刻度将心轴移动量放大来表示测量尺寸，主要用于测量工件的尺寸误差以及配合间隙，如图 5-30 所示。

一般汽车修理厂是采用最小刻度为 1/100 mm 的百分表的居多。同时百分表可以和夹具配合使用。

（1）测量头的种类。

百分表的测量头包括四种类型，如图 5-31 所示，分别为：长型，适合在有限空间中使用；辊子型，用于轮胎的凸面/凹面测量；杠杆型，用于测量不能直接接触的部件；平板型，用于测量活塞突出部分等。

图 5-30　百分表

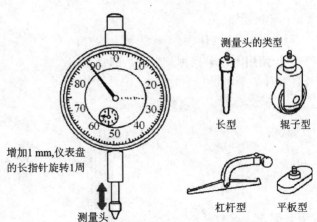

增加1 mm,仪表盘
的长指针旋转1周

测量头

图 5-31　百分表的外形和测量头的类型

百分表的表盘刻度分为 100 格,当量头每移动 0.01 mm 时,大指针偏转 1 格;当量头每移动 1.0 mm 时,大指针偏转 1 周。小指针偏转 1 格相当于 1 mm。另外百分表的表盘是可以转动的。

(2)百分表的使用。

百分表要装在支座上才能使用,在支座内部设有磁铁,旋转支座上的旋钮使表座吸附在工具台上,因而又称磁性表座,如图 5-32 所示。此外,百分表还可以和夹具、V 形槽、检测平板和顶心台合并使用,从事弯曲、振动及平面状态的测定或检查。

图 5-32　百分表及表座

百分表内部构造和钟表相类似,应避免摔落或遭受强烈撞击。

心轴上不可涂抹机油或油脂。如果心轴上沾有油污或灰尘而导致心轴无法平滑移动,则使百分表保持垂直状态,再将套筒浸泡在品质极佳的汽油内浸至中央部位,来回移动数次后再用干净的抹布擦拭,即能恢复至原来平滑的情况。

6)量缸表

量缸表也叫内径百分表,是利用百分表制成的测量仪器,也是用于测量孔径的比较性测量工具。在汽车维修中,量缸表通常用于测量汽缸的磨耗量及内径。

(1)量缸表的结构。

量缸表主要包括百分表、表管、长度不等的固定量杆和替换杆件紧固螺母等,如

图 5 - 33 所示。

　　（2）量缸表的使用。

　　① 使用游标卡尺测量缸径后获得基本尺寸，如图 5 - 34 所示，利用这些长度作为选择合适杆件的参考。

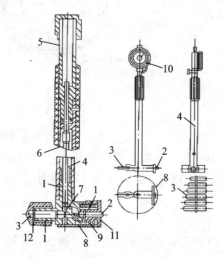

图 5 - 33　量缸表的基本机构

1—三通管；2—活动量杆；3—固定量杆；4—表管；5—插口；6—活动杆；7—杠杆；8—活动套；9—弹簧；
10—百分表；11、12—锁紧螺母

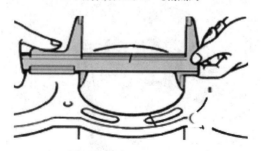

图 5 - 34　使用卡尺获得缸径基本尺寸

　　② 量缸表需要经过装配才能使用。首先根据所测缸径的基本尺寸选用合适的替换杆件和调整垫圈，使量杆长度比缸径大 0.5～1.0 mm。替换杆件和垫圈都标有尺寸，根据缸径尺寸可任意组合。量缸表的杆件除垫片调整式外还有螺旋杆调整式。无论哪种类型，只要将杆件的总长度调整至比所测缸径大 0.5～1.0 mm 即可。

　　③ 将百分表插入表杆上部，预先压紧 0.5～1.0 mm 后固定。

　　④ 为了便于读数，百分表表盘方向应与接杆方向平行或垂直。

　　⑤ 将外径千分尺调至所测缸径尺寸，并将千分尺固定在专用固定夹上，对量缸表进行校零、当大表针逆时针转动到最大值时，旋转百分表表盘使表盘上的零刻度线与其对齐，如图 5 - 35 所示。

　　（3）缸径测量。

　　① 慢慢地将导向板端（活动端）倾斜，使其先进入汽缸内，而后再使替换杆件端进入。导向板的两个支脚要和气缸壁紧密配合，如图 5 - 36 所示。

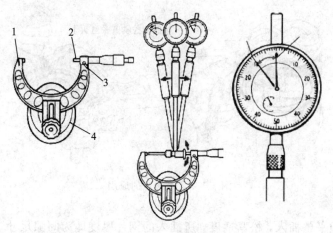

图 5-35　量缸表的调校

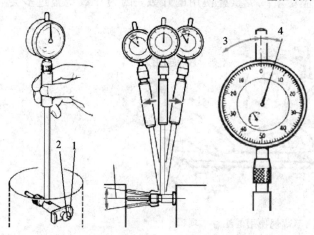

图 5-36　量缸表缸径的测量

图 5-37　厚薄规及其规格

② 在测定位置维持导向板不动，而使替换杆件的前端做上下移动并观测指针的移动量，当量缸表的读数最小且量缸表和气缸成真正直角时，再读取数据。

③ 读数最小即表针顺时针转至最大，在测量位置方面需参考维修手册。

7）厚薄规

厚薄规又称塞尺或间隙片，如图 5-37 所示，是一组淬硬的钢条或刀片，这些淬硬钢条或刀片被研磨或滚压成为精确的厚度，它们通常都是成套供应的。

每条钢片标出了厚度（单位为 mm），它们可以单独使用，也可以将两片或多片组合在一起使用，以便获得所要求的厚度，最薄的一片可以达到 0.02 mm。常用厚薄规长度有 50 mm、100 mm、200 mm。

在汽车维修工作中主要用于测量气门间隙、触点间隙和一些接触面的平直度等，如图 5-38 所示。

使用厚薄规测量时，应根据间隙的大小，先用较薄片试插，逐步加厚，可以一片或数片重叠在一起插入间隙内，插入深度应在 20 mm 左右。例如，用 0.2 mm 的厚薄规片刚好能插入两工件的缝隙中，而 0.3 mm 的厚薄规片插不进，则说明两工件的结合间

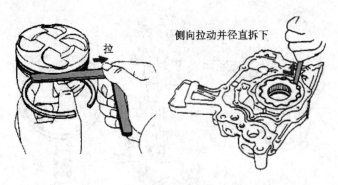

图 5-38　厚薄规的应用

隙为 0.2 mm。

　　测量时，必须平整插入，松紧适度，所插入的钢片厚度即为间隙尺寸。

　　注意：使用前必须将钢片擦净，还应尽量减少重叠使用的片数，因为片数重叠过多会增加误差。

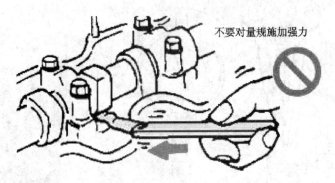

图 5-39　厚薄规使用的注意事项

　　测量时应在结合面的全长上多处检查，取其最大值，即为两结合面的最大间隙量。测量后及时将测量片合到夹板中去，以免损伤各金属薄片。

　　厚薄规上不得有污垢、锈蚀及杂物；厚薄规使用完毕后要将测量面擦拭干净，并涂油，如图 5-39 所示。已发现有折损或标示刻度已经模糊不清的厚薄规应该立即予以更新。

【任务实施考核】

　　按维修规范要求完成：

　　（1）拆卸气缸盖；

　　（2）检查缸盖平面度；

　　（3）安装气缸盖；

　　（4）填写作业表。

　　发动机曲柄连杆机构的拆检、检查、组装：

　　（1）测量检查曲轴轴向间隙；

　　（2）测量检查曲轴不圆度（第三道曲轴主轴承轴颈处）；

　　（3）填写《曲轴检查维修记录表》，查阅手册，计算和确定修理尺寸。

　　维修结果记录于表 5-1 和表 5-2 中。

表 5-1 曲轴轴向间隙记录表

测量及结果 \ 项目	曲轴轴向间隙
测量值/mm	
结果判断及处理	

注：测量值保留小数点后 3 位；结果判断及处理栏内仅需根据检查结果填写正常或不正常。

表 5-2 曲轴不圆度记录表

测量及结果 \ 项目	曲轴不圆度
测量值/mm	
结果判断及处理	

注：测量值保留小数点后 3 位；结果判断及处理栏内仅需根据检查结果填写正常或不正常。

【考核评价】

考核评价表

目标	评价要素	评价标准	评价依据	考核方式		权重	评分
知识	基本知识	汽车维修工具使用 汽车维修量具使用	个人作业 课堂笔记 课堂练习 小组作业 期末考试	学生自评		10%	
				教师评定		10%	
				学生互评		10%	
能力	基本技能	正确使用扳手拆卸气缸盖；正确使用量具测量；正确使用维修手册	实践练习 小组作业 学生作业单	教师评定	动手能力	15%	
					作业单的填写	15%	
素质	学习态度	遵守纪律，积极参与课堂教学活动，按时完成作业，按要求完成准备	课堂表现记录，考勤表，同学及教师观察，课堂笔记	学生自评		10%	
				小组互评			
				教师评定			
	沟通协作管理	乐于请教和帮助同学，协调小组活动，配合教师教学管理，做好教室值日工作，做好课前准备和课后整理	小组作业，小组活动记录，自评及互评记录，值日记录，同学及教师观察	学生自评		15%	
				小组互评			
				教师评定			
	创新精神	有自主学习计划，在作业练习中能提出问题和见解，对教学或管理提出意见和建议，积极参与小组活动	个人作业，自主学习计划，学习活动，个人口头或书面提议	学生自评		15%	
				小组互评			
				教师评定			

情境二

汽车二级维护

任务一　发动机工位二级维护

【任务描述】

一辆二级维护后行驶 20 000 公里的卡罗拉 2011 款 1.8L-i 手动挡轿车预约进行二级维护，并告知车辆一切正常。

【学习目标】

教学能力目标	能力目标	知识目标	素质目标
（1）熟知发动机二级维护项目，并能正确讲解； （2）具备二级维护前后的质量检验项目及方法	（1）熟练操作发动机二级维护作业内容； （2）熟练掌握发动机二级维护的检验方法	（1）熟知发动机二级维护的内容和项目； （2）熟知发动机二级维护各项目的检验、检测方法和标准	（1）具有良好的工作责任心和职业道德； （2）具有安全操作意识和良好的环境保护意识； （3）培养学生的团队协作精神

二级维护是在清洁、补给、安全检视、润滑、紧固的基础上，以检查、调整制动系、转向操纵系、悬架等安全部件，并拆检轮胎，进行轮胎换位，检查调整发动机工作状况和机动车排放相关系统等为主的维护作业（包括机动车生产厂家规定的间隔里程为 20 000 公里或首次定程维护里程 4 倍的维护作业）。

【建议学时】

6 学时。

【教学设计】

步骤	学习内容	教学方法	教学手段	学生活动	时间分配
告知	告知本项目的知识目标和能力目标	讲授法	多媒体	听讲	10 min
导入	发动机二级维护项目	小组讨论法 启发法 讲授法	分组讨论 多媒体	学生相互交流 代表发言 互相点评	30 min

步骤	学习内容	教学方法	教学手段	学生活动	时间分配
操练	清洁项、更换项、检查项、调整项及试验项	讲授法 提问法 演示法 实训法	实车讲解	听讲 观察 回答问题 动手操作	100 min
深化	特殊或附加作业项目的处理	讲授法 提问法	多媒体 卡片	听讲 回答问题 画图	40 min
归纳	学生以组为单位讲述自己的认知结果，分析该项目知识点和技能点，教师给出评价	小组讨论法 启发法	分组讨论	学生相互交流 代表发言 互相点评	30 min
总结	教师解答问题并作总结	讲授法	多媒体	听讲	15 min
作业	教师布置：完成工作页	练习法	工作页	完成工作页	课后完成

【学习资讯】

1. 燃油滤清器的更换

燃油滤清器的作用是过滤汽车燃油中的杂质，使供给发动机燃烧的燃油更纯净。一般的汽油滤清器每隔 20 000 公里需要更换一次。

图 5-40 是普通直进直出式汽油滤清器的结构图。汽油通过滤清器时会穿过滤纸，此时杂物会被滤纸吸附，从而实现过滤功能。

清油出口
滤清器盖
双层咬口
支撑弹簧
支撑管
滤纸
镀钢外壳
螺纹接口
污油进口

图 5-40　汽油滤清器的结构

三种常见的汽油滤清器见图 5-41 所示。其中，图(a)为普通直进直出式；图(b)为带回油管路式；图(c)为集成于油泵总成中式。

　　(a)　　　　　　　　　　(b)　　　　　　　　　　(c)

图 5-41　常见的汽油滤清器

安装在底盘上的滤清器如图 5-42 所示，一般位于车辆底盘靠近裙脚部位内侧，我们以简单的直进直出式汽油滤清器为例，介绍如何更换此类汽油滤清器。

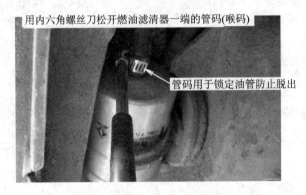

图 5-42　更换汽油滤清器

（1）系统泄压：起动发动机，待转速达正常怠速值后，拔掉燃油泵熔断丝，直至发动机自动熄火。

（2）松开滤清器出口一头的管码，拔出油管装到新的滤清器的出口端，锁紧管码。此时为了防止残余燃油外泄，可使用抹布垫付，之后，擦拭干净接头部位。

（3）接着在滤清器的进口端进行相同的操作。

（4）插回燃油泵熔断丝。

（5）将点火开关打开、关闭，循环几次，待燃油管内有残余压力后，起动发动机，并注意查看燃油管及其接头有无渗漏现象。

注意：把更换下的燃油滤清器放入盛油容器内，待滴完滤清器内的燃油后进行处理。安装新燃油滤清器时一定注意方向不能装错。

2. 空气滤清器芯的更换

一般汽车行驶 5000～15 000 公里就需要进行一次保养，其中也包含了更换空气滤清器。不过还是建议要定期检查，如油耗变大、动力下降，可能就与空气滤清器堵塞有关。

车型不同，发动机空气滤清器的类型也不同，但原理相同，不同之处在于形状、结构特点、固定方式等。

更换空气滤清器时必须注意以下几点：

（1）拆卸空气滤清器芯后，必须清理干净空气滤清器壳体内及积尘盒内的灰尘。推荐使用工业吸尘器进行此项工作。

（2）安装空气滤清器芯时，避免与各类液体接触，以防滤芯失效。

（3）安装空气滤清器芯时，注意周边的密封情况。

（4）如果空气滤清器芯更换时间不长或灰尘量不大，则可采用压缩空气对其进行反吹，以清除附着在空气滤清器芯上的灰尘。

3. 发动机润滑系统维护

1）发动机润滑油的更换

（1）准备工作。

① 将汽车停放在升降机规定位置，待发动机预热至正常温度后熄火，拉紧驻车制动，旋掉润滑油加注口盖。

② 检查润滑油。为了验证待维护发动机的润滑油量及品质，最好对其进行初步检验。抽出润滑油尺，擦拭干净，将尺插到底拔出，观察以下几个项目：

a. 润滑油量。正常值应该在 F～L 之间，依次判断后续工作中放出旧油的量是否与发动机要求相对应，见图 5-43。

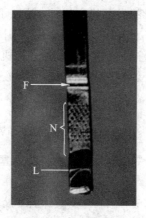

图 5-43　机油尺刻线

F—不许添加机油，如果机油油位在最大标记 F 之上，会有损坏尾气；

N—可以添加机油，添加后油位可能进入到区域；L—必须添加机油，添加后机油油位进入测量区

b. 润滑油的颜色。润滑油的正常颜色为浅黄、透亮。如果颜色偏暗、发黑或发白等，就说明该发动机润滑油已变质。

c. 润滑油气味。如果润滑油中有汽油气味，证明润滑油中已混入燃油，依次判断有喷油器不密封所致，排除此故障。

d. 用手指搓捻润滑油，感觉其中有无大的机械杂质。

e. 采用快速定性滤纸对润滑油进行品质测评，依次提出更换润滑油的间隔里程。

③ 在确认安全的前提下开启举升机，待达要求高度后停机，并确认举升机锁止有效。

（3）旋松排油螺塞。钻到汽车底盘下面并找到排油螺塞，用扳手松开排油螺塞。排油螺塞是位于油槽底部的一个独立螺栓。

（4）安放好塑料容器。将塑料容器放在排油螺塞下面，然后拧松排油螺塞，注意不要让其落入容器内，排出的废油温度可能会很高，因此不要与其接触。

（5）排出废油。排出所有的废油，这一过程可能需要几分钟时间。按规定力矩旋紧排油螺塞并确认。图 5-44(a)为放出旧油示意图，图 5-44(b)为收集旧油示意图。

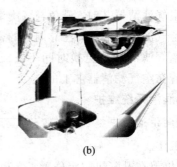

(a)　　　　　　　　　　　　　　(b)

图 5-44　更换机油

（6）拆下旧机油滤清器。逆时针转动滤清器扳手，将旧的机油滤清器拧松拆下。

（7）准备新的机油滤清器。将安装在发动机上的机油滤清底座擦干净，然后在密封圈上涂抹薄薄的一层机油。

（8）安装新的机油滤清器。安放好机油滤清器后用手拧紧，但要确保没有拧得过紧，重新安装排油螺塞。

（9）加注机油。用漏斗注入新的发动机润滑油，注意不要让机油溢出，每注入 2 L 后用机油尺测量液面高度。

（10）机油量是否正确。确定注入适量的机油后，将机油帽重新安装好，让发动机运转 10 min 后将其关闭，再次用机油尺测量机油油量。如果液面下降，则再注入一些机油。

（11）擦净油渍。将发动机上沾染的所有油渍擦干净，并检查是否有机油从排油螺塞漏出。

（12）妥善处理废油及旧滤清器。

① 旋松排油螺塞时必须使用专用扳手，以免损坏螺塞。

② 在确认润滑油放出结束后，牢记旋紧排油螺塞。

③ 安装润滑油滤清器时，除在密封垫表面涂抹润滑油外，旋紧的力度不可过大或过小。

④ 加注润滑油时，不可过量，应边加注，边用油尺检查。

⑤ 起动发动机试车时，不可采用急加速。

⑥ 放出的旧润滑油不能随意处理。

让学生思考：

① 如果排油螺塞损坏而不能就车拆下，你将采取什么办法处理？

② 如果操作者忘记排油螺塞旋紧，将会导致什么后果？

③ 选装润滑油滤清器时，力矩过大会出现什么问题？

④ 如果不小心把润滑油加多了，你将如何处置？

2) 使用专用抽油机更换发动机润滑油

在发动机清洁护理时，用发动机润滑系统清洗机（见图 5-45）可将发动机润滑系统内的油泥、积炭溶解并清理干净，以改善发动机润滑油品质，恢复发动机的性能，提高效率，减少有害气体排放，延长发动机的使用寿命。

3) 润滑油道清洁和润滑油添加剂的使用

（1）润滑油道清洗添加剂的功能。

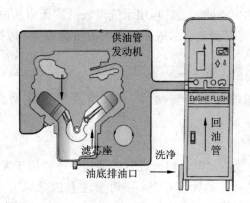

图 5-45　润滑系统清洗

① 去除发动机内部严重的油污沉积物；

② 改善润滑油油路循环；

③ 延长发动机使用寿命；

④ 使发动机润滑系统润滑，减少磨损。

（2）润滑油道清洗剂的使用方法。

① 确定发动机润滑油油量足够；

② 在更换润滑油前，先加入润滑油道清洗添加剂并与机油混合，起动发动机使其慢速运转至少 5 min。

注意：如果机油压力指示灯亮，则必须立刻将引擎熄灭。

③ 放出旧润滑油并更换机油滤清器。

注意：如果发动机放出的油泥过多，请拆下油底壳做清洗工作，再倒入新机油。

（3）发动机润滑油添加剂的功能。

① 绝佳的防磨损、防锈性能，可减少机件 50％ 的磨损。

② 出色的抗盐水腐蚀和耐极高压的特性。

③ 可与任何机油相容、匹配，绝无阻塞现象。

④ 使用一次可实现 30 000 公里的有效保护。

⑤ 增大马力，运行更平稳、顺畅，更节省燃料。

⑥ 降低引擎的油温、水温及废气排放。

（4）润滑油添加剂的使用方法。

加注润滑油添加剂前建议先将部件进行清理，然后放掉旧机油，更换新机油滤清器，再加入新机油和一定量的发动机润滑油添加剂（添加比例为 1∶20），检查机油位是否标准。加入行驶 3～5 min 后即能感到超大马力输出的感觉。

4．冷却系统的维护

1）散热器的外部养护

散热器的外部养护应引起人们的足够重视。高速空气流从散热器上的散热片间流过，带走部分热量。散热片的数量越多（散热面积越大），散热效果越好。如果散热片间隙被异物堵塞或变形造成堵塞，则空气流动量变小，散热效果变差。

定期（二级维护）或根据情况对散热器外部进行清洁、清洗，以确保散热效果。一般采用压缩空气从散热器内侧向外吹，之后再用水管以较低的压力从内向外清洗。如果积垢难以清除，可拆下散热器，将其浸泡在水或专门配置的清洗液中，待积垢软化、溶解后，再用清水冲洗。

清洁冷却风扇上的积垢也是必要的。

让学生观察：发动机冷却风扇转动后，拿一张纸站在车前会有什么现象发生？为什么？

2）风道及发动机外部的清洁

(1) 风道是专门为空气流过散热器而设置的通道，一般用于发动机前置的面包车、中型客车、大客车及发动机后置的大客车上。平时要注意清除风道中积存的灰尘、杂物等，还需注意风道壁不能有漏气漏风，与散热器配合良好，以确保有足够的空气流过散热器。

(2) 发动机外部的清洁也是非常重要的。如果发动机外部的油泥、积垢过多，影响水套外壁、油底壳、气门室盖的散热效果，加大散热器的负荷。当然，干净的发动机外部，也容易发现漏油、漏气、松动等故障，应及时予以排除。

3）冷却系统内部的清洗

汽车行驶一定里程后，应结合二级维护作业，对发动机冷却系统进行清洗，以清除内部水垢。如果发动机冷却系统长期加注自来水，内部肯定积存有水垢，必须采用化学方法清洗，以确保冷却系统的容积量和冷却效果。

冷却系统内的积垢，一般采用化学清洗剂除垢（推荐使用第三元素清洗液），可在车辆运行中进行，且对冷却系统，特别是对散热器、橡胶软管等损伤较小。清洗完后，最好加注专用的冷却液（防冻液），既可减少积垢，又可防止结冰和"开锅"。

注意：发动机"开锅"对其使用寿命影响非常大。

4）液面高度及添加

在发动机温度正常后，观察膨胀水箱内的液面高度，应处在下线，不足应添加冷却液。当发动机电子风扇开始工作后，膨胀水箱内的液面会稍有升高。

注意：补加冷却液时不能把膨胀水箱加满。

问题：如果在发动机低温、高温状态时，膨胀水箱内的液面高度不变，这种情况正常吗？为什么？会造成什么后果？

5）冷却液的检测和更换

(1) 冷却液测试。

① 直观鉴别：观察冷却液的外观、辨别其气味，进行直观判别。冷却液应透明、无沉淀、无异味；如果发现外观浑浊，气味异常，则说明已严重变质，应立即停止使用。

② 冰点测试：冰点测试是对冷却液能否在寒冷天气里使用的一种防冻性能测试。可采用冰点测试仪，用比重原理来指示冰点的高低，应用方便。

③ pH 值是表示溶液酸碱度的指标。保证冷却液的 pH 值在 7～11 之间；使用中的冷却液在高温下不断氧化，生成酸性物质，消耗部分防腐剂使 pH 值下降，液体逐渐呈酸性。可采用 pH 试纸检测法对冷却液的 pH 值进行现场测试，当 pH 值小于 7 时，应停止使用。

④ 冷却液沸点测试。使用一个 200℃ 的温度计，把冷却液放在容器里加热，直接用温度计测就可以了，但是此值仅为冷却液的开口沸点（105℃）。

提问：加入发动机冷却系统中的冷却液，其沸点为多少度？为什么？

注意：

· 应根据当地气候条件选择冷却液的冰点，一般以比当地最低气温低5～10℃为宜。

· 由于冷却液的渗透性强，更换前必须先检查并紧固冷却系统的各支管、接头，特别是各种软管等易产生渗漏的部件。

· 由于乙二醇冷却液的热膨胀率较大，使用时只需加到冷却系统总容量的95%即可，否则会造成热膨胀时外溢。

· 冷却液在使用中由于蒸发而使液体减少时，只需添加软水，否则会使添加剂析出，并堵塞冷却系统，影响散热并造成故障。

· 乙二醇冷却液的吸水性强，存放的容器须密封。

· 冷却液一般均有毒，切勿入口。

· 对于因指标超过报废标准而不能使用的冷却液，为节约起见，可采用添加乙二醇、防腐剂等调整指标的办法，以恢复冷却液的性能。

（2）冷却液的更换。

① 拆下发动机仓下护板。

② 用卡簧钳取掉下水管接头部位紧固用的卡簧。拔去下水管时，原先的冷却液流出。即使冷却液不滴了，也不要急于认为原先的冷却液已经彻底排放干净了。

③ 通过安装在膨胀水箱口的水压表施压，有助于较彻底地排除旧液。如图5-46(a)所示，水压表一施压，又有不少旧液被排出，继续排放旧冷却液至结束。接好冷却液下水管。

(a)　　　　　　　　　　　　　　(b)

图5-46　加压彻底排出冷却液

④ 拆除水压表的连接管。拆除水压表与冷却液水壶的连接头，如图5-46(b)所示。

⑤ 向膨胀水箱加入纯蒸馏水到较满的位置。

⑥ 将车辆发动，可见水位立即下降，添加蒸馏水。必须等节温器彻底打开，电子风扇运转。通过纯蒸馏水清洗发动机冷却系统，如图5-47所示。纯蒸馏水与旧冷却液的残留余液相结合，纯蒸馏水慢慢变色。再等几分钟后，电子风扇运行。电子风扇运行后，冷却系统进入大循环，水位会进一步下降。继续添加纯蒸馏水，继续发动机运转3 min后，关闭发动机。

图 5-47　清洗发动机冷却系统

⑦ 熄火后，接上水压表准备开始检测漏点。给冷却系统施加约 2.0 Bar 的压力，如图 5-48 所示。认真检查发动机冷却系统，重点检查冷却液下水管接头部位，确认冷却系统完好无渗漏。

图 5-48　更换发动机冷却液

⑧ 再次松开下水管的连接部位的卡簧，将清洗过发动机冷却系统的纯蒸馏水排出。再次启用水压表，将清洗过发动机冷却系统的纯蒸馏水余液排出。接好下水管，准备新的冷却液。

⑨ 倒入一瓶 1.5 L 的纯的、新的冷却液，再将 1.5 L 的纯蒸馏水倒入刚才的冷却液空瓶中。这样操作，可以保证冷却液与纯蒸馏水是严格按照 1∶1 的比例混合的。将 1.5 L 的纯蒸馏水加入冷却系统，最后装回发动机下护板。

⑩ 发动车辆，必须等节温器彻底打开、电子风扇运转、液位下降后，然后将严格按照纯冷却液与纯蒸馏水 1∶1 混合后的冷却液，添加到规定位置。这样，一次比较彻底的冷却液更换工作就完成了。

注意：加注冷却液时，一次不可能加够量，必须等到电子风扇工作后，节温器打开，再补加冷却液，方能达到足量。

（3）节温器的单件检测，如图 5-49 所示。

① 当水温低于 349K(76℃)时，主阀门完全关闭，副阀门完全开启，由气缸盖出来的水经旁通管直接进入水泵，故称小循环。

② 当发动机水温达 349K(76℃)左右时，石蜡逐渐变成液态，体积随之增大，迫使橡胶管收缩，使主阀门逐渐打开，副阀门开度逐渐减小。

③ 当发动机内水温升高到 359K(86℃)时，主阀门完全开启，副阀门完全关闭，冷却

液全部流经散热器，称为大循环。

5. 发动机传动带的检查和更换

1）传动带的检查

（1）传动带外观无龟裂和过量磨损，表面无油污。

（2）传动带无明显跳动，运转无异响。

（3）用约 98 N 的压力按压传动带，各部位挠度应为：交流发电机处 12 mm；转向油泵处 5 mm。传动带预紧力的检测也可使用皮带张紧器，如图 5-50 所示。

图 5-49　检测节温器　　　　　　　图 5-50　皮带张紧器

2）正时皮带的更换

请学生思考：

① 发动机曲轴与凸轮轴之间有哪几种传动方式？轿车发动机一般采用哪种传动方式？

② 如果发动机正时皮带断裂，该车将如何回厂修理？为什么？

正时皮带的更换里程：一般不低于 6 万公里。

（1）将影响更换正时皮带的外围部件全部拆卸，如右前轮、发动机前支座、发动机底部挡板、发动机皮带、空调压缩机皮带、转向油泵皮带等。

（2）采用风动工具和套筒旋松曲轴皮带轮，并拆卸。

（3）拆卸正时齿轮室盖的一圈螺钉，拿下齿轮壳体。

（4）在拆下正时皮带前，应该转动发动机曲轴，使曲轴正式齿轮和凸轮轴正式齿轮与相应的记号对齐，并锁止正式齿轮。因发动机配气机构的类型不同，凸轮轴有单个顶置式和双凸轮轴之分。双凸轮轴正式齿轮采用如图 5-51 所示的专用卡具未锁止。单凸轮轴则采用锁止销将齿轮与缸盖上的孔插锁，如图 5-52 所示。

图 5-51　双凸轮轴的锁止

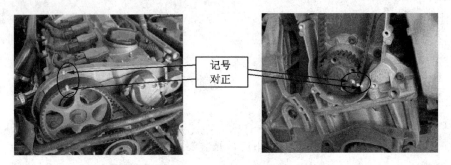

图 5-52　单凸轮轴的锁止

　　(5) 将正时皮带张紧器松开,将旧正时皮带轮拆下。

　　(6) 安装新的正时皮带轮。

　　(7) 检查正时皮带预紧度并调整(如图 5-53 所示),并检查正时记号是否对正。

手指按3~5kg压力,　　　皮带可翻转90度,　　松开锁紧螺钉,顺时针转动偏心轮,
皮带挠度10~15mm　　　预紧度合格　　　旋转指针挡销,锁紧螺钉,去掉挡销。

图 5-53　正时皮带预紧度的检查与调整

　　(8) 安装正式齿轮壳。

　　(9) 安装曲轴皮带轮。

　　(10) 检查其他附件的安装及螺丝的紧固。

　　(11) 起动试车。

6. 环保项目检查

　　(1) 检查三元催化转换器和氧传感器;

　　(2) 检查其外观及连接情况;

　　(3) 检查三元催化转换器是否破损、堵塞。判断方法如下:

　　① 可采用测量发动机排气背压的方法来确认;

　　② 可通过尾气检测得知;

　　③ 可通过万用表、解码器得知。

7. 检查紧固项

　　发动机支架的紧固;支座垫的检查。

8. 燃料供给系统的检测

　　(1) 检查燃油,释放燃油系统压力。

　　(2) 检查蓄电池,拆下负极电缆。

　　(3) 将专用压力表接在脉动阻尼器位置(对于韩国大宇或通用)或进油管接头处。

　　(4) 接上负极电缆,起动发动机使其维持怠速运转。

　　(5) 拆下燃油压力调节器上的真空软管,用手堵住进气管一侧,检查油压表指示的压力,多点喷射系统应为 0.25~0.35 MPa,单点喷射系统为 0.07~0.10 MPa。

（6）连接燃油压力调节器上的真空软管，检查燃油压力表的指示应有所下降（约为0.05 MPa）。

（7）将发动机熄火，等待 10 min 后观察压力表的压力，多点喷射系统不低于0.20 MPa，单点喷射系统不低于 0.05 MPa。

（8）检查完毕后，应释放系统压力拆下油压表，装复燃油系统。

9．喷油器的检测

1）喷油器工作情况检查

发动机热车后怠速运转时，用旋具（螺丝刀）或听诊器（触杆式）接触喷油器，通过测听各缸喷油器工作的声音（见图 5-54）来判断喷油器是否工作。在发动机运转时应能听到喷油器有节奏的"嗒嗒"声，这是喷油器在电脉冲作用下喷油的工作声。

① 若各缸喷油器工作声音清脆均匀，则各喷油器工作正常；

② 若某缸喷油器的工作声音很小，则该缸喷油器的工作不正常，可能是针阀卡滞，应作进一步的检测；

③ 若听不见某缸喷油器的工作声音，则该缸喷油器不工作，应检查喷油器及控制线路。

图 5-54　检查喷油器工作情况

2）喷油器电磁线圈电阻的测量

拔下喷油器的导线连接器，用万用表欧姆挡测量喷油器上两个接线端子间（电磁线圈）的电阻值。在 20℃时，高电阻型喷油器的电阻值应为 12～16 Ω，低电阻型喷油器应为2～5 Ω。如果电阻值不符，应更换喷油器。

3）喷油器的检查

（1）用连接线连接检查连接器的端子＋B 与 FP，并按图 5-55 所示将蓄电池与喷油器连接。

（2）通电 15 s，用量筒测出喷油器的喷油量，并观察燃油雾化情况。每个喷油器测试2～3次。

（3）标准喷油量为 70～80 cm^3/15 s，各喷油器间的喷油量允差为 9 cm^3。

（4）如果喷油量不合标准，则应清洗或更换喷油器。

4）检查漏油情况

在检测喷油量后，脱开蓄电池与喷油器的连接线，检查喷油器喷嘴处有无漏油。要求每分钟漏油不多于 1 滴。

10．点火系统的维护

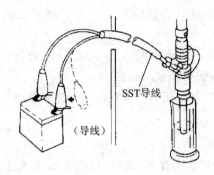

图 5-55　喷油器喷油量的检测

1) 火花塞的维护

通常情况下，火花塞的使用寿命是：普通铜芯火花塞的使用寿命为 30 000 公里，而贵金属材质火花塞(铂金、铱金)的使用寿命为 60 000～90 000 公里。火花塞工作于高温、高压等十分恶劣的条件下，是汽油发动机的易损件之一，它的性能好坏直接影响着发动机的工作状况。因此，应定期地对火花塞进行检查维护。

此外，根据火花塞材质的不同，火花塞的类型可分为普通铜芯、钇金、铂金、铱金、铂铱合金火花塞等，这些类型的火花塞使用寿命有所不同，对应的更换里程也存在差异，如图 5-56 所示。

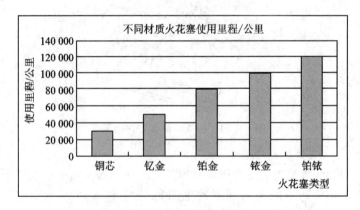

图 5-56　不同类型火花塞的使用寿命

(1) 火花塞技术状况的检查。

① 就车检查法。

a.触摸法：起动发动机，使其怠速运转，用手触摸火花塞绝缘陶瓷部位，如温度上升得很高很快，表明火花塞正常，反之为不正常。

b.短路法：起动发动机，使其怠速运转，然后用螺丝刀逐缸使火花塞短路，听发动机转速和响声变化，若转速和响声变化明显，表明火花塞正常，反之为不正常。

c.跳火法：旋下火花塞，放在气缸体上，用高压线试火，若无火花或火花较弱，则表明火花塞漏电或不工作。

② 观色法。拆下火花塞观察，若为赤褐色或铁锈色，则表明火花塞正常；若为渍油状，则表明火花塞间隙失调或供油过多，高压线短路或断路。若为烟熏之黑色，则表明火花塞冷热型选错或混合气浓，机油上窜。若顶端与电极间有沉积物，当为油性沉积物时，说明

气缸窜机油与火花塞无关；当为黑色沉积物时，说明火花塞积碳而旁路；当为灰色沉积物时，说明汽油中添加剂覆盖电极导致缺火。若严重烧蚀，如顶端起疤、有黑色花纹破裂、电极熔化，则表明火花塞损坏。

（2）火花塞的清洁。当火花塞上有积碳、积油等时，可用汽油或煤油、丙酮溶剂浸泡，待积碳软化后，用非金属刷刷净电极上和瓷芯与壳体空腔内的积碳，用压缩空气吹干，切不可用刀刮、砂纸打磨或蘸汽油烧，以防损坏电极和瓷质绝缘体。

（3）火花塞间隙的检查与调整如图 5－57 所示。

① 间隙测量。用专用量规或厚薄规检查，但厚薄规所测值不太准确。

② 间隙调整。应用专用工具扳动侧电极来调整，不能扳动或敲击中心电极。

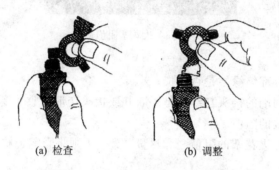

(a) 检查　　　　　　　(b) 调整

图 5－57　火花塞间隙的检查与调整

注意： 调整多极性火花塞间隙时，应尽可能使各侧电极与中心电极间隙一致。各缸火花塞间隙应基本保持一致。火花塞间隙与使用条件有关。

（4）火花塞拆装注意事项。

① 拔下高压线接头时应轻柔，操作时不可用力摇晃火花塞绝缘体，否则会破坏火花塞的密封性能。并记住点火顺序及 1 缸位置。

② 发动机冷却后方可拆卸，当旋松所要拆卸的火花塞后，用一根细软管逐一吹净火花塞周围的污物，以防火花塞旋出后污物落入燃烧室内。

注意： 拆卸后的火花塞要按顺序摆放，以便从火花塞的颜色、干湿状态、间隙大小、温度高低等判断各缸的工作质量。

③ 螺丝周围、火花塞电极和密封垫必须保持清洁，干燥无油污，否则会引发漏电、漏气、火花减弱等故障。

④ 安装时，先用套筒将火花塞对准螺孔，用手轻轻拧入，拧到约螺纹全长的 1/2 后，再用加力杠杆紧固。若拧动时手感不畅，应退出检查是否对正螺口或螺纹中有无夹带杂质，切不可盲目加力紧固，以免损伤螺孔，殃及缸盖，特别是铝合金缸盖。

⑤ 应按要求力矩拧紧，过松会造成漏气，过紧使密封垫失去弹性，同样会造成漏气。锥座型火花塞由于不用密封垫，遵守拧紧力矩尤显重要。

（5）火花塞阻值测量。测量火花塞电阻值有两个目的：中心电极与外电路是否断路；中心电极的内阻阻值。

普通火花塞一般无阻值，但如果中心电极与外电路断路，火花塞虽有火花，断路处也有火花，因而点火火花能量弱。这一点往往给人的假象是火花塞能跳火，证明其正常。

电阻型火花塞的使用特点是无线电干扰轻，电阻型火花塞的内阻为 5～10 kΩ，如

图 5-58 所示。如果更换低阻值火花塞，发动机点火时间早，特别时会伴有各仪表回零现象（无线电干扰所致）。

图 5-58　火花塞阻值测量

2）高压线的维护

（1）检查高压线外部绝缘层是否破损；

（2）检查高压线两端的接头与纤芯是否断开或接头变形严重、接触过松等；

（3）检测各高压线的阻值。

注意：各高压线与火花塞的阻值之和尽量一致，否则将影响各缸点火时间的迟早。

11. 发动机试验

（1）起动发动机，可顺利起动；

（2）发动机运转中无异响、抖动；加速迅速、减速正常；

（3）检查发动机各部位是否有漏油、漏电、漏气、漏水等现象。

【任务实施】

（1）更换发动机润滑油。

（2）更换冷却液。

【考核评价】

考核评价表

目标	评价要素	评价标准	评价依据	考核方式		权重	评分
知识	基本知识	知识的要求	个人作业 课堂笔记 课堂练习 小组作业 期末考试	学生自评		10%	
				教师评定		10%	
				学生互评		10%	
能力	基本技能	正确描述发动机二级维护的要点；能够规范进行润滑油、冷却液的更换	实践练习 小组作业 学生作业单	教师评定	动手能力	15%	
					作业单的填写	15%	

续表

目标	评价要素	评价标准	评价依据	考核方式	权重	评分
素质	学习态度	遵守纪律，积极参与课堂教学活动，按时完成作业，按要求完成准备	课堂表现记录，考勤表，同学及教师观察，课堂笔记	学生自评 小组互评 教师评定	10%	
	沟通协作	乐于请教和帮助同学，协调小组活动，配合教师教学管理，做好教室值日工作，做好课前准备和课后整理	小组作业，小组活动记录，自评及互评记录，值日记录，同学及教师观察	学生自评 小组互评 教师评定	15%	
	创新精神	有自主学习计划，在作业练习中能提出问题和见解，对教学或管理提出意见和建议，积极参与小组活动设计方案	个人作业，自主学习计划，学习活动，个人口头或书面提议	学生自评 小组互评 教师评定	15%	

【教学小结】

难点：发动机二级维护项目。

重点：发动机二级维护项目的实施。

教学体会及建议：（由任课教师撰写）

任务二 汽车底盘二级维护

【学习目标】

教学能力目标	专业能力目标	专业知识目标	专业素质目标
（1）熟知汽车底盘二级维护项目，并能正确讲解； （2）具备汽车底盘二级维护前后的质量检验项目及方法	（1）熟练操作汽车底盘二级维护作业内容； （2）熟练掌握汽车底盘二级维护的检验方法	（1）熟知汽车底盘二级维护的内容和项目； （2）熟知汽车底盘二级维护中各项目的检验、检测方法和标准	（1）熟悉常见车型底盘的结构特点； （2）学习新车型底盘的特点及二级维护要点； （3）记录底盘二级维护前各部位的状态及参数，分析整理，从中总结经验

【任务导入】

一辆二级维护后行驶 20 000 公里的卡罗拉 2011 款 1.8 L-i 手动挡轿车预约进行二级维护，车辆工作正常。

【任务分析】

汽车底盘二级维护项目主要包含离合器、变速器的维护，制动系的维护，转向系的维护，行驶系的维护。底盘各系统性能将直接影响行车安全，必须足够重视，严格按规程操作。

【建议学时】

8 学时。

【教学设计】

步骤	学习内容	教学方法	教学手段	学生活动	时间分配
导入	汽车底盘二级维护项目	小组讨论法 启发法 讲授法	分组讨论 多媒体	学生相互交流 代表发言 互相点评	10 min
操练	清洁项、检查项、调整项及试验项	讲授法、提问法、演示法、实训法	实车操练 讲解	听讲、观察 回答问题 动手操作	35 min
深化	特殊或附加作业项目的处理	讲授法 提问法	多媒体 卡片	听讲 回答问题 画图	90 min
归纳	学生以组为单位讲述自己的认知结果，分析该项目的知识点和技能点，并由教师给出评价	小组讨论法 启发法	分组讨论	学生相互交流 代表发言 互相点评	90 min
总结	教师解答问题并作总结	讲授法	多媒体	听讲	45 min
作业	教师布置：完成工作页	练习法	工作页	完成工作页	课后完成

【学习资讯】

1. 汽车传动系的维护

1）离合器的维护

（1）检查、紧固、润滑离合器操纵机构，保持操纵机构工作正常。

（2）液压操纵式离合器，注意添加工作液，并保证各管道连接密封、不漏油。

（3）如果操纵机构是绳索式，注意漆护套不能破损，以免造成卡滞。不能给绳索护套内注入润滑油，使绳索移动自如，这样，灰尘会被油膜吸附而造成绳索卡滞。

2）离合器的正确使用与调整

（1）检查、调整离合器踏板自由行程，一般为 15～20 mm。自由行程过大，离合器分离不彻底而造成换档困难；自由行程过小，则离合器有打滑现象而造成加速缓慢，百公里油耗增加。

（2）尽量避免使用离合器"半联动"，以免造成离合器因滑动摩擦过度而使压盘、压紧弹簧退火、分离轴承异响等故障。

（3）在行驶过程中，不能采用离合器分离的方法使车辆滑行。

（4）不能用小型车拖拉大型车，以免因烧坏离合器摩擦片，导致车辆无法行驶（严重打滑）。

（5）无事不要踩离合。汽车上的离合器在正常行车时，是处在紧密接合状态，离合器应无滑转。在开车时除汽车起步、换挡和低速刹车需要踩下离合器踏板外，其他时间都不要随意踩离合器踏板，或把脚放在离合器踏板上。

（6）应挂入起步挡起步，否则因"拖挡"而造成离合器打滑、发抖，使其早期损坏。

（7）为使换挡平顺，减轻变速器换挡机构和离合器的磨损，提倡使用"两脚离合器换挡法"。这种方法虽然操作较复杂，却是开车省油省钱的好方法。

（8）一旦离合器在分离时出现异响，应及时送修。

3）手动变速器的维护

（1）检查、紧固、润滑变速器换挡操纵杆各部位，保持良好工作状态。连接松动或间隙过大，造成换挡杆摆动幅度大，手感降低。

（2）注意检查变速器油液面的高度，不足时，应及时添加，否则，会加速变速器齿轮、轴承、轴及同步器的磨损。

（3）应定期更换变速器油液，以免因油液变质而影响工作。

（4）若发现变速器有漏油现象，应及时检修。

4）手动变速器的正确使用

（1）挂挡起步或行驶中换挡时，应配合离合器操作进行，以免损坏同步器。

（2）不能"越挡"操作，以免加大同步器的摩擦负荷，加速摩擦锥面磨损而造成挂挡困难。

（3）要掌握好换挡时机，降低同步器磨损。

5）自动变速器的维护

（1）经常检查自动变速器内油量。检查时一般都要求在变速器热态（油温50～80℃）时将汽车停放在水平路面上，发动机怠速运转（本田车规定发动机熄火），选挡杆放在 P 位（日产车允许放在 N 位），此时抽出油尺擦净后重新插入再拔出检查，油面应达到油尺上规定的上限刻度附近为准。

（2）油质的检查，一般使用和维护人员因无检测设备，只能从外观上判断，可用手指捻一捻，感觉一下黏度，用鼻子闻一闻气味如何，若已变色或有烧焦的气味，则应更换新油。

（3）自动变速器内油的更换。变速箱内油按车的出产厂家规定更换周期是 2 年或行驶6 万公里更换一次。

① 局部更换法。放油前，应将变速器预热到工作温度，以便降低油的黏度，确保油内杂质和沉淀物随油一起排出。在预热和加油过程中，汽车应停放在水平地面，并拉紧手制动。

放完油后，视情况拆下机油盘，彻底清洗机油盘和过滤器滤网，然后再将机油盘装好。

加油时，先从加油口注入工作液达到规定的标准，起动发动机，在发动机怠速运转的情况下，移动选挡杆经所有的挡位后回到 P 位，这样可使变速器迅速上升，然后再加油。以上的换油方法属局部更换或自然换油法，还有旧油（液力变矩器及系统管路、控制阀内的油液）。

　　② 专用换油机更换。这种方法在行业内俗称"机换"。利用机器产生压力，把变速器的润滑油管和散热油管里的油进行动态更换。绝大部分自动变速器的油液是通过发动机冷却水箱进行循环冷却的，机换的方法就是把换油机接在自动变速器 ATF 散热器的两根管上，用压力进行循环换油，如图 5-59 所示，其操作方法如下：

　　往专用更换机内加入一定量的新油液，通过进油管将新油泵入自动变速器，再从出油管抽出旧液，旧液输入更换机后被机油滤清器过滤，然后又泵进自动变速器，这样不断循环对变速器进行冲洗，冲洗完成后把旧液抽出，泵入新液，整个过程约需要 1 小时，所需自动变速器油液是 12 升左右，如图 5-60 所示。这种换油方式的优点是换油比较彻底，能够放掉 85% 以上的旧油液，而且可以把自动变速器内部的油垢和金属屑清洗干净，通过机换的方式，更换油液的周期可以达到 6~8 万公里，缺点是需要专用机械，耗费的工时多。

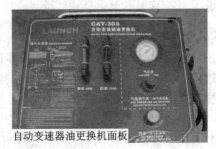

图 5-59　自动变速器 ATF 更换机

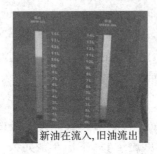

图 5-60　管道连接与更换过程

　　（4）检查手动选挡机构。手动选挡机构从选挡杆到手动阀是通过连杆或拉线连接起来的，均有调整部位。手动手柄的位置应与自动变速器内的弹簧卡片位置一一对应，若不对应则需调整。手动选挡机构的调整往往被忽视，有时自动变速器修理结束后，由于没有调整选挡机构，最后导致换挡冲击力过大，甚至会造成事故。

　　（5）停车挡的制动性能检查。在坡道上停车，应将选挡杆扳入 P 位，此时松开制动踏板，汽车应不会自行滑下。若需要将选挡杆从 P 位移开，应记住必须先踩下制动踏板，否则会摘不下来，因此在停车挡无制动性能时应检查维修。

　　（6）禁止在行驶中将换档手柄置入 N 位或在下坡时空挡滑行。

　　（7）在行驶过程中，应根据道路条件选择合适的挡位，充分发挥自动变速器的功能，不要在任何情况下都使用 D 位行驶。

（8）装用自动变速器的车辆，一旦发动机不能起动，原则上不能用它车牵引，但也可以在低速、短距离情况下牵引回场修复。

6）驱动桥的维护

（1）驱动桥主减速器润滑油每 2 万公里更换一次；

（2）内半轴与差速器之间无漏油现象；

（3）两侧半轴万向节的防尘罩不得有破损，卡箍可靠；

（4）万向节不松旷、无卡滞、无异响；

（5）在二级维护检测时，用手感觉两侧万向节外的温度，若温度过高，则应拆检、润滑或更换；

（6）两侧半轴不得有弯曲现象。

问题： 如果两侧万向节外的防尘罩破损，最初会出现什么故障？严重时会导致什么情况发生？

注意： 维护作业过程中，防止破坏防尘罩。更换万向节时，确认防尘罩密封良好，转向时不会被撤坏。

2．汽车制动系的维护

1）液压操纵系统的维护

（1）检查贮液罐内制动液液面高度，视需要添加制动液。

（2）使用制动液检测仪检测制动液的水分，若水分超标，则更换全部制动液。

（3）检查制动贮液罐与制动总缸之间，制动总缸、制动压力调节器、制动轮缸等之间的管路是否有渗漏、压瘪、固定松动等现象，视需要紧固、检修或更换。

（4）检查制动轮缸是否有漏油现象，否则予以更换。

（5）若感觉制动踏板疲软，制动效能不足，则应排除液压系统内的气体。

（6）制动液每 5 万公里更换一次，可手工更换，也可使用专用制动液更换设备更换，最好兼备液压系统清洗功能。

（7）检测制动踏板高度，视需要调整。

（8）检查真空助力器工作质量，当发动机熄火后踩制动，应该有"噗嗤"的进气声。

（9）制动主缸、真空助力器固定牢靠。

（10）清理各轮速传感器上的泥土，并检查轮速传感器与感应齿之间的间隙。

注意： 添加的制动液必须与原车使用的制动液同型号。

提示：

（1）液压系统工作质量检验。一人反复踩踏制动，直至踏板上移变硬，另一人在后轮制动轮缸处松开排气螺塞排气。排出的油液有以下几种情况：

① 油液喷射压力足，无泡沫——液压操控系统正常。

② 油液喷射无压力，但也无泡沫——管道堵塞、压油行程短、制动主缸故障等。

③ 油液中有泡沫溢出——系统进气。

④ 踏板踩住后自动下移——液压主缸漏油（内漏）、制动器间隙异常等。

（2）真空助力器的检验。发动机起动后踩制动踏板，发动机熄火后仍踩制动踏板。

① 两次踩踏的力量对比，如果力量一样，则证明真空助力器不起作用（真空管漏气、单向阀不能打开、真空助力器控制阀损坏等）。

② 如果发动机工作时踩踏制动踏板轻，而发动机熄火后第一次踩踏制动踏板有声音、轻，第二次后踩踏变重，则证明真空助力器工作正常。

③ 如果发动机熄火后第一次踩踏制动踏板变重，则证明真空单向阀关闭不良。

④ 不踩踏制动踏板时发动机怠速不稳或怠速过高，但踩住制动踏板后怠速正常，证明真空助力器大膜片漏气破损，应更换真空助力器。

2）制动液的更换

制动液具有吸水特性，如果长时间不更换会腐蚀制动系统，给行车带来隐患。所以，一般情况下建议车辆在行驶两年或者 4 万公里时更换一次。

第一种是最原始的，也是早期一些较为简陋的路边小摊所常用的方法，将一个装有水的瓶子用软管和放油口相连，然后一人在车内踩刹车，另一人观察脏油是否放完；然后加入新的刹车油，继续踩刹车，直到出油口放出清澈的新油，并且水瓶中没有气泡产生为止。

第二种方法是目前普通修理厂比较常见的，用真空抽油机将刹车油从放油口中吸出，然后加入新的刹车油后继续吸，直到排出的刹车油清澈且没有空气为止。

第三种是通过刹车油更换机来进行更换。原理是在全封闭的情况下通过气压将新制动液压入，并顶出旧制动液。不过此设备的价格比较昂贵，功能却很单一，只有较有实力的修理厂及 4S 店才会购置。

制动液自动更换机如图 5 - 61 所示。使用本设备，单个操作员能够在大约 15 min 之内完成制动液的更换以及对整个系统实行排气。

图 5 - 61　制动液自动更换机

排气步骤如下：

(1) 将排气加注机连接在制动液贮液罐上，如图 5 - 62(a)所示。

(2) 将透明管连接在排气螺塞上，另一端放入干净的容器内，如图 5 - 62(b)所示。

(a) 排气加注机与制动液罐连接　　　　(b) 排气螺塞上的透明管及容器

图 5 - 62　连接图

(3) 将排气加注机的压力调至 220 kPa。

(4) 打开各轮缸上的排气螺塞，直到排出的液体中无气泡为止。

(5) 旋紧排气螺塞。

(6) 拆下加注机。

(7) 制动液位应处在 DANGER(危险或最低位置)与 MAX(最高位置)。应视需要添加制动液,若制动液过量,则通过针管抽出。

3) 制动液快速检测

制动液具有很强的吸附性,会从空气中吸附水汽,且随着时间的延长而使得制动液中的水汽含量增加、品质与性能下降,直接影响制动压力进而衰减制动效果。通过测试制动液的含水量,可以快速检测制动液的好坏,便于及时更换制动液。

制动液快速探测笔(见图 5 - 69)上有 3 个 LED 灯,分别为绿色、黄色和红色。使用方法非常简单,只要在管内吸入制动液,根据笔上 LED 灯的显示情况,就可以快速定性判断制动液的含水量。绿色 LED 灯说明制动液含水量低,制动液合格;黄色 LED 灯说明制动液含水量一般,可以继续使用,不过 6 个月以后需要再检测一次;红色 LED 灯说明制动液含水量较高,制动液不能继续使用,需要及时更换。

制动液检测笔

图 5 - 63　定性分析含水量的制动液快速探测笔

4) 车轮制动器的维护

(1) 检查各制动轮缸及其管接头是否存在漏渗油现象;

(2) 拆卸两前轮,检测制动盘的厚度、端面全跳动以及沟槽、颜色等。

(3) 检测制动摩擦片的厚度,视情更换。

(4) 对浮动钳盘式车轮制动器的滑动部位予以润滑,并紧固制动钳体。

(5) 检测各轮速传感器与感应齿环之间的间隙,并清理泥土等污物,保持传感器正常工作。若发现感应齿环有缺损,则及时更换。

(6) 检查浮动钳盘式车轮制动器是否正常回位,若不能正常回位,应排查修复。

(7) 拆卸后轮胎,检查后制动器的间隙、摩擦片的厚度等。

(8) 测试驻车制动性能,视情予以调整。

(9) 此间不能忽视对各轮毂轴承间隙的检测与调整。

问题:

① 如果浮动钳盘式车轮制动器不能回位,请分析原因并说明排除的方法。

② 轮毂轴承间隙如何影响车轮制动器的正常工作?

3. 汽车转向系的维护

1) 转向系常规维护

(1) 定期检查转向液压油是否缺少,如缺少应及时补加,同时,定期清洗液压油杯及滤芯,防止液压油过脏或变质,建议每行驶 30 000 km 更换一次液压油;

(2) 在保养时,应检查转向泵皮带的松紧度,看是否有断口,如有应及时更换,松紧度应以手指按下 10 mm 左右为宜;

(3) 定期检查液压系统的管接头是否有漏油现象,液压油管应尽量避开与其他部件的磨擦，以防止破损进气，同时，液压胶管应定期更换，防止胶管内脱皮堵塞管道；

（4）在维修转向器时，应安装调整得当，特别是蜗轮、蜗杆之间的装配，钢球一定要装够数，同时钢片滑轨不准有变形，液压油分配阀及活塞腔壁要清洗干净，选用优质的、型号相配的油封以防止液压油的渗漏；

（5）转向时，不可将方向"打死"，特别是在原地转向时，要留有一定的余量，保证液压转向系统处于正常工作状态；

（6）检查转向系各机械连接机构是否有松动、间隙过大、变形等。

2）液压油的更换

（1）预热发动机至正常工作温度；

（2）支起车辆，使两前轮悬空；

（3）打开转向油储液罐盖，并将抽油机油枪插入罐内。

（4）边转动转向盘，边抽取旧油，直至罐内无油。

（5）再向罐内注入专用清洗液，并左右转动转向盘至极限位置，持续时间大约在 15 min 以上。

（6）采用上述方法步骤抽出清洗油。

（7）加注新的转向油，并进行排气。

请思考：试分析转向油泵传动带打滑的故障原因。

4. 汽车行驶系的维护

1）行驶系的常规维护

（1）检查轮胎气压，使其在正常范围内；

（2）检查轮胎花纹的磨损程度；

（3）检查轮胎胎面是否有裂痕或划伤；

（4）轮胎若有异常磨损，应分析、排查；

（5）检查各悬架机构是否有连接松动、杆系变形及减震胶套是否破损等；

（6）检查减震器是否正常；

（7）检查轮毂轴承间隙是否正常。

2）轮胎异常磨损及其原因

（1）外侧边缘磨损。

原因：前束失准（过大或过小）、外倾角失准、悬架杆系变形或减震套失效等。

解决办法：更换悬架系统变形杆件、减震胶套；检查调整轮毂轴承间隙；进行四轮定位检测，校正各定位参数。对偏磨的轮胎进行动平衡试验、校正后，进行轮胎换位。

（2）凸状及波纹状磨损。

原因：假如发现轮胎着地部分的两侧呈凸状磨损，而且轮胎周边也呈波纹状磨损，说明车的减震器、轴承及球形联轴节等部件磨损较为严重。

解决办法：由于更换新轮胎费用较高，所以建议车主在更换轮胎前，先检查悬挂系统的磨损情况、更换磨损部件；否则，即使更换轮胎也无济于事。

（3）表面均匀磨损，但已到更换程度。

原因：轮胎的均匀磨损是正常现象，其各部都会有相应的表现。一旦花纹已经磨光，说明轮胎的寿命已尽，必须更换。另外，花纹还有排遣路面积水的功效，是保持汽车抓地性的重要环节。

解决办法：千万不要自行制造轮胎花纹。如果磨损已达轮胎花纹的标准深度（通常为1.6 mm），就要更换。当然，磨损程度会有差别。但须知，同一根车轴上不同轮胎的磨损差别不得超过 5 mm。

（4）轮胎内的"暗伤"。

原因：车辆与硬物发生冲撞（如撞在便道边沿上）或在瘪胎状态下行驶后，轮胎的橡胶层会有严重划痕，影响密封程度。

解决办法：在此情况下，轮胎会漏气、破裂，如创面较小，则可以修补，以应不时之需；但若想长途行驶，则必须立即更换。

（5）中心部分磨损。

原因：如果发现轮胎着地部分的中心面积出现严重磨损的情况，这表明轮胎经常处于充气过满的状态。这不仅不利于轮胎的保养，反而加速了轮胎的磨损。

解决办法：首先一定要检查一下压力表是否精确，调整好压力。只有高速行驶或载重行驶的时候，才需给轮胎过分充气，而在一般状态下则大可不必。

（6）轮胎侧面裂纹。

原因：多因保养不善或行驶于多石子的路面及建筑工地上，以致坚硬物体接触到轮胎，在重压下造成了轮胎内层的破损。

解决办法：须立即行动，如修理费不太贵，则以修补为好，否则就要更换轮胎。现在的轮胎虽应用了新技术，但也更娇气，要妥善保养。

（7）轮胎出现鼓泡。

原因：轮胎内层有裂纹而造成气体通过裂纹达到表层，最终会导致轮胎"放炮"。

解决办法：在橡胶上打补丁并不能持久，特别是驾车跑长途，最好及时更换轮胎。

（8）轮胎内侧磨损。

原因：轮胎内侧磨损，外层边缘呈毛刺状。常见到一些旧车的悬挂系统不良，使整个车身深陷下去。这表明轮胎变形，两个轮胎的对称性已受到影响。

解决办法：如果有条件，最好把减震器、球形联轴节等一应配件全部更换。但如果费用太高，则可考虑先请专业修理工调校前桥与轮胎的角度。

（9）轮胎局部磨损。

原因：如果轮胎表面只有一块大面积磨损，说明是紧急刹车时别住车轮所造成的；如果前后轮有两块相同的磨损，就说明鼓式刹车有问题了。

解决办法：在这种情况下无论如何必须更换轮胎。为应付急用，可以把旧轮胎暂时换到后轮，以保证安全。

3）四轮定位检测

四轮定位检测的目的是检验各轮胎与车架之间的相互位置关系，保证行驶系、制动系的工作正常。检测操作过程在此不予讲解。

请思考：

（1）在进行四轮定位检测过程中，哪一道工序最重要？为什么？

（2）独立悬架与非独立悬架系统的车辆，其前束的调整方法一样吗？为什么？

【任务实施】

(1) 更换液压转向助力系统工作液。

(2) 检测和调整前束。

(3) 更换液压制动系统制动液。

【考核评价】

考核评价表

目标	评价要素	评价标准	评价依据	考核方式		权重	评分
知识	基本知识	知识的要求	个人作业 课堂笔记 课堂练习 小组作业 期末考试	学生自评		10%	
				教师评定		10%	
				学生互评		10%	
能力	基本技能	正确描述汽车底盘的组成、结构与工作原理；能够规范进行各系统的常规维护及单项特殊维护	实践练习 小组作业 学生作业单	教师评定	动手能力	15%	
					作业单的填写	15%	
素质	学习态度	遵守纪律，积极参与课堂教学活动，按时完成作业，按要求完成准备	课堂表现记录，考勤表，同学及教师观察，课堂笔记	学生自评		10%	
				小组互评			
				教师评定			
	沟通协作	乐于请教和帮助同学，协调小组活动，配合教师教学管理，做好教室值日工作，做好课前准备和课后整理	小组作业，小组活动记录，自评及互评记录，值日记录，同学及教师观察	学生自评		15%	
				小组互评			
				教师评定			
	创新精神	有自主学习计划，在作业练习中能提出问题和见解，对教学或管理提出意见和建议，积极参与小组活动方案设计	个人作业，自主学习计划，学习活动，个人口头或书面提议	学生自评		15%	
				小组互评			
				教师评定			

【教学小结】

难点：汽车底盘检查项目、方法。

重点：

(1) 制动系的安全检查项目、方法；

(2) 传动系的安全检查项目、方法；

(3) 行驶系的安全检查项目、方法。

教学改进及建议：（由任课老师撰写）

情境三

维 修 接 待

任务一　故障车的维修接待

【学习目标】

教学能力目标	专业能力目标	专业知识目标	专业素质目标
（1）能够借助教学课件等资料清楚描述故障车维修接待的流程及内容； （2）能够结合实操，引导学生学会流程的学习和表单的正确填写	（1）正确描述故障车的接待流程； （2）正确描述故障车的维修流程	（1）了解汽车保修原则、范围及索赔流程； （2）掌握汽车维修接待的基本流程及沟通技巧； （3）掌握故障车的接待要点； （4）正确掌握故障车的接待与维修程序	（1）具有良好的工作责任心和职业道德； （2）具有安全操作意识和良好的环境保护意识； （3）培养学生的团队协作精神

【任务导入】

一位客户的车辆行驶时发动机严重抖动，怠速发飘并有时伴有发动机熄火现象，经电话预约后来店维修。请根据 4S 店的相关规范要求，描述该故障车的接待和维修流程。

【任务分析】

故障车与事故车虽然都需要到店维修，但是对这两类车辆的接待侧重点不同，对于维修网点的服务顾问来说，正确掌握故障车维修接待的流程能快速处理客户的异议，所以正确的接待流程和内容对于服务顾问来说至关重要，也是 4S 店、客户和主机厂三方利益的重要保证。

【建议学时】

8 学时。

【教学设计】

步骤	学习内容	教学方法	教学手段	学生活动	时间分配
导入阶段 —激励 —获取信息	提高学生的学习兴趣，引导学生对故障车接待和维修相关的信息进行信息搜集理论学习	对故障车维修接待相关的信息进行信息搜集理论学习，收集有接待维修关键点，可通过教材、杂志、网络资源获取信息	给出关键问题	工作页 教材杂志 网络资源 白板	90 min

续表

步骤	学习内容	教学方法	教学手段	学生活动	时间分配
实施阶段 —制定计划 —作出决定 —实施计划 —独立检查	各个小组汇报工作计划制定情况； 为学生的工作计划提出意见，并为学生工作计划的实施提供保障	针对每一个工作计划做如下工作： （1）对待作业环节进行分析； （2）分析作业过程中应该注意的安全措施； （3）在修理过程中有哪些工作内容； （4）需要哪些计算保证工作的准确性和完整性； （5）收集工作时的辅助材料； （6）确定使用的工具、设备； （7）实施工作计划	实车训练 小组讨论 答疑	工作页 PPT 白板	90 min
深化阶段	总结、提问	个人、小组回答问题	小组讨论	白板	90 min
结果控制阶段 —评价 —反馈	听取小组汇报工作完成和自我评价，以及小组互评，教师对各个小组的工作完成情况给以点评	小组汇报工作完成情况，小组互评各组工作存在的问题和可以改进的工作； 进行工作质量的检查记录和后续工作	小组汇报、讨论	工作页 PPT 白板	60 min
总结阶段 —工作总结	总结本次工作任务，对整个过程进行梳理	回顾工作任务： 是否在规定的时间内完成； 在工作汇总遇到哪些问题必须汇报老师； 有哪些其他的收获	小组讨论 汇报	白板	30 min

【学习资讯】

1. SA 的工作流程

汽车维修业是为汽车使用者提供服务和保障的行业。在维修服务流程中，业务接待这个环节是维修接待员与客户直接接触的一个重要环节，客户将直接从中感受到企业的服务质量和维修质量，进而影响客户对维修中心和品牌的满意度与忠诚度。

SA 是维修接待/服务顾问的简称，汽车 4S 店的客户服务是一项与客户打交道的工作，了解、满足客户所需，最终促成相关的交易。规范、全面的服务接待流程既是企业取胜的筹码，也是社会发展的需求。根据 4S 店故障车的接待与维修规范，一般可以把故障车的维修接待流程分为以下八个方面：预约、来店接待、制作维修工单、实时监控、最终检验、交车说明、送别客户与跟踪回访。

1）预约

此步骤最重要的是：要让预约客户享受到预约的待遇，并且与直接入厂维修的客户严格区分开。这是决定此客户下次是否再次预约的关键因素。公司开业先期，此步骤比较难以实现，主要是因为开始业务量较小，预约和直接入厂维修的客户从维修的时间来看区别不大。提示客户预约的途径如下：

（1）让客户知道预约服务的各种好处。

（2）在客户接待区和客户休息室放置告示牌，提醒客户预约。

（3）在对客户回访跟踪时，宣传预约业务，让更多的客户了解预约的好处。

（4）由 SA 经常向未经预约直接入厂的客户宣传预约的好处，增加预约维修量。

2）来店接待

客户将车辆停好后，由引导人员将其带入维修接待区域并根据公司要求介绍给某个 SA。此步骤其实就是一个 SA 与客户沟通的过程，也是一个问诊的过程。此过程中 SA 应完成以下工作：

（1）问诊时间最少 7 min，这样的好处是：① 可以更多、准确地了解客户的需求；② 可以为公司挖掘潜在的利润；③ 可以更多地了解客户的性格，有利于后续的工作；④ 可以和客户奠定一定的感情基础，有利于后续的工作。

（2）技术方面的问题一旦 SA 自己解决不了，就必须向车间的技术支持求助，不可擅自作主。

（3）查验车辆要认真仔细，但是不可让客户感觉到像被审问一样。例如：查验车辆外观，可以说："×先生，您看这里有块刮蹭，什么时候您有时间，咱走个保险，我帮您把它修了。"或者"您看这块伤，您要是从这里上的保险，都不用您费什么事，我们直接就帮您把车修了，手续特别简单。"这样说既可以解决客户对于 SA 查验车辆外观的抵触情绪；又可以间接地帮助公司创造利润。

（4）查验车辆的同时，要当着客户的面铺好三件套。即使客户客气说不用了等话语，也要坚持这样做。

（5）明确向客户建议，取走车内的贵重物品，并为客户提供装物品的袋子。有些物品，如导航仪、MP3 等物品，如果客户不愿拿走，SA 可以将物品收到前台的储物柜中，并记录于查车单上。如果是大件物品，则除了可以记录于查车单上，还应向调度室说明此情况。

3）制作维修工单

维修工单实际上是一个合同。在客户签字之前，必须向客户说明工单内容，做到以下"五项确认"：

（1）工单中包括哪些服务项目。

（2）工单中的服务项目工料合计约需要多少费用（估算值与实际值上下不能超过 10%）。

（3）工单中的服务项目所需的大概时间（对于一些特定的客户来说，时间可能比钱更重要）。

（4）是否要保留更换下来的配件，放于后备箱中还是其他什么地方。

（5）是否洗车。

另外还要注意以下几点：

（1）所维修的项目如果不是常见的维修项目，则先要向配件库咨询是否有货、多长时间到货等。

（2）将客户的车辆钥匙拴上钥匙卡，记明车牌号、工单号、SA名字、车型、车辆颜色、车辆停放位置。

（3）如果客户有钥匙链，则要在工单明显处注明。

4）实时监控

此步骤就是监督维修工作的进程，主要体现在以下两方面：

（1）完工时间。对于完工时间，在部门间的协作规定中，应该有这样的规定：维修技师根据工单的完工时间推算，如果不能按时完工就应及时提醒SA。当天取车的至少提前半小时，隔天取车的最好提前一天说明。作为服务顾问，也应该根据工单表明的完工时间，及时向车间控制室询问工作进度，若不能按时交车，则必须主动提前向客户说明原委并道歉。

（2）估价单。对于在车间检查出来的各种问题，服务顾问必须先自己搞清楚几个问题：

· 隐形故障发生的原因，即为什么这个配件会有问题，以及此故障现在的实际损害程度。

· 此隐性故障在现在或者将来可能会对客户本人或者客户车辆有什么样的损害。

· 维修此故障需要花费客户多长时间及费用。

· 如果估价单有很多隐性的故障，就需要SA本人来替客户甄别哪些故障是现在必须修理的；哪些是暂时不用修理的，等等。最好把各个故障形成原因以及损害的程度一一向客户说清楚，由客户定夺。

5）最终终检。

车辆维修完成后，由SA对照查车单检查车辆，包括：工单的服务项目完成情况；车辆行驶的公里数；车辆外观等。

6）交车说明

这是比较重要的一个步骤。我们应该有一个交车说明单，此单上半部分应说明此次所有服务项目对于客户在将来开车过程中应该注意的事项。例如：此次更换了刹车片，那么SA应该在交车说明单上注明"已更换刹车片，请保持车距，注意刹车片磨合"。

交车说明单的下半部分应注明客户的车辆在达到多少公里后或者多长时间后，应该做什么服务项目，这些服务项目需要多少时间及费用。例如：客户车辆现在的公里数是3.5万公里，此车4万公里时需要进行更换机油机滤、空滤、汽滤、空调滤、清洗喷油嘴、清洗节气门进气道、四轮定位等服务项目，总计的费用约为8000元，需要的时间约为6个小时。

此外，还要向客户解释结算单，说明此次维修的服务项目及费用，并带领客户前去结账。

俗话说："三分接车，七分交车。"交车做好了就等于是下一次的接车。所以做好交车环节的服务，令客户满意是不容忽视的一个环节。

7）送别客户

此步骤SA务必要做到两点：

（1）要当着客户的面，撤掉三件套。

（2）引领客户车辆至公司大门口，送别客户。

8）跟踪回访

三日后对客户进行回访，并作好回访记录。回访需要设定回访专员，对回访内容设定话术，话术内容合理，能够真实、及时反映用户反馈内容；及时、准确地将问题反映到责任部门并进行交接，相关部门落实责任人，第一时间向用户反馈处理意见；了解客户反映内容，掌握内部维修过程，抓住产生问题的关键点；兑现服务承诺，提高客户的满意度。

2. 解码器的使用

目前解码器种类较多，但其使用方法基本相同。这里以 KT600 解码器为例介绍解码器的使用方法、功能及注意事项等。

1）ECU 注意事项

对汽车电控系统进行诊断操作时，应注意以下事项：

① 不能将无线电扬声器等磁性物体置于靠近电脑的地方，因为扬声器的磁性会损坏ECU 中的电路和部件。

② 当点火开关接通时，绝不能断开汽车内部电器装置，由于断开时线圈的自感作用，将会产生很高的瞬时电压，这种电压将会造成传感器及 ECU 的损坏。

③ 在靠近电脑或传感器的地方进行修理作业时，应特别注意以免损坏 ECU 和传感器。

④ 应可靠地连接 ECU 线束接头，否则可能损坏 ECU 内部的集成电路等电子元器件。

⑤ 在对 ECU 控制的数字式仪表进行维修作业或靠近这种仪表时，一定要戴上搭铁金属带，并将其一端夹在车身上，另一端缠在手腕上。

⑥ 当在汽车上进行焊接作业时，事先应切断 ECU 系统电源。

⑦ 不要用测试灯去测试与 ECU 有关的电器装置，以防止 ECU 或传感器受损，除非有特别说明。

⑧ 除在测试程序中有特别说明外，不能用指针型欧姆表测试 ECU 和传感器，而应使用高抗阻的数字仪表进行测试。

2）设备连接

① 一套可用的 KT600 及其配件。

② 确定诊断座的位置、形状以及是否需要外接电源。

③ 根据车型及诊断座的形状选择相应的接头。

④ 将测试延长线的一端插入 KT600 的测试口内，另一端连接测试接头。

⑤ 将连接好测试延长线的测试接头插到车辆的诊断座上。

注意：必须先连接好主机、测试延长线和诊断接头后，再把测试接头连接到诊断座上，否则容易导致连接过程中因导线短路造成诊断座保险丝熔化。

3）进入诊断系统

连接好仪器接通电源，启动 KT600 进入主菜单，选择汽车诊断模块。KT600 汽车诊断模块是以车型车标图形为按钮，点击某汽车相应的图标即可对该车进行诊断。系统具有下列功能：读取车辆电脑型号/读取故障码/清除故障码/元件控制测试/读取动态数据流/

基本设定/ 控制器编码 /自适应值清除/示波分析仪等功能。

3. 发动机常见故障及原因

发动机常见的故障现象有：

（1）发动机不能起动或起动困难。起动机运转正常但发动机不能起动，发动机热车不易起动，发动机冷车不易起动等。

（2）发动机怠速不良。发动机怠速不稳、易熄火，怠速忽高忽低，没有怠速等。

（3）发动机运转不稳或动力不足。汽车加速不良，发动机在运转过程中突然熄火或逐渐熄火等。

（4）发动机油耗过大，排放超标。车辆油耗超标，常常伴随排气管冒黑烟、冒蓝烟、冒白烟、回火、放炮等。

（5）发动机有异响。发动机运转时有活塞敲缸声、活塞销响、气门响、连杆轴承响、曲轴主轴承响、爆震声、回火、放炮等非正常响声。

（6）发动机润滑系工作不良。机油压力过高、过低；机油消耗量过大等。

（7）发动机冷却系故障。发动机过热、过冷、缺水等。

发动机电控系统常见的故障现象及原因见表5-3。

表 5-3　发动机电控系统常见的故障现象及原因

故障现象	故 障 原 因
起动困难	（1）起动转速低，应检查蓄电池电量、电路接触状况、起动机状态； （2）点火系统工作不良，高压火花较弱； （3）燃油泵供油压力不足，油路堵塞等； （4）冷起动喷油器及其控制回路工作不良； （5）怠速补偿系统工作不良； （6）点火时间过早或过晚； （7）冷却液温度传感器不良； （8）进气系统严重漏气，混合气过稀； （9）电插头松动不牢，元件工作不良
怠速不稳	（1）进气系统漏气，混合气过稀； （2）冷起动喷油器漏油； （3）辅助空气阀工作不正常； （4）怠速调整不当； （5）各缸喷油器喷油不均； （6）气门间隙不当； （7）点火时刻不当或点火系统性能不佳
热车怠速不稳	（1）怠速控制阀或其回路工作不良； （2）氧传感器不良，热车无修正信号； （3）冷却液温度传感器不良； （4）废气再循环系统工作不良； （5）点火系统不良
发动机回火	（1）混合气过稀、燃烧速度缓慢； （2）点火系统不良或点火时间过晚； （3）燃油供给系统不良，供油不足； （4）进气系统漏气，混合气过稀； （5）气门间隙不当，气门动作不正常； （6）排气系统不畅通； （7）点火顺序错乱

续表

故障现象	故障原因
发动机加速不良	(1) 燃油压力低，供油不畅； (2) 点火系统不良或点火正时不当； (3) 发动机配气系统工作不良； (4) 空气流量传感器或进气压力传感器工作不良； (5) 发动机磨损严重，气缸压缩力不足
发动机有间歇性故障	(1) 电线接头松动，接触不良； (2) 点火系统性能不稳定； (3) 分电器的状态不佳； (4) 真空管漏气； (5) 其他偶发性故障

与发动机电控系统无关的典型故障及可能原因见表 5-4。

表 5-4　与发动机电控系统无关的典型故障及可能原因

故障现象	故障原因
怠速不稳 （甚至可能熄火）	(1) 怠速调整过低； (2) 怠速混合气浓度不当或不均匀（真空漏气）； (3) 点火正时不准； (4) 曲轴箱强制通风阀或管道堵塞； (5) 点火高压线有缺陷； (6) 火花塞烧蚀或开裂； (7) 活性炭罐系统的排污阀有裂缝或其有他缺陷； (8) 废气再循环阀卡住而常开
加速时缺火	(1) 点火高压线有缺陷； (2) 分电器盖开裂或损坏； (3) 分火头击穿漏电； (4) 点火高压线插错； (5) 点火线圈短路或漏电； (6) 电容器松脱； (7) 初级线圈导线接头松动； (8) 燃油滤清器堵塞； (9) 燃油泵油压不足； (10) 燃油管有裂缝或发软
油耗高	(1) 点火时间过迟； (2) 排气管堵塞； (3) 空气滤清器堵塞； (4) 恒温空气滤清器有故障，使热空气一直进入； (5) 废气再循环阀卡住常开； (6) 节温器失灵或控制温度过低
加速时发生爆燃	(1) 点火时间过早； (2) 燃油品质过差； (3) 废气再循环阀不能正确开启

4. 底盘常见故障及原因

底盘常见的故障及原因见表 5-5～表 5-10。

表 5－5　离合器常见故障现象及主要原因

故障	故障现象	故障本质所在	主要原因
分离不彻底	（1）发动机怠速运转，踩下离合器踏板挂挡时，无同步器的变速器有齿轮撞击声，有同步器的变速器挂挡困难或不能挂上挡位，熄火后则挂挡容易； （2）挂上起步挡后，踩下离合器踏板起动发动机时，车辆移动； （3）离合器踏板的自由行程很大	离合器在分离后摩擦力矩依然存在，即主、从动部分依然有接触压力	（1）离合器方面：更换的摩擦片过厚或装反；从动片严重翘曲或破裂；从动片在变速器一轴上移动困难等； （2）操纵机构方面：离合器自由行程过大；液压操纵系统内有空气；分离轴承座移动阻滞等； （3）其他方面：变速器一轴与曲轴轴心线同轴度差；飞轮壳有裂纹；发动机曲轴轴向间隙过大等
打滑	（1）挂低挡起步时，离合器踏板完全放开后，必须加大油门才能起步； （2）汽车加速行驶时，行驶速度不能随发动机转速升高而升高，并伴随有离合器发热、糊臭味或冒烟； （3）车辆加速性能较差，但滑行性好	离合器产生的摩擦力矩小于需传递的力矩	（1）离合器方面：膜片弹簧退火或开裂、从动片过薄、烧焦、硬化、表面不平或铆钉外露、飞轮及离合器压盘工作表面磨损严重等； （2）操纵机构方面：自由行程过小或无自由行程；液压操纵系统不回油或回油不畅
异响	离合器在接合或分离时发出的不正常响声。如滑动摩擦时产生的尖叫声、金属撞击声、滚动时的震动声等； 应注意异响产生的工作状态和类型	滑动摩擦声、金属撞击声、滚动声	（1）离合器方面：飞轮、离合器压盘及从动片摩擦表面出现硬化层；从动摩擦盘花键毂与变速器一轴花键配合间隙过大；从动片减振弹簧退火或折断；离合器固定螺丝松动等； （2）操纵机构方面：分离轴承缺油、散架；液压系统回油不畅等； （3）其他方面：发动机曲轴轴向间隙过大
发抖	汽车低挡起步时，按照正确操作规范执行，但离合器不能平稳接合而且产生振抖，严重时整车产生振抖	接触→滑动→再接触→再滑动；当接触压力或面积突然增大后，才能达到静摩擦效果而恢复传力作用	（1）离合器方面：离合器摩擦工作面严重翘曲、离合器固定螺丝松动、变速器一轴与发动机曲轴同轴度差等； （2）操纵机构：拉索回位不畅或液压系统回油困难、分离轴承移动困难等
丧失传动能力	车辆向前、向后均无法行驶	离合器所产生的摩擦力矩很小或为零；机械连接断开	（1）离合器方面：离合器从动片烧焦严重；从动摩擦片完全破碎或铆钉被剪断；从动钢片与花键毂铆钉全被剪断；变速器漏油等； （2）操纵机构方面：分离拨叉不回位、卡住或安装方向错误、液压系统不回油等
沉重	踩动离合器踏板比正常时重	阻力大或杠杆作用变化	（1）离合器方面：更换的离合器弹簧弹力大；从动盘磨损过甚等； （2）操纵机构：拉索总成内部进水、进污；液压系统油黏度过大或管道堵塞；分离轴承座移动困难等

表 5 - 6　手动变速器的常见故障的现象特征

故障	故障现象	故障本质所在	主要原因
跳挡（掉挡）	在车辆起步、加速、减速或上下坡时，变速杆自动跳回空挡位置	在非主动操纵力的作用下退出，或齿轮不能保持在啮合状态而自动退出	(1) 齿轮变速机构：齿轮齿面磨成锥形、轴与轴之间不平行、不同轴、齿轮啮合不到位、轴承间隙过大等； (2) 操纵机构：自锁机构失效、操纵机构调整不当等
乱挡	(1) 在离合器分离彻底的情况下，车辆在起步或行驶中换挡时，挂不上所需的挡位； (2) 挂上某一挡位后无法退出； (3) 车辆静止时同时挂上两个挡位	操纵机构不能按意愿动作或互锁机构失效	(1) 齿轮变速机构：齿轮轴向间隙过大、齿轮安装错误、同步器安装错误等； (2) 操纵机构：互锁机构失效、变速拨嘴长度不足、换挡拨叉安装错误、操纵机构调整不当等
挂挡困难	(1) 在离合器技术状况良好的情况下，变速器出现某个或同一换挡轴上的挡位挂挡困难； (2) 不能按需要挂挡（挡位不清）	操纵机构磨损、变形或挂挡原理性失效	(1) 齿轮变速机构：同步器损坏、齿轮端的摩擦锥面磨损严重、齿轮轴向间隙过大等； (2) 操纵机构：换挡拨叉变形、拨叉轴弯曲、自锁钢球直径过小、弹簧弹力过大、凹槽磨深、互锁机构故障、调整不当等； (3) 其他：离合器分离不彻底
异响	(1) 在空挡情况下产生异响； (2) 在挂挡时候出现齿轮啮合撞击声； (3) 在啮合工况下出现的异响，如齿轮啮合声及轴承运转噪声等	啮合、摩擦、滚动及金属撞击声	(1) 齿轮变速机构：齿轮磨损、断齿、轴承磨损、轴弯曲、同步器故障、变速器壳体变形等； (2) 操纵机构：换挡拨叉变形、拨叉轴弯曲等； (3) 润滑油不足或油中有异物；润滑油品质差或标号错误
漏油	(1) 变速器壳体外某处或全部有油迹或油滴； (2) 飞轮壳内有变速器油	密封性漏油或压力性漏油	(1) 壳体各配合面不平、密封垫破损、油封损坏、未装挡油盘、螺钉松动、壳体裂纹等； (2) 通气塞堵、油量过多等

表 5－7　驱动桥的常见故障现象及主要原因

类型	故障现象	故障本质所在	主要原因
异响	加油前进时有"咯咯"的金属摩擦声	主减速器齿轮正面啮合位置不正确	主减速器齿轮正面啮合位置调整不当；齿轮端面圆跳动超差；齿面疲劳剥落等
	松油减速时有"咯咯"的金属摩擦声	主减速器齿轮背面啮合位置不正确	主减速器齿轮背面啮合位置调整不当；圆跳动超差等
	加油前行和松油减速时均有"咯咯"的金属摩擦声	主减速器齿轮啮合位置不准	主减速器齿轮啮合位置调整不当；万向节磨损；轴承损坏等
	行驶过程中发出有节奏的"咯噔"声	齿轮有断齿	一般是主动齿轮有断齿，但也有可能是齿面上夹有异物
	车辆转弯时有异响，而直行时无异响	差速器故障	差速器行星齿轮磨损严重或行星齿轮轴、承孔磨损严重等
	车辆起步时有"咣当、咣当"的撞击声	驱动桥总传动间隙过大	齿轮啮合间隙过大，或轴承间隙过大等
发热	车辆行驶一定里程后，用手无法触摸主减速器和差速器的壳体	摩擦生热，散热不良	齿轮啮合间隙、轴承间隙过小或缺油
漏油	主减速器和差速器的壳体有油迹或油滴；从传动半轴处漏油	密封性漏油，压力性漏油	壳体有砂眼、破裂、密封面不平、油封损坏、油封装反、通气孔堵塞或油过多
半轴断	车辆无法行驶（前进、倒退均无法行驶）	差速器在起作用	传导间隙过大和离合器踏板抬起过快；离合器操作不当等

表 5－8　行驶系的常见故障及原因

类型	故障现象	故障本质所在	主要原因
行驶跑偏	车辆在直线行驶过程中，需要不断校正方向，如果轻扶方向盘，车辆就会向一侧跑去	两侧车轮在行驶过程中的线速度不等	(1) 两侧车轮行驶的线速度不等，如：轮胎气压不等、轮胎滚动直径、花纹不等、轮毂轴承的预紧力不等、一侧车轮制动器不回位等；(2) 四轮定位不准，如：车身倾斜、四轮定位参数不准、车桥移位等
摆振	当车速超过一定值后，整个车身出现严重振动	外力对车辆的冲击振动与车辆的自有振动发生共振	(1) 车轮动不平衡量超标；(2) 悬架和转向系统各件之间的连接间隙过大
	当车辆低速行驶，遇到路面坑凹时，整个车身会出现严重振动		(1) 减振器漏油或失效；(2) 车辆转向系统各部间隙过大

类型	故障现象	故障本质所在	主要原因
轮胎磨损	胎肩磨损	"桥式磨损"	轮胎长时间气压不足
	正中磨损	接触面积过小	轮胎长时间气压过高,车轮制动器拖滞,转向轮参数失准
	单侧磨损	有横向滑移	前轮外倾角超差或前束调整不当
	胎面开裂	胎温过高	轮胎充气不足、超速或质量问题
	羽状磨损	侧滑量过大	多为前束调整不当所致
	锯齿状磨损	不规则磨损	长期超载情况下频繁使用制动而未按期换位
	波浪状磨损	轮胎横向、径向跳动量过大	(1) 车轮旋转质量不平衡; (2) 轮毂、轴承等原因使轮胎端面圆跳动过大; (3) 转向、悬架系统松旷
	胎肩碟片状磨损	同上	(1) 车轮动不平衡量大; (2) 轮毂、轴承等原因使车轮径向圆跳动超差; (3) 转向、悬架系统连接松旷等
轮毂发热	车辆行驶一定里程后,轮毂轴承外侧发烫,严重时会出现轴承润滑脂熔化流出	摩擦生热	(1) 轴承预紧度过大或间隙过小、油封过紧; (2) 轮毂轴承外圈走外圆(与承孔配合无过赢量); (3) 使用的润滑脂不符合要求; (4) 车轮制动器拖滞
异响	车辆行驶中,在车轮处发出"咯咯"或"嚓嚓"声。车辆在转弯或遇到坑凹不平时发出"吭吭"的金属撞击声	摩擦异响;间隙过大产生的金属撞击声	(1) 轴承疲劳磨损严重; (2) 轴承磨损后轴向尺寸减小,使轮毂靠近内侧,制动器发响; (3) 悬架机构中的减振器胶套破损或脱落

表 5 - 9　转向系常见故障及原因

类型	故障现象	故障本质所在	主要原因
前轮异常磨损	轮胎磨损速度加快,胎面形状异常(胎肩磨损、正中磨损、单侧磨损、羽状磨损等)	胎面与地面未实现纯滚动性接触	(1) 轮胎气压不正常; (2) 前轮定位参数不准(前束不准者多); (3) 转向传动机构、悬架系统连接松旷等
自由行程过大	汽车保持直线行驶位置静止不动时,轻轻来回晃动方向盘,自由角度很大(大于15°)	转向各部传动间隙过大	(1) 转向器啮合间隙过大、转向器固定松动; (2) 转向传动机构各铰接处的间隙过大; (3) 转向轮轴承间隙过大

续表

类型	故障现象	故障本质所在	主要原因
转向沉重	汽车在行驶中，向左、向右转动方向盘时感觉沉重费力，且自动回正性差	摩擦阻力过大；运动的阻力臂过大	（1）轮胎气压严重不足； （2）转向器啮合间隙、转向传动机构各铰接处配合间隙过小或严重润滑不良等； （3）前轮定位失准，如主销后倾角、外倾角过大或负外倾
转向沉重	在液压转向助力系统不缺油、发动机运转的情况下，转动方向盘仍然费力	转向助力系统不工作或工作不正常	液压转向助力系统故障，如：油泵磨损、卸压阀卡住、内部管道堵塞、助力工作缸、活塞磨损
前轮发摆（转向发抖）	汽车在低速行驶时，当遇到坑凹不平时，两前轮出现各自围绕主销轴心线进行角振动现象（前轮发摆），严重时整个车头晃动、方向盘左右摆转现象	转向轮定位角不准；转向传动间隙过大。使得回正力矩加大，而且系统存在产生振动的空间（余地）	低速发摆的主要原因： （1）前轮定位失准，如前轮后倾角过大、负外倾或前束过大； （2）转向传动机构各铰接处间隙过大，如各球头铰接松旷、特别是控制主销两端的球头铰接松旷、前轮轴承间隙过大等； （3）前轮严重不平衡或径向、轴向跳动量大； （4）悬架系统故障
前轮发摆（转向发抖）	汽车在某高速范围内行驶时，出现两前轮发摆现象，严重时整个车头晃动，感觉方向难以控制	转向轮的横向摆振频率与车轮的固有频率发生共振（主要是车轮动不平衡量过大）	高速发摆的主要原因： （1）前轮动不平衡量过大，如轮胎磨损不均匀、修补过的轮胎未进行动平衡试验、轮辋严重变形，或轮辋上的动平衡配重块丢失等； （2）转向传动机构、悬架系统发生运动干涉，或转向机构各连接处松旷等原因所致
转向发响	汽车在大角度转弯时发出"铛铛"的金属撞击声。此响声一般发生在转向驱动桥上	间隙过大引起的金属撞击声	转向驱动桥中的球笼式万向节磨损所致

表 5－10　制动系常见故障现象及原因

类型	故障现象	故障本质所在	主要原因
制动效能下降（制动不灵）	（1）汽车制动时，感到制动减速度不足； 　（2）在紧急制动时，制动距离过长	地面对车轮的制动力不足	（1）制动传力机构故障，如液压系统漏油、油不足、气阻、管道不畅、助力器或增压器失效、橡胶皮碗磨损或发涨、缸筒磨损及制动踏板调整不当等； （2）车轮制动器故障，如进油、进水、调整不当、磨损严重等； （3）车轮与地面的附着系数低

续表

类型	故障现象	故障本质所在	主要原因
制动拖滞	（1）抬起制动踏板后，全部或个别车轮制动不能完全解除； （2）车辆加速困难，松开加速踏板后有"坐车"现象； （3）制动拖滞的车轮发烫	车轮制动器制动力不能解除或解除时间过长	（1）四轮或同一制动腔控制的两个车轮制动拖滞的主要原因是制动传力机构有故障，如制动踏板无自由行程、制动总泵故障引起的回油不畅等； （2）个别车轮制动拖滞的主要原因是车轮制动器故障，如制动分泵回位性差、制动蹄回位弹簧弹力弱或制动间隙过小、制动鼓（盘）形状公差超标等
制动跑偏	（1）汽车制动时，车辆行驶方向发生偏斜； （2）紧急制动时，车辆出现掉头或甩尾现象	两侧车轮在紧急制动时，制动距离不等所致	（1）两侧车轮的制动力不等，如两侧车轮制动器摩擦副的摩擦系数不等、接合面积不等、分泵推力不等、轮胎花纹或路面附着系数不等、单边管道中有空气等； （2）两侧车轮的制动时间不等，如制动间隙大小不等、弹簧弹力不等； （3）感载比例阀失效（阀门常开不关），使后轮的制动大而出现紧急制动时甩尾； （4）车身倾斜或路面有斜坡，如车架变形、悬架故障、轮胎直径不等或在有横坡的道路上制动等
制动异响	车辆在制动时产生非常刺耳的尖叫声（非轮胎与地面的摩擦声）	制动时所产生的异常摩擦	制动摩擦片与鼓或盘的表面出现了硬化层，也不排除制动鼓内有异物或铆钉磨出
行车制动失灵	踩下制动踏板，车辆不能制动，即使连续几脚制动，也无明显减速作用	制动器上不能产生制动力或制动力很小 附着系数极小	（1）制动传力机构失效，如制动总泵无油、制动总泵严重泄露、制动踏板与总泵连接杆松脱等； （2）车辆涉水后也容易出现制动失灵现象； （3）地面附着系数极小，如湿滑路面、积水路面以及晾晒粮食、秸秆等的路面上
驻车制动失灵	（1）驻车制动手柄拉不动； （2）在坡道上拉动驻车制动手柄后不能驻车	驻车制动器失灵	（1）驻车制动拉线卡住或锈死在保护套管内； （2）驻车制动拉线断、与制动器连接松脱或调整不当等； （3）驻车制动器解除

5. 汽车四轮定位检测

所谓四轮定位,包括转向轮定位和非转向轮定位。一般情况下前轮为转向轮,后轮为驱动轮。前轮定位的内容参数包括主销后倾、主销内倾、前轮外倾和前轮前束,主要用来评价汽车前轮的直线行驶稳定性、汽车的操纵稳定性、前轴及转向系技术状况;后轮定位的内容参数包括后轮外倾和后轮前束,主要用来评价后轮的直线行驶能力和后轴的技术状况。四轮定位检测的操作步骤如下:

(1)故障再现:询问驾车人车辆的行驶症状等。

(2)更换或安装转角盘。

(3)安装传感器,连接数据线并开机。

(4)进入检测程序,完成车辆选择、用户信息、定位前检查、钢圈补偿等。

(5)安装制动踏板压紧器、调平并锁紧测量传感器、方向盘对中。

(6)按照系统提示进行前、后轮定位参数检测。

(7)根据检测结果确定是否进行调整或维修。

【任务实施】

以实训车辆为例进行维修接待过程实操。

1. 技术标准与要求

(1)每个学员独立完成此项目。

(2)技术标准严格参照操作工艺。

2. 设备器材

故障车维修接待设备及器件见表5-11。

表5-11　故障车维修接待设备及器材一览表

设备与零件总成	整车一台、举升机、检测设备
常用工具	标准通用工具一套
常用设备	接待台与椅子
专用设备	预装企业专用经销商管理系统电脑一台
耗材及其他	预检单、派工单、结算单等作业工单

3. 作业准备

(1)清洁车辆外表面,整理场地。

(2)清洁工具。

(3)准备作业单。

4. 作业流程

(1)客户到达与接待。该环节是为了以高质量的接待给客户良好的第一印象,获得客户的好感,令后续服务顺利进行。该环节的工作要素参见接待工作准备检查表,见表5-12。

表 5-12 接待工作准备检查表

序号	检查项目	标准	检查记录(打√或×)	整改结果(打√或×)	记录时间	备注
一、仪容仪表检查						
1	着装	符合标准,整洁、无破损	☐	☐		
2	头发	剃整齐、梳理整洁	☐	☐		
3	眼睛	有精神、无异物(眼屎)	☐	☐		
4	耳朵	干净	☐	☐		
5	口腔	牙要刷干净,无口臭	☐	☐		
6	面部	胡须刮干净,面带笑容	☐	☐		
7	手部	修理指甲,干净	☐	☐		
8	袜子	干净,无滑落	☐	☐		
9	鞋	鞋带要系好,鞋面无灰尘	☐	☐		
二、文件资料和工具检查						
10	工作表单	齐全	☐	☐		
11	钢笔/圆珠笔	有墨水/油,正常书写	☐	☐		
12	DMS 系统	工作正常	☐	☐		
13	打印机	与 DMS 系统连接,能打印	☐	☐		
14	预防行动查询系统	能连接上网	☐	☐		
15	预约欢迎板	及时更新	☐	☐		
16	来电显示电话	能显示来电	☐	☐		
17	防护五件套	五件为一套,折叠、摆放整齐	☐	☐		
三、工作环境的清洁和整理						
18	维修出、入口	干净、整洁	☐	☐		
19	服务接待区	干净、整洁	☐	☐		
20	接待前台	干净、整洁,无灰尘、纸屑	☐	☐		
21	用户休息室	干净、整洁,无灰尘、纸屑	☐	☐		
22	音响、影像设备	打开、声音、图像正常	☐	☐		
23	上网电脑	打开,保证上网状态	☐	☐		
24	报刊、杂志	及时更新,摆放整齐	☐	☐		
25	饮水机	有水、水杯	☐	☐		
26	温度	适宜	☐	☐		
27	灯光照度	适宜	☐	☐		
28	洗手间	干净、整洁,无异味	☐	☐		

(2) 故障车辆接待流程如下:

① 预检的目的是对车辆进行预先检查以便对用户所要修理的项目内容提出建议。预

检环节的工作要素分为以下几个：

a. 安装防护五件套。在车辆检查前，当着用户的面安装防护五件套（座椅防护罩、地毯垫、方向盘护套、变速杆护套及手刹护套）。

参考话术："请您先稍等一会儿，我来对您的车辆做一个基本的防护。"

b. 获取用户和车辆信息。获取用户及其车辆的基本信息，如：报修人姓名、联系电话、车牌号、车辆行驶里程、车辆 VIN 号等。

参考话术："刘先生，请问您姓名的全称是……？ 您的联系电话是……？"

c. 确认用户的维修要求。仔细倾听用户所反映的维修要求及车辆的故障描述，如有必要，用专业的提问方式了解问题的详细情况，在表 5 - 13 所示的维修预检表上准确地记录用户的要求。

表 5 - 13　维修预检表

d. 车辆外观检查。在服务接待区邀请用户一起对车辆外观和发动机舱进行检查，边检查边将检查结果（好的、坏的）告诉给用户，并记录在预检表中。

依据预检表的记录，对用户的报修项目进行确认（包括报修故障的描述——简单复述），并征询用户有无其他要求，做好记录。完善预检表中其他检查项目（燃油、附件、贵重物品等状况），告知用户，做好记录，并请用户签字、确认。

　　e. 准备委托书。对客户说明需要进行的工作，并一一写在客户的委托书上，然后在委托书上签字，最后交给客户签字。委托书其中的一联交给客户，作为客户来提车时的证据，注意注明"客户离开"。

　　f. 修理期间对客户的安排。

　　•客户在维修点等待。签好委托书后，如果车辆大概需要两个小时修好，客户同意等待，可将其引领到休息室休息。

　　•客户离开。如果车辆需要比较长的维修时间，则应征求客户的意见，看其是否愿意回去等待。这时可以在客户的要求下提供代用车，如果没有代用车，就要给客户提供可以选择的交通工具信息，例如哪里有公共汽车可以乘搭、哪里有计程车可以截停。

　　g. 把车辆送往待修区。将客户安排好以后，把车开到待修区去，把钥匙挂到钥匙板上。

　　•准备工作计划。维修接待员应当准备工作计划，将委托书放在控制台上标有待修的文件格里。如果这个车是返修的，那么委托书上面就要做一个明显的标记，比方说用一个红色的不干胶贴在上面，让维修部门、维修车间重视，以便优先修理。

　　•安排维修技工的工作时间。维修接待员或者调度将工作安排给适合的熟练技工，留出15分钟用以预防意料之外的事情发生。也就是说，安排给技工的两项工作之间必须要有15分钟的间隔期。这样，万一有意外的事情出现，就可以利用这15分钟来处理。

　　•及时向客户反馈信息。在维修当中如果遇到一些没有预料到的事情，必须把这个信息告诉客户。当然，还必须把需要额外修理的部件的价钱和修理费告诉客户，征得客户的同意。

　　•对维修进度看板进行更新。维修工作完成以后，维修接待员必须及时查看维修进度看板，目的是能够控制车间的工作，检查是否存在超工作量或工作量不足的情况，这些都是维修接待员的职责。

　　h. 质量检查环节中的职责。

　　•在必要的时候组织进行试车。在质量检查环节维修接待员要安排试车员试车，试完以后，把车放在交车区内。如果试车的结果良好，则写出试车的报告；如果试车的结果有问题，则维修接待员应通知有关车间的负责人和维修工进行补救。

　　•更新工作控制牌。有时维修的补救行动会导致交车的时间延迟，因此要更新工作控制牌，并且及时通知客户。

　　•对全车进行检查。维修接待员在通知客户取车以前，要最后检查一下应该做的工作是不是已经完成，更换下来的零件放在哪里，所有应该更换的零件都更换了没有，车里是不是已经打扫干净，车辆是不是已经清洗干净，这些都是维修接待员要做的最后一项检查工作。

　　•在维修单上签名。维修接待员要在维修单上签名，然后标上质量检查完毕的标志，这道手续一定不能忘记。

　　i. 交流与交车环节。维修接待员在交车时，是一个与客户接触的很重要的瞬间。对维修接待员来说，为了交车可能得准备一整天的时间。

　　在这个环节中，维修接待员要注意如何使客户满意：

　　•在通知客户交车以后，必须开出费用清单。

　　•当客户来取车的时候，维修接待员必须热情地欢迎客户。特别是对那些维修项目比较繁多的客户，要表现得更为热情。

·向客户详细地解释工作的完成情况，比如做了什么工作，哪些是免费的，都要和客户说明，还要说明已经进行了全面的质量检查。

·要向客户指出车辆依然存在的问题；指出这辆车以后还会出现哪些故障，目前并不是很紧急，可以暂时不修理，建议留到下一次保养时进行修理；指出下一次的保养应该是什么时间。这个环节也是维修接待员与客户产生另外一个新的预约的时机，因此，每一次同客户接触的时候，都要尽量做到与客户有一个新的预约。

·引导客户到收银台，同时，感谢客户对你工作的支持。

跟踪回访环节。在完成维修后的两到五个工作日内，要给客户打个追踪电话，以了解客户对本次维修是否满意。

·由谁来做这个工作。通常，在一个繁忙的维修店内，跟踪回访工作由信息员来完成，但也有维修接待员做这项工作的。

·在客户最方便的时候打电话。在预约时应询问清楚客户什么时间打电话最方便。

·如何询问。给客户打电话时，主要是询问车的总体状况。

学生在实训过程中，按照以上环节独立完成维修接待工作流程，并对作业过程做出自我评价。

【考核评价】

考核评价表

目标	评价要素	评价标准	评价依据	考核方式		权重	评分
知识	基本知识	知识的要求	个人作业 课堂笔记 课堂练习 小组作业 期末考试	学生自评		10%	
				教师评定		10%	
				学生互评		10%	
能力	基本技能	能运用汽车维修服务顾问的工作流程对故障车进行问诊、估价、派工、监控及交车	实践练习 小组作业 学生作业单	教师评定	动手能力	15%	
					作业单的填写	15%	
素质	学习态度	遵守纪律，积极参与课堂教学活动，按时完成作业，按要求完成准备	课堂表现记录，考勤表，同学及教师观察，课堂笔记	学生自评		10%	
				小组互评			
				教师评定			
	沟通协作管理	乐于请教和帮助同学，协调小组活动，配合教师教学管理，做好教室值日工作，做好课前准备和课后整理	小组作业，小组活动记录，自评及互评记录，值日记录，同学及教师观察	学生自评		15%	
				小组互评			
				教师评定			
	创新精神	有自主学习计划，在作业练习中能提出问题和见解，对教学或管理提出意见和建议，积极参与小组活动	个人作业，自主学习计划，学习活动，个人口头或书面提议	学生自评		15%	
				小组互评			
				教师评定			

【教学小结】

难点：故障车的维修项目及估价。

重点：故障车的维修接待流程。

教学体会及建议：对于事故车的接待，既有和故障车接待相似的内容，又有不同的业务流程，学生很容易搞混。所以，要想正确掌握事故车的维修流程及内容，就必须熟悉 4S 店对于事故车的商务政策和与保险公司的业务来往的相关政策。

任务二　事故车的维修接待

【学习目标】

教学能力目标	能力目标	知识目标	素质目标
（1）能够借助教学课件等资料清楚描述事故车维修接待的流程及内容； （2）能够结合实操，引导学生学会流程的学习和表单的正确填写	（1）正确描述事故车的接待流程； （2）正确描述事故车的维修流程	（1）了解汽车维修接待的基本流程； （2）掌握事故车的接待要点； （3）正确掌握事故车的接待与维修程序	（1）具有良好的工作责任心和职业道德； （2）具有安全操作意识和良好的环境保护意识； （3）培养学生的团队协作精神

【任务描述】

一位客户的东风雪铁龙 C5 轿车发生碰撞事故，送到 4S 店进行维修。根据 4S 店的规范要求，请描述事故车的接待和维修流程。

【任务分析】

事故车与故障车虽然都需要到店维修，但是对这两类车辆的接待侧重点不同，对于服务网点的服务顾问来说，正确掌握事故车维修接待的流程能快速处理客户的异议，所以正确的接待流程和内容对于服务顾问来说至关重要，也是 4S 店、客户和保险公司三方利益的重要保证。

【建议学时】

8 学时。

【教学设计】

步骤	学习内容	教学方法	教学手段	学生活动	时间分配
导入阶段 —激励 —获取信息	为学生做引导，提高学生的学习兴趣，让学生对事故车接待和维修相关的信息进行信息搜集理论学习	对事故车维修接待相关的信息进行信息搜集理论学习，收集有接待维修关键点，可通过教材，杂志、网络资源来获取	头脑风暴 给出关键问题脑图	工作页 教材、杂志 网络资源 白板	90 min
实施阶段 —制定计划； —作出决定； —实施计划； —独立检查	各个小组汇报工作计划制定情况；为学生的工作计划提出意见，并为学生工作计划的实施提供保障	（1）对待作业环节进行分析； （2）分析作业过程中应该注意哪些安全措施； （3）在修理过程中有哪些工作内容； （4）需要哪些计算保证工作的准确性和完整性； （5）收集工作时的辅助材料； （6）确定使用的工具设备； （7）实施工作计划	实车训练 小组讨论 头脑风暴 答疑	工作页 PPT 白板	90 min
深化阶段	总结、提问	个人、小组回答问题	小组讨论	白板	90 min
结果控制阶段 —评价； —反馈	听取小组汇报工作完成和自我评价，以及小组互评，教师对比各个小组的工作完成情况给以点评	小组汇报工作完成情况，小组互评各组工作存在哪些错误和可以改进的点； 进行工作质量的检查记录和后续工作	头脑风暴 小组汇报 小组讨论	工作页 PPT 白板	60 min
总结阶段 —迁移	总结本次工作任务，对整个过程进行梳理	回顾工作任务： 是否在规定的时间内完成； 在工作汇总遇到哪些问题必须汇报老师 有哪些其他的收获	小组讨论 小组汇报	白板	30 min

【学习资讯】

由于事故车与日常维修车辆性质不同，所以其接待与维修过程与日常维修也存在一定的差异。根据 4S 店事故车的接待与维修规范，事故车的维修接待流程见图 5-64。

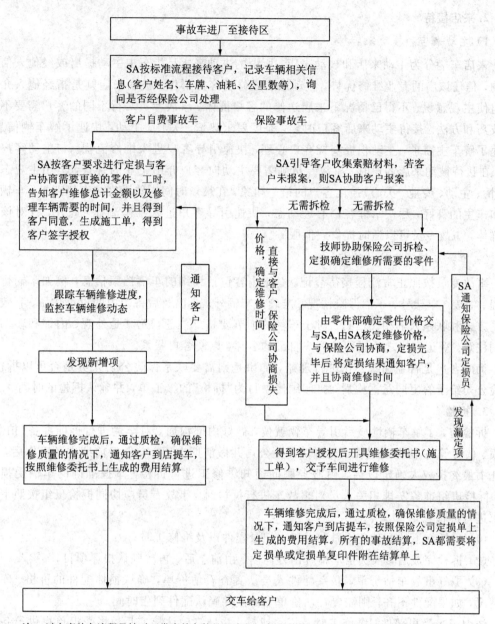

注：以上事故车流程只针对正常事故车的处理流程，极少数特殊事故车的处理流程除外。

图 5-64 事故车接待与维修流程图

1. 车辆信息来源

车辆信息来源可以分为四种情况：车主主动来电或询问、保险公司推荐、主动创造以及其他情况。

事故专员在接到车辆时要体现热情、关心、专业。在询问车况的时候尽量详细而具体，及时了解车辆档案、保险背景，掌握车辆处理发展事态，引导车主发展意识；同时还要强调本店自身的优势，对客户的咨询或者疑问采取快速而有效的回应措施。在询问时要全面了解事故相关信息，例如：车辆上的人员情况、车辆受损情况、车辆信息及有效的联系方式、车辆保险及事故处理情况，并了解车主的需求和接待车辆来店。

2. 来店接待

1) 主动来店和被动来店

来店车辆分为主动来店和被动来店。所谓的主动来店是指车主主动提出或经他人信息影响,信任该店的专业维修优势,主动来店送修的客户群体。被动来店则是指经他人介绍或迫使主观意识、不得已情况下来店送修的客户群体。事故专员对待不同的客户需要不同的技巧和方法。接待主动来店客户时候,态度要求热情、关心、主动,快速了解车辆信息,快速了解车主需求,主动积极安抚客户心理,快速引导客户进入维修流程。与主动客户不同,在接待被动来店客户时,事故专员则需要主动向客户介绍企业的背景,运用主观态度(热情、主动、专业、关心)强化客户的第一印象,在最短时间内熟悉客户车辆背景、车辆档案和车主的喜好,尽快掌握客户心理动态,快速引导客户进入维修流程。此外,针对该客户群体,事故专员可以适时提供超值服务。

2) 事故车辆进店接待流程

事故专员按照正常流程接待登记。登记内容包括详细的车辆档案信息,例如车辆行驶里程、油表、车架号、车辆保险情况、准确的车辆外观,以及后备箱内的贵重物品、有效的联系方式和联系人等相关信息。对于车辆的细节要格外注意,尤其是外观、内饰和玻璃要特别注意。登记完毕之后要留给客户自己的名片,以便客户联系。

询问客户是否经保险公司进行理赔,如果是则需要联系保险公司人员是否可以拆检,保险公司给予答复同意拆检后,打印维修项目为"拆检"的派工单,并确认拆检的时间。

3. 拆检

拆检前,了解车辆性质后引导车辆就位,做好内部沟通,对车辆进行拆前准备(拍照、估损、估时等),协调班组派工,确认保险公司并做前期沟通。在做好前期准备工作后,凭委托书最终授权人确定以后,由服务顾问通知维修工进行拆检,掌握准确的车辆受损情况。拆检班组准备安排相关人员对事故车进行拆检时,事故专员应协同拆检班组按照下列要求进行拆检:

(1) 将拆卸下的配件逐个放好,逐一记录配件以及维修工时;

(2) 拆检完成后,依次全车检查由外向内、由前至后,再次确认损坏项目;

(3) 拟好事故车估价单,联系配件人员认真查看估价单,确认损坏配件的价格、库存等情况,如果配件不齐,则需要在估价单上标注并确认配件到店时间。

详细记录受损部件、维修工时及相关辅料,并最终确认核实后,将受损单提供给备件部,协助报价过程。

拆检过程需要注意以下事项:受损车辆拆解估损前必须有授权,拆解过程必须受控(时间、人员),登记损失要准确,维修过程要了解(备件、工时、辅料),查定损失过程(备件、工时、辅料),准确报价(备件、工时、辅料),辅助沟通和车辆保护,统估、汇总制定维修计划,做好定损前的沟通准备。

4. 定损

在通过拆解估损过程后,经沟通或与授权人确认后,与授权人或其委托机构,进行车辆损失修复过程的逐一检验内容。定损过程要求明确责任目标和性质(授权人目标、性质),确认委托机构合作意向(保险、物价),真实地反映车损内容(工时、备件),提供报价的依据和标准,主动、积极、热情地参与定损过程,明确定损结果和调整内容,把握权限,做有效沟通,双方授权人最终确认,保证合同的有效性(有效时间、费用、人),制定服务承诺。联系保险公司定损人员到店进行定损,完毕后将估价单第一联交与保险公司。事故专员再次确认估价单上标注的事故车实际更换配件,第三联留于配件部用于备货,给车间发货。留存第二联,并估算出该车赔付的金额和实际维修的费用,并通知客户来店签署事故车维修合同即施工单。

5. 维修车辆

在任务委托书签订后,服务顾问通知维修班组,按照定损单上确认项目,进行车辆修复过程。打印详细派工单,根据备件库存和车间维修量确认准确交车时间。

1)维修过程中对服务顾问的要求

(1)拟定维修过程,合理协调维修班组,将派工单交予维修技师,开始维修车辆(将派工单统一放置于工单收纳单放到车内)。

(2)掌握内部沟通流程,落实责任,确保定损单上各项目准确、统一、清晰。

(3)解决维修技师对维修项目存在的异议;在维修过程中出现增减项目以及备件问题,及时和备件,客户,保险公司人员及时沟通处理。

(4)掌握车辆所需备件库存、订件周期及辅料;每天早晚都要关注该车维修进度,和配件到货情况,对于大事故车,要做到每3天向客户汇报车辆维修状况。

(5)对车辆维修负责质检控制。机电、钣金、喷漆各工种维修完毕后需在派工单对应的维修项目后签字并注明完工时间。维修完毕后,维修技师依照派工单,进行车辆自检,合格后转车间主管。

(6)车间主管再次检查,合格后签字,通知事故专员,进行最后终检。

(7)交车前一天给车主回电确认交车。

2)维修过程中对维修技师的要求

(1)制定维修计划和方案;按照定损单上维修项目进行维修。

(2)了解车辆所需备件和订货周期,做好内部班组间的协调工作。

(3)发现增减项及时上报服务顾问并追踪回馈。

(4)保障维修质量,实施三检;控制维修辅料的合理利用。

(5)保留维修旧件。

6. 交车与结账

在维修工作结束后,通过对车辆总体维修过程汇总,核对定损单与实际维修情况无异议,进行检验合格,通知授权人,告知结算费用和方式,共同检验维修合同内容,达成一致后的交付过程。

(1)在系统上审查该车的维修项目,工时以及备件出库情况是否正确无误,车辆清洗后,通知客户提车。

(2)客户来店提车时由事故专员陪同客户检查车辆维修部位以及维修后的效果,解释维修费用构成过程(维修项、建议项),并对客户作交费、代赔、旧件的相关说明。

(3)客户满意离店后,整理车辆派工单、结算单、定损单和估价单等相关单证并存档。

7. 跟踪回访

三日后对客户进行回访,并作记录。

回访需要设定回访专员，对回访内容设定话术，话术内容合理，能够真实、及时地反映用户反馈内容；及时、准确地将问题反映到责任部门并进行交接，相关部门落实责任人，第一时间向用户反馈处理意见；了解客户反映内容，掌握内部维修过程，抓住产生问题的关键点；兑现服务承诺，提高客户满意度。

【任务实施】

下面以东风雪铁龙 C5 事故车为例进行维修接待过程实操。

1. 技术标准与要求

（1）每个学员独立完成此项目。

（2）技术标准严格参照操作工艺。

事故车维修接待设备及器材见表 5-14。

表 5-14　事故车维修接待设备及器材一览表

设备与零件总成	东风雪铁龙 C5 整车一台，举升机
常用工具	标准通用工具一套
常用设备	接待台与椅子
专用设备	预装企业专用经销商管理系统电脑一台
耗材及其他	预检单、派工单、定损单等作业工单

2. 作业准备

（1）清洁车辆外表面，整理场地。

（2）清洁工具。

（3）准备作业单。

3. 作业流程

（1）用户到达与接待。该环节的工作要素参见表 5-12。

（2）事故车预检。预检环节的工作要素包括：

① 安装防护五件套。

② 获取用户和车辆信息。

③ 确认用户的维修要求。在表 5-13 所示的维修预检表上准确记录用户的维修要求。

④ 车辆外观检查。

（3）拆检。询问客户是否经保险公司进行理赔，如果是就需要联系保险公司人员是否可以拆检，保险公司同意拆检后，打印维修项目为"拆检"的派工单，并确认拆检的时间。

拆解准备安排相关人员对事故车进行拆检，事故专员协同拆检班组按照下列要求进行拆检：

① 将拆卸下的配件逐个放好，逐一记录配件以及维修工时；

② 拆检完成后，依次全车检查由外向内、由前至后，再次确认损坏项目；

③ 拟好事故车估价单，联系配件人员认真查看估价单，确认损坏配件的价格、库存等情况，如果配件不齐，则需要在估价单上标注并确认配件到店时间。

详细记录受损部件、维修工时及相关辅料，并最终确认核实后，将受损单提供给备件部，协助报价过程。

（4）定损。联系保险公司定损人员到店定损，完毕后将估价单第一联交与保险公司。事故专员再次确认估价单上标注的事故车实际更换配件，第三联留于配件部用于备货，给车间发货。留存第二联，并估算出该车赔付的金额和实际维修的费用，然后通知客户来店签署事故车维修合同即施工单。修理清单见表 5 – 15，更换清单参见表 5 – 16。

表 5 – 15　修理清单

中华联合财产保险公司

机动车辆保险车辆损失情况确认书

修理项目清单

承保公司：

报案编号：　　　　　　　　　　共　　页，第　　页　　　　　　条款类别：

保险单号： 号牌号码：	厂牌型号： 保险金额：	本栏为保险人内部询报价使用		
房号	修理项目名称	工时	工时费	材料费	备注
1					
2					
3					
4					
5					
6					
7					
8					
9					
10					
11					
12					
13					
14					
15					
16					
17					
18					
19					
20					
21					
22					
23					
24					
小计					

核准人：　　　　　　　　定损复核人：　　　　　　　　定损制单人：

注：1、油漆、防冻液和非零部件更换项目均列入本表修理项目中；

　　2、零部件更换项目的工时费不列入本表修理项目中；

　　3、修理项目较多，填写不下的，可接附页填写。

表 5 – 16　零部件更换项目清单

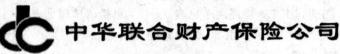

中华联合财产保险公司

机动车辆保险车辆损失情况确认书

零部件更换项目清单（代询价单）

承保公司：

报案编号：　　　　　　　　　共　页，第　页　　　　　　　　　条款类别：

序号	零部件		配件编号	数量	工时费	本栏为保险人内部询报价使用		
	部位	名称				估计价格	报价	备注
1								
2								
3								
4								
5								
6								
7								
8								
9								
10								
11								
12								
13								
14								
15								
16								
17								
18								
19								
20								
21								
22								
23								
24								
小计								

保险单号：　　　　　　厂牌型号：
号牌号码：　　　　　　保险金额：

核准人：　　　　　　　　定损复核人：　　　　　　　　定损制单人：

注：1、更换零部件的工时费列入本表内：
　　2、备注栏注明原厂、副厂、配套字样或零部件颜色；
　　3、零部件涉及更换电器时，必须注明厂家编号：
　　4、更换零部件的数量较多，填写不下的，可接附页填写。
　　5、请注明需更换的玻璃类型；
　　6、请剔除辅料及待查配件项目；
　　7、请准确填写询价单中的各项内容。

　　（5）维修车辆。在任务委托书签订后，服务顾问通知维修班组，按照定损单上确认项目，进行车辆修复过程。打印详细派工单，根据备件库存和车间维修量确认准确交车时间。委托维修派工单参见表 5 – 17。

表 5-17　委托维修派工单

委托维修派工单

车主			联系地址				报修人	
车主电话							报修人电话	
派工单号		接车日期		牌照号		车型	VIN 号	
备件组织号		购车日期		首保日期		行驶里程	预计交车时间	

序号		维修内容		工时	单价	工时费	维修项目类型	维修班组	维修人员
1									
2									
3									
4									
5									
6									
7									
8									

序号		备件编码		备件名称	数量	单价	备件费	维修项目类型	备注
1									
2									
3									
4									
5									
6									
7									
8									
9									
10									
11									
12									
建议维修项目									

客户意见	维修费用预估	工时费		本费用为预估费用，实际费用以
本次维修的旧件您希望：　带走 □　不带走 □		备件费		《车辆维修结算单》为准。
声明：质量担保更换的备件所有权归东风雪铁龙		其他		
您的车辆是否需要清洗：　清洗 □　不清洗 □		总计		

本派工单一式三份，客户、财务、车间各执一份。维修前请客户仔细阅读维修须知（见客户联背面），双方签字后，派工单上所记录的内容均要遵守。

客户签名：　　　　　　　　　接车员签名：

第　页，共　页

东风雪铁龙客户服务热线：400-88-666-88

车间联

　　（6）维修质量检查。该环节的目的和意义是为了彻底消除车辆维修隐患，减少用户抱怨，保证对用户的一次性交付率。

　　将检查的结果如实、完整地记录在表 5-18 所示的维修保养质检表对应的栏框内和保养表单的栏框内（如果有），并签名。

表 5 – 18　维修保养质检表

（7）维修内容解释及开具发票。该环节是为了消除用户针对维修的疑问，建立用户的信赖感，并且让用户掌握消费明细。该阶段需要完成的工作流程是：将车辆移交前台，车辆检查，确认书面工作(检查派工单，检查维修保养质检表，核对维修费用，包括备件费、工时费)，打印结算单，向用户详细说明维修/保养和费用的内容，维修费用结算。

（8）车辆交付。

① 交车准备。用户付款后，将所有单据(派工单、保养表单、维修保养质检单、结算单、发票)放入"发票袋"中，同保养手册一并交给用户。参考话术："刘先生，这是您这次维修保养服务的所有单据，请收好。"

陪同用户前往车辆竣工区。参考话术："我们这就去车辆交付区吧……这边请。"

② 交车说明。向用户确认更换下来的旧零件或部件(保修件除外),并询问处理方法。

向用户说明车上某些配置可能被调整过,请用户自行恢复(如座椅、反光镜、空调控制)。参考话术："刘先生,不好意思,由于维修工作需要,您车上的座椅、反光镜或者空调控制有可能做过微调,请您按照您的驾驶风格调整回原位,请多包涵!"

最后将车钥匙交还用户。

③ 意见征询。征询用户对本次服务的整体感觉以及意见和建议,并记录,同时表示感谢。参考话术："刘先生,您对我们的这次服务还满意吗?您有什么意见和建议请告诉我,今后我们会努力做得更好。""谢谢您对我们工作的肯定。三天后,我们的客服代表将对您进行回访,主要是询问车辆维修后的使用状况,到时还请您给予配合。"

④ 与用户道别。当着用户的面,取下车辆防护五件套。参考话术："让我来把防护用具拆掉吧。"

将用户送到服务站门口,致谢(必要时,引导用户将车开到行驶道上),目送用户离开。参考话术："刘先生,您把出门单交给保安就可以了。路上注意安全,再见!"

(9)回访。在车辆进行维修/保养三天后,网点需对用户进行电话回访,以了解用户对车辆维修整个过程的满意程度,该回访工作由网点的客户关系代表负责实施。

【考核评价】

学生考核评价表

目标	评价要素	评价标准	评价依据	考核方式		权重	评分
知识	基本知识	知识的要求	个人作业 课堂笔记 课堂练习 小组作业 期末考试	学生自评		10%	
				教师评定		10%	
				学生互评		10%	
能力	基本技能	正确描述事故车维修接待的流程及内容,能够独立完成事故车的维修和接待	实践练习 小组作业 学生作业单	教师评定	动手能力	15%	
					作业单的填写	15%	
素质	学习态度	遵守纪律,积极参与课堂教学活动,按时完成作业,按要求完成准备	课堂表现记录,考勤表,同学及教师观察,课堂笔记	学生自评		10%	
				小组互评			
				教师评定			
	沟通协作管理	乐于请教和帮助同学,协调小组活动,配合教师教学管理,做好教室值日工作,做好课前准备和课后整理	小组作业,小组活动记录,自评及互评记录,值日记录,同学及教师观察	学生自评		15%	
				小组互评			
				教师评定			
	创新精神	有自主学习计划,在作业练习中能提出问题和见解,对教学或管理提出意见和建议,积极参与小组活动方案设计	个人作业,自主学习计划,学习活动,个人口头或书面提议	学生自评		15%	
				小组互评			
				教师评定			

【教学小结】

难点：事故车的定损。

重点：事故车的维修接待流程。

教学体会及建议：对于事故车的接待，既有和故障车接待相似的内容，但同时又有着不同的业务流程。这对于学生来说很容易搞混，所以要想正确掌握事故车的维修流程及内容，就必须熟悉 4S 店对于事故车的商务政策和与保险公司业务来往的相关政策。

模块六

教学能力与教学方法提升

6.1 职业教育教学方法

1. 职业教育教学方法的概念

教学方法是师生为完成一定教学任务在共同活动中所采用的教学方式、途径和手段。它是以完成教学任务为目的的师生共同活动的程序、方式与措施，是为达成教学目标在教学过程中采用的一种师生协调活动的方法体系，是教师"教"的方式、手段与学生"学"的方式、手段的总和，包括教法和学法两个方面，是两者的有机统一。

2. 职业教育教学方法的选用依据

教学的成败在很大程度上取决于教师能否妥善地选择教学方法。教学方法是多样的，但任何教学方法都有特定的功能和适用范围，只有选择了合适的教学方法才能最大限度地提高教学效率。

"教学目标"、"教学内容"、"教学对象"、"教师风格"、"教学条件"和"教学环境"等六个方面是职业教育教学方法选择时必须考虑的因素。刘育锋强调，教学方法的选择除了要考虑教学对象的年龄特点和知识水平外，还要考虑教学对象的数量和参与教学活动的程度。当教学对象规模为1时，应采用程序教学法、辅导、自学、项目工作法等；当教学对象规模为2～20时，主要采用小组讨论、研讨、实验教学、车间实践、模仿、演示、案例研究、角色扮演、辅导和项目工作法；当教学对象规模为21～40时，一般采用讲授、演示法；而当教学对象规模超过40时，只能使用讲授法。教师在教学中应根据实际情况研究出适合职业教育特点并与教学对象规模、自身条件、教学条件、教学内容相适应的教学方法。

3. 职业教育教学方法的改革发展趋势

随着职业教育的发展和对职业教育本质的认识越来越深刻，职业教育教学方法改革出现了一些新动向。

1）职业教育教学方法改革的主要趋势

职业教育教学方法改革的主要趋势如下：

在教学理念上，由以教师为中心的教学方法向以学生为中心的教学方法转变，提倡"做中学、学中教"，"做学教一体"，强调培养学生动手能力和小组合作学习，要求教师做教学的组织者、引导者和协调员。

在教法与学法上，由重教法向教法与学法相结合的方向转变，避免单纯的讲授与灌输，重视教学生如何学，如何获取知识和掌握技能。

在方法结构上，由单一的讲授法向重视培养学生综合职业能力的多种方法的综合运用转变，强调教学方法的多样性与灵活性及各种教学方法的相互配合。

在教学组织形式上，由以课堂为中心向以实训教学为中心转变，更加重视学生的实践能力。

在教学方法体系上，由一般教学方法向职业教育教学方法特别是对专业教学方法的探索方向发展，尤其是基于工作过程的行动导向教学方法越来越受到职业教育者的重视。行为导向教学注重综合职业能力培养，体现学生中心原则，成为我国职业教育教学方法改革的重点。

2) 职业教育的主要教学方法

体现职业教育特点的主要教学方法见表6-1。

表6-1　职业教育的主要教学方法

名　称	说　明
模拟教学法	让学生在模拟环境中操作学习，一般与角色扮演法配合使用，适合不允许不熟悉业务人员上岗的岗位和工种，如变电站、电话局的机房、火车、飞机、轮船的驾驶、财务、金融等业务过程的模拟，以及一些高、精、尖的精密仪器的使用。模拟教学法分为模拟设备和模拟情景两种情况，前者如模拟汽车驾驶、模拟控制操作等，后者如模拟银行柜台、物流港口仓库、模拟公司等
角色扮演教学法	让学生在假设环境中按某一角色身份进行活动，借以达到教学目标。该教学法分为提出问题、挑选角色扮演者、观察与角色扮演、记录、讨论等任务，多适用于旅游、商业、管理等文科专业
项目教学法	师生通过共同实施一个具体的、具有实际应用价值的完整"项目"工作而进行的教学行动，如小产品的制作、某产品广告设计、应用软件开发等。基本教学过程为：确定项目任务、制定计划、实施计划、检查评估、归档或结果应用，主要用于综合能力的培养，多与其他教学方法如引导文法等配合使用
案例教学法	通过一个具体教育情境的描述，引导学生对这些特殊情境进行讨论的一种教学方法。主要教学过程为：阅读分析案例、小组讨论、全班讨论、总结评述。多适合于管理、教育、法律、医学等部分学科，特别是已掌握一定专业理论知识和有一定知识积累的高年级学生，不适合低年级学生的学习
引导文教学法	借助引导文等教学文件，引导学生独立学习和工作的教学方法，具体内容包括任务描述、引导问题、学习目的描述、学习质量监控单、工作计划、工具与材料需求表、专业信息、辅导性说明等，教学中分为获取信息、制定计划、做出决定、实施计划、检查、评定等六个任务，可配合讲授法、谈话法、讨论法、演示法、四任务教学法、项目教学法等使用
任务教学法	将教学过程分为讲解、示范、模仿和练习四个任务进行的程序化的技能培训教学方法。主要用于专业技能的实践教学。以"示范-模仿"为核心的教学方法还可分三任务和六任务教学法等
头脑风暴法	教师引导学生就某一课题自由发表意见，教师不对其正确性进行任何评价的方法。教学过程一般为：教师解释运用方法、学生即兴表达想法与建议、师生共同总结评价，适合于解决没有固定答案的或没有参考答案的问题，以及根据现有法规政策不能完全解决的实际问题，如市场营销中的买卖纠纷、广告设计等。该法能够在最短的时间里获得最多的思想观点，可插入到任何一个教学单元或工作过程中
张贴板教学法	在张贴板上钉上由学生或教师填写、有关讨论或教学内容的卡通纸片，通过添加、移动、拿掉或更换纸片而展开讨论，提出结论的研讨班教学方法，主要用来收集和界定问题、征询意见、制定工作计划、收集解决问题的建议以及做出决定。教学过程一般为：教师准备、开题、收集意见箱、加工整理、总结

名　称	说　明
现场教学法	在生产现场直接进行教学的教学方法，让学生在实习现场或工厂车间，教、学、练、做、训相结合，缩短理论课堂教学与实际生产应用的距离
模块教学法	把学生掌握的知识或技能，根据具体工种、任务和技能的要求，严格按照工作规范，划分成若干独立单元(即模块)进行教学的方法。教学过程分为：划分教学模块、实施模块教学、改进教学方案
要素作业法	通过对手工生产劳动过程的分析，从中抽出操作要素编成单元作业，然后在与生产现场相脱离的场合按一系列要素作业进行教学的方法
个别工序 复合作业法	教师先让学生分别学习和掌握本工种最简单的几个要素工序，然后将这几个要素工序复合起来加以运用，进行简单作业，以后再学习几个新的要素工序，再进行包括以前学过的要素工序及新学的要素工序在内的更复杂的作业
主题教学法	20世纪80年代在澳洲发展出的一种以主题内容为基础的教学方法

6.2　教师培训常用教学方法

基于计算机及应用专业课程教学特点，除上述教学法外，还常常采用以下几种多模式教学方法，以保证学员迅速掌握技能、获取项目开发和设计经验。

1. 3W1H 教学方法

3W1H 教学法是职业院校与北大青鸟 ACCP 合作教学中引进的一个有效、实用的教学方法。3W1H 教学法主要是将讲授内容总结为 What、Why、Where 和 How。通过该教学法，使得教师保持清晰严密的授课思路，快速有效地进行教学工作，同时也可以让学生在学完一门课程后，清楚地知道它的应用环境和应用场合，能够更快地结合实际社会需要，投入到实际的开发工程中去，从而为实现个性化的学习、开发和探究式学习奠定基础。

3W1H 教学法是建立在传统教学法的基础上，它既发挥教师的主导作用，又体现了学生认知的主体作用。在 3W1H 教学法中，教师通过自身的主导作用，运用 3W1H 的教学理念把知识点进行划分，并且通过创设相关的情景对学生进行引导，便于学生循序渐进地学习和接受相关的知识。在整个过程中，教师有时处于中心地位，但并非自始至终。学生有时也处于传递—接受学习状态，但更多的时候是在教师的帮助下进行主动的思考和探索。计算机有时成为学生自主学习认知的工具，这些要素在教学过程中形成有机的统一体。

在传统教学中，重要的是让学生去了解所学的知识点，而在 3W1H 中，最重要的是让学生了解这个知识点"用在哪里"和"怎样运用这个知识点"，并且通过学习到相关的知识后能够举一反三，从而掌握更多相同或相似的知识。这两者之间的区别就在于"认知"和"应用"。

例如，计算机应用基础是中职学校的一门基础课程。如何在课堂的教学中让学生更好地掌握相关的知识，关键就是看教师怎样使用更有效的教学方法让学生去学习。下面就通过计算机应用基础课程中的一个知识点——"合并计算"来阐述 3W1H 教学法的应用。

围绕学生在学习 Excel 合并计算的相关内容，采用 3W1H 教学法，运用 What、Why、Where 和 How 对合并计算的内容先划分成三个部分(发现问题、提出问题和解决问题)，然后让学生在这三个过程中更好地掌握知识。以下是具体的实施过程。

1) 发现问题（What）

什么是合并计算？这个就是我们在教学中第一个要讲到的问题。进行课程讲授的时候，通常都是通过列举一个简单的案例来引入什么是合并计算。

举例：目前大部分的公司或企业在对职工进行年度绩效考核的时候首先就要看职工的考勤情况，因为如果连最基本的考勤都不及格，那绩效就肯定达不到及格以上。对于考勤，每个部门在每个具体的时间段内都会有相关的数据表，因此在年度考核当中要对所有数据统计的话，就要把所有的表单里面的数据合并在一个表格内然后再进行相关的计算。

提出问题：要通过什么样的方法才能高效地完成统计呢？

先让学生去思考和讨论。因为讨论的过程是课堂气氛最活跃的时候，而且讨论也是让学生对学过的知识进行复习的一个比较好的手段。在讨论结束后，对学生的讨论结果进行总结，接着引出知识点——"合并计算"，并对其概念进行解释。

合并计算：对多个分散的表格内的所有数据进行汇总的过程。

2) 提出问题（Why、Where）

在清楚了"What"之后，就要了解"Why"及"Where"了。

例如要统计某个月份的员工出勤情况，一般的做法就需要在出勤统计表中对员工的出勤天数、加班天数、请假天数等表栏项目进行调整，然后将数据全部复制到一张表中，再按照某个特定的字段进行分类汇总。

提出问题：为什么要这样做？这个做法效率如何？可否用另外的方法？

学生思考：做法费时费力，效率低下，而且容易出错。

引出：为了有效地减少错误，在此情况下使用 Excel 的合并计算功能。因为在合并计算中，不管需要统计的数据是否都在同一个工作表或工作簿内，都可以进行运算而不需要把多个分散表格中的数据整合在一个工作表中，这就在一定程度上提高了效率。

然后，教师继续引导：合并计算用在什么地方？不直接回答，从而培养学生发现问题、分析问题和解决问题的能力。

3) 解决问题（How）

当掌握好 3W 之后，接着要做的步骤就是 H（How）了。在本例中，1~12 月份的出勤统计表是源区域数据。要进行合并计算，先新建一个汇总表，设定好需要汇总的分类项目。在"出勤统计表"中，选择菜单"数据/合并计算"，"函数"选择"求和"，"引用位置"选择第一张表"1 月份出勤统计表"，表中需要合并计算的所有列，按"添加"。此时在"所有引用位置"栏中应显示添加进来的第一行数据，依次添加"2 月份出勤统计表"、"3 月份出勤统计表"直到"12 月份出勤统计表"12 张表的数据。经过运算后就得到了全年的考勤统计汇总。

"How"是问题解决的过程，通过演示操作，让学生对知识点有了深刻的了解，但在演示操作过程中，要充分了解学生的知识结构和状况，引导或帮助学生更好地掌握相关内容。

以 3W1H 教学法为指导进行教学，会使教与学的逻辑思路更加清晰、明确，即教师教得胸有成竹，学生学得清清楚楚。

教学实施注意点：

（1）注意 Why 环节，如果没有 Why 环节，没有引入，直入主题，不能抓住学生的注意力，教学目的性不强。

（2）Why - What - Where 连续，将看不到 How 环节演示的具体结果，导致学生注意力分散。

（3）注意 Where 环节，如果缺少 Where 环节，学生虽然明白但是不知道在何时使用。

2．课堂设问和提问教学法

高质量的课堂离不开引导与启发，而上课提问则是老师们最常用的方法，也是实践证明很有效果的方法。其实，提问无论是在传统课堂上还是新课堂上老师们都在使用，但效果不同，区别就在于"问"的出发点不同。

1）实施基本方法

通过带有疑问性的语气，自问自答，引起学生的兴趣，活跃课堂气氛。在关键的知识点和技能点引导学生回答。在实施中不宜设问过多，应保证提问的质量，不要提出太宽泛的问题，例如 Javascript 语法包含哪些内容。不论学生回答正确与否，都应该予以鼓励。

2）提问的技巧

不同的提问具有不同的功能，用得好效果就好，用得不好等于没问。所以，教师只有熟悉几种提问的方法与技巧，分清不同问法之间的异同，才能够熟练驾驭这些方法。

设问是提问的基础。这里讲的"设问"，是指教师根据教学内容与学生实际情况设计出来的问题。这些问题可以放在预习案上，让学生提前思考；也可以放在课堂中由老师适时提出来。设问的内容一方面要抓住课文重难点，问在刀刃上，以便解决主要问题；另一方面要结合学生生活与认知能力，让学生既能够回答，又需要思考。例如：在"计算机基础"课程合并计算教学中，老师设计的问题是"合并计算在我们日常生活中的哪些场合会用到？有什么优点？这样的提问属于提前设计的问题，教师有备而来，这些问题是精致化的，经过深入研究的。

追问是思维的激发。如果说设问是老师有备而来的问题，那么追问既可以备而来，也需要临场发挥。因为课堂中学生思维具有多变性与未知性，老师要随时根据学生的回答进行进一步引导提问，这就是追问。追问具有层次性，可以让不同层次的学生思考不同层次的问题；追问还具有引导性，可以把知识层层剥皮，让学生体验知识的形成过程。

反问是互动的灵魂。这里讲的"反问"既是指老师的反问，也是指学生的"反问"。老师反问用于学生思维发生偏差时，或者思维障碍时。例如：在教学中我们老师经常问的"还有呢？""假如是你呢？"等问法，都是反问。再如：《春到梅花山》教学中，老师问："梅花一般是什么时候开呢？"有学生回答："腊梅冬天开。"这个答案是错误的，所以老师接着问："梅花都是冬天开吗？"这就是反问。但是，来自学生的"反问"比教师的反问更加有价值，在课堂教学中，我们习惯了让老师来提问，忽视了学生的提问。其实要充分发挥学生的主体性，不仅要让学生能够解决老师设计好的问题，更要能学会发现问题，提出问题。能激发学生反问的老师是最优秀的老师，因为在他的课堂中，学生的积极性与思维能力已经被充分调动起来。

3）教学实施注意点：

（1）设问不够，导致课堂气氛沉闷。

（2）问题必要性不大，教学质量则不高。

3. 对比教学法

对比教学法的应用场合：前面已经有相似、相关的概念，例如 Javascript 和 C 相关知识的对比。

实施对比教学法的基本要素说明如下：

（1）罗列相关的概念，重点说明差异；

（2）演示相关的代码，指出代码的差异。

实施要点：关注学生的技能现状，主动为学生进行知识总结、归纳，如果相关的知识没有对比，导致学生感觉重复，或者分不清楚差异。

4. 现场演示教学法

在本模块的课程中，在有动手能力要求的教学中，一个技能（知识）点讲解完毕，小结时，通过一个简单的、代表性强的现场动手演示要求学生现场解答；即在实物总成上进行现场操作，在 5～10 min 之内完成。这种教学方法有利于明确学生是否真正理解技术内容，同时提高动手意识。

实施要点：在现场操作中要注意题目不宜太难，否则学生解答不出来；拖延时间太长，导致课堂讲解时间不够甚至课堂失控。

5. 课堂陷阱教学法

在教学中，例如编写代码讲解中，把代码故意写错，通过“出问题了”来吸引学生注意力（“抖包袱”），通过在典型的、容易出错的地方故意犯错误，提高学生对代码、概念的理解和认识，主要使用在代码讲解、代码演示时。

实施要点：充分准备，避免下不了台（避免出错误了自己也调试不通）。

6. 任务分解教学法

在学生进行编程练习中，给学生一个复杂的问题，学生无从下手，不能解答完成。通过“分解动作”，即把大的任务、复杂的问题分解成小的任务和简单的问题，逐步解决，方便监控，提升实施效果。

实施要点：

（1）对任务进行分解，每 5 ～ 20 min 完成一小块。

（2）在任务分解中要进行适当的细分，并进行有效的监控，否则学生控制不好时间，导致上机练习效率低、任务完成率低。

（3）在讲解较复杂的案例时，也可以采用任务分解教学法，由简入深，逐步深入，引导学生更好地理解。

6.3　课程整体教学设计

课程的“整体教学设计”是我们按照先进职业教育观念提出的一个教学改革新概念。对于一门课的教学，即使每一堂课是合理的，整体上也未必是最优的。要从单元“联系”的角度对课程教学的设计，进行整体优化。

体现先进职业教育观念的课程教学，总共有以下六项基本原则：

(1) 职业活动导向。

(2) 突出能力目标。

(3) 项目载体。

(4) 用任务训练职业岗位能力。

(5) 以学生为主体。

(6) 知识理论实践一体化的课程设计。

传统的课程教学观念的基本原则是以下六项：

(1) 知识系统导向。

(2) 突出知识目标。

(3) 课堂活动，问答，习题巩固知识。

(4) 用逻辑推导来训练思维。

(5) 以教师为主体。

(6) 知识理论实践分离的课程设计。

1. 课程整体设计改造案例

案例 1　珠宝文化与欣赏(1)

(1) 授课对象：珠宝专业一年级新生。

(2) 课程内容：以古今中外关于珠宝的故事、典故、诗词歌赋为主线展开，重点介绍珠宝的基本知识，穿插《红楼梦》、《福尔摩斯探案集》中关于珠宝的故事，提供月亮宝石照片、现代侦探小说、警匪片等与珠宝文化有关的资料。

(3) 课程设计：以宝石的知识、故事、趣闻为线索展开，配合诗词歌赋、影像资料。

(4) 第一堂课设计：珠宝概论。

课程教学设计点评：若仅仅是知识介绍，那只要一本书加一张盘，让学生自己看就行了，或者顶多开个讲座即可，为什么要上课？所以，单纯的知识内容不构成一门课。职业教育课程不是讲座。如果以知识为中心，特别是课程没有能力要求，不用进行能力的实训，那只要开个全校的公共讲座就够了。没有"能力"要求的课，必然没有实训。知识的考核必然是背结论。

案例 2　珠宝文化与欣赏(2)

首先进行学员的职业岗位能力分析。许多课程的通病是，认为"低年级学生不可能有能力目标：珠宝的鉴别、加工、设计能力都在以后的课程中讲授，一年级的课都是知识"。这是不对的！事实上，能力可以分类、分层、分级表述。有简单/复杂的能力，有低级/高级的能力。高年级固然有比较复杂的能力要求，但一年级也有一年级自己的初级能力要求。初级能力要求并不是次要的，不是可有可无的。

低年级达不到高级能力，可以有初等的相关能力。例如这门课，学生可以形成"主要宝石的评价能力、介绍能力"。这个能力目标一定，立刻就把该课程所有的"知识"都涵盖在内了。可见，为课程设计恰当的能力目标有多么重要！所有的课都如此：并不是哪一门课没有能力目标，而是老师还不习惯，没考虑，没找到恰当的能力目标。

(1) 课程内容：为了实现上述能力目标，原定的"古今中外关于珠宝的故事、典故、诗词歌赋"就只能作为课程的辅线了,而将"珠宝的生产、加工、设计、营销过程"上升为课程内容的主线。这就体现了职业岗位的针对性。当然,课程的标题也可以随之相应变动。

(2) 课程教学设计:课程内容以宝石的生产、加工、设计、营销、展示、介绍、鉴定、使用、保养为线索展开。也就是说,要按照该专业相关的职业岗位操作流程,设计课程内容。考虑到一年级新生,为建立专业兴趣,另外精心搭配相关的故事、典故、诗词歌赋,作为课程内容的辅线。主线与辅线相互配合。

(3) 能力实训与考核:上述内容的展开,一定紧紧围绕学生对宝石的评价与介绍能力的训练。其他较高层次的能力(珠宝的生产、设计、鉴定等能力)将在以后的专业课程中展开。能力目标清晰了,课程教学方式就有了依据:分组开店,正反介绍,角色扮演,企业竞争等等都成了题中应有之义。学生还可以学会实用的、有偏向的宝石介绍等专业技巧。

(4) 第一堂课设计:在黑板上悬挂 10 个不同的首饰,让学生开价竞购。这一活动立刻暴露出学生对宝石的无知。这一意外使学生产生了兴趣与悬念。学生对宝石评价的重要性有了切身感受,这就为整个课程的后续内容提供了认知动力。

案例 3　模拟电子技术(1)

(1) 授课对象:电子技术、机电类、计算机等二年级学生。

(2) 授课进度:

1～6 周:绪论、定义、概念、公式、定律、方法、直流交流计算。

7～15 周:单元电路原理与实验。

16～18 周:整机电路分析与设计。

19～20 周:复习笔试。

(3) 考核设计:笔试、实验报告、作业。

(4) 第一堂课:绪论、历史、课程名称、内容。学生始终被动听讲。

课程教学设计点评:作为电工、电子、计算机、通信类的重要专业基础课,"模拟电子技术"中的概念、理论内容分量很重,内容抽象难懂。上述课程的"教学设计"实际上没有设计,仅仅是按照传统课本顺序进行讲解而已。这样上课,在今天的高职院校中,课程教学效果很差,必须按照高职课程改革的要求,对课程教学进行全面改造。

这个课程的教学必须按照课程教改原则进行改革。第一步就是进行课程能力目标的分析。

案例 4　模拟电子技术(2)

首先进行学员的职业岗位能力分析。对于这样一门重要的专业基础课,能力需求必须详细列出如下:

· 元器件的识别、测量能力。

· 电路图识图、绘图能力(手工、专用软件)。

· 电路焊接、制作、测量、调试,故障定位、维护、修理,测绘能力。

· 单元电路分析、计算、初步设计能力。

· 整机电路分析、计算、初步设计能力。

· 工具(电烙铁、螺丝刀、镊子、钳子、钻头、锉刀、绘图模板)使用能力。

· 仪器(万用表、整流电源、信号发生器、示波器、毫伏表)使用能力。

· 专业软件(电路图绘图软件、仿真软件、文字处理软件)使用能力。

- 电子产品说明书阅读、写作能力。
- 专业外语能力（软件屏幕、资料）。
- 安全操作能力。

在一门课中训练所有这些能力，可能吗？可能！当课程要求学生必须完成一个实际产品项目时，所有这些能力必然全都训练到。

于是转到课程项目的设计问题。在这样一门专业基础课中，应当让学生完成一个什么样的小型电子产品开发制作呢？在课程改革的大量实践中，我们总结出课程项目（任务）必须具备的几项要素：实用性、典型性、综合性、覆盖性、趣味性、挑战性、可行性。刚开始选用的"无线话筒"项目，学生很有兴趣，也具备实用性，但是"覆盖性"不满足课程要求，于是我们改选了"扩音机"，课程改革从此走上正确道路。对于"模拟电子技术"课程来说，传统的验证性实验、单纯的知识传授、仅仅使用面包板插接、仅仅买套件焊接、单纯教授单元电路内容达到传统教学方式，都不能满足高职业教育学的"能力目标"要求。从这一点看，与普通高校相比，高职教育不但有自己的特点，而且对教师和学生的能力要求不是降低了，而是提高了许多。

（1）授课进度安排如下：

1～9 周：单元电路知识制作测量（单项实训），从感性经验、模糊理解入手。

10～15 周：直流交流计算和电路理论分析方法，同时单项能力考核。

16～18 周：扩音机制作演示（综合实训），成果演示、综合能力考核。

（2）考核设计：笔试、个人操作、项目制作、单元电路制作、作业和口答。（表达能力训练的必要性）

（3）第一堂课设计：

① 课程名称、内容、要求、考核方式，特别是每人单独通过的单项能力考核。

② 家里有音响吗？用过音响吗？做过音响吗？你也能做！扩音机样品展示，综合项目要求。

③ 分组、元件辨识测量、仪器面板画图翻译。

④ 布置作业预习第一章，制作单管放大器。学生始终兴奋参与。

课程教学设计点评：新的课程教学设计体现了新的高职课程教学理念，突出了课程的能力目标，选择了符合要求的项目任务，开展了精心设计的项目实训，以学生为主体，实现了一体化的课程教学。其核心是"能力目标、项目载体、能力实训"三个重要原则。

根据不同的院校实际，我们选择、改造了不同类型的课程，完成了一批整体课程教学设计实例。例如：应用文书写作、卡通动画二维软件、英语、语文、电工技术、汽车安全驾驶等各类课程的教学设计。建议参考本系列教材、有关的课程设计改革实例集，这样对抽象概念的理解会有很大帮助。这些实例也证明了我们所提出的职业教育课程教学设计的几项原则的正确性、重要性和普遍适用性。

2. 课程整体教学设计的基本原则

1）确定课程的整体目标

特别是课程的能力目标。以职业岗位需求为准，首先确定能力目标。用具体、可检验的语言，准确描述能力目标：能用××做××。这一点与课程的单元设计是一样的，只是这次是针对全课程，不是仅仅一次课。

2）内容改造

职业教育课程的内容必须以职业活动为导向。课程的实例、实训和主要的课堂活动，都要紧紧围绕职业能力目标的实现，尽可能取材于职业岗位活动，以此改造课程的内容和顺序，从"以知识的逻辑线索为依据"转变成"以职业活动的工作过程为依据"。

3）综合项目

选择、设计一个或几个贯穿于整个课程的大型综合项目，作为训练学生职业岗位综合能力的主要载体。这就是以项目为课程能力训练载体的原则。项目的选择要点是：实用性、典型性、覆盖性、综合性、趣味性、挑战性、可行性。课程综合项目的设计最考验任课教师的功力和水平，项目设计的好坏在很大程度上决定了课程教学的成败。

4）单项项目

尽可能是大型项目的子项目，用于训练学生的单项能力。尽量避免类似习题的、许多相互无关的并行小练习。

5）课程教学过程的一体化设计

知识、理论、能力训练和实践应当尽可能一体化进行：时间、地点、教师尽可能不是分离的。

读书、做题。教师的知识准备。传统的"备课"只有这一项。

6）操作

教师自己必须实际完成所有要学生完成的项目和任务。自己有了实践经验和成败体会，才有资格上讲台教学生。

7）课程考核设计

考核是相对于目标而言的。突出能力目标，就要研究如何突破知识考核，怎样体现"能力考核"的要求。不是仅用概念问题考核，而主要用任务考核，就可以实现这个目的。用综合项目进行考核，在职业现场考核，都是可以采用的方式。

能力考核不是不要笔试。笔试考核中同样要突出能力考核：画图能力、计算能力、分析能力等。平时的作业考核，课堂上的答问考核，出勤管理考核等，也是过程考核的一种方式。用"能力证据"考核，让学生到社会上（企业中）完成任务，经第三方证明其效果和能力，也是一种考核方式。让企业介入到学生质量考核中，是克服传统考核弊病的有效方式之一。总之，新的职业教育观念要求我们对学生进行全面考核、综合评价。

8）第一堂课设计

传统的"绪论"不要再占用宝贵的课时了。整个课程的第一堂课，其主要任务是让学生对课程的整体有个鲜明印象，对课程的进行充满兴趣和期待。因此，第一堂课必须按照新的理念进行精心设计。

整体设计。老师所有的观念都体现在课程进度表中。反过来说，只有体现在进度表中的理念，才是在老师的实践中真正起作用的理念，仅仅回答观念问题是毫无意义的。所以，对课程整体设计进行考核，要以课程进度表中实际体现出来的理念作为标准。

3. 课程整体设计的要点

1) 目标明确

每个单元课程都要有明确目标，特别突出能力目标。

2) 案例引入，问题驱动

教师举案例，不是为了引向"新概念、新知识"，而是为了引向任务、问题。

正反实例，操作示范。能力的形成必须有正反两面的实例，通过对比才能真正形成做事的能力。目前的教学中，通常只有正面实例，而缺乏反面实例。对于相对复杂的操作，教师要做解决问题的操作示范。

3) 实例模仿，改造拓宽

老师以实例进行操作示范，学生可以先模仿，然后将实例的功能进行提升，将实例的结构进行改造，由学生试着独力完成。

讨论消化，归纳总结。事情做完之后，对其中使用的知识进行消化总结。注意，不是先学后用，而是尽可能先做，先完成任务。知识是完成任务的工具，能力是主要的教学目标，知识本身不是教学的主要目标，而是为"做事"服务的工具。

4) 系统知识，定量理论

这两项是高等职业教育必须具备的。尽管没有系统的知识和定量的理论就不是高等教育，但也绝不能采用传统的以系统知识和定量理论为主要目标的教学模式。

理实一体，练习巩固。用理论与实践一体方式，完成项目和任务。能力与知识同时得到训练和巩固。

老师讲 A，学生做 B。老师演示的任务与学生完成的任务最好是不同的。避免学生仅仅对每个实例死记硬背，能力表现为解决同一类型的不同问题，不是仅仅死记一种解法。这项原则被几位老师演变成课程教学中"双线并行"的贯穿项目设计。也就是说，老师上课带领学生完成一个相对简单的贯穿项目(任务)，学生课外完成另外一个同类的、相对综合复杂的贯穿项目(任务)，效果很好。

5) 实训课程一体化设计

以为"职业教育就是多多操作，实训时间越多越好"，这是片面的认识。这样做的结果是实训课程的效率极低。这是教学管理观念上的重大误区。实训课，特别是大型实训课(例如毕业设计等)必须有明确的(能力)目标、精心的安排、严格的管理、完整的课程整体教学设计和单元教学设计，以实现一体化的课程教学。在大型实训课中，应当强调相关"知识"的有机配合。

下面对两种课程教学设计进行比较。

传统的知识体系课程，以抽象的知识概念问题引入。教师讲解新概念、定义、定理，进行逻辑推导与证明，再由学生通过实验对知识理论进行验证。待知识讲解、验证完毕，又由教师介绍知识的应用实例。"先学后用"在这里得到充分体现。知识的掌握和巩固手段是问答、习题和练习。所以用大量题目巩固知识，练习解题技巧，归纳解题方法。

这种课程教学的特点是：围绕通用知识体系、知识点、重点难点讲解，理论课与实践课通常是分离的。

职业技术课程是通过以直观、具体的职业活动为导向的案例来引出实际的问题。教师对问题进行试解、演示。学生可以先模仿。教师对学生的引导不是理论推导，更多的是行动引导。问题初步解决之后，再对知识进行归纳：系统知识、类型问题、解题模式。实验与实训是不同的。实验的功能是验证理论的正确性，实训是用实际任务训练学生的能力。所以，只有实验的课程并不是理想的职业教育课程。更进一步，职业教育课程的内容结构可以抛开传统的知识体系，而以职业岗位活动为依据。也就是说，课程内容保持了职业活动的完整性，打破了知识体系的完整性。只有在任务完成之后，才将活动过程中的知识进行系统梳理，得到相对完整的系统知识和定量理论。

许多传统的课程到此已经可以结束了，但职业教育课程还要引用大量案例，进行实例功能的扩充。让学生在新的任务中对能力进行反复训练。

这种课的特点是：围绕知识的应用能力，用项目对能力进行反复实训，课程教学实现一体化设计。

6) 课程整体(宏观)教学设计常见问题

(1) 课程面向学科体系，教师不了解职业岗位要求、不会进行能力需求分析、不熟悉实际项目、举不出课程案例、找不到实训项目。

(2) 完全受课本内容和顺序的局限，不会补充实例。

(3) 单一知识考核，缺乏能力考核，没有全面考核。

(4) 内容/过程非一体化。缺少实践项目背景和解决实际问题的线索。理论与实践分离。缺少单项/综合实训。

(5) 课程以老师为主体、缺少互动，缺少学生的积极参与，无法引起学生的兴趣。

(6) 实验与实训不分，教学活动与实训不分，以为课堂提问、课堂练习和课本习题就是职业教育中的"实训"。

(7) 教学活动安排不合理：各环节(实训、知识、理论)都有，但不相互支持。

(8) 信息量太小、效率太低。老师讲的东西学生不喜欢，学生喜欢的东西老师不讲。

(9) 课程只重视专业内容，缺少自觉的"自我学习"能力的训练，学生没有持续发展的能力。

(10) 缺少三维整合：知识与技能；过程与方法；情感态度与价值观。只有知识一项，只教书不育人。

7) 教学工作问题与教师思维误区

高职院校中，教师思维中的误区通常表现为课程教学中的具体问题。现将常见的这类问题罗列如下：

教师从校门到校门，不了解市场竞争形势，不习惯严格管理，对教改缺乏动力，对全校的整体发展缺乏责任感和危机感。

教师缺乏本专业实际应用经验，缺乏实践、缺乏前沿知识。

教师不熟悉教材，上课缺乏精品意识。

教研室缺乏交流互动，没有形成有效的教学梯队。

教师不了解新时代学生的兴奋点、兴趣、积极面，只看到学生的缺陷。

教师只知道学科体系，不知道按课程的能力目标重组教材。

教师只了解专业内容，不了解学生的认知过程。课程的进程缺乏认识论指导。学生反映课程内容枯燥无味，老师认为学生缺乏专业素养。

教师不注意授课方法。上课只介绍专业内容，只训练专业能力，不训练学习能力，课程内容缺少"可持续发展"这一重要方面。

教师单凭经验上课，只会按照课本上课。课程缺乏整体（宏观）设计和单元（微观）设计。

教师只会知识讲授，不会行动引导。

教师备课只备理论、知识、课本、专业；不了解学生实际、不备操作、实训、设备、工具、德育、外语。

教师举不出实例、找不到项目（案例、课题、任务、实务）。

教师只教书，不认识学生、不了解学生，不育人。

教学内容单一（知识、概念），缺乏市场、企业中的实际应用。

教师只注重教学进度，不顾教学效果。

8）课程是否符合要求

教师可以用下列问题，检查自己的专业能力水平和教学能力水平，检查自己的课程设计中体现出来的指导思想。

教改自检问题：

课上有没有精彩内容吸引学生？

课上有没有丰富的补充实例？

课上有没有操作，包括教师的示范和学生独立完成的操作？

课上有没有提供成败、正反两面案例和经验？

课上有没有重点训练学生的"学习能力"？

课程有没有贯穿的综合项目（案例、实务）和相应实训？

课程有没有单项实训？

课上有没有学生的积极参与？

课程内容有没有尽量与学生感兴趣的考试和求职联系？

课程有没有带领学生解决实际问题？

教学过程有没有精讲多练、小步快进？

老师是"力求讲全"、力求"完成进度"，还是"力求引起兴趣，让学生自己产生动力学全学好"？

课程有没有全面考核、综合评价，特别是对能力的考核评价？

课程有没有教书育人、管理育人？

课上课下有没有用过程控制规范学习进程，培养新的学习习惯和自学能力？

课程有没有规范的教学文件：专业教学计划、课程大纲、课程设计、课程教案？

老师有没有积极主动参与课程教学改革的研讨？

老师有没有全面准备实践教学内容：项目设计、项目实践？还是只有习题解答、公式推导？

老师的实践经验够用吗？是否应安排自己的专业实践（在实训室）、企业实践？

老师对专业和课程的前沿状况了解吗？是否应安排专业进修？

6.4　课程单元教学设计

教学设计是课程与教学之间的一个重要环节，是教师劳动创造性的表现。教学设计的目的意义在于努力实现教学过程的最优化，达到用的方法巧，花的时间少，费的气力小，取得的效果好。

1. 教学设计的依据

（1）学科性质；

（2）教学任务的要求；

（3）教材内容的特点；

（4）教学原则的要求；

（5）教师本人的教学特点和风格；

（6）学生的年龄特征和个别差异。

什么是课程的一个"单元"？就是一次课。在时间上紧密相连的一次课，叫做一个单元。因为，学生的学习过程客观上被分成这样的单元进行。一个课程单元，就像电视连续剧中的一集。教师的备课从来都是以单元形式进行的，教案也是针对课程的一个单元写成的。

职业教育课程的教学改革，就从课程的单元设计开始。

所有的课程实例都用对比方式展示。首先展示传统的课程教学设计，分析其问题所在，然后展示按照新的职业教育观念进行的课程教学设计。从同一课程教学设计的对比中看出新旧观念的巨大差异。教师可以从这里出发，找到自己观念上需要改造的地方，联系自己承担的课程，训练自己按照先进观念进行课程教学设计的能力。

2. 教学设计的基本要求

（1）单元教学设计要有整体性。整体性主要体现在教学目标的设定和教学内容的整合。

（2）单元教学设计要有相关性。相关性主要体现在课型的选择与教学目标和内容相关；教学方法与教学目标和内容相关；教学活动与教学活动之间和教学目标相关。

（3）单元教学设计要有阶梯性。阶梯性主要体现在教学活动的设计与教学内容相结合，要从简单到复杂，从单一到综合，从基础到提高，活动的要求体现循序渐进的教学原则。

（4）单元教学设计要有综合性。综合性主要体现整个单元教学能否体现培养学生综合运用语言的能力，包括单一目标与五维教学目标综合，语言知识和语言技能综合，单一技能与多项技能综合。

3. 教学设计的基本要素

不论哪一种教学设计模式，都包含下列五个基本要素：教学任务、教学目标、教学策略、教学过程和教学评价。

（1）教学任务。新课程理念下，课堂教学不再仅仅是传授知识，教学的一切活动都是着眼于学生的发展。在教学过程中如何促进学生的发展、培养学生的能力，是现代教学思路的一个基本着眼点。因此，教学由教教材向用教材转变。以往教师关注的主要是"如何教"的问题，那么现今教师应关注的首先是"教什么"的问题。也就是需要明确教学的任务，进而提出教学目标，选择教学内容和制定教学策略。

（2）教学目标。新课程标准从关注学生的学习出发，强调学生是学习的主体，教学目标是教学活动中师生共同追求的，而不是由教师所操纵的。因此，目标的主体显然应该是教师与学生。

教学目标确立了知识与技能、过程与方法、情感态度与价值观三位一体的课程教学目标，它与传统课堂教学只关注知识的接受和技能的训练是截然不同的。体现在课堂教学目标上，就是注重追求知识与技能，过程与方法，情感、态度与价值观三个方面的有机整合，突出了过程与方法的地位，因此在教学目标的描述中，要把知识技能、能力、情感态度等方面都考虑到。

（3）教学策略。所谓教学策略，就是为了实现教学目标，完成教学任务所采用的方法、步骤、媒体和组织形式等教学措施构成的综合性方案。它是实施教学活动的基本依据，是教学设计的中心环节。其主要作用就是根据特定的教学条件和需要，制定出向学生提供教学信息、引导其活动的最佳方式、方法和步骤。

（4）教学过程。众所周知，现代教学系统由教师、学生、教学内容和教学媒体等四个要素组成，教学系统的运动变化表现为教学活动进程（简称教学过程）。教学过程是课堂教学设计的核心，教学目标、教学任务、教学对象的分析，教学媒体的选择，课堂教学结构类型的选择与组合等，都将在教学过程中得到体现。那么怎么样在新课程理念下，把各个因素很好地组合，是教学设计的一大难题。

（5）教学评价。新课程理念下，教学设计的功能与传统教案的不同在于它不仅仅只是上课的依据。教学设计，首先能够促使教师去理性地思考教学，同时在教学元认知能力上有所提高，只有这样，才能够真正体现教师与学生双发展的教育目的。

4. 课程单元设计改造案例

案例 1　建筑防雷（1）（单元设计例）

这次课由一位来自企业、实践经验丰富的中年教师执教。他的讲法如下：

（1）雷电成因、雷电危害。

（2）雷电分类、防雷标准。

（3）防雷措施。

（4）黄山实例。

课程教学设计点评：课程的这种讲法，正是传统的知识传授型课程教学模式。以知识为目标，以教师讲授为主，由概念引入，以逻辑推理为中心，以教师为主体。课上没有学生的能力训练。"上课时，学生要练吗？"当然要练！这里所说的"练"不是概念提问、不是知识巩固，而是训练运用知识做事（例如防雷设计）的能力！用课程教改的原则衡量一下：能力目标、任务训练、学生主体，在这堂课中，这三者一个也不具备，所以是典型的不合格职业教育课程。最重要的是，任何一次课，首先要突出"能力目标"，其次解决教学，不要从抽象的概念入手，要从直观的问题入手。

根据我们的点评和讨论，课程主讲教师对课程教学设计进行了修改。

案例 2　建筑防雷（2）（单元设计例）

备课时，教师自己先要明确本次课程的能力目标，然后根据这个能力目标设计本课程能力训练的项目或任务。项目(任务)确定后,教师要设计能力实训的过程。所谓"能力目标",就是"通过本次课的学习,学生能用××,做××"。能力目标的描述要求具体、实际、可检验。下面按照上述要求,对课程教学进行重新设计。

能力目标:能用课本上的标准,对指定建筑设计初步防雷措施。

课程的引入:从直观的雷电照片和黄山防雷的实际问题开始,以知识实际应用的精彩实例为中心提出防雷设计的任务。

完成本次课程任务。查阅课本的标准、分组设计、结果讨论。避雷针不够:要防侧击雷,由此引出雷电的分类问题。

系统知识的引出,归纳上升(成因、危害、分类、标准)、总结熟记。

提出新任务,进行设计讨论,对细节技巧进行总结归纳。

点评:课程实施有明确的能力目标,由直观的实例引入,以防雷任务为载体,以防雷中的问题为中心,学生要动手操作,学生是课程教学过程的主体,学生有能力训练,课程有知识的归纳总结。值得注意的是,知识的引入是由实际需要引起的,不是由知识体系引起的。例如,侧击雷的引入是由黄山建筑防雷的要求引入的,不是由雷电分类的知识体系引入的。

案例3　展示工程(1)(单元设计例)

这是艺术设计专业的一节课。课程讲法如下:

(1)逐一讲解6个布展要素(主题、对象、氛围、空间、色彩、照明)的定义、概念、要点和应用。

(2)佳作欣赏:国际布展佳作10个。

(3)作业布置。

课程教学设计点评:课程的这种讲法也是传统的知识传授型课程教学模式。以知识(布展要素)为目标,以教师讲授为主,由概念引入,以逻辑推理为中心,以教师为主体。课上没有学生的能力训练。这里所说的"练"不是概念提问、不是知识巩固,而是训练运用知识做事(例如运用上述要素进行布展)的能力!课程应用的是典型的"知识线索、先讲后用"方式,而且把能力的训练推到课后。用课程教改的原则衡量一下:能力目标、任务训练、学生主体,在这堂课中,这三者一个也不具备,所以也是典型的不合格职业教育课程。

根据我们的点评和讨论,课程主讲教师对课程教学设计进行了修改。

案例4　展示工程(2)(单元设计例)

尽管本课程的专业类型与案例1的工科课程完全不同,但是课程教学设计的思路和方式是完全相同的。在寻找本课程能力目标的时候,教师表现出非常典型的思维误区:"对于一年级的第一堂课没有什么能力要求。创意能力?设计能力?布展能力?这些能力要学完全部课程之后才会具有!所以这门课中找不到能力目标。"事实上,课程的能力目标是分层次、分级别的。一年级有低层次、低级别的能力要求。课程的能力目标要分层、分级描述。

具体到这堂课,对任一展览的布置,学生能用专业术语(概念),进行初步的分析和评价,这样的"能力"就可以定为本次课的能力目标。是不是"不要知识"了?当然不是。在上述能力目标中已经包括了知识目标,没有关于布展的6个要素的知识,学生是不可能达到"能运用专业术语进行分析评价"的能力目标的。能力目标的确定,是课程单元设计最重要的第一步。以下是课程的单元教学设计：

(1) 本次课程的能力目标：能用专业术语(概念)，对任一指定展览的布置进行初步的分析和评价。

(2) 课程的引入：从直观的布展实例欣赏开始，以学生的现有常识进行分析和评价。

(3) 教师针对学生用常识分析评价的不足，介绍布展的六个要素：主题、对象、氛围、空间、色彩、照明。

(4) 分析评价：运用专业术语重新对布展实例进行分析和评价。

(5) 布置作业。

点评：课程的实施有明确的能力目标，由直观的实例引入，以布展分析评价任务为载体，以布展六要素为中心，学生实际操作。学生是课程教学过程的主体，学生有能力训练，课程有知识的归纳总结。值得注意的是，知识的引入是由实际需要引出，不是由知识体系引出的。例如，布展的六要素不是由课本知识体系引出，而是由学生专业水平不足引出的。

类似这样的课，我们改造了一大批，积累了丰富的课程教学设计实例。这些课程实例包括工科课程、文科课程、外语课程、商贸课程、经济课程、艺术设计课程、基础类课程等等。建议大家参考本系列教材，有关的课程设计改革实例集，这样对抽象概念的理解会很有很大帮助。这些实例也证明了我们所提出的职业教育课程教学设计原则的正确性、重要性和普遍适用性。

5. 课程单元教学设计的要点

1) 课程单元设计要点

(1)将课程内容按照实施的时间划分成单元，确定每个单元的课程目标。首先要准确叙述课程的能力目标，然后确定相应的知识目标、情感目标、素质目标等。

(2) 课程的评价标准和课程所有的活动，必须以学生为主体。

(3) 选定每单元课程训练单项能力的任务。

(4) 设计能力的实训过程，确定演示、实训、实习、实验的内容，做好实践教学的各项准备。

(5) 做好有关的知识准备。

(6) 设计课程内容的引入、驱动、示范、归纳、展开、讨论、解决、提高、实训等过程。

(7) 做好板书、演示、展示、示范操作设计和实物准备。

上面所说的"能力目标、实训过程和以学生为主体"这三项，是课程单元设计的重要原则。在下面的课程整体设计部分，我们还要引入三项重要原则，总共是六项原则。从这里入手就可以使职业教育课程教学的面貌发生根本的改观。

2) 对专业教师的几点建议

(1) 要教"课"，不要教"书"。"课"的内容是根据毕业生职业岗位要求制定的，"书"的内容是按照知识体系或叙述体系设计的。课程教学必须以课程目标为准，不能以课本为准。

(2) 要设计，不要照本宣科。对于课程教学而言，没有一本书是可以照本宣科的，自己写的课本也不行。因为写书的逻辑与讲课的逻辑是不同的。从课本到课堂需要一个教学设计过程，就像从小说到电影需要写文学剧本和导演分镜头剧本一样。

（3）要应用，不要单纯知识。职业教育要求打破单纯传授知识，盲目积累知识的教学方式，突出能力目标就是要让知识为做事服务。

（4）要能力，不要单纯理论。在做事的过程中学习相关知识，这是高效学习的必由之路。那种盲目积累知识，以为"有了知识就有能力"的想法、做法，显然是不够的。

（5）要一精多能，不要泛泛应付。老师要有精品意识，要把自己有兴趣的课程做好、做精，并以这个课程为中心，逐步提高自己的授课能力和教学水平。

（6）教无定法。要认定原则，但不固执坚守某种具体的模式和方法。课程评价的最终标准是效果。只要学生有兴趣，能主动参与，在能力上有显著提高，使用各种模式方法都是可以的。不限制唯一的教学模式。质量和教法由学生的学习效果检验。要鼓励创新：你的教学模式方法与此不同，但只要效果好，就可以立即宣传供大家研究学习。但另一方面，也不允许坚持落后，借口"课堂效果不好，不是我的问题，是学生水平低……"而拒绝改革，是不可以的。如果课堂效果不好，又没有更好的方法，不妨试用这里介绍的观念和参考模式。作为教师，要让自己的观念与时俱进，勇于善于学习新知识，对新事物永远保持敏感和好奇。

6.5　基于行动导向的课堂组织设计

基于行动导向的课堂，其具体结构应为 B－O－P－P－P－S，即

（1）引言（引入）（Bridge－in）；

（2）学习目标（Learning　Outcome）；

（3）课前测试（Pre－test）；

（4）教学互动（Participatory learning）；

（5）课后测试（Post－test）；

（6）总结（Summary）。

1. 引言

引言应该涵盖以下内容：

（1）确保双方在目的或目标上达成一致；

（2）为特定的课程设定基调；

（3）显示教师在有计划、有组织地展开教学；

（4）提供一个说明课程目标和预期成果的机会；

（5）对学生花费时间参与课程表达尊重和谢意。

有效的引言应该包括以下三个方面：做什么、为什么、确认。

2. 学习目标

学习目标描述的模型如下：

在学习结束之前，学生能够

　　　……………（动作）

　　　……………（项目）

　　　……………（条件）

　　　……………（标准）。

常用的形容词包括：至少百分之……正确；至少百分之……达标；至少……在一小时内……；按具体程序；每小时……；在……分钟内；不超过……错误。

常用形容条件：借助于……；独立思考；在模拟情况下；运用所需的设备；用自己的语言；不用手册；在清单的协助下。

3. 课前测试

课前测试可以采用问卷、提问等方式，而提问测试是比较行之有效的方法之一。

提问分为以下两方面：

· 一般问题：开放式问题、封闭式问题。

· 深度发问：旨在激发深入的思考与讨论。这些问题能锻炼辩析思维能力，使参与者突破思维定式、更深入地洞察问题，是一项强有利的调动技能。

4. 教学互动

教学互动可分为陈述与互动（调动）两大部分（最高境界是两大部分的完美结合）。

陈述应分成若干个简短而易于理解的子部分。一般来说，除非参与者积极投入，否则任何超过 12 分钟的陈述都是一种挑战。

陈述的要求如下：

（1）力透听众：清晰地调节音量和方向，使声音投射到每一个参与者，通过声调和强度的改变来强调重要概念。

（2）激发兴趣：激发、唤起参与者的注意与兴趣，展示出教师的活力与热情。

（3）描绘画面：通过语言、例子、故事和手势在参与者头脑中描绘出形象的画面，使人身临其境。

（4）控制节奏：调节陈述速度和信息量。

（5）口齿清晰：通过口形变化，准确、清晰地发音。

（6）建立关联：通过寻找与参与者切身经历相关的共同点，拉近与参与者的心理距离，建立亲切、和谐的氛围，注意与所有参与者的目光交流，保持微笑。

互动的意义在于创造一个信任的氛围，通过组织有意义的活动和内容布署，使参与者全身心投入到过程中去。

为了确保信息持续共享，教师在不同意见中应保持中立态度。如果教师开始反驳参与者的观点，讨论就很难继续。

素质良好的教师会提出开放式的问题，以了解更多参与者的观点，然后表示感谢、确认自己的理解，或者继续征求其他人的想法。

互动的两大要素包括：

（1）活动。参与者通过如下活动方式投入到过程中：练习、案例分析、讲述个人经历、小组讨论和解决富有挑战性的问题等。

（2）问题。问题分为一般问题和深度发问。

教学互动的技巧包括以下几方面：

（1）有效倾听：耳朵比嘴巴更重要（智者善听、愚者善说）；确保自己在听、听见、听懂。

（2）全神贯注地倾听："无我"；弦外之音；全部接收；停止无关活动；面向说话者；开放的姿态；保持适当的目光交流；关键记录；身体前倾。